Freimut

Angela Hager

Freimut

Hermann von Loewenich
Kirchenreformer und
Landesbischof

Eine Biographie

⊕ EVANGELISCHE VERLAGSANSTALT
Leipzig

Angela Hager, Dr. theol., Jahrgang 1976, studierte Evangelische Theologie in Neuendettelsau, Heidelberg und Erlangen und wurde dort 2008 mit dem Thema »Reformgruppen in der bayerischen Landeskirche 1966–1976« promoviert. Ihre Forschungsschwerpunkte sind Themen der kirchlichen Zeitgeschichte; sie lebt mit ihrer Familie in Bayreuth und ist dort als Pfarrerin tätig.

Bibliographische Information der Deutschen Nationalbibliothek
Die Deutsche Nationalbibliothek verzeichnet diese Publikation in der Deutschen Nationalbibliographie; detaillierte bibliographische Daten sind im Internet über http://dnb.de abrufbar.

© 2016 by Evangelische Verlagsanstalt GmbH · Leipzig
Printed in Germany

Das Buch wurde auf alterungsbeständigem Papier gedruckt.

Gestaltung: FRUEHBEETGRAFIK · Thomas Puschmann · Leipzig
Coverbild: EPD
Autorenbild: © Altkofer
Druck und Binden: CPI books GmbH · Leck

ISBN 978-3-374-04429-0
www.eva-leipzig.de

Vorwort

Der Ausdruck *Parrhesia* war eines der Lieblingswörter Hermann von Loewenichs aus dem Neuen Testament, er legte ihn folgendermaßen aus: »Parrhesia heißt Freimut, Mut zur Öffentlichkeit, Mut zur öffentlichen Rede, Unerschrockenheit, Unbefangenheit im Glauben und meint auch den freien Zugang der Kinder Gottes zu Gott. Sie bezeichnet die ›Freiheit eines Christenmenschen‹.«[1]

»Parrhesia heißt Freimut«: Für Hermann von Loewenich, der sich als weltoffener Lutheraner ebenso wie als »Homo Politicus« verstand, stand der Freimut für eine zutiefst protestantische Grundhaltung, der er zeitlebens anhing: Ihm lag daran, dass die Kirche offen und engagiert auf die Menschen zuging, er sah die Kirche in der Pflicht, in aller Freiheit und Deutlichkeit ihre Überzeugungen in den gesellschaftlichen Diskurs einzubringen. Auch wenn Hermann von Loewenich den Terminus des Freimuts, der *Parrhesia*, besonders in den Jahren als Landesbischof 1994 bis 1999 hochhielt, verkörperte er diesen Freimut für viele Menschen vor allem in den Jahren zuvor – sei es als einer der maßgeblichen Kirchenreformer der 1960er und 1970er Jahre in Bayern, der mit Gleichgesinnten für eine Öffnung der Kirche und eine Demokratisierung ihrer Strukturen eintrat, sei es als Nürnberger Dekan, der mit seiner Unerschrockenheit gegenüber staatlichen Instanzen für Aufsehen sorgte. Von Loewenich trat für seine Überzeugungen ein – freimütig. Er wurde damit für viele Menschen eine prägende Gestalt der jüngsten bayerischen Kirchengeschichte.

Hermann von Loewenichs Biographie ist an vielen Punk-

---

[1] VLS 1994/II, 17.

ten exemplarisch für das Leben von Pfarrern seiner Generation: seine Kindheit als Pfarrerssohn und HJ-Pimpf, seine Jugend als Halbwaise in Windsbach. In seiner Studienzeit prägte ihn die Erlanger Theologie, vor allem Paul Althaus, und er wollte am Aufbau eines christlich geprägten, demokratischen Nachkriegsdeutschlands mitwirken. Als Studentenpfarrer in Nürnberg trieben ihn die Umbrüche der 1960er Jahre um und veranlassten ihn gemeinsam mit anderen zur Gründung einer Reformgruppe. Später erlebte er als Dekan, Kreisdekan und Synodaler die zahlreichen politischen Diskussionen im kirchlichen Raum mit und war auf der Suche danach, wo und wie sich die Kirche in einer zunehmend säkularen Gesellschaft verorten konnte. Das Leben Hermann von Loewenichs steht für ein Stück bayerischer Kirchengeschichte, auch wenn die Beschreibung seines Lebens freilich mitunter andere Gewichtungen diktiert und – im Unterschied zu einer kirchengeschichtlichen Beschreibung dieser Jahre – nicht den verschiedenen Perspektiven auf ein Ereignis oder einen Zeitraum gerecht werden kann.

Nach seinem Eintritt in den Ruhestand zeigten sich bei Hermann von Loewenich zunehmend Anzeichen einer Demenzerkrankung. Im Gegensatz zu seinen Vorgängern im Bischofsamt, Hermann Dietzfelbinger und Johannes Hanselmann, hinterließ er keine autobiographischen Skizzen mehr. Das Wissen über seine Kindheit und Jugend, über sein Privatleben, auch über Hintergründe beruflicher Entscheidungen liegt damit bei seiner Witwe, seiner Familie, Freunden und Weggefährten. Nicht wenige von ihnen sind hochbetagt. Diese Umstände waren für mich der Anlass, bereits zum jetzigen Zeitpunkt eine Biographie über Hermann von Loewenich zu schreiben: Was an mündlicher Erinnerung existiert, sollte nicht verlorengehen. Soweit möglich wurden die Interviews mit den schriftlichen Unterlagen, auf denen der Großteil der Arbeit beruht, abgeglichen. Es kommen Menschen zu Wort, die von Loewenich nahestanden, ihm eng verbunden waren. Es wurde aber auch das Gespräch mit Menschen gesucht, die sich eher als Weggefährten denn als Freunde verstanden. Die Biographie ist mit Empathie geschrieben, versucht aber auch, umstrittenen Begebenheiten gerecht zu werden.

Nah am Leben, nah an der dargestellten Geschichte zu schreiben, das bedeutet, in Kauf zu nehmen, den Wald vor lauter Bäumen noch nicht zu sehen, das beinhaltet das Risiko, dass es mitunter an Distanz zum Dargestellten mangeln mag. Dessen bin ich mir bewusst. Die Chance, zum jetzigen Zeitpunkt noch gemeinsam mit Beteiligten Geschichte zu rekonstruieren, hat für mich gegenüber der genannten Problematik jedoch überwogen.

Möglich wurde diese Biographie dadurch, dass die Familie von Loewenich, insbesondere Hiltrud von Loewenich, die Witwe Hermann von Loewenichs, dem Vorhaben aufgeschlossen gegenüberstand. Hiltrud von Loewenich danke ich in besonderer Weise für ihr Vertrauen, dafür, dass sie mir private Unterlagen ihres Mannes anvertraute und immer wieder für Gespräche zur Verfügung stand. Was Kindheit und Jugend Hermann von Loewenichs betrifft, war die Unterstützung durch Reinhard von Loewenich entscheidend: Er, der jüngere Bruder, war Hermann von Loewenich besonders eng verbunden. Auch ihm sei für alle Unterstützung gedankt.

Dass der Landeskirchenrat der Evangelisch-Lutherischen Kirche in Bayern diese Biographie in Auftrag gegeben hat, verdanke ich in besonderem Maße dem Engagement der Nürnberger Regionalbischöfe Elisabeth Hann von Weyhern und Dr. Stefan Ark Nitsche. Ich danke der bayerischen Landeskirche für die Beurlaubung im kirchlichen Interesse und die Gewährung eines Stipendiums und der Personalabteilung des Landeskirchenamts sowie dem Kirchenkreis und dem Dekanat Nürnberg für einen Zuschuss zu den Druckkosten. Der Leiterin des Landeskirchlichen Archivs der ELKB, Dr. Andrea Schwarz, ihrem Stellvertreter Dr. Daniel Schönwald und dem ganzen Team des Archivs danke ich für alles Entgegenkommen bezüglich der Archivalien sowie die große Hilfsbereitschaft, ohne die diese Arbeit nicht hätte geschrieben werden können. Die Akten aus dem Nachlass Hermann von Loewenichs wurden mir aufgrund einer Schutzfristverkürzung im Rahmen des Archivgesetzes zugänglich gemacht, obwohl der Tod von Loewenichs noch keine zehn Jahre zurückliegt. Gedankt sei zudem all denen, die mich in Gesprächen, mit privaten Unterlagen und auf vielfältige andere Weise unterstützt haben. Sie alle sind namentlich in der Arbeit erwähnt. Die Begegnungen mit den Zeitzeugen waren eine große persönliche Bereicherung für mich. Besonders erwähnt sei an dieser Stelle Pfarrer i. R. Werner Schanz, der mich zum Schreiben der Biographie ermutigt hat.

In der letzten Phase der Arbeit, bei der Überarbeitung des Manuskripts und dem Korrekturlesen, haben mich in besonderer Weise Pfarrerin Dr. Karin Oehlmann und Pfarrerin Dr. Auguste Zeiß-Horbach unterstützt, beide Kolleginnen in der Erforschung der jüngsten kirchlichen Zeitgeschichte, zudem meine Eltern Bruno und Traudl Hager und mein Mann Dr. Steffen Arzberger. An dieser Stelle seien auch unsere Kinder Mali und Frieder erwähnt, für die in den vergangenen zwei Jahren der Name von Loewenich Teil des Familienalltags war. Dr. Walther Rießbeck, Leitender Kirchenrechtsdirektor im Landeskirchenamt, danke ich für seine Hilfe bei rechtlichen Fragen, Prof. em. Dr. Berndt Hamm für seine Ermutigung, den Mitarbeitern von EPD und Sonntagsblatt für Unterstützung bei Recherche und Bildmaterial und Pfarrer Martin Tontsch, Referent im Büro der Regionalbischöfe Nürnberg, für sein Engagement bezüglich der Veröffentlichung. Der Evangelischen Verlagsanstalt Leipzig danke ich für die Aufnahme des Bandes in ihr Programm und die freundliche Zusammenarbeit.

Ich habe Hermann von Loewenich kaum persönlich erlebt. Unsere einzigen beiden Begegnungen fanden zu einem Zeitpunkt statt, als er bereits erkrankt war; ich wollte ihn für meine Dissertation über Reformgruppen in den 1960er/1970er Jahren in der bayerischen Landeskirche interviewen. Seine Ansprachen, Briefe und Kommentare aus diesem Zeitraum waren es, die mich damals haben aufmerken lassen – Predigten wie die aus dem Jahr 1969, in der Hermann von Loewenich formulierte: »Viele plagt heute der Zweifel, ob die Kirche überhaupt noch Zukunft habe. Nicht wenige bleiben deshalb von ihr weg. Andere bringen das nicht fertig. Sie kommen von der Kirche nicht los. Sie hören nicht auf, sich von der Botschaft etwas zu erwarten, die der Kirche anvertraut ist. Aber sie rufen zugleich nach ihrer Erneuerung, nach neuen Ordnungen und Strukturen neuer Gestalt, die diese Kirche wieder einladender und offener, brüderlicher und glaubwürdiger machen.«[2] Denen, die ihre Geschichte mit und in der Kirche in diesen Worten wiederfinden, sei dieses Buch gewidmet.

---

2   In: LAELKB, NL Loewenich, Hermann von, vl. Nr. 66.

Inhalt

1. »Inmitten der Wirren jener Zeit«: Wurzeln und Kindheit (1931–51)

Eine Kindheit in Nürnberg zwischen Kirche und Hakenkreuz, zwischen behütetem Bürgertum und existenzieller Bedrohung, zwischen familiärer Geborgenheit und dem Verlust des Vaters: Was Hermann von Loewenich in jungen Jahren erlebte, bestimmte bis ins Alter sein berufliches Reden und Wirken.

Der Freimut, den von Loewenich als Charakteristikum kirchlichen Redens und Handelns einforderte, hatte nicht zuletzt seinen Grund in diesen Jahren und in der späteren Auseinandersetzung mit ihnen: Er lebte in dem Bewusstsein, der Faszination eines Unrechtsregimes anheimgefallen zu sein, verbunden mit dem Gefühl von Schuld; er erkannte, dass die Kirche in der NS-Zeit zu wenig ihre Stimme erhoben hatte für die Verfolgten und für die Würde des Menschen. Und auch wenn er seinen Vater nur wenige Jahre erleben sollte: Dessen Vorbild an Pflichtbewusstsein und Treue prägte Hermann von Loewenich, ebenso der Schmerz darüber, dass der Krieg ihm den Vater genommen hatte.

1.1 Wurzeln

Hermann von Loewenichs Onkel, der Erlanger Kirchenhistoriker Walther von Loewenich (1903–1992), stellte einmal mit Blick auf seine Vorfahren seinen Standpunkt mit den Worten dar: »Ein Stück Spiritualismus von den Mennoniten, ein wenig calvinistisches Salz und das milde melanchthonische Luthertum der Reichsstadt, das alles zusammengenommen erklärt so ungefähr meine eigene theologische Position.«[1] Manches von dieser Mischung lässt sich auch bei seinem Neffen Hermann erkennen.

Die Familie von Loewenich, ursprünglich Loevenich geschrieben, stammt vom Niederrhein, aus der Gegend um Köln.[2] Dort ist das Rittergeschlecht von Loewenich seit dem 12. Jahrhundert belegt. Als Tuchproduzenten machten sich die Loewenichs ab dem 17. Jahrhundert einen Namen: Alexander von Loewenich begründete in Aachen eine Tuchfabrik, deren Produkte weltweit Absatz fanden; der Ornat für die französischen Könige stammte aus Loewenich'scher Produktion, ebenso der Purpur für die römischen Kardinäle. Auch bei Johann Wolfgang von Goethe finden die Tuchhändler von Loewenich Erwähnung.

Die Loewenichs waren damals zum Großteil Mennoniten. Das Verständnis von Glauben und Gemeinwesen, die Kritik an den Strukturen der Amtskirche, die Ablehnung einer Kooperation mit dem Staat machten die Glaubensgemeinschaft der Mennoniten angreifbar, sowohl von kirchlicher als auch von staatlicher Seite. Hermann von Loewenich war dieser Aspekt seiner Herkunft bewusst; das spürt man besonders bei einer Predigt, die er als Landesbischof am 24. März 1996 in Regensburg-Burgweinting hielt, anlässlich der Annäherung zwischen der VELKD und der »Arbeitsgemeinschaft Mennonitischer Gemeinden in Deutschland« (AMG): »Aus einem familiären Grund feiere ich zusammen mit meinem Bruder Reinhard heute besonders gerne mit. Zu unseren Vorfahren gehörten seit dem Ende des 16. Jahrhunderts Mennoniten. Bartholomäus von Loewenich war im 18. Jahrhundert ein berühmter Mennonitenprediger in Amsterdam.«[3] Das »Einssein in der Liebe«, so von Loewenich weiter, könne für Mennoniten wie für Lutheraner äußerst bereichernd sein: Von den Erfahrungen der Mennoni-

---

1   VON LOEWENICH, Erlebte Theologie, 15.
2   Informationen zur Herkunft der von Loewenichs a. a. O., v. a. 11–16.
3   Predigt enthalten in: LAELKB, NL Loewenich, Hermann von, vl. Nr. 86.

ten mit gewaltfreien Konfliktlösungen und Mediation im Geist
der Bergpredigt könnten die Lutheraner profitieren; dass auch
ein politisches Amt eine Berufung in Jesu Namen sein könne,
könnten die Mennoniten wiederum von den Lutheranern annehmen.

Die lutherische Tradition der bayerischen bzw. fränkischen Linie der Familie geht auf Bartholomäus von Loewenich
(1779–1830), den Ururgroßvater Hermann von Loewenichs, zurück: Er wurde 17-jährig in Krefeld lutherisch getauft und konfirmiert. 1811 begründete er eine Filiale der Firma seines Schwie-
gervaters für Rauchtabak in Erlangen und bezog dazu 1813 das
später als »Loewenich'sches Palais« betitelte Haus in der Nürnberger Straße, heute ein Kunstmuseum. Nun entstanden auch
familiäre Bindungen der von Loewenichs zu Mitgliedern der
hugenottischen Gemeinde, das erwähnte »calvinistische Salz«
kam hinzu: Die Erlanger Neustadt war im 17. Jahrhundert von
Markgraf Christian Ernst für die französischen Glaubensflücht-
linge gegründet worden. Neben der französisch-reformierten
Gemeinde gab es später auch eine deutsch-reformierte Gemeinde in Erlangen, die Flüchtlingen aus der deutschsprachi-
gen Schweiz und der Pfalz eine Heimat bot. Bartholomäus von
Loewenich vermählte sich nach dem Tod seiner ersten Frau mit
der Hugenottin Caroline de la Rue, deren Familie wiederholt
Pastoren der französisch-reformierten Gemeinde stellte. Eine
der Töchter aus dieser Ehe, Luise von Loewenich (1822–1894),
heiratete 1844 den Theologen August Ebrard (1818–1888), dessen Familie aus den Cevennen stammte. Ebrard, Stifter der
Studentenverbindung Uttenruthia und nach deren Spaltung
des Erlanger Wingolfs, wurde 1847 in Erlangen auf die neu
geschaffene Professur für reformierte Theologie berufen und
lehrte dort bis zu seinem Weggang nach Speyer 1853. In späteren Jahren übernahm er die Pfarrstelle der Erlanger reformier-
ten Gemeinde. Nach Ebrard ist eine Erlanger Straße benannt,
die gleiche Ehre wurde seinem Schwiegervater Bartholomäus
zuteil. Walther von Loewenich greift dies in seinen Memoiren

mit der Bemerkung auf: »Seit 1956 wohne ich mit meiner Familie in dieser Straße [gemeint: Ebrardstraße], von der aus ich in wenigen Minuten, die Loewenichstraße kreuzend, zu dem Theologischen Seminargebäude in der Kochstraße gelange. So begleiteten mich auf meinem früheren täglichen Dienstweg die Erinnerungen an meine Vorfahren.«[4]

Der Großvater Hermann von Loewenichs, Clemens von Loewenich (1860–1936), Enkel des fränkischen Stammvaters Bartholomäus, wurde in Bayreuth geboren. Er wurde zunächst Amtsrichter, später Senatspräsident am Oberlandesgericht in Nürnberg und war mit Caroline, genannt Lina, Heinlein (1873–1959) verheiratet, die mütterlicherseits aus der bekannten Nürnberger Kaufmannsfamilie von Merz stammte. Die Familie von Merz besaß auch eines der Grundstücke in der heutigen Sulzbacher Straße, auf denen 1911 der Neubau des Melanchthon-Gymnasiums errichtet wurde, das später Hermann von Loewenich ebenso wie seine Brüder besuchte.

1.2 »Mein Vater war ein Vorbild für mich«: Wilhelm von Loewenich

»Mein Vater war ein Vorbild für mich. Ein solches Vorbild bekommt natürlich eine Gloriole und man muß sich entsprechend damit auseinandersetzen. Sein Bild steht immer noch auf meinem Schreibtisch.«[5] In einem Interview thematisierte Hermann von Loewenich 1999 einmal mehr das Andenken seines Vaters, und das kann exemplarisch gesehen werden: Die Erinnerung an den 1943 in russischer Gefangenschaft verstorbenen Wehrmachtspfarrer Wilhelm von Loewenich war ein wiederkehrendes Motiv in Hermann von Loewenichs beruflicher wie privater Existenz, war ihm Ansporn und Anfechtung zugleich

---

4   VON LOEWENICH, Erlebte Theologie, 14.
5   VON LOEWENICH, Offen, 33.

und wurde auch von Zeitgenossen gerade an den Marksteinen seines Lebens an ihn herangetragen. Trotz der wenigen Zeit, die dem Vater aufgrund des Krieges mit seinen Kindern vergönnt war, hatte er auf das Leben und Wirken Hermann von Loewenichs entscheidenden Einfluss. Was seine Mutter betraf, erzählte Hermann von Loewenich in späteren Jahren vor allem von der gelebten Frömmigkeit, die sie ihren Kindern vermittelt hatte: den morgendlichen Andachten, den Feiern im Rhythmus des Kirchenjahres, der gemeinsamen Bibellektüre. Nicht alle seine Geschwister empfanden die religiöse Erziehung im Elternhaus so positiv, wie Hermann von Loewenich sie schilderte.[6]

Wilhelm Alexander von Loewenich wurde am 23. Juli 1894 als erstes Kind von Clemens und Lina von Loewenich in Nürnberg geboren. Neun Jahre später kam sein Bruder Walther, der spätere Erlanger Theologieprofessor, zur Welt. Eine enge Beziehung zwischen beiden Brüdern bestand offensichtlich, gerade auch wegen des Altersunterschiedes, nicht. Für Walther spielte vielmehr der fast gleichaltrige Vetter Oskar Grether eine prägende Rolle; die beiden wuchsen wie Brüder auf.[7]

Wilhelm von Loewenich genoss in seiner Kindheit und Jugend Bildung und Privilegien des gehobenen Bürgertums.[8] Er erhielt Geigenunterricht, pflegte Freundschaften im Colleg an der Bucherstraße, besuchte das traditionsreiche Melanchthon-Gymnasium und erwies sich als begabter, pflichtbewusster Junge; er war Primus seiner Klasse. Der Konfirmandenunterricht beeindruckte den Jungen offensichtlich sehr. Seinem Konfir-

---

6 Vgl. dazu die Schilderungen in: WIGGLI-VON LOEWENICH, Mein Bild.

7 Oskar Grether (1902–1949) wurde ebenfalls Theologe; er schrieb eine »Hebräische Grammatik für den akademischen Unterricht«, die posthum veröffentlicht wurde. Ebenso wie Walther von Loewenich war er in der NS-Zeit Privatdozent an der Erlanger Theologischen Fakultät. Vgl. BEYSCHLAG, Erlanger Theologie, 148.

8 Die Informationen zum Leben Wilhelm von Loewenichs beruhen weitgehend auf WIGGLI-VON LOEWENICH, Mein Bild, sowie auf dem Interview R. von Loewenich.

mationsspruch maß er eine tiefe Bedeutung zu: »Herr, zeige mir deine Wege und lehre mich deine Steige, leite mich in deiner Wahrheit und lehre mich« (Ps 25,4f). Nach einem mit Auszeichnung bestandenen Abitur nahm Wilhelm von Loewenich zum Winter 1913 das Studium der Altphilologie in Erlangen auf, wechselte dann an die juristische Fakultät. Mit Studienbeginn trat er in den Erlanger Wingolf ein, eine nichtschlagende, christliche Studentenverbindung, zu deren Stiftern sein Vorfahre August Ebrard zählte.

Der Militärdienst war dem kaisertreu gesinnten Mann ein großes Anliegen: Bereits 1913 hatte sich der 19-Jährige als Freiwilliger gemeldet, war aber zurückgestellt worden, ebenso als er zu Kriegsbeginn 1914 erneut seinen Dienst anbot. Es ist anzunehmen, dass Wilhelm von Loewenich die Aufbruchsstimmung teilte, so, wie sie sein Vater Clemens in seinen Memoiren beschrieb: »Die Augusttage des Jahres 1914 waren eigentlich eine wundervolle Zeit. Alle Schranken der Klassen waren gefallen. Wir waren wirklich ein einig Volk von Brüdern, opferwillig und begeistert. [...] Wie herrlich war es, als die ersten Siegesnachrichten kamen. Wie überfüllt waren die Gotteshäuser, wie drängte man sich zum Abendmahl. Alles war eine große Familie.«[9]

Im fünften Anlauf, nach dem ersten juristischen Zwischenexamen 1915, hatte Wilhelm von Loewenich schließlich Erfolg: Trotz Bedenken des musternden Arztes wurde er aufgrund seines beharrlichen Drängens für tauglich erklärt und kam im Juni 1915 zum 6. Feldartillerieregiment nach Fürth. Im September 1918 geriet Wilhelm von Loewenich in der Nähe von St. Quentin in französische Kriegsgefangenschaft, er durchlebte verschiedene Gefangenenlager. Bei einem der Gefangenentransporte erfror er sich im Januar 1919 Zehen des linken Fußes, was zeitlebens zu Beeinträchtigungen führen sollte. Im April 1919 wurde Wilhelm von Loewenich vorzeitig aus der Gefangenschaft entlassen. Auf Krücken kehrte er in seine Heimatstadt

---

9   WIGGLI-VON LOEWENICH, Mein Bild, 58.

zurück und wurde im dortigen Lazarett behandelt. Die Kriegs-
erlebnisse waren prägend für sein weiteres Leben – die Erfahrungen an der Front, der Tod vieler Freunde, die Strapazen im
Kriegsgefangenenlager. Den Heimkehrer trieben die im Krieg
wachgerufenen existenziellen Fragen ebenso wie die Sorge
um die Zukunft seines Landes zum Wechsel des Studienfa-
ches: »Er hatte wohl den Eindruck: Wenn es für Deutschland
irgendwie eine Zukunft geben soll, braucht Deutschland jetzt
Theologen«[10], so sein Sohn Reinhard.

Im Juni 1919 schrieb sich Wilhelm von Loewenich für das
Theologiestudium in Erlangen ein. Für Kriegsteilnehmer wurden in den Sommermonaten der Jahre 1920 und 1921 zusätzliche
Lehrangebote gemacht, so dass von Loewenich bereits 1921 zur
theologischen Aufnahmeprüfung antreten konnte. Hier wurden ihm vor allem in den exegetischen Fächern herausragende
Fähigkeiten bescheinigt. Da er zu den Besten seines Jahrgangs
zählte, wurde er im Oktober desselben Jahres in das Predigerseminar München einberufen. Landesbischof Hermann Dietzfelbinger, dem diese Ehre ein Jahrzehnt später ebenfalls zuteilwur-
de, schrieb in seinen Erinnerungen über seine Zeit im Seminar:
»Es sollte den jeweils drei ersten eines Kandidatenjahrgangs
eine theologische Weiterarbeit, zugleich aber auch eine durch
Teilnahme am kulturellen Leben Münchens vertiefte Allge-
meinbildung ermöglichen.«[11] Und der Theologe Georg Merz,
1915/16 ebenfalls Münchner Seminarist, beschrieb das dortige
System mit den Worten: »Es war ein mit unerhörter Klugheit,
wenn nicht Genialität durchdachter Plan, zwei Jahre lang junge
Männer, von denen man annehmen durfte, daß sie einmal in
der Kirche in besonderer Weise Verantwortung tragen würden,
in eine solche Gemeinschaft zu stellen, die sie mit Notwendigkeit nicht nur untereinander binden mußte, sondern sie auch
mit den Vorhergehenden in Zusammenhang brachte.«[12] Merz

---

10   Interview R. von Loewenich.
11   DIETZFELBINGER, Veränderung, 13f.
12   MERZ, Münchener Predigerseminar, 77.

bezeichnete die Jahre 1920 bis 1923 – und damit die Seminar-phase von Loewenichs – als »wilde Kampfzeiten«, geprägt von leidenschaftlichen theologischen Erörterungen.[13] Am 19. März 1922 wurde Wilhelm von Loewenich in der Matthäuskirche or-diniert, im Oktober 1922 trat er seine Stelle als Hilfsgeistlicher in München-Sendling an. In den Beurteilungen wird ihm eine große Gabe im Umgang mit Kindern bescheinigt, er wird als eine zurückhaltende Persönlichkeit mit rhetorischer Begabung und warmer Ausstrahlung charakterisiert.[14] Das zweite theolo-gische Examen bestand Wilhelm von Loewenich als Jahrgangs-bester.

Im Oktober 1924 wurde Wilhelm von Loewenich in der Nürn-berger Innenstadtkirche St. Jakob auf die dritte Pfarrstelle in-stalliert. Die Kirche war in einem baulich schlechten Zustand; immer wieder wurden Sammlungen veranstaltet, um Restau-rierungsarbeiten vorantreiben zu können. In seinem Sprengel begegnete der junge Geistliche vielen notleidenden Menschen; dem »Kirchlichen Kalender für St. Jakob« zufolge war seit No-vember 1919 diesem Gebiet »mit seinen vielen Armen und Be-dürftigen« eigens eine Gemeindeschwester zugeteilt worden.[15] Laut den Erinnerungen seiner Söhne fand Wilhelm von Loe-wenich Zugang zu diesen Menschen, seine Tochter Gertraud Wiggli-von Loewenich bezweifelt dies allerdings.[16] Offen-sichtlich waren vor allem Probleme im Umgang mit Jugendli-chen, hauptsächlich im Unterricht in der Berufsschule, ein we-sentlicher Grund für die wiederholten Versuche Wilhelm von Loewenichs, sich von der Stelle weg zu bewerben. Diese Bewer-

---

13   A.a.O., 87.

14   Vgl. Beurteilung 20.6.1930, Ansbacher Kreisdekan W. Rüdel: »Sie [die Predigt] ist in edler Sprache gehalten. Der Gesamteindruck ist ein sehr guter.« In: LAELKB, KDN, Nr. 5327.

15   Kirchlicher Kalender für das Jahr 1922. LAELKB, DSS O Nürnberg-St. Jakob.

16   Vgl. WIGGLI-VON LOEWENICH, Mein Bild, 69.

bungen blieben jedoch erfolglos.[17] Hermann von Loewenich
sollte später die Eindrücke, die er in der Kindheit von seinem
Vater als »Gäßlespfarrer« in St. Jakob mitbekam, als wesentlich
dafür benennen, dass ihm der Kontakt der Kirche mit der Arbeiterschaft zeitlebens ein Anliegen war.[18]

Am 18. April 1927, einem Ostermontag, heiratete Wilhelm
von Loewenich Jutta Braun (1904–1966), mit der er sich 1926
verlobt hatte. Die Hochzeit fand in der Lorenzkirche statt. Auch
Jutta von Loewenich, die in einem Lehrerinnenseminar ausgebildet worden und als Hilfslehrerin, dann als Hauslehrerin
im Allgäu tätig gewesen war, stammte aus einer angesehenen
Nürnberger Familie. Ihr Vater Ludwig Braun unterrichtete am
Melanchthon-Gymnasium.

Wilhelm und Jutta von Loewenich wohnten im alten Pfarrhaus an der Schlüsselstraße, direkt gegenüber dem Weißen
Turm. Im Februar 1929 kam ihr erster Sohn, Gerhard, zur Welt,
ihm folgte am 26. Oktober 1931 Hermann Christian. Er wurde
am 29. November in der Jakobskirche getauft. Im Januar 1933
wurde Reinhard von Loewenich geboren; er und Hermann hatten lebenslang eine enge Verbindung. 1937 und 1938 kamen die
Töchter Elisabeth und Gertraud zur Welt.

1.3 »Man muss das miterlebt haben«: Kindheit in Nürnberg

Die Geschwister von Loewenich hatten eine behütete, aufgrund der Lage des Pfarrhauses durchaus aufregende Kindheit –
da waren die verwinkelten Gassen, die Bettler, die vor der Türe
standen, aber auch die Eindrücke der imposanten Gebäude der
Nürnberger Altstadt. Das Pfarrhaus in der Schlüsselstraße 10
war in einem schlechten baulichen Zustand. Jutta von Loewe-

---

17 Vgl. die Unterlagen in LAELKB, KDN, Nr. 5327.
18 Vgl. VON LOEWENICH, Ansprache zur Jubiläumsfeier (11.11.1994), 8.

nich beschrieb es mit den Worten: »Alt und kalt und düster sah's aus, wenn man zum vergitterten Fenster neben der Haustür reinguckte [...], sah man in den finsteren Hausflur mit seiner Kellerfalltüre und dem Waschhaus. ›Huch, wie in einem Gefängnis‹, sagen manchmal die Leute, und wenn man die Treppe zum ersten Stock heraufkam, so erinnerte ein großes schmiedeeisernes Gitter, das den Wohnungseintritt verwehrte, wieder an ein Gefängnis. Aber es schützte uns halt doch recht vor so manchem zweifelhaften Bettler. [...] Die Pfarrhausdiele war riesengroß mit großen Solnhofer Fliesen belegt [...]. Die Zimmer im Pfarrhaus waren gemütlich, nicht sehr groß, niedrig, kleine Fenster, Kachelöfen, die Wände bis zur halben Höhe mit Holz verschalt. Da sie meist nach Süden gingen, waren sie sonnig. [...] Das Haus hatte eine Seele. Allerdings auch viele Mäuse und selbst Ratten!«[19] Der Mutter stand eine Haushaltshilfe zur Seite. Nachdem es keinen angrenzenden Garten für die Pfarrfamilie gab, erwarben die Eltern einen Pachtgarten im Stadtgraben, unterhalb der Burg am Tiergärtnertor, im sogenannten Schneppergraben. Hier konnten sich die Kinder nach Herzenslust austoben.

Hermann von Loewenich besuchte in den Jahren 1936 bis 1938 den gemeindeeigenen Kindergarten in der Nadlergasse, der von Augsburger Diakonissen geleitet wurde. Von Loewenich erzählte später von dieser Einrichtung und deren Umgebung: »Ich erinnere mich an den großen Kindergartensaal, in dem sich das Kindergartenleben abspielte. Bei der großen Zahl der Kinder war es streng reglementiert. Deutlich erinnere ich mich auch, daß die Schwestern mit uns sangen, biblische Geschichten erzählten und beteten. Interessant war der Weg zum Kindergarten. Wir mußten die Gleise der Straßenbahn überqueren. Einmal wäre mein Bruder Reinhard beinahe unter die Räder geraten, hätte der Straßenbahnführer nicht geistesgegenwärtig reagiert. Gut erinnere ich mich auch noch an die Bier-

---

19 WIGGLI-VON LOEWENICH, Mein Bild, 51f.

fuhrwerke, die oft an der Kneipe neben dem Kindergarten hielten, Pferde imponierten mir.«[20]

Im Kindergartenalter geschah auch ein dramatischer Unfall: Hermann von Loewenich rannte durch die Küche und stieß dabei mit der Haushaltshilfe zusammen, die einen Topf mit heißem Wasser trug. Der Junge verbrannte sich am ganzen Körper; die Narbe über dem Schlüsselbein trug er lebenslang. Die zarte körperliche Verfasstheit des Kindes gab offensichtlich häufiger Anlass zur Sorge; in seiner Abschiedspredigt als Landesbischof zitierte von Loewenich die Prognose seines Kinderarztes: »Aufgrund einer Drüsenerkrankung hatte er in meinem ersten Lebensjahr zu meiner Mutter gesagt: Zur Sonderschule werde es für mich wohl noch reichen.«[21]

Prägend für die Loewenich-Brüder war der Kindergottesdienst, den der Vater mit großem Engagement hielt. Die Vorbereitungen des Kindergottesdienstkreises fanden abends im Studierzimmer des Vaters statt. Für die Kinder, die direkt angrenzend ihren Schlafraum hatten, war es ein »sehr interessantes Erlebnis, wenn wir dann noch so ein bisschen mithörten, wie der Vater mit seinen getreuen Helfern den Gottesdienst für Sonntag vorbereitet hat.«[22] Die Kinder lauschten gerne der Katechese des Vaters, in die oft auch Neckereien über die Söhne eingebaut waren.

Später besuchten die Brüder die Jungschar im CVJM-Vereinshaus am Sterntor. Das Haus wurde während der NS-Zeit von der Kirche »gemietet«[23]: Dem CVJM-Nürnberg war mit der Eingliederung in die HJ die Befugnis zur Jugendarbeit entzogen worden. Der eigentlich als CVJM-Jugendsekretär vorgesehene Walter Börner konnte allerdings nominell als Jugendwart der Kirche angestellt werden; es war dem damaligen Landesju-

---

20 Sonntagsblatt (27.11.1994).
21 Abschiedspredigt 31.10.1999, in: LAELKB, NL Loewenich, Hermann von, vl. Nr. 86.
22 Interview R. von Loewenich.
23 Vgl. dazu CVJM NÜRNBERG (Hrsg.), Unterwegs, 94.

gendpfarrer und späteren Oberkirchenrat Heinrich Riedel ein
Anliegen, dass auf diese Weise eine Jugendarbeit im Sinne des
CVJM weitergeführt werden konnte. Von Loewenich nahm aus
den Gruppenstunden und Begegnungen im CVJM »wichtige
Impulse«[24] mit. Er zählte auch zu den Teilnehmern der ersten
Freizeit, die Börner nach dem Krieg in Prackenfels anbot, und
engagierte sich in der unmittelbaren Nachkriegszeit in Erlangen
im dortigen CVJM. Walter Börner kam auch zu Hermann von
Loewenichs Konfirmation im Jahr 1946.

Neben der christlichen Erziehung lag den Eltern am Herzen, dass sich die Kinder musikalisch und sportlich betätigten.
Hermann und Reinhard besuchten die städtische Singschule,
lernten Flöte spielen, Hermann nahm auch Klavierstunden.
Was den Sport betraf, gingen die Brüder zweimal in der Woche
zur Turnstunde in den Turnverein TSV 1846 Nürnberg. Außerdem stand der Fußball von Anfang an bei den Brüdern hoch im
Kurs: So oft es ging, spielten sie auf dem ehemaligen Tennis-
platz bei ihrem Haus Fußball, und Reinhard von Loewenich
erinnert sich daran, dass der Vater »einmal aus Frankreich uns
Kindern einen Fußball mitbrachte, den man damals in Nürnberg gar nicht mehr kaufen konnte«.[25] Die Begeisterung für den
1. FC Nürnberg begann bei Hermann von Loewenich im Buben-
alter und sollte ein Leben lang anhalten.

Zur Kindheit in der Schlüsselstraße gehörte auch die Stimmung der Nürnberger Reichsparteitage: die vielen Besucher,
die Fahnen und Uniformen. Die Aufmärsche zogen direkt am
Pfarrhaus vorbei, hin zum Hauptmarkt, die Kinder sahen Adolf
Hitler im offenen Wagen am Haus vorbeifahren. Ab 1941 war
Hermann von Loewenich Mitglied im Jungvolk. Anscheinend
fiel er dort seinen Führern als besonders begabt auf, so dass er
für den Besuch einer Adolf-Hitler-Schule, einer nationalsozialistischen »Eliteschule«, vorgeschlagen wurde. Jutta von Loe-

---

24   A. a .O., 50.
25   Interview R. von Loewenich.

wenich sorgte sich anscheinend sehr darum, wie mit dieser Empfehlung umzugehen sei; ein Brief ihres Mannes aus Russland beruhigte sie mit den Worten: »Übrigens: in die Adolf-Hitler-Schule wird ein Pfarrerssohn kaum einberufen. Und meine Buben müssen selbstverständlich in den Konfirmanden-Unterricht, von dem ich zu mindesten nicht weiß, ob er von der Adolf-Hitler-Schule aus besucht werden kann.«[26]

Hermann von Loewenich verschwieg später seine kindliche Begeisterung für den Nationalsozialismus nicht, auch nicht, dass er im Jungvolk »bis zum Ende des ›Dritten Reiches‹ mit gutgläubiger Begeisterung Dienst tat«[27]. In seiner Rede zur Verleihung der Ehrendoktorwürde der Augustana-Hochschule Neuendettelsau 1997 blickte er mit den Worten zurück: »Früh genug erfuhr ich die Spannung, einerseits Kind meiner Zeit sein zu wollen, und gleichzeitig Pfarrersbub zu sein. Als ›Pimpf‹ in der Hitlerjugend versetzte mich das in Gewissenskonflikte, denen ich nicht immer gewachsen war. Beides erlebte ich in meiner Kindheit in Nürnberg. Die Begeisterung der Reichsparteitage, die sich steigernde Bedrängnis der Juden und eine Kirche, die zwischen Eigenleben und Anpassung hin- und hergerissen war.«[28] Bezüglich der historischen Bewertung Bischof Meisers gab er zu bedenken: »Ich habe als Junge die ganze Atmosphäre, die suggestive Atmosphäre der NS-Herrschaft mitbekommen. Die Siege, die die deutsche Wehrmacht 1939/40 gefeiert hat, die das Volk trunken machten. Man muß das miterlebt haben, man muß das atmosphärisch miterlebt haben. Man muß das irgendwie in den Fingerspitzen haben, um hier zu gerechten Urteilen zu kommen.«[29]

Über die Auseinandersetzung Wilhelm von Loewenichs mit

---

26 Brief vom 15.11.1942. Zit. nach WIGGLI-VON LOEWENICH, Briefe, 153.

27 Lebenslauf zur Aufnahme in die Anwärterliste (1952), in: Landeskirchenamt, Personalakte H. v. Loewenich.

28 Ansprache Ehrenpromotion 28.5.1997 (Neuendettelsau); LAELKB, NL von Loewenich, Hermann, vl. Nr. 13.

29 VON LOEWENICH, Offen, 219.

dem Nationalsozialismus liegen nur wenige Anhaltspunkte vor. Namentlich in Erscheinung trat er im September 1933 im Zusammenhang mit dem sogenannten »Arierparagraphen«: Am 7. April 1933 hatten die Nationalsozialisten das »Gesetz zur Wiederherstellung des Berufsbeamtentums« eingeführt; es war der Beginn der nun folgenden zunehmenden Diffamierung, Entrechtung, Verfolgung und Ermordung der Juden.[30] Paragraph 3 lautete, dass Beamte »nicht arischer Abstammung [...] in den Ruhestand [...] zu versetzen«[31] seien. Die »Deutschen Christen«, die seit Sommer 1933 die Leitungsgremien deutscher Landeskirchen mit Ausnahme Bayerns, Württembergs und Hannovers dominierten, wollten in der evangelischen Kirche eine entsprechende Regelung einführen. Am 6. September 1933 beschloss die 10. Generalsynode der Evangelischen Kirche der Altpreußischen Union, den Arierparagraphen zu übernehmen, andere deutsch-christlich geführte Landeskirchen folgten. Kurz nach diesem Beschluss warben am 14. September 1933 25 Pfarrer aus Nürnberg und Umgebung bei ihren bayerischen Amtsbrüdern dafür, eine Übernahme des staatlichen Arierparagraphen für den kirchlichen Bereich abzulehnen.[32] Zu den namentlich genannten Unterzeichnern gehörte auch Wilhelm von Loewenich, ebenso wie der erste Pfarrer von St. Jakob, Prodekan Ernst Ortloph, anscheinend einer der Initiatoren des Dokuments. Nürnberg wurde in den Folgejahren wiederholt zum Schauplatz des Kirchenkampfes; wie sich Wilhelm von Loewenich im Einzelnen positionierte, ist nicht bekannt. Den »Deutschen Christen« stand er nachweislich ablehnend gegenüber. Tradiert wird auch, dass Wilhelm von Loewenich einmal Zielscheibe des Hetzblattes »Der Stürmer« gewesen sei.[33]

---

30 Vgl. dazu TÖLLNER, Rasse, 49. A.a.O. nachfolgende Informationen.
31 Zit. nach RÖHM/THIERFELDER, Juden (1), 112.
32 Nach TÖLLNER, Rasse, 51. A.a.O. nachfolgende Information.
33 Vgl. dazu LAELKB, NL Loewenich, Hermann von, vl. Nr. 28. Von Loewenich schrieb am 30.1.1980 mit Blick auf eine Karikatur in den Nürnberger Nachrichten: »Ich bin als Kind in Nürnberg aufge-

Interessant wäre zu wissen, wie Wilhelm von Loewenich zu der politischen Einstellung seines entfernten Verwandten Eduard Hamm stand, bei dem die Familie wiederholt zur Sommerfrische in Reit im Winkel war.[34] Hamm gehörte zu den frühen Kritikern des Nationalsozialismus und war ein maßgebliches Mitglied des sogenannten Sperr-Kreises, von dem der liberale Widerstand gegen Hitler in Bayern ausging.[35] Dieser Kreis um den Politiker Franz Sperr signalisierte gegenüber Claus Schenk Graf von Stauffenberg Unterstützung und geriet damit nach dem Scheitern des Staatsstreichs ins Visier der Gestapo. Eduard Hamm wurde am 2. September 1944 verhaftet und nach Berlin ins Gefängnis in der Lehrter Straße gebracht. Nach Folter und Verhören kam er schließlich bei einem Sturz aus dem Fenster ums Leben; ob es sich um einen Suizid handelte, bleibt ungeklärt. Sperr wurde im Januar 1945 in Berlin-Plötzensee hingerichtet. Reinhard von Loewenich hält es für sehr wahrscheinlich, dass sein Vater und dessen Bruder Walther die politische Einstellung Eduard Hamms kannten und daher auch zumindest ahnten, welchen Ausgang dieser dem »Dritten Reich« prognostizierte.[36]

Nachdem die Bewerbungen auf andere Pfarrstellen erfolglos geblieben waren, meldete Wilhelm von Loewenich ab 1937 Interesse an der Wehrmachtsseelsorge an. Dabei spielte nach Meinung seines Sohnes Reinhard weniger die politische Ge-

---

wachsen und erinnere mich noch an die schamlosen Karikaturen über die Juden und das Alte Testament in diesem schrecklichen Blatt. Auch über meinen eigenen Vater, der hier Pfarrer war, ist dieses Blatt einmal hergefallen. Insofern bin ich an diesem Punkte vielleicht besonders sensibel.«

34 Hamm, Jurist, Mitbegründer des bayerischen Landesverbands der Deutschen Demokratischen Partei (DDP) und prominenter Politiker in der Weimarer Republik, war ein angeheirateter Vetter Lina von Loewenichs. Zum Leben Hamms vgl. http://eduard-hamm.de/ [Stand: 11.2.2016].

35 Vgl. dazu W. HARDTWIG / M. LIMBACH, Bürger gegen Hitler, Süddeutsche Zeitung (18.7.2014).

36 Vgl. Interview R. von Loewenich.

sinnung als die im Ersten Weltkrieg erlebte Kameradschaft eine Rolle.[37] Dazu kamen die bereits erwähnten Schwierigkeiten im Umgang mit den Schülern, die Wilhelm von Loewenich offensichtlich zunehmend belasteten. Am 11. Oktober 1937 schließlich wandte sich der Landeskirchenrat mit einem Schreiben an den damals 43-Jährigen: »Wir haben Sie im Hinblick auf die Neuordnung der Wehrmachtsseelsorge für eine planmäßige Heerespfarrerstelle in Aussicht genommen.«[38] Im Juli 1938 leistete Wilhelm von Loewenich den in Paragraph 1 des Kirchengesetzes vom 18. Mai 1938 vorgeschriebenen Treueeid auf den Führer, zu dem alle bayerischen Pfarrer verpflichtet wurden. Im September 1938 trat er zunächst eine Stelle als kommissarischer Wehrmachtspfarrer in Bamberg an. Ein Umzug der Familie dorthin war bereits geplant, doch sollte es dazu nicht mehr kommen.

1.4 »Wo die größere Pflicht liegt«: Kriegsjahre

Im Sommer 1939 befanden sich Wilhelm und Jutta von Loewenich mit den beiden Töchtern in der Sommerfrische im niederbayerischen Ortenburg, als am 25. August ein Telegramm der Idylle ein jähes Ende bereitete: Aufgrund der angespannten Situation müssten sich alle Wehrmachtsangehörigen zu ihren Einheiten begeben. Während die Mutter mit den erholungsbedürftigen Mädchen schweren Herzens in Ortenburg blieb,[39] machte sich der Vater auf den Weg nach Nürnberg und zog bereits wenige Tage später mit seiner Division in den Krieg, ohne

---

37 Vgl. Interview R. von Loewenich: »Die Loewenichs, der Vater gleich gar nicht, waren sicher nie Nazis. Aber der Schock von 1918/19 hat ihn so geprägt, aber auch die positiven Kameradschaftserlebnisse im Krieg [und das alles] hat sicher mitgespielt, dass er später auch noch einmal zur Wehrmacht gegangen ist.«

38 In: LAELKB, KDN, Nr. 5327.

39 Vgl. dazu WIGGLI-VON LOEWENICH, Mein Bild, 23.

seine Frau zuvor noch einmal zu sehen. Zunächst war Wilhelm von Loewenich kurzzeitig am Westwall, an der Grenze zu Frankreich stationiert. Nach Beendigung des Polenfeldzuges kam er zur Besatzung nach Ostpolen, wo er bis Sommer 1940 blieb.

Im November 1939 wurde Wilhelm von Loewenich zum planmäßigen Wehrmachtspfarrer bestellt und damit endgültig in die Wehrmachtsseelsorge übernommen.[40] Er gehörte damit zu den rund 20 bayerischen Geistlichen, die als Feldgeistliche um die Jahreswende 1939/40 ihren Dienst taten;[41] die Seelsorge an den Soldaten wurde gemäß einer »Anweisung für Truppengeistliche« dezidiert als »Mittel zur Stärkung der Schlagkraft des Heeres« gesehen. Nach der langen Zeit des kommissarischen Status war von Loewenich erleichtert, als er die Ernennungsurkunde in Händen hielt. Trotzdem äußerte er wiederholt Zweifel, was seine Entscheidung bezüglich des Stellenwechsels betraf. So schrieb er am 21. November 1939 an seine Frau: »Die Ungewißheit meines Schicksals ist mir eine ständige Anfechtung. Hätte ich es doch Euch und der Gemeinde nicht antun sollen?«[42] Die Erlebnisse und Überlegungen, die Wilhelm von Loewenich in seinen zahlreichen Briefen aus dem Feld an Ehefrau und Mutter äußert, scheinen in weiten Teilen exemplarisch für die Gruppe der Feldgeistlichen zu stehen[43] – auch wenn man bei der Lektüre immer die Zensur der Briefe im Blick haben muss. Den Berichten von Loewenichs zufolge konnte dieser in Polen offensichtlich weithin ungehindert seinen Dienst tun. Hauptsächlich war er dabei auf den Truppen- und Hauptverbandsplätzen sowie im Feldlazarett tätig. Zahlreiche

---

40 Mitteilung des Feldbischofs vom 24.11.1939, rückwirkend zum 1.9.1939; laut Schreiben des Landeskirchenrats an das Dekanat Nürnberg, 30.11.1939, in: LAELKB, KDN, Nr. 5327.
41 Detaillierte Auflistung vgl. BAIER, Kirche, 101. A.a.O. nachfolgendes Zitat.
42 WIGGLI-VON LOEWENICH, Briefe, 22.
43 Einen Überblick über die Berichte der bayerischen Feldgeistlichen bietet BAIER, Kirche, 103ff.

Feldgottesdienste waren zu halten, der Einladung zum Abendmahl folgten allerdings nur wenige Soldaten. Auf dezidierte
Ablehnung stießen Loewenich und seine Kollegen anscheinend
selten. Insbesondere zu Verwundeten entwickelten sich zuweilen tiefgehende Kontakte.

Während der Vater im Feld war, räumte die Familie im Februar 1940 das alte Pfarrhaus in der Schlüsselstraße und zog in
eine äußerst feudale Wohnung am Prinzregentenufer. Reinhard
von Loewenich erinnert sich an den Umzug mit den Worten:
»Unglaublich für uns als Kinder, dieser Sprung von der Schlüsselstraße mit ihren Mauselöchern hin in diese herrschaftliche
Wohnung. Da gab es einen Dienstbotenaufgang und einen
herrschaftlichen Aufgang mit einem Personenaufzug. Und in
jedem Zimmer war eine Glocke, mit der man Dienstboten rufen konnte.«[44] Das Haus war zuvor in jüdischem Besitz gewesen, es wurde nun Angehörigen der Wehrmacht zur Verfügung
gestellt.[45] Im selben Haus wohnte auch die Familie des 1926 ge-
borenen Gottfried Naether; sein Vater war Wehrkreisdekan.
Die Lebenswege Gottfried Naethers und Hermann von Loewenichs sollten sich später wiederholt kreuzen. Naether erinnert
sich an von Loewenich als einen bereits in der Kindheit sehr
zielstrebigen Menschen.[46]

Wie Hermann von Loewenich im Erwachsenenalter immer wieder erwähnte, blieb ihm und seinen Geschwistern die
Verfolgung der Juden nicht verborgen. In Nürnberg zeigten sich
antisemitische Verhaltensweisen bereits deutlich in den Jahren
der Weimarer Republik in allen Bevölkerungsschichten; auch
in einigen traditionsreichen Nürnberger Vereinen mit nicht-
politischer Zielsetzung waren Untersuchungen zufolge bereits
früh diskriminierende Verhaltensweisen zu beobachten.[47] Die
Nürnberger Hauptsynagoge am Hans-Sachs-Platz wurde im

---

44   Interview R. von Loewenich.
45   A.a.O.
46   Interview G. Naether.
47   Vgl. EBERHARDT/HAAS/BERGER-DITTSCHEID, Art. Nürnberg, 489f.

August 1938 abgebrochen, die Synagoge des orthodoxen Vereins Adas Israel während des Novemberpogroms 1938 angezündet. In ganz Nürnberg wurden in der sogenannten Reichskristallnacht Geschäfte jüdischer Besitzer zerstört, Wohnungen geplündert und Juden misshandelt, mindestens neun von ihnen wurden ermordet. Damals wohnte die Familie von Loewenich noch in der Schlüsselstraße; im Viertel gab es einige jüdische Geschäfte. Reinhard von Loewenich erinnert sich daran, wie er und seine Brüder am Morgen des 10. November die Scherben auf den Straßen sahen. Auch Hermann von Loewenich berichtete wiederholt davon. Die Buben bekamen auch mit, wie in der Theodorstraße, einer Parallelstraße zum Prinzregentenufer, Anfang der 1940er Jahre Juden abgeholt wurden.[48]

Reinhard von Loewenich beschreibt das Verhältnis, das er und sein Bruder als Kinder zu den Nürnberger Juden hatten, als von Neugierde geprägt, aber auch durch die Hetze im Jungvolk beeinflusst. Die Mutter hatte den Kindern eine andere Art des Umgangs mit Juden vorgelebt, als diese es aus der Hitlerjugend kannten: »Unsere Mutter ist mit uns drei Buben durch die Altstadt gegangen, und dann kam ein alter Jude, der seinen Handkarren hinter sich hergezogen hat, auf dem er sein Hab und Gut vielleicht zu einer neuen Behausung gefahren hat. Und unsere Mutter sagte zu uns dreien: ›Helft doch dem Mann und schiebt!‹ Und einer von uns hat erklärt: ›Das ist doch ein Jude!‹ Das war natürlich dann absolut unter unserem Stand: Wir waren ja alle schon in der Hitlerjugend gewesen. Und dann hat die Mutter uns stehen lassen und ist hin und hat dem Mann geholfen, den Wagen zu schieben. Zu unserem Entsetzen: Die spinnt doch, die Mutti! Aber dann waren wir doch wahrscheinlich beschämt, und es war für uns klar, dass wir dann auch mit Hand angelegt haben.«[49]

---

48 Vgl. Ansprache H. von Loewenichs, Gedenkfeier 7.11.(o.J.) KZ-Denkmal Schupf (Hersbruck), in: LAELKB, NL Loewenich, Hermann von, vl. Nr. 16.

49 Wiederholt auch bei H. von Loewenich überliefert.

Während der Abwesenheit des Vaters kümmerten sich auch die Großeltern Braun und Großmutter Lina von Loewenich um die Kinder. Letztere war den Erinnerungen ihrer Enkel zufolge eine mitreißende Geschichtenerzählerin, die »Großmutter der Geschichten«[50]; sie verkehrte in gehobenen Kreisen Nürnbergs und nahm ihre Enkel auch dorthin mit. Die Großeltern Braun lebten in einem Haus in Zirndorf, in dem die drei Loewenich-Brüder auch manchmal für ein paar Tage ohne die Mutter bleiben durften. Nach Kriegsbeginn zog das Ehepaar Braun nach Nürnberg-Ziegelstein.

Im Sommer 1940 kam Wilhelm von Loewenich noch einmal nach Nürnberg zu seiner Familie; er war dort ein halbes Jahr lang als stellvertretender Wehrmachtspfarrer[51] stationiert. Hermann von Loewenich erinnerte sich daran, dass der Vater »nicht so furchtbar gern in Uniform [spazieren gegangen sei], wenn er in Nürnberg war. Wir dagegen wollten immer mit ihm mit der Uniform durch Nürnberg spazieren.«[52] Am Jahresbeginn 1941 kam Wilhelm von Loewenich in das besetzte Frankreich. Im Februar 1942 sah er zum letzten Mal seine Familie. Im Mai 1942 wurde seine Division nach Russland verlegt. Der Zug machte in Nürnberg Halt, ohne dass die Soldaten Gelegenheit bekommen hätten, auszusteigen. In seinem Brief vom 5. Mai 1942 schrieb Wilhelm von Loewenich an seine Frau: »Heute war ich ganz in Deiner Nähe, nicht nur in Gedanken, was ich ja, ohne Übertreibung gesagt, täglich bin, sondern leiblich; ich fuhr durch Nürnberg, hatte aber keinen Aufenthalt; es ging mir schon etwas nahe, so daß ich ein wenig zur Seite gehen mußte, um nicht vor den anderen weich zu werden; ich dachte daran, daß Ihr jetzt in der Morgenfrühe wohl Morgenandacht haltet.«[53]

Wilhelm von Loewenich rückte mit seiner Einheit bis nach Stalingrad vor. Aufgrund seiner familiären Situation hätte für

---

50 WIGGLI-VON LOEWENICH, Mein Bild, 57.
51 Vgl. Unterlagen in: LAELKB, KDN, Nr. 5327.
52 VON LOEWENICH, Offen, 32f.
53 WIGGLI-VON LOEWENICH, Briefe, 81.

ihn offensichtlich einem Erlass des Feldbischofs gemäß die Möglichkeit bestanden, sich im Herbst 1942 von der Front zurückzuziehen und stattdessen in weniger gefährdeten Positionen, auch in Deutschland, zu dienen. Trotz der Ermutigung von Offizieren, diese Vergünstigung wahrzunehmen, lehnte Wilhelm von Loewenich ab. Er fühlte sich seinem Auftrag in der Wehrmacht verpflichtet, er wollte nicht der Versuchung nachgeben, »die Flinte bei erster bester Gelegenheit ins Korn zu werfen«, wollte nicht »vor dem russischen Winter im voraus Reißaus [...] nehmen«[54]. Von Loewenich bat stattdessen darum, mit einer Versetzung zu warten, bis er selbst einen entsprechenden Antrag stellen würde. In einem Brief vom September 1942 lässt er seine Frau an seinen inneren Kämpfen teilhaben und bittet sie: »Also bitte, meine nicht, daß ich die Liebe zu Euch ganz aus meinen Erwägungen ausschalte; der Gedanke an Euch macht ja die Entscheidung so schwer, wo die größere Pflicht liegt.«[55]

Im November 1942 geriet Wilhelm von Loewenich in den Kessel von Stalingrad. Aus den darauffolgenden Wochen sind zahlreiche Briefe von ihm erhalten, die erahnen lassen, was er an Angst und Sorge empfunden hatte: »In dieser Kriegszeit muß man ja wahrhaftig lernen, alle Sorgen auf Gott [zu]werfen. Ganz kann ich es noch nicht, aber ich möchte es«[56], schrieb von Loewenich am 11. Dezember 1942, und am ersten Weihnachtsfeiertag wandte er sich mit den Worten an seine Frau: »Daß du Gerhard eine Krippe zu Weihnachten geschenkt hast, finde ich einen sehr feinen Gedanken, und wenn es auch nichts unmittelbar Praktisches ist. Er soll, selbst wenn mir etwas zustößt, auf diese feine, unaufdringliche Weise daran erinnert werden, daß er einem Pfarrhaus entstammt.«[57]

Wilhelm von Loewenichs letzter erhaltener Brief datiert vom 8. Januar 1943, sein Schlusssatz lautet: »Wie will ich ein-

---

54 Von Loewenich an seine Frau, 30.9.1942. A. a. O., 134f.
55 A. a. O., 135.
56 A. a. O., 159.
57 A. a. O., 161.

mal – so Gott es gibt – mein Familienleben schätzen.«[58] Im März
1943 starb der 49-Jährige in sowjetischer Gefangenschaft im Lazarett von Goroditsche, vermutlich an Entkräftung und an einer Infektion mit Fleckfieber. Offensichtlich hatte von Loewenich gemeinsam mit seinem katholischen Kollegen hier bei der
Versorgung der Kranken geholfen. Ob Wilhelm von Loewenich
tatsächlich, wie später wiederholt überliefert,[59] die Möglichkeit
gehabt hätte, mit einem der letzten Flugzeuge aus Stalingrad zu
entkommen und dies aus Pflichtgefühl den Kameraden gegenüber abgelehnt hatte, kann nicht eindeutig rekonstruiert werden. Seine eigenen Aufzeichnungen belegen lediglich seinen
Verzicht auf die erwähnte Möglichkeit vom Herbst 1942, sich
von der Front zurückzuziehen.

Lange wusste die Familie nichts vom Verbleib des Vaters,
der ab Juni 1943 offiziell als vermisst galt.[60] Die Unsicherheit
über das Schicksal des Ehemanns und Vaters, das Auf und Ab
der Hoffnungen prägte die nun folgenden Monate und Jahre. Im
Juli 1944 schrieb Jutta von Loewenich an dessen 50. Geburtstag
einen Brief an ihren Mann. Er wurde nicht abgeschickt, soll aber
dennoch in Auszügen wiedergegeben werden, weil er einen
Eindruck von dem Bangen der Familie und der Verbundenheit
des Paares gibt: »Heute hängt dein Bild [...] über dem Klavier im
Schatten des Kruzifixes, das ich Dir zu Deinem 40. Geburtstag
schenkte. Wir haben dein Bild mit Röslein vom Schneppergar-
ten geschmückt. [...] Es kamen viele Gerüchte vor mein Ohr,
darunter immer wieder das, daß Du hättest noch herausfliegen
können aus dem Stalingrader Kessel, daß Du aber gesagt hättest, Du wolltest bleiben. Ich nehme an, daß was Wahres dran
ist, daß Du auf irgendeine Weise dem Schicksal ›Stalingrad‹

---

58 A. a. O., 166.
59 Vgl. etwa eine Überlieferung bei WIGGLI-VON LOEWENICH, Briefe,
    176. R. von Loewenich sieht solche Überlieferungen kritisch, da sie
    schwer zu verifizieren seien.
60 Vgl. Schreiben J. von Loewenichs, 30.6.1943, nach: WIGGLI-VON LOE-
    WENICH, Mein Bild, 44f.

noch hättest entgehen können, und sei es nur so, wie Du mir ja noch damals nach Bad Gastein geschrieben hast, daß Du dem Feldbischof auf die Anfrage, ob Du Dich nach rückwärts verlegen lassen willst als Familienvater von 5 Kindern und in Anbetracht deines Alters, geantwortet hast, Du möchtest vorläufig bei deinen Soldaten bleiben. Du hast ja meine Antwort noch bekommen von damals. Ich fand das ganz richtig. Aber, daß Du so schnell nach dieser tapferen Antwort die Konsequenzen tragen mußtest! [...] Wie schwer mag Dir das gefallen sein, mein tapferer Mann. Aber ich verstehe dich, Du mußtest so handeln und ich bin stolz auf Dich und bete für dich, daß Du deinen Entschluß nie bereuen möchtest, daß Du doch ja nicht ›Löchle stieren‹ möchtest, darüber, ob Du recht gehandelt hast, daß Du eine stete Kraft und Trostquelle für deine Soldaten sein möchtest.«[61]

Die letzten Kriegsjahre verbrachten Jutta von Loewenich und ihre Kinder weitgehend getrennt: Reinhard war zunächst in Bayreuth bei Nikolaus Hertrich, von 1936 bis 1946 Pfarrer an der Stadtkirche, untergekommen, Anfang 1945 dann in Creußen. Hermann war in Erlangen bei Oskar Grether, Elisabeth in Unterfranken und Gerhard schließlich in Prag. Hermann von Loewenich besuchte in der Zeit von April bis November 1944 das Erlanger Gymnasium Fridericianum und wechselte dann bis Januar 1945 wieder auf das Melanchthon-Gymnasium zurück. Im Herbst 1944 besuchte er auch für einige Wochen den Konfirmandenunterricht in Mögeldorf bei Pfarrer Wilhelm Geyer.[62]

Den verheerenden Luftangriff auf Nürnberg am 2. Januar 1945, an dem britische Bomber das Gebiet im mittelalterlichen Stadtkern nahezu vollständig zerstörten und die Altstadt in Schutt und Asche versank, erlebten die Geschwister von Loe-

---

61 J. von Loewenich an ihren Mann, 23.7.1944, in: WIGGLI-VON LOEWE-
    NICH, Briefe, 177f.
62 Vgl. H. von Loewenich an W. Geyer, 3.2.1976, in: LAELKB, NL Loewe-
    nich, Hermann von, vl. Nr. 50.

wenich gemeinsam: Die Kinder hatten die Weihnachtstage und den Jahreswechsel bei der Mutter verbracht. Noch lag der Zauber des Christfestes in der Luft, das die Mutter, trotz Kriegsnot, in aufwendiger Weise gestaltet hatte: »Das Weihnachtszimmer war wie immer ein Großereignis. Schon Tage vor dem Heiligen Abend wurde alles zugesperrt, die Mutter hatte alles wunderbar aufgebaut: das Puppenhaus, die Puppenküche. Für uns Buben gab es eine Burg mit Bleisoldaten, die Deutschen gegen die Franzosen, das war also noch Nachspielen des Ersten Weltkrieges.«[63]

Eine gute Woche später folgte das Inferno, das sich in der Erinnerung Reinhard von Loewenichs folgendermaßen festgemacht hat: »Der Angriff ging gegen sieben Uhr abends los. Dann kam eine Sirene. Wir waren trainiert: Jeder hatte seinen kleinen Koffer, und dann saßen wir da unten, zwei Stunden bei diesem Angriff. Als die Bomben dann etwas nachließen, schrie einer – in jedem Haus war ein Luftschutzobmann eingesetzt, das waren meistens Rentner, die anderen waren ja an der Front –, da schrie der: Im dritten Stock brennt's! Unsere Mutter ist raufgeeilt, die Treppen nach oben und an die Wohnungstür und hat noch versucht, das Nächstliegende mitzunehmen. Und da saßen wir da noch Stunden im Keller, während das Haus oben anfing zu brennen. Als wir dann das brennende Haus verlassen haben durch den Hinterausgang über den Hof – das ist auch so eines der Dinge, die man nie vergisst: Da war der Blick nach oben in die brennende Wohnung, und dann wurden wir von der Wehrmacht zu einem Keller gebracht.«[64]

---

63   Interview R. von Loewenich.
64   A.a.O.

1.5 »Eine fast anarchische Zeit«: Kriegsende in Erlangen

Nachdem die Wohnung am Prinzregentenufer ausgebrannt war, zog Jutta von Loewenich nach Erlangen. Dort wurde ihr von der Wehrmacht eine Wohnung in der Kaserne zugeteilt. Als das Kriegsende zu erwarten war, holte sie ihre Kinder zu sich: Reinhard aus Creußen, dann auch noch die ältere der beiden Töchter, Elisabeth. Sie war in einem Pfarrhaus in Herrnberchtheim untergebracht. Die Mutter holte sie gemeinsam mit Hermann mit dem Zug dort ab, angesichts der Tieffliegerangriffe ein abenteuerliches Unterfangen.

Beim Einmarsch der Amerikaner waren die Loewenich-Kinder mit Ausnahme des Ältesten bei der Mutter in der Kasernenwohnung. Die Söhne beschworen die Mutter noch, die Kaserne zu verlassen, aus Sorge, hier bei Kampfhandlungen oder einem Bombardement in einer Falle zu sitzen. Dazu sollte es jedoch nicht kommen; Oberstleutnant Werner Lorleberg übergab die Stadt an die Amerikaner und bewahrte sie dadurch vor der Zerstörung. Reinhard von Loewenich erinnert sich allerdings an den heiklen Moment, »als Zivilisten in der Kaserne anfingen, noch weiße Tücher rauszuhängen, und dann hat es geheißen: Jetzt kommt die SS. Aber wir haben dann den Einmarsch erlebt.« Die Familie musste nun die Wohnung in der Kaserne wieder räumen und fand zunächst für wenige Tage eine Unterkunft bei Bekannten in der Rathsberger Straße, schließlich im Kindergarten der Altstadtgemeinde. Die Situation war angespannt: Jutta von Loewenich erhielt nach April 1945 zunächst kein Gehalt mehr, ihr Vermögen war weithin verloren.[65] Sie wurde von der Landeskirche unterstützt, bis der Staat die Versorgung übernahm.[66]

---

65 Vgl. das Schreiben J. von Loewenichs an den Landeskirchenrat mit der Bitte um Unterstützung (15.10.1945). In: LAELKB, KDN, Nr. 5327.
66 Vgl. Interview R. von Loewenich. A. a. O. nachfolgende Informationen und Zitate.

Noch war das Schicksal des Vaters ungewiss, die Kinder hatten die Hoffnung auf seine Rückkehr noch nicht aufgegeben. Reinhard von Loewenich erinnert sich: »Der Kindergarten war unten an der Hauptstraße, die durch Erlangen durchgeht. Und da war so ein Mäuerle an der Straße. Auf diesem Mäuerle saßen Hermann und ich jeden Tag, und über diese Hauptstraße ging natürlich unablässig militärischer Betrieb: Einerseits fuhren die Amerikaner nach Süden wegen Nachschubs, auf der anderen Seite fuhren ständig auch Lastwagen durch, mit denen deutsche Kriegsgefangene abtransportiert wurden – und auch befreite Gastarbeiter, auch Russen, die nicht ahnten, was ihnen bevorstand, die dann mit der russischen Fahne und jauchzend Richtung Norden weitertransportiert wurden, und die Kriegsgefangenen. Hermann und ich hatten irgendwo die Vorstellung: Wir schauen, wenn da Soldaten hin- und hertransportiert werden, dass wir den Vater da sehen und erleben! Das war natürlich eine nach heutigem Gesichtspunkt völlig illusionäre Vorstellung.«

Die Sehnsucht nach der Rückkehr des Vaters prägte das Familienleben; die jüngste Tochter, Gertraud Wiggli-von Loewenich, erinnert sich an die ersten Nachkriegsmonate: »Er kommt! es klingelt! ich spring zur Tür, der Vater kommt! Wie oft bin ich als Siebenjährige in Erlangen in der Wohnung an der Rathsbergerstraße zur Tür gesprungen, habe gehofft, gewartet. Ich stellte ihn mir vor, wie auf dem Ölbild über dem Klavier. Er wäre wahrscheinlich mager und ausgehungert und seine Kleider wären alt und abgetragen. [...] Der Vater würde heimkehren aus Russland! Er hätte überlebt zwischen bösen Menschen, Wölfen, Kälte.«[67]

Die Familie fand eine dauerhafte Unterkunft in der Rathsberger Straße 6. Auch der älteste Sohn Gerhard war zurückgekehrt, und auch die verwitwete Großmutter, Lina von Loewenich, lebte bei Schwiegertochter und Enkeln; ihre Pension half

---

[67] WIGGLI-VON LOEWENICH, Mein Bild, 26f.

der Familie beim Überleben. Jutta von Loewenich kümmerte sich noch lange Jahre um die Schwiegermutter.[68]

Es war viel, was Jutta von Loewenich leisten musste. Sie, die schon während des Krieges an gesundheitlichen Beeinträchtigungen gelitten hatte, wurde schwerkrank. Dennoch versuchte sie mit aller Kraft, ein geordnetes Familienleben aufrechtzuerhalten: »Sie stürzte sich mit voller Energie in den Alltag. Zuerst aber setzte sie sich ans Klavier. Es war Morgenandacht, jeden Morgen und zwar mit allen Bewohnern unserer engen Wohnung, Studenten und Nachbarn, alle nahmen teil. Wir standen, sie spielte, sie las die Losungen der Herrnhuter Brüdergemeinde vor, sprach ein Gebet, dann noch ein Lied. Erst danach gab es Frühstück«[69], so Gertraud Wiggli-von Loewenich. Auch im »größten Chaos und in der Armut unserer engen Wohnung schaffte sie einen Raum für die Seele: einen Blumenstrauß, ein Kalenderbild, einen sonntäglich gedeckten Tisch, ein Foto«.

Für die Brüder Hermann und Reinhard waren die ersten Nachkriegsmonate eine »fast anarchische Zeit«[70]: »Da gab es noch keine Schule – wir haben uns natürlich herumgetrieben und alles Mögliche gemacht. Hermann und ich haben unser erstes Geld verdient, indem wir Zeitungen verkauft haben: Es erschienen ja im Laufe der ersten Nachkriegsmonate die ersten deutschen Lizenzzeitungen, und die waren im Nu vergriffen. Wir hatten irgendwie Zugang zu einem dieser Agenten, die diese Zeitungen vertrieben, und haben uns dann auf den Hauptplatz in Erlangen hingestellt und die Zeitungen verkauft – und haben das genossen: Die Titel wurden uns natürlich fast aus den Händen gerissen. Das Geld haben wir in alten Büchsen des Winterhilfswerks gesammelt. Und dann durfte selbst in Erlangen ein Amtsblatt erscheinen, das haben wir dann ausgetragen. Das war natürlich alles nicht unbedingt förderlich, so dass dann schon sehr bald die Mutter überlegte, wie sie sich entlasten

---

68 Vgl. Interview R. von Loewenich.
69 WIGGLI-VON LOEWENICH, 78. A.a.O. nachfolgendes Zitat.
70 Interview R. von Loewenich. A.a.O. nachfolgende Zitate.

kann.« Wiederholt, so Reinhard von Loewenich, sei dann das
Stichwort »Pfarrwaisenhaus Windsbach« aufgetaucht: »Windsbach, das war für Hermann und mich zunächst wie eine dro-
hende Wolke am Himmel, ein Schreckensgespenst. So eine Art
Zuchthaus, Erziehungsanstalt, was sich dann ja alles als viel
harmloser herausstellte. Es war eine Überlebensstrategie meiner Mutter, uns dort anzumelden.«

Trotz »aktiven und passiven Widerstands« der Brüder meldete Jutta von Loewenich ihre beiden jüngeren Söhne in Windsbach an. Reinhard und Hermann erhielten zum Herbst 1946
einen Platz im Pfarrwaisenhaus. Zunächst schlossen sie in Erlangen noch die zweite bzw. dritte Klasse auf der Oberschule ab.
Auch die Konfirmation Hermann von Loewenichs fällt noch in
die Erlanger Zeit: Er wurde am 14. April 1946, »im ersten trost-
losen Jahr nach Kriegsende«[71], in der Altstadtgemeinde Erlangen konfirmiert. Sein Konfirmator war Pfarrer Wilhelm Berger,
über den von Loewenich später sagte: »Er war ein warmherziger
Seelsorger, der sich sehr um unsere Familie kümmerte. Er meinte es gut mit mir. Ein Wort der Zuversicht wollte er mir auf den
Lebensweg geben.« Dieses Wort, von Loewenichs Konfirmationsspruch, war ein Vers aus dem Philipperbrief (Phil 1,6): »Ich
bin desselbigen in guter Zuversicht, dass der, der in euch angefangen hat das gute Werk, der wird's auch vollführen bis auf den
Tag Jesu Christi.« Kein einfacher Vers, wie Hermann von Loewenich feststellte: »Acht Tage später kam ich zu Besuch in ein
fränkisches Dorfpfarrerhaus. Prompt fragte mich der Pfarrer,
welchen Spruch ich denn zur Konfirmation bekommen hätte.
Darauf fing ich zu stottern an. Ich hatte mir diesen Spruch nicht
richtig merken können. Für einen Vierzehnjährigen war er auch
nicht ganz leicht zu behalten. Aufgrund dieser Erfahrung habe
ich ihn mir dann schleunigst eingeprägt.« Von Loewenich maß
diesem Vers, unter den er auch seine Abschiedspredigt als Lan-

---

71 Abschiedspredigt von Loewenichs, 31.10.1999, in: LAELKB, NL Loewe-
    nich, Hermann von, vl. Nr. 86. A. a. O. nachfolgende Zitate.

desbischof stellte, zeitlebens große Bedeutung bei, »vor allem das ›Ich‹. Es ist Paulus, der da spricht und zuversichtlich ist. Er spricht von der Zuversicht, daß Gott etwas angefangen hat in einer Gemeinde. Ich habe das dann auf mich bezogen. Ich dachte, mein Konfirmator hat das für mich ausgesucht, weil Gott in mir etwas Gutes angefangen hat, das weiter wachsen soll. Diese Hoffnung kann man mit Zuversicht aufnehmen. Insofern hat mich dieses Wort immer wieder gestärkt auch gegen Anfälle von Trübsal.«[72]

Jutta von Loewenich erhielt im Herbst 1946 Klarheit über das Schicksal ihres Mannes: In einem Schreiben vom 18. Oktober 1946 teilte Landesbischof Hans Meiser ihr mit, dass ihr Mann verstorben sei. Ein Kriegsheimkehrer aus Hessen hatte Wilhelm von Loewenichs letzte Tage und seinen Tod miterlebt. Er schilderte später in zwei Briefen Jutta von Loewenich die näheren Umstände in der Gefangenschaft: »Sehr oft und viel habe ich nicht mit Herr[n] Pfarrer gesprochen, aber von zuhause hat er mir einmal erzählt, so auch von mehreren Kindern, die auf seine Wiederkehr warteten. […] Ihr Mann war meist sehr ruhig, hat wenig gesprochen, vom Tod gar nicht. Er war doch recht schwach und die letzten Tage auch ziemlich teilnahmslos, wie alle damals, da uns tiefste Not und bitterstes Elend von gesunden Menschen zu wandelnden Schatten und Gespenstern gemacht hatten.«[73]

Bischof Meiser bedauerte den Tod Wilhelm von Loewenichs mit den Worten: »Die Landeskirche verliert in Ihrem lieben Mann einen überaus wertvollen Pfarrer, der seine seelsorgerliche Treue durch seinen opferbereiten Dienst vollendet hat. Wir vermissen seine Kraft besonders in der gegenwärtigen Notlage ungemein.«[74]

---

72 VON LOEWENICH, Offen, 92.
73 Schreiben Karl Völzing an Jutta von Loewenich, 15.11.1946, in: WIGGLI-VON LOEWENICH, Briefe, 173.
74 H. Meiser an J. von Loewenich, 18.10.1946. A.a.O., 170.

Am 8. Dezember 1946, einem 2. Adventssonntag, fand am Nachmittag der Gedächtnisgottesdienst für Wilhelm von Loewenich in Nürnberg, im Saal des CVJM-Hauses am Sterntor statt; seine ehemalige Wirkungsstätte, die Kirche St. Jakob, war zerstört. Die Ansprache ging über 1. Korinther 4,2: »Nun sucht man nicht mehr an den Haushaltern, als dass sie für treu befunden werden.« Gertraud Wiggli-von Loewenich schreibt, wie sie diesen Nachmittag als Kind erlebt hatte: »Ich erinnere mich an einen großen, kalten Saal, wenig beleuchtet, voller Menschen, die uns, die Mutter mit ihren fünf Kindern, anstarrten. Unsere Mutter hatte uns vorher eingeschärft, nicht zu weinen, der Vater sei für das Vaterland und für den lieben Gott gestorben. Es würde Gott und den Menschen nicht gefallen, wenn wir heulen würden.«[75] Zu diesem Zeitpunkt wohnten Hermann und Reinhard von Loewenich bereits nicht mehr bei der Mutter in Erlangen; sie waren mittlerweile Schüler im Pfarrwaisenhaus Windsbach.

1.6 »Es war ein Vorzug für mich«: Windsbacher Jahre

»Mit zitternden, rebellischen Herzen«[76], so Reinhard von Loewenich, seien er und Hermann im Herbst 1946 mit dem Zug nach Windsbach gefahren. Ein älterer Schüler holte die beiden am Bahnhof ab, das Gepäck wurde mit einem Leiterwagen zum Pfarrwaisenhaus hinaufgefahren, die Kleidungsstücke waren nummeriert – die Windsbacher Jahre der Loewenich-Brüder begannen.

Das Pfarrwaisenhaus Windsbach, gegründet 1837, hatte zu diesem Zeitpunkt erst seit kurzem seinen Betrieb wieder aufgenommen. 1941 war das Haus ebenso wie andere kirchliche Bil-

---

75   WIGGLI-VON LOEWENICH, Mein Bild, 28.
76   Interview R. von Loewenich.

dungseinrichtungen geschlossen worden; nach verschiedenen Interimsnutzungen konnte es im April 1946 wiedereröffnet werden.[77] Der Vorsitz des Direktoriums wurde erneut Dekan Hermann Bohrer übertragen, der dem Haus bereits während der Jahre der nationalsozialistischen Herrschaft vorgestanden hatte und ein überzeugter Anhänger Adolf Hitlers gewesen war. In seiner Eröffnungsansprache vom 26. April 1946 bezog Bohrer sich auf den ersten Windsbacher Hausvater Wilhelm Ulmer und führte als Erziehungsideal an: »Wir müssen zurück zu den Grundsätzen, die sich bewährt haben. […] Darum heißt für uns erziehen: ausrotten, ertöten, beschneiden, veredeln und statt des Herzens böser Lust einen neuen, heiligen, gewissen Geist wirken zu lassen, der von Gott her kommt. […] Es versteht sich von selbst, daß wir zur Erziehung der Jugend uns all dessen bedienen wollen, was Gott an Hohem und Großem, Schönem und Gutem zur geistigen, geistlichen und körperlichen Erziehung des Menschengeschlechtes uns gegeben hat. Wir wollen als Christen keine kopfhängerische, muckerische Jugend erziehen, sondern Knaben, die frisch, fromm und frei ins Leben blicken.«[78]

Der Tagesablauf in Windsbach war streng geregelt. Man sei beim »guten Alten« geblieben, heißt es in der Beschreibung »Leben im Pfarrwaisenhaus 1946–1950«: »Wecken durch die ›Schepperglocke‹, die auch zu all den anderen Stationen des Tages nachdrücklich ruft: zur Arbeitszeit, zum Verhör, zu den Mahlzeiten, zur Andacht. Im Speisesaal I (Hauptbau) gilt noch das »Suppensilentium« für die unteren fünf Klassen. Schrankschau, Pultschau, Kleiderreinigen, Schuhappelle, Nacharbeitszeit für Schlechtbenotete – alles noch wie früher, auch das Plaudern am Samstagabend in den Schlafsälen ist als beliebte Einrichtung beibehalten.«[79] Manches wurde 1946 auch »neu«

---

77   Vgl. RÖSSLER, Pfarrerschmiede. A.a.O. nachfolgende Informationen.
78   Eröffnungsansprache H. Bohrer, in Auszügen abgedruckt in: SEIFERT, Pfarrwaisenhaus, 12.
79   A.a.O., 13. Nachfolgendes Zitat a.a.O.

eingeführt, etwa, dass die Jungen am Sonntagmorgen statt von der Glocke durch einen Choral geweckt wurden – »erst nach dem Verklingen des Morgenliedes braucht man aufzustehen und kann sich des Gedankens erfreuen: Heute ist Sonntag.«

Die Brüder von Loewenich lebten sich rasch in Windsbach ein. Sie schätzten, gerade im Rückblick, die strikte Trennung von Arbeit und Freizeit, das Angebot an sportlichen Aktivitäten – ob Fußball oder Waldbad – und die Gemeinschaft unter den Internatszöglingen, die zum Teil zu lebenslanger Verbundenheit führte. In von Loewenichs Klasse sollten einige Schüler ebenfalls den Pfarrberuf ergreifen, die beruflichen Wege kreuzten sich später wiederholt. Fritz Kleineidam, den Hermann von Loewenich später als Pfarrer in sein Kulmbacher Dekanat holte, erinnert sich hier vor allem an den späteren Ansbacher Dekan und Synodalen Hans Sommer, »der mit seiner späteren AKE (Arbeitsgemeinschaft kirchlicher Erneuerung) zum Antipoden vom AEE (Arbeitskreis evangelische Erneuerung) wurde«[80], sowie an Friedrich Schröter. Die Jungen, die nur der Schule wegen aus ländlichen Pfarrhäusern nach Windsbach gekommen waren, erschienen den Internatszöglingen als privilegiert, wie sich Hermann von Loewenich einmal erinnerte: »Sie hatten aus ihren Landpfarrhäusern die entsprechenden Speckpakete dabei. Wir waren die armen Pfarrersbuben, die verachteten Pfarrwaisen, die solche Speckpakete nicht hatten.«[81]

Direktor und »Hausvater« Christian Nicol nahm sich der Loewenich-Brüder offensichtlich in besonderem Maße an. Der Kontakt zu ihm blieb über die Schulzeit hinaus bestehen. Nicol war es auch, der für den Verbleib der Brüder in Windsbach plädierte, als sich die Mutter mit dem Gedanken trug, zumindest Hermann wieder nach Erlangen zu holen, nachdem sich ihre Situation dort stabilisiert hatte. Da auch die Brüder das Pfarrwaisenhaus nicht verlassen wollten, trug das Plädoyer Nicols

---

80 Kleineidam, Beobachtungen.
81 VON LOEWENICH, Offen, 33.

offensichtlich Früchte: Beide blieben bis zum Abitur in Windsbach. Dies war seit 1949 möglich, nachdem das vorherige Pro-
zum Vollgymnasium ausgebaut worden war. Hermann von
Loewenich gehörte zu den ersten Bewohnern des 1950 errichteten Schülerheims. Sein Jahrgang war der erste, der in Windsbach zur Reifeprüfung antrat. In seinen letzten beiden Schuljahren war von Loewenich als Schülervertreter auch maßgeblich
für die Gestaltung des Gemeinschaftslebens in Schule, Heim
und Kreisjugendring verantwortlich.[82] Der Windsbacher Dekan Hermann Seifert hob später das schauspielerische Talent
des jungen von Loewenich hervor: »In Theateraufführungen
heiterer, aber auch ernster und anspruchsvoller Art spielte er regelmäßig die Hauptrolle, wozu ihn die Gabe scharfer Beobach-
tung, eine lebhafte Fantasie und ein gut geschultes Gedächtnis
befähigten.«[83] Als Bischof einmal danach gefragt, von welchem
Beruf er als Kind geträumt habe, sagte von Loewenich lächelnd:
»Ich wollte eigentlich Schauspieler werden.«[84]

Die Zeit in Windsbach war prägend für Hermann von Loewenich. Das geordnete Heimleben, die Hochschätzung christlicher Werte gaben dem Halbwaisen offensichtlich Halt »inmitten der Wirren jener Zeit«[85]: »Es war ein Vorzug für mich und
meinen Bruder Reinhard, in den Hungerjahren nach dem Krieg
ungestört eine Schule besuchen zu können.«[86] Auch wenn die
Brüder von Loewenich selbst Windsbach offensichtlich nicht

82 Vgl. Lebenslauf von Loewenich (1955), in: Landeskirchenamt, Perso-
    nalakte H. v. Loewenich.
83 H. Seifert, 18.5.1953, anlässlich der Aufnahme von Loewenichs in die
    Anwärterliste für das geistliche Amt, in: Landeskirchenamt, Personal-
    akte H. v. Loewenich. Vgl. auch VON LOEWENICH, Offen, 75.
84 Interview mit der Schülerzeitung des Caspar-Vischer-Gymnasiums
    Kulmbach »Optimist«, in: LAELKB, NL Loewenich, Hermann von,
    vl. Nr. 7.
85 Lebenslauf H. von Loewenich (1952), in: Landeskirchenamt, Personal-
    akte H. v. Loewenich.
86 Predigt Hesselbergkonferenz 1999, in: LAELKB, NL Loewenich,
    Hermann von, vl. Nr. 39.

»als Prügelanstalt« erlebten,[87] verklärte Hermann von Loewenich die Zeit dort nicht: Bereits 1955 schrieb er in seinem Lebenslauf, er sehe mit größerem zeitlichen Abstand manches
in der dortigen Erziehungspraxis »kritischer als früher«[88]. Einzelheiten nennt er an dieser Stelle nicht. Er habe, so von Loewenich weiter, prägende Erfahrungen in Windsbach gemacht,
für die er dankbar sei: »Im damaligen Hausvater und manchem
Lehrer der Schule begegnete mir das Bild einer geschlossenen
Männlichkeit, die trotz der widrigen Zeitumstände unverdrossen ihrer Pflicht nachging. Maß und Ordnung evangelischer Lebensführung, wie man sie im Heime anstrebte, lernte ich vor
allem in den beiden letzten Schuljahren schätzen.«

Mehr noch als Lebensführung und Schulbildung prägte
Hermann von Loewenich ein anderer Aspekt des Windsbacher Lebens: der Knabenchor, dem er seit 1948 angehörte, und
dessen Gründer Hans Thamm. Hans Thamm (1921–2007) war
im Frühjahr 1946 nach Windsbach gekommen.[89] Der ehemalige Kreuzchorsänger hatte im Krieg als Offizier gedient und
schwere Verwundungen davongetragen. Nach Kriegsende
fand er zunächst eine Anstellung als Klavier- und Orgellehrer am kirchenmusikalischen Institut Erlangen. Dessen Leiter,
Universitätsmusikdirektor Georg Kempff, empfahl den ehrgeizigen jungen Mann als Präfekten für das Pfarrwaisenhaus.
Mit seiner Ankunft in Windsbach begann Thamm im März
1946 einen Knabenchor aufzubauen, der schon nach wenigen
Monaten über die Region hinaus bekannt wurde. Die Beweggründe, um Aufnahme in den Chor zu ersuchen, waren dabei
durchaus auch profaner Natur: Die jungen Sänger schätzten die
unter ihnen so genannten »Fresskonzerte«, bei denen sie nach
ihrer musikalischen Darbietung in den Dorfkirchen bei Bauern

---

87 Vgl. Interview R. von Loewenich.
88 Lebenslauf Hermann von Loewenich (1955), in: Landeskirchenamt,
    Personalakte H. v. Loewenich. Nachfolgendes Zitat a. a. O.
89 Informationen nach RÖSSLER, Pfarrerschmiede, 25f.

zum Essen eingeladen wurden.[90] 1947 gestaltete der Chor die Eröffnung der Augustana-Hochschule Neuendettelsau, bereits ab 1948 wurden die Windsbacher einer breiteren Öffentlichkeit durch Konzerte und Rundfunkaufnahmen bekannt.[91] Während die künstlerischen Verdienste Hans Thamms unbestritten sind, wurden später Vorwürfe laut, dass seine Erziehungsmethoden mit psychischen wie physischen Misshandlungen einhergingen.[92] Hermann von Loewenich hatte dies offensichtlich nicht am eigenen Leib erfahren müssen: Er, der sich anfangs noch um eine Aufnahme in den Chor gedrückt hatte, dann aber rasch zu einem seiner führenden Mitglieder wurde, blieb Thamm und den Windsbachern lebenslang verbunden und wies immer wieder auf Auftritte und Erfahrungen dieser Jahre hin. Sein sonorer Bass fiel zeitlebens auf.

Im Juli 1951 legte Hermann von Loewenich das Abitur ab, er hielt auch die Abiturrede. Im Kommentar zu seinem Reifezeugnis werden seine »große Belesenheit« sowie die »verständnisvolle Mitarbeit im Unterricht« besonders hervorgehoben. Bei den schriftlichen Prüfungen stellte der »deutsche Aufsatz durch reichen Inhalt, gediegene Sachkenntnis und klare Gedankenführung eine überragende Leistung dar; auch die Arbeiten aus der Religionslehre, dem Englischen und Lateinischen waren als sehr gut zu bewerten«.[93]

Was ihm die Windsbacher Jahre für sein Kirchenbild, seine Theologie und sein politisches Verständnis bedeuteten, fasste Hermann von Loewenich einmal mit den Worten zusammen: »Kirche als Raum des Überlebens, der Hilfe und der Orientierung erlebte ich in der Nachkriegszeit. Kants Pflichtethik, die

---

90 Interview R. von Loewenich.
91 Vgl. dazu die Chronik in: GESELLSCHAFT ZUR FÖRDERUNG DES WINDS-
    BACHER KNABENCHORES E.V. (Hrsg.): Windsbacher Knabenchor.
92 Vgl. RÖSSLER, Pfarrerschmiede, sowie www.windsbacher-erinnerun-
    gen.de [Stand: 12.12.2014].
93 Abschrift Reifezeugnis 17.7.1951, in: Landeskirchenamt, Personalakte
    H. v. Loewenich.

lutherische Unterscheidung von Gesetz und Evangelium und das gesungene Gotteslob erfuhr ich als tragende Säulen der Erziehung und Prägung im Windsbacher Pfarrwaisenhaus. Der mittelfränkische Biedersinn hielt mich nicht davon ab, in meinem Abituraufsatz davon zu schreiben, daß ich mir die Zukunft Europas nur als eine christliche vorstellen könne.«[94] Dass er nach dem Abitur das Theologiestudium aufnahm, rührte seinen Worten zufolge maßgeblich von seinen Erfahrungen als Windsbacher Sängerknabe her: »Ich lernte die Kirchenmusik als Verkündigung verstehen und gewann Verständnis für das Wesen der Liturgie. Von meinem Mitwirken im Knabenchor habe ich wohl auch die ersten unbewußten Impulse für mein späteres Theologiestudium erhalten, an das ich bis in die letzten Wochen meiner Schulzeit nicht dachte.«[95]

---

94 Ansprache Ehrenpromotion 28.5.1997 (Neuendettelsau), in: LAELKB, NL von Loewenich, Hermann, vl. Nr. 13.
95 Lebenslauf H. von Loewenich (1955), in: Landeskirchenamt, Personalakte H. v. Loewenich.

2. Auf dem Weg zum Pfarrberuf (1951–58)

War die Theologie, war der Pfarrberuf das Richtige für ihn? Von Loewenich erscheint in seinen Studienjahren, in den Jahren seines Vikariats als Suchender, auch Zweifelnder. In einem Interview, das er als Landesbischof einer Schülerzeitung gab, begründete er seinen Entschluss zum Theologiestudium damit, dass er nach den Erfahrungen der NS-Zeit und dem verlorenen Krieg zu dem Schluss gekommen sei, »dass der christliche Glaube das Einzige ist, was unserem Land wieder Auftrieb geben und ihm aus der misslichen Lage helfen kann«.[96] Es ist eine ähnliche Begründung, wie sie auch der Vater einst vor dem Hintergrund der Erfahrungen des Ersten Weltkrieges herangezogen hatte, um seinen Wechsel vom Jura- zum Theologiestudium zu begründen.[97]

Von Loewenich wollte sich einbringen in die Gesellschaft, er wollte mitwirken an einem christlich geprägten Nachkriegsdeutschland. Kurzzeitig sah er in der jungen CSU, besonders im »Ring Christlich-Demokratischer Studenten« (RCDS), eine Möglichkeit, seine Ziele zu verfolgen, und fiel dabei als begabter Redner und selbstbewusster Denker mit Hang zum Grundsätzlichen auf. Es waren entscheidende Weichen, die in diesen Jahren gestellt wurden für einen weltzugewandten Theologen, der zeitlebens ein »Homo Politicus« bleiben sollte. Die erhaltenen Unterlagen zeugen von einem besonderen Interesse von Loewenichs an ethischen Themen und – bei erkennbarer

---

96 Interview mit der Schülerzeitung des Caspar-Vischer-Gymnasiums Kulmbach, »Optimist«, in: LAELKB, NL Loewenich, Hermann von, vl. Nr. 7.
97 Vgl. Interview R. von Loewenich.

Hochschätzung der Bekenntnisschriften und der lutherischen Tradition – von seiner Offenheit für philosophische Fragestellungen.

2.1 »Der sehr harte Weg der Theologie«: Studienjahre

Dass es tatsächlich die Theologie werden sollte, war für Hermann von Loewenich lange nicht klar gewesen. Sein Onkel Walther von Loewenich gibt den Entscheidungsweg seines Neffen mit der Einschätzung wieder, dieser sei zwar im kirchlichen und christlichen Geist erzogen worden und durch Windsbach geprägt, dennoch habe er »diese Tradition nicht als etwas Selbstverständliches übernommen, sondern sich ernstlich geprüft, ob er selbst für den Beruf eines Theologen und Pfarrers geeignet sei«.[98]

Dieses »ernstliche Prüfen« bedeutete zunächst ein Doppelstudium: Hermann von Loewenich schrieb sich im Wintersemester 1951/52 »voller Zweifel«[99] für Jura und Theologie ein, auch wenn seine Präferenz offensichtlich schon zu diesem Zeitpunkt klar war. So schrieb er in seinem Lebenslauf 1952: »Aber schon vor dem Studium rückte die Theologie immer mehr in den Mittelpunkt meiner Überlegungen. Mir wurde klar, daß nur von Gott und der Verkündigung seines Willens her dem Menschen echt geholfen werden könne und aller andere Dienst nie das Zentrale erfassen kann.«[100]

Die nun folgenden ersten Studienmonate an der Friedrich-Alexander-Universität Erlangen erlebte von Loewenich offen-

---

98 Gutachten W. von Loewenichs, 8.5.1953, anlässlich der Aufnahme in die Anwärterliste für das geistliche Amt, in: Landeskirchenamt, Personalakte H. v. Loewenich.
99 Lebenslauf (1955). A.a.O.
100 Lebenslauf (1952). A.a.O.

sichtlich als Krise,[101] gerade auch was die endgültige Fächerwahl betraf: Sollte er nun seinem starken Interesse an politischen Fragen nachgehen und sich der Rechtswissenschaft widmen, so, wie sein älterer Bruder Gerhard es tat? Oder sollte er doch ganz in den existenziellen Fragen aufgehen, die ihn zur Theologie zogen? »Der juristische Studienbetrieb befriedigte mich in dieser Lage nicht«, schrieb von Loewenich 1955 in seinem Lebenslauf, er empfinde den »Anspruch des christlichen Glaubens auf die Totalität des Lebens«. Und so entschied er sich zum Sommersemester 1952, »auf dem begonnenen, für mich damals sehr harten Weg der Theologie zu bleiben«.

»Hart« war für den Studenten offensichtlich vor allem die Auseinandersetzung mit der historisch-kritischen Methode, mit der Entmythologisierungsdebatte um Rudolf Bultmann – Reinhard von Loewenich erinnert sich an »exegetische Erschütterungen«[102] seines Bruders, und Hermann von Loewenich selbst beschrieb diese Erschütterungen einmal mit den Worten: »Als ich 1951 mit dem Theologiestudium begann, war der Streit um die Bibel an den Theologischen Fakultäten schon im Gange. [...] Die Theologie der Heilstatsachen wurde gegen eine letztlich blutarme Theologie der Entmythologisierung und des reinen Kerygmas geltend gemacht. Hier Bultmann und dort Künneth, hier Gogarten und dort Schieder. Bayerische Theologen standen in diesem Streit an vorderster Front. Die Zahl entschiedener Bultmannianer oder Gogarten-Anhänger war in unserer Kirche klein.«[103] Auch wenn Hermann von Loewenich seine Immatrikulation in die juristische Fakultät streichen ließ, blieb er nicht allein bei der Theologie, sondern schrieb sich zusätzlich an der philosophischen Fakultät ein, um sein Interesse an philosophischen und historischen Fragen vertiefen zu kön-

---

101 Vgl. Lebenslauf (1955), in: A.a.O. Ebd. nachfolgende Zitate.
102 Interview R. von Loewenich.
103 Vom gelobten Land in die Wüste? Gedanken zum Weg der bayerischen Landeskirche durch die Nachkriegszeit (1985), 6. In: Sammlung Schanz.

nen. Ein klarer Berufswunsch war mit der Entscheidung für die Theologie noch nicht verbunden. Von Loewenich verstand sein Studienfach zunächst als »Studium in der Anfechtung« und sah 1952 seinen weiteren Weg als »nicht so klar und eindeutig, wie es vielleicht wünschenswert wäre, sondern in mancherlei Beziehung noch ungesichert und ungewiß«.[104]

In den ersten drei Semestern in Erlangen widmete sich von Loewenich vornehmlich dem Erlernen der hebräischen Sprache sowie den exegetischen Fächern. Bei den Zweifeln in dieser ersten Studienphase stand ihm sein Onkel Walther von Loewenich zur Seite. Der bedeutende Lutherforscher, der seit 1946 als außerordentlicher, ab 1950 als ordentlicher Professor in Erlangen lehrte, galt innerhalb der Fakultät als Vertreter eines »ausgeprägten theologischen Liberalismus«.[105] Hermann von Loewenich und sein Bruder Reinhard, der bezüglich der Studienfachwahl dem Vorbild des Älteren folgte, erlebten in ihren Erlanger Semestern der Einschätzung des Kirchenhistorikers Beyschlag zufolge die letzte Phase der »Erlanger Theologie«, die für Beyschlag mit dem Tod der Systematiker Werner Elert (†1954) und Paul Althaus (†1966) ihr Ende fand.[106]

Im Sommer 1953 wechselte Hermann von Loewenich an die Eberhard Karls Universität Tübingen. Hier nahm ihn der Ethiker Helmut Thielicke (1908–1986) in seinen Kreis auf. Sicher spielten dabei auch die verwandtschaftlichen Beziehungen eine Rolle: Helmut Thielickes Schwester war die Frau Walther von Loewenichs, Thielicke war ebenso wie Walther von Loewenich bei Paul Althaus promoviert worden, beide lehrten in den 1930er Jahren zeitweilig als Dozenten an der Erlanger Fakultät. Thielicke war aufgrund seiner Mitgliedschaft in der Bekennenden Kirche während der NS-Zeit eine akademische Karriere verwehrt geblieben. Nach Kriegsende erhielt er eine Profes-

---

104 Lebenslauf (1952), in: Landeskirchenamt, Personalakte H. v. Loewenich.
105 Vgl. dazu BEYSCHLAG, Erlanger Theologie, 181f.
106 A.a.O., 11.

sur in Tübingen.[107] Neben den Anstößen, die von Loewenich durch Helmut Thielicke erhielt, prägte ihn der Kirchenhistoriker Hanns Rückert, Vertreter der sogenannten Luther-Renaissance; von Loewenich verkehrte in dessen »Haus und Schülerkreis«. Als »Glanzpunkt« seiner Tübinger Zeit bezeichnete von Loewenich das kirchengeschichtliche Seminar über Luthers Galaterbriefvorlesung (1535) im Wintersemester 1953/54, das Rückert gemeinsam mit dem Neutestamentler Ernst Fuchs sowie Gerhard Ebeling leitete. Am Kirchenhistoriker und Systematiker Ebeling schätzte von Loewenich besonders dessen »tiefgehende Darstellung des Katholizismus«[108]. Das Sommersemester 1954 in Heidelberg hatte offenbar wenig bleibenden Eindruck bei von Loewenich hinterlassen. Als beeindruckend hebt er später lediglich eine Vorlesung des Neutestamentlers Günther Bornkamm über den 1. Korintherbrief hervor.

Zum Wintersemester 1954/55 kehrte von Loewenich nach Erlangen zurück und wohnte wieder bei seiner Mutter in der Rathsberger Straße. Jutta von Loewenich nahm hier wiederholt Studenten auf, unter ihnen beispielsweise auch den Pfarrerssohn Friedrich Schmidt, der die Loewenich-Brüder noch aus Windsbach kannte.[109] Jutta von Loewenich wohnte noch bis ins Alter in dem Haus. Ihre letzte Lebensphase verbrachte sie nahezu erblindet in einem Heim in Neuendettelsau, wo sie 1966 starb.

In seinen letzten Studiensemestern widmete sich Hermann von Loewenich vor allem der Praktischen Theologie. Seine Lehrer waren Kurt Frör und Eduard Steinwand. In dieser letzten Phase seines Studiums entwickelte von Loewenich offensichtlich eine engere Beziehung zu dem Systematiker Paul Althaus (1888–1966). Bei ihm fertigte er zwei Seminararbeiten an und schreibt später einmal, Althaus habe neben seinem

---

107 Vgl. KLOEDEN, Art. Thielicke.
108 Lebenslauf (1955), in: Landeskirchenamt, Personalakte H. v. Loewenich.
109 Vgl. Interview F. Schmidt.

Onkel Walther »den stärksten Einfluß«[110] auf ihn ausgeübt.[111] Offensichtlich faszinierte gerade seine Art des Vortrags die damaligen Studierenden, was Walther von Loewenich einmal mit den Worten beschrieb: »Die heutige studentische Jugend kann sich wahrscheinlich keine Vorstellung davon machen, welche Begeisterung ein akademischer Lehrer wie Althaus bei seinen zahlreichen Hörern zu erwecken wußte. Es verstand sich beinahe [...] von selbst, daß er immer die vollsten Hörsäle hatte.«[112] Die Bindung an Althaus führte bei Hermann von Loewenich zu einem Promotionsvorhaben: Er begann eine Doktorarbeit über »Die politische Ethik im Luthertum des 19. Jahrhunderts«[113] und widmete sich hier besonders Friedrich Julius Stahl (1802–1861) und dessen Verständnis des christlichen Staates. Von Loewenich ließ sich zu diesem Zweck nach dem Ersten Theologischen Examen vom Landeskirchenrat beurlauben. Die Wahl dieses Themas wirkt stimmig, was die Interessen und den Weg Hermann von Loewenichs betrifft: Stahl, Sohn jüdischer Eltern, wurde als Student in der Neustädter Kirche in Erlangen getauft; er stand – freilich auf seine ganz eigene Weise – für ein Zusammenspiel von Rechtswissenschaft, politischem Engagement und christlichem Gedankengut. Vorarbeiten zu dem Promotionsprojekt sind erhalten.[114] Dass Hermann von Loewenich das Vorhaben nach wenigen Monaten abbrach, lag nach Einschätzung seines Bruders Reinhard wohl an einer damals erschienenen Untersuchung

---

110   Lebenslauf (1955), in: Landeskirchenamt, Personalakte H. v. Loewenich.

111   Noch im Ruhestand erwähnt von Loewenich Althaus dezidiert als einen für ihn wesentlichen theologischen Lehrer. Vgl. VON LOEWENICH, Ergebnisse einer Emnid-Umfrage, 152.

112   VON LOEWENICH, Erlanger Theologische Fakultät, 643.

113   Vgl. Lebenslauf (1959), in: Landeskirchenamt, Personalakte H. v. Loewenich.

114   Vgl. LAELKB, NL Loewenich, Hermann von, vl. Nr. 37. Hier sind handschriftliche Skizzen von Loewenichs zu Julius Stahl und seinem Werk erhalten.

zu einem ähnlichen Thema. Möglicherweise, so Reinhard von Loewenich, habe auch eine eher zurückhaltende Betreuung durch Paul Althaus eine Rolle gespielt.

Was die Brüder von Loewenich außer der Lehre für Althaus einnahm, war dessen Auftreten als Universitätsprediger. Die Brüder besuchten weniger die Gottesdienste in ihrer Sprengelkirche, der Altstädter Kirche, als vielmehr Universitätsgottesdienste in der Neustädter Kirche. Das lag auch daran, dass Hermann von Loewenich im akademischen Chor unter Leitung des Universitätsmusikdirektors Georg Kempff (1893–1975) sang – Kempff, ein Mann von »geradezu genialische[m] Nimbus«, der gerade in den Gottesdiensten, die er gemeinsam mit Althaus gestaltete, »große Aufmerksamkeit durch sein improvisatorisches Orgelspiel [erregte], das als unmittelbarer Dialog mit dem Prediger wahrgenommen wurde«.[115] Hermann von Loewenich war Kempff, der seinerzeit Hans Thamm für Windsbach empfohlen hatte, sehr verbunden. Der Kontakt zu ihm blieb auch über die aktive Chormitgliedschaft hinaus erhalten. Reinhard von Loewenich empfindet die Universitätsgottesdienste rückblickend als prägend für beide Brüder: »Althaus und diese Art des Gottesdienstes: diese Bewegung von Ästhetik und Liturgie und seine Predigten«[116]. Die Rolle von Paul Althaus im »Dritten Reich«, das von ihm gemeinsam mit Werner Elert 1933 verfasste sogenannte »Erlanger Gutachten« bezüglich der Einführung des Arierparagraphen, der Ansbacher Ratschlag 1934 – all das, so Reinhard von Loewenich, sei ihnen damals noch nicht bekannt gewesen. Dies deckt sich auch mit der Einschätzung des Systematikers Joachim Track, der zufolge bis in die 1950er Jahre hinein die grundlegende Problematik der ethischen Entwürfe Werner Elerts und Paul Althaus' nicht erkannt wurde.[117] Spätestens 1979 sollte die Vergangenheit der Erlanger Theologischen Fakultät Hermann von Loewenich beschäftigen, als er als Stadtdekan

---

115 KLEK, Art. Kempff, Sp. 733.
116 Interview R. von Loewenich.
117 Vgl. TRACK, Theologische Strömungen, 493f.

den Nürnberger Kirchentag mitverantwortete, bei dem dieses Thema eine Rolle spielte.[118]

Anders als sein Vater und auch anders als viele seiner Kommilitonen trat Hermann von Loewenich keiner studentischen Verbindung bei. Er begründete dies in seinem Lebenslauf mit seiner »kritischen Haltung in den ersten Semestern«[119]. An allen drei Studienorten engagierte er sich aber in den jeweiligen Studentengemeinden. In Tübingen und Heidelberg sang er auch in der Kurrende mit. Der Erlanger Studentenpfarrer Joachim Weigelt bezeichnete als kennzeichnend für den Studenten von Loewenich »seine charakterliche Gradheit, mit der er neben seinen Brüdern durch manche Fragestellung hindurch bewußt den Weg zur Theologie gewählt hat«.[120]

Im Frühjahr 1956 legte Hermann von Loewenich sein Erstes Theologisches Examen ab. Im darauffolgenden Jahr der Beurlaubung, das er in Erlangen verbrachte, sollte ihn nicht nur das erwähnte Promotionsvorhaben beschäftigen: Der junge Theologe widmete vielmehr einen großen Teil seiner Zeit der Leidenschaft, die ihn anfangs zum Jurastudium gezogen hatte: der Leidenschaft für politische Fragen.

2.2 »Man muss es aus der Zeit heraus sehen«: Politisches Engagement

Politische Fragen hatten die Loewenich-Brüder von klein auf interessiert; schon während der Kriegsjahre hatten sie die Tagespolitik in der Zeitung mitverfolgt und diskutiert. Die Zeit direkt nach Kriegsende, vor allem die Windsbacher Jahre, erinnert Reinhard von Loewenich als Jahre der »Sprachlosigkeit

---

118 Vgl. Kapitel 6.1.1.

119 Lebenslauf (1955), in: Landeskirchenamt, Personalakte H. v. Loewenich.

120 Gutachten Weigelts anlässlich der Aufnahme in die Anwärterliste für das geistliche Amt. A. a. O.

unter einer Glashaube«[121], was die jüngste Vergangenheit anging: Weder die Verbrechen der Deutschen noch die Konzen-
trationslager oder der deutsche Widerstand seien unter ihnen
thematisiert worden, die Windsbacher Schüler erzählten sich
offenbar auch kaum etwas über die Schicksale ihrer Familien.
Bei von Loewenichs war auch der Weg des Nennonkels Eduard Hamm kaum Thema. Die Sprachlosigkeit betraf damals einen Großteil der Bevölkerung: Nach den Nürnberger Prozessen
ebbte das öffentliche Interesse an der Auseinandersetzung mit
der jüngsten Vergangenheit ab; man blickte nach vorne. Nicht
das Unrecht des nationalsozialistischen Staates wurde breit
thematisiert, sondern die Gefahr, die vonseiten des Kommunismus befürchtet wurde. Die Bemühungen um eine Westinte-
gration des jungen Staates unter Konrad Adenauer gingen einher mit den Ängsten der Bevölkerung vor einer übermächtigen
Sowjetunion.[122]

Auch bei Hermann und Reinhard von Loewenich waren in
dieser Zeit »der Antikommunismus und die Front gegenüber
dem Osten«[123] wesentliche Themen. Das ging so weit, dass
Hermann und Reinhard von Loewenich kurzzeitig im »Bund
Deutscher Jugend« (BDJ) aktiv waren, auf den sie zufällig gestoßen waren. Die im Juni 1950 gegründete Vereinigung hatte
sich vor allem den »Kampf gegen den Bolschewismus« auf die
Fahnen geschrieben und zeigte rechtsgerichtete Tendenzen.
Später stellte sich heraus, dass der BDJ als ein »Stoßtrupp gegen den Kommunismus«[124] von der CIA finanziell unterstützt
worden war. Der BDJ wurde 1953 samt seiner Teilorganisation,
dem »Technischen Dienst« (TD), verboten; dem TD wurde die
Ausbildung von Partisanen zum Vorwurf gemacht. Letzteres
betraf den inneren Zirkel; nach außen hin präsentierte sich der

---

121 Interview R. von Loewenich.
122 Vgl. dazu etwa WEBER, Geschichte, 55–71.
123 Interview R. von Loewenich.
124 Vgl. hierzu den Artikel »Angreifen und Zerstören«, in: Der Spiegel
    (48/1990), 73.

BDJ als Teil der bürgerlichen Jugendbewegung, die sich in der
Tradition des Wandervogels des frühen 20. Jahrhunderts verortete. Dieser Jugendbewegung gehörten die Brüder von Loewenich an und warben für den BDJ – »selbst in Windsbach, das
weitab lag, haben wir Plakate geklebt«[125], erinnert sich Reinhard
von Loewenich.

Die Stimmung des Kalten Krieges war auch prägend für die
Position der Brüder in der Diskussion um die Wiederbewaffnung, die die westdeutsche Öffentlichkeit seit Ende der 1940er
Jahre bewegte: Für beide sei es damals – welch ein Unterschied
zu ihrer späteren Haltung – keine Frage gewesen, »dass wir
wieder bereit sein müssen, aufzurüsten und Militärdienst zu
leisten«. Der Theologe Martin Niemöller mit seinem radikalen
Pazifismus, entschiedener Gegner einer Wiederbewaffnung
Deutschlands, so Reinhard von Loewenich, sei ihm und dem
Bruder damals eher suspekt gewesen. Rückblickend sieht Reinhard von Loewenich die damalige Einstellung der Brüder kritisch: »Man muss es aus der Zeit heraus sehen. Das Schlimme
war, dass der Antikommunismus für das ganze deutsche Volk
ein Vorwand war, sich mit der eigenen Geschichte nicht zu befassen.«

Nach der kurzen Episode im BDJ wandten sich die Brüder
von Loewenich in ihrer Studienzeit der CSU zu. Die Erlanger CSU verdankte ihre Gründung Anfang 1946 nicht zuletzt
Theologen; von katholischer Seite aus spielte Dekan Ambros
Neundörfer eine wichtige Rolle, er war vom CSU-Gründungs-
vater Josef Müller um den Aufbau des Ortsverbandes gebeten
worden.[126] Neundörfer bat daraufhin Dr. Walter Künneth, damals Dekan, Protestanten zur Mitarbeit zu bewegen; es war ein
ausdrückliches Anliegen der jungen Partei, nicht nur Katholi-

---

125 Interview R. von Loewenich. Ebd. nachfolgende Zitate.
126 Laut S. Haas spielte zudem das Engagement des Erlanger Dekans
    Butz eine Rolle (Interview S. Haas). Vgl. zur Geschichte der CSU Erlan-
    gen: ANZENDER/GÖTZ, 50 Jahre. Daraus nachfolgende Informatio-
    nen über die CSU Erlangen.

ken anzusprechen. Das Ziel, mit der CSU in Bayern nach dem Krieg bewusst eine überkonfessionelle christliche Partei zu etablieren, erwies sich allerdings zunehmend als schwierig; die katholischen Mitglieder überwogen bei weitem.[127] Reinhard von Loewenich erinnert sich daran, dass ihm und seinem Bruder Hermann wichtig gewesen sei, dass die evangelische Position in der CSU gestärkt würde. Sie seien beide überzeugte Anhänger von Hermann Ehlers (1904–1954) gewesen, Mitbegründer der »Evangelischen Tagung der CDU«, einem Vorläufer des 1952 gegründeten »Evangelischen Arbeitskreises der CDU/CSU« (EAK), dessen Vorsitzender Ehlers bis zu seinem Tod 1954 war.

In der Erlanger CSU engagierten sich damals zahlreiche junge Menschen. »Wir kamen aus der Zeit der HJ, wir waren Sklaven einer Ideologie gewesen«, erinnert sich Siegfried Haas (Jg. 1928), der eine der tragenden Säulen der Erlanger CSU war: »Wir hatten den Zusammenbruch der Autoritäten miterlebt und hatten das Gefühl: Du bist für die Zukunft selbst mit verantwortlich.«[128] Die Männer des Widerstands – Alfred Delp, Martin Niemöller, Dietrich Bonhoeffer – seien, so Haas, für ihn und seine Altersgenossen Vorbild im Blick auf das »C« im Namen ihrer Partei gewesen: ein »C«, das nicht in Zeremonien der Kirche aufgehe und die Grenzen der Konfession überschreite. Zu den jungen Erlanger CSU-Mitgliedern gehörte auch der später prominente Politiker Wilhelm Vorndran (1924–2012), auf den von Loewenich in späteren Jahren wiederholt in beruflichen Zusammenhängen traf.

Hermann von Loewenich trat 1953 der CSU bei. Er und sein Bruder Reinhard unterstützten den damals 35-jährigen Dr. Werner Dollinger (1918–2008) bei dessen erstem Bundestagswahlkampf 1953.[129] Dollinger, Mitbegründer der CSU in Neustadt an der Aisch, gewann mit großem Vorsprung überraschend das

---

127 Vgl. a. a. O., 82.
128 Interview S. Haas.
129 Vgl. dazu ANZENDER/GÖTZ, 50 Jahre, 101–106.

Direktmandat; er gehörte insgesamt 37 Jahre dem Bundestag an
und stand dabei verschiedenen Ministerien vor. Der Protestant
Dollinger war von 1965 bis 1995 Mitglied der bayerischen Landessynode, zudem lange Jahre Mitglied der Synode der EKD.
Die Verbindung zwischen Dollinger und den Brüdern von Loewenich bestand lebenslang. Die private Beziehung litt offensichtlich nicht unter sachlichen Differenzen, als sich Hermann
von Loewenich politisch anders positionierte. So heißt es in
einem Glückwunschschreiben von Loewenichs an Dollinger zu
dessen 65. Geburtstag im Jahr 1983: »Ich denke gerne zurück an
die Zeiten, in denen ich an Ihrer Seite im Wahlkreis Erlangen
›Lehrjahre‹ in Sachen Politik erleben durfte. Das bleibt für mich
ein Grund zur Dankbarkeit, auch wenn ich heute nicht mehr
Ihre parteipolitische Position teile. Ich bin Ihnen auch dafür
dankbar, daß nach manchen sachlichen Auseinandersetzungen
in der synodalen Arbeit immer wieder das menschliche und
brüderliche Miteinander möglich wurde.«[130]

Auch der älteste der Loewenich-Brüder war in der CSU Erlangen engagiert: Gerhard von Loewenich war der einzige der
drei Brüder, der auch beruflich seinen Weg in der Union ging.
Der Jurist war nach verschiedenen beruflichen Stationen von
1982 bis 1994 für die CDU als Staatssekretär im Bundesbau-
ministerium tätig.

Hermann von Loewenich engagierte sich vor allem in der
Hochschularbeit der CSU. Er leitete im Wintersemester 1954/
55 und im Sommersemester 1955 die Christlich-Soziale Studentengruppe. Ein wesentliches Thema war für von Loewenich
offensichtlich die »gesamtdeutsche Verantwortung«, die er als
»vordringliche politische Pflicht« ansah. So zeichnete er im
Wintersemester 1956 verantwortlich für einen Filmabend mit
dem Titel »Dresden – die versunkene Stadt«[131]. Ein anderer von

---

130 Von Loewenich an Dollinger, 9.10.1983. In: LAELKB, NL Loewenich,
     Hermann von, vl. Nr. 28.
131 Flugblatt 10.11.1956, in: LAELKB, NL Loewenich, Hermann von, vl. Nr. 67.

ihm organisierter Vortrag trug den Titel »Hintergründe der kommunistischen Weltrevolutionsstrategie«[132]. Die Veranstaltungen, zu denen von Loewenich in Erlangen mit seiner Hochschulgruppe einlud, stießen offensichtlich auf große Resonanz und wurden als »besonders gelungen«[133] gelobt.

1956/57 war Hermann von Loewenich stellvertretender Bundesvorsitzender des RCDS. Es war das Jahr, in dem er an der Doktorarbeit über Julius Stahl schrieb. Die neue Funktion in der politischen Arbeit war eigenen Aussagen gemäß allerdings mit »erheblichen finanziellen und persönlichen Opfern verbunden«[134]. RCDS-Bundesvorsitzender war zu diesem Zeitpunkt Wilfried M. Gaddum. Neben Hermann von Loewenich hatte Martin Stiewe, später Oberkirchenrat in der westfälischen Landeskirche, das Amt eines der beiden Stellvertreter inne. Themen, die den RCDS in diesem Zeitraum bewegten, waren unter anderem die Revolution in Ungarn im Herbst 1956 und die Suezkrise im selben Jahr. Innenpolitisch engagierte sich der RCDS im Frühjahr 1957 vor allem bei der Frage der Studentenförderung: Das »Honnefer Modell«, ein Vorläufer des BAföG, das zum Wintersemester 1957/58 eingeführt wurde, war im Vorfeld höchst umstritten; besonders die Gewichtung von Darlehen und Stipendium, die Bezugsbedingungen sowie die Frage, in welchem Umfang die Länder an der Finanzierung beteiligt sein sollten, wurden kontrovers diskutiert. Entgegen der Ansicht der CDU/CSU-Bundestagsfraktion war es dem RCDS-Vorstand wichtig, dass das Hauptgewicht der Mittel in die Stipendien und nicht in Darlehen fließen solle, was den jungen Politikern offensichtlich scharfe Kritik einbrachte.[135] Von Loewenich hielt in seiner Zeit als RCDS-Vorsitzender verschiede-

---

132 Schreiben H. von Loewenichs, 27.1.1957. A. a. O.

133 W. Gaddum, 27.12.1956, an H. von Loewenich. A. a. O.

134 Von Loewenich an die Christlich-Soziale Studentengruppe Würzburg, 9.1.1957. A. a. O.

135 Vgl. dazu das Schreiben des Bundestagspräsidenten E. Gerstenmaier an Gaddum, 10.4.1957. A. a. O.

ne Vorträge, beispielsweise auch am Institut für Lehrerbildung Nürnberg. Er fungierte als Wahlredner für die Bundestagswahl 1957 und nahm dafür offensichtlich auch an entsprechenden Schulungen teil. Von Loewenich war viel unterwegs: So besuchte er Anfang 1957 im Rahmen einer Rundreise die hochschulpolitischen Gruppen seiner Partei in Heidelberg, Würzburg, Regensburg, München, Karlsruhe, Freiburg, Jugenheim und Tübingen. Ziel dieser bundesweiten Besuchsaktion war es, eine Bestandsaufnahme der politischen Arbeit vor Ort durchzuführen sowie Impulse für die künftige Arbeit zu geben. Zudem sollten die Bundesvorsitzenden den Einfluss anderer Gruppen im Hochschulleben erheben und sich ein Bild darüber machen, wie sich die Studenten zu aktuellen politischen Fragen positionierten – ein besonderes Augenmerk sollten sie auf die Diskussion um die Wiederbewaffnung richten. Angaben über mögliche »kommunistische Infiltrationsversuche« sollten weitergegeben werden.[136]

Hermann von Loewenich ging es immer wieder auch um Grundsatzdiskussionen über die Linie der Partei. So schreibt er 1957 an den Bundesvorsitzenden: »Wir müssen wohl auch in verbandsinterner Sicht mehr Gewicht darauf legen, daß das ›C‹ in unserem Namen nicht als bloße Dekoration erscheint, womit ich keineswegs irgendwelche ›schwärmerischen‹ Neigungen zum Ausdruck bringen möchte.«[137] Für Siegfried Haas machten genau solche Überlegungen den Parteifreund von Loewenich aus: Das Verhältnis Hermann von Loewenichs zur CSU habe er als ein »orientierungssuchendes« empfunden, trotz seines Engagements gerade auch beim RCDS habe er ihn nicht als »Macher« erlebt: »Man hat bei Hermann und Reinhard von Loewenich gespürt, dass sie vom geistlichen Standpunkt geprägt sind,

---

136 Vgl. dazu Bemerkungen zur politischen Bestandsaufnahme an den Universitäten und Hochschulen des Bundesgebiets und West-Berlins von W. Gaddum, 30.12.1956. A.a.O.

137 Von Loewenich an Gaddum, 8.2.1957. A.a.O.

dass sie Theologen waren und ihr Feld der Zukunft auch dort gesehen haben.«[138]

Mit dem Eintritt in den kirchlichen Dienst beendete Hermann von Loewenich seine politischen Aktivitäten. Seine Lust an politischen Fragestellungen merkte man ihm freilich zeitlebens an: Als einen »Homo Politicus« erlebten ihn Zeitgenossen quer durch die Jahrzehnte, als einen solchen bezeichnete er sich wiederholt auch selbst. Inwieweit es von Loewenich immer gelang, sein politisches Interesse mit seinem geistlichen und beruflichen Selbstverständnis zu vereinbaren, wird und wurde unterschiedlich beurteilt. Der Windsbacher Dekan Hermann Seifert jedenfalls, bei dem Hermann von Loewenich kurz nach seiner RCDS-Zeit als Vikar Dienst leistete, sah hier keinen Grund zur Beanstandung: »An der Politik nimmt er mit innerer Leidenschaft teil, weiß aber dabei die durch das Amt ihm gezogenen Grenzen einzuhalten.«[139]

1962, als Hermann von Loewenich Studentenpfarrer wurde, trat er aus der CSU aus. Er begründete seinen Schritt rückblickend damit, dass er gerade in dieser beruflichen Phase parteipolitisch unabhängig sein wollte, um entsprechende Offenheit für Diskussionen signalisieren zu können. Offensichtlich hatte auch die Wahl von Franz Josef Strauß zum CSU-Parteivorsitzenden 1961 eine Rolle für seinen Austritt gespielt: »Das hat mir nicht so entsprochen.«[140] Reinhard von Loewenich sah eine zunehmende Entfremdung des Bruders von der Partei Ende der 1950er Jahre einsetzen; seiner Ansicht nach spielten dabei auch die späten Kanzlerjahre Konrad Adenauers eine Rolle. Hermann von Loewenich trat keiner politischen Partei mehr bei; er, der in der Öffentlichkeit oft dem sozialliberalen Spektrum zugerechnet wurde, verschwieg aber auch seine aktive Zeit bei der CSU nicht.

---

138 Interview S. Haas.
139 Beurteilung 2.4.1958, Dekan H. Seifert, in: Landeskirchenamt, Personalakte H. v. Loewenich.
140 Zit. nach H. Holzhaider, Der Bischof, der nicht labern wollte, Süddeutsche Zeitung (30./31.10.1999).

2.3 »Lieb und streng, auch sehr lustig«: Ferienheimarbeit

Die Beschäftigung der Kirche mit ihren jüngsten Mitgliedern lag Hermann von Loewenich zeitlebens am Herzen: »Das Kind in der Krippe befiehlt alle Kinder dieser Erde unserem Schutz und unserer Fürsorge an. [...] Alle sollen unversehrt an Leib und Seele heranwachsen und sich an Gottes Güte und Menschlichkeit mitfreuen können.«[141] Von Loewenich selbst erlebte die Arbeit mit Kindern wohl am intensivsten in den 1950er und frühen 1960er Jahren, als er in der Ferienheimarbeit der Inneren Mission mitarbeitete. Zugleich sammelte er hier prägende Erfahrungen mit Menschen aus der Arbeiterschicht.

Ihren Ursprung hatte die Ferienheimarbeit der Inneren Mission in Bayern in den 1920er Jahren: Kinder aus der Großstadt sollten in den Ferien die Möglichkeit haben, in ländlicher Umgebung Kraft zu tanken. Sie sollten hinaus »aufs Land, in Luft und Sonne, zum Wald und zum Wasser«[142]. In den Genuss solcher Erholung sollten vor allem diejenigen Kinder kommen, deren Eltern beide berufstätig waren; sie wären ansonsten »aufsichtslos [...] auf die Straße angewiesen« gewesen. Als Anliegen ihrer Arbeit nannte die Innere Mission drei Punkte: »Behütete Ferientage in froher Gemeinschaft«, »Erholung und Kräftigung der Kinder« sowie »ein Leben unter Gottes Augen«.[143] Die Ferienkinderarbeit in der bayerischen Landeskirche war vor allem mit dem Namen von Pfarrer Hermann Sondermann (1903–1960) verbunden: Als junger Geistlicher hatte Sondermann mit Nürnberger Kindern das kurzzeitig leerstehende Pfarrhaus in Offenbau vor seinem Amtsantritt in der dortigen Gemeinde für das erste Ferienlager 1931 genutzt. Nach und nach

---

141 Predigt in der St.-Matthäus-Kirche München, 25.12.1997, in: VON LOEWENICH, Offen, 45.

142 INNERE MISSION UND HILFSWERK DER EVANG.-LUTH. KIRCHE IN BAYERN (HRSG.), Freude, 4. A. a. O. nachfolgendes Zitat.

143 A. a. O., 6.

baute er in den folgenden Jahren sein Modell der Kindererholung an den verschiedensten Orten aus und verhalf in den gut dreißig Jahren seines Wirkens in diesem Arbeitsfeld Tausenden von Buben und Mädchen zu erfüllten Ferien.[144] Dabei stand ihm maßgeblich Elisabeth Nägelsbach (1894–1984), Referentin für Jugendfürsorge im Amt für Gemeindedienst und CSU-Landtagsabgeordnete, zur Seite. Sie sah in der Persönlichkeit Sondermanns einen Garanten für das Gedeihen der Kindererholung und umriss dessen Gaben mit den Worten: »War es die Fülle von Liedern und Spielen, wie sein Wissen um den Wert von Gymnastik, Reigen und Volkstänzen, vom Darstellen, Basteln und Zeichnen, sein intuitives Erfassen der pädagogischen Notwendigkeiten und Grenzen der Kinderferienheime? Er beherrschte dies alles mit seltener Ursprünglichkeit.«[145] Einen Eindruck von Sondermanns pädagogischer Leidenschaft, gepaart mit künstlerischer Begabung, gibt das von seinem Neffen Albrecht Sondermann posthum herausgegebene Büchlein »Ein Jahr und ein Leben. Schicksal und Leistung eines fränkischen Dorfpfarrers mit persönlichen Zeichnungen«. Hier kommen Sondermanns Erfahrungen in der Haft während der NS-Zeit ebenso zur Sprache wie das Glück, das er mit den Ferienkindern erlebte.

Wesentlich für die Ferienkinderarbeit war der Stab an Helferinnen und Helfern, der Hermann Sondermann zur Seite stand. Für diese Aufgabe kamen Menschen aus den verschiedensten sozialen Berufen ebenso infrage wie Menschen ohne Ausbildung. Wichtig war vor allem die Freude an der Musik und am Sport. Die Helfer wurden in mehrtägigen Vorbereitungstreffen ausgebildet. Außerdem sollte sie das kleine Büchlein »Freude in Zucht«, erstmals 1952 erschienen, bei ihrer Arbeit unterstützen: Es enthielt neben grundlegenden Beiträgen

---

144 Vgl. zu Sondermanns Wirken auch die Unterlagen in: LAELKB, LKR, Nr. 50560.

145 INNERE MISSION UND HILFSWERK DER EVANG.-LUTH. KIRCHE IN BAYERN (Hrsg.), Freude, 5.

über Genese, Grundlagen und Ziele der Ferienheimarbeit zahlreiche Lieder, Reigen und Volkstänze. Die Helfer waren für die
Kinder »Onkel« und »Tanten« – Sondermann selbst lief unter
dem Namen »Großonkel«. Den Freizeiten lag eine strenge Ordnung zugrunde: Der Tagesablauf war straff geregelt, sportliche
und geistliche Übungen gehörten selbstverständlich zur Freizeit dazu, die Briefe der Kinder wurden kontrolliert. »Ob unser
Ferienheim zum Freudenfest wird«, erklärte Hermann Sondermann, »hängt weder vom ›Komfort‹ noch vom Essen, Baden,
Wandern, Singen und Spielen allein ab, sondern zuletzt davon,
ob die Kinder die Gnade zuchtvoller Gemeinschaft erleben
dürfen.«[146] Allem Anschein nach gelang dies: Die Ferienheim-
plätze waren heiß begehrt, und viele Ferienkinder schwärmten
noch Jahrzehnte später von den Erholungsfahrten.[147]

Hermann von Loewenich sprach diese Art und Weise der
Beschäftigung mit Kindern an. Er engagierte sich seit seinem
Studium bis in die Dienstzeit als Nürnberger Studentenpfarrer
hinein auf verschiedenste Weise in der Ferienheimarbeit. Die
von Sondermann gewünschten Begabungen brachte von Loewenich zweifelsohne mit: Er hatte Führungsqualitäten und
konnte sowohl im musikalischen als auch im sportlichen Bereich punkten. Dass sich von Loewenich bei seinen Schütz-
lingen großer Beliebtheit erfreute, zeigt die Erinnerung eines
damaligen Ferienkindes: »Lieb und streng, auch sehr lustig«[148]
sei der »Onkel« gewesen, so die bayerische Pfarrerstochter Elke
von Schletz rückblickend; sie sollte später unter dem Namen
Elke Sommer als Schauspielerin Weltruhm erlangen.

Bald gehörte von Loewenich zum engeren Mitarbeiterkreis
um Hermann Sondermann und war selbst an der Schulung
neuer Ferienhelfer beteiligt. Von Loewenich übernahm hier
häufig die geistlichen Fragen. So referierte er beispielsweise

---

146 A.a.O., 11.
147 Vgl. SONDERMANN, Ein Jahr, 230.
148 Mail E. Sommer an A. Hager, 18.11.2014.

über »Seelsorge im Kinderheim«, »Das Wort Gottes im Ferienheim« oder »Wir gestalten eine Abendandacht«. Was die Reflexion der Arbeit betrifft, fällt einmal mehr der Hang des jungen
Mannes zur Diskussion grundsätzlicher Fragen auf. So heißt es
im Protokoll einer Tagung des Leitungsteams vom November
1960: »Hermann von Loewenich stellte die Frage: ob wir dem
Auftrag, den wir an den Kindern haben, gerecht geworden sind,
ob man diesem Auftrag gerecht werden kann.«[149]

Die Ferienkinderarbeit Hermann Sondermanns und seine
Helferschulungen waren bald über die Grenzen Bayerns bekannt, und so meldete sich für den Juni 1960 auch Hiltrud Maiwald, die in Stuttgart zur Jugendleiterin ausgebildet wurde, bei
einem entsprechenden Vorbereitungskurs an. Die Schulung,
bei der die junge Frau ihren späteren Ehemann Hermann von
Loewenich kennenlernte, begann mit großer Betroffenheit:
Kurz vor Beginn des Treffens war Hermann Sondermann unerwartet verstorben. Das Leitungsteam wollte zur Beerdigung
fahren und übergab die Leitung des Tages spontan an Hiltrud
Maiwald und deren Freundin. Die beiden meisterten die un-
erwartete Aufgabe. Für Hiltrud Maiwald wurde diese Tagung
zum Beginn ihres Engagements in der Ferienkinderarbeit – und
zum Beginn des gemeinsamen Lebensweges mit Hermann von
Loewenich.

2.4 Erste Schritte im Beruf in Windsbach und Schmölz

Am 1. April 1957 trat Vikar von Loewenich seine Stelle als Amts-
aushilfe in der Kirchengemeinde Windsbach an: Er wurde Präfekt am Pfarrwaisenhaus. Nach sechs Jahren war er damit wieder an den Ort seiner Jugend zurückgekehrt und wohnte erneut

---

149 Niederschrift vom 15.11.1960 über die Tagung der »Verantwortlichen«
     am 12./13.11.1960, Sulzbürg. In: LAELKB, DW, Nr. 1065.

im Studienheim, das er damals als einer der ersten Schüler bezogen hatte. Es war, so urteilte von Loewenich rückblickend,
wohl auch ein Stück weit Aufarbeitung der eigenen Biographie,
freilich unter neuen Vorzeichen: Aus dem einstigen Oberschü-
ler war nun ein Erzieher geworden – ein Rollenwechsel, der
dem 25-jährigen zumindest in den Augen des Windsbacher
Dekans Hermann Seifert gelang: »Er setzt sich durch trotz des
geringen Altersabstandes und ungeachtet des Umstands, daß
ihn viele noch als Schüler kennen.«[150] Hermann von Loewenich
war vor allem für die Betreuung der rund 50 Schüler der oberen
Klassen zuständig. Er sah einen Schwerpunkt seiner Aufgabe in
der Erziehung der Schüler zur Verantwortlichkeit. Theologisch,
so von Loewenich, sei ihm in Windsbach vor allem die Auseinandersetzung mit dem Pietismus ein Anliegen gewesen.[151] Von
Loewenich hielt Religionsstunden an Gymnasium und Volks-
schule und verstand es offenbar, »auch kindertümlich zu
reden«[152] – hier kamen ihm sicher auch die Erfahrungen aus der
Ferienkinderarbeit zugute. Auch hebräischen Sprachunterricht
erteilte der junge Vikar.

Nach einem knappen Jahr in Windsbach reichte Hermann
von Loewenich im März 1958 beim Landeskirchenrat sein Gesuch um Ordination ein.[153] An seinen Ausführungen zu Schrift
und Bekenntnis ist bemerkenswert, wie stark er die zwar abge-
leitete, aber »von wechselnden theologischen Lehrmeinungen«
unabhängige Autorität der Bekenntnisschriften betont; namentlich führt er seinen theologischen Lehrer Werner Elert an
sowie dessen Votum, die Bekenntnisse bezeichneten »ja nicht
nur das Minimum, sondern auch das Maximum der Verkündigung«. Die Bekenntnisse, so von Loewenich weiter, »geben damit der eigenen Arbeit einen weitgespannten, kaum ausschreit-

150 Beurteilung Vikar von Loewenich (2.4.1958), in: Landeskirchenamt,
    Personalakte H. v. Loewenich.
151 Lebenslauf (1958). A.a.O.
152 Beurteilung durch Dekan H. Seifert, 2.4.1958. A.a.O.
153 Gesuch um Ordination (18.3.1958). A.a.O. Ebd. nachfolgende Zitate.

baren Rahmen und zugleich eine fruchtbare Richtung, die vor Abseitigkeiten bewahren kann«. Weiter hebt von Loewenich den ökumenischen Charakter des Bekenntnisses hervor, das die Möglichkeit zum Dialog mit anderen Kirchen ermögliche. Er sieht die Freiheit eines Christen, das Bekenntnis zu interpretieren, mahnt aber zugleich zur Zurückhaltung. Abschließend betont von Loewenich den seelsorgerlichen Charakter des Bekenntnisses, der ihm »für die eigene Lebensführung wie für den seelsorgerlichen Rat an andere wichtig geworden« ist.

Am 11. Mai 1958, dem Sonntag Rogate, wurde Hermann von Loewenich in einem Abendgottesdienst, umrahmt von den Gesängen des Knabenchores, in Windsbach ordiniert. Der Ordinationsansprache lag Apostelgeschichte 1,8 zugrunde: »Aber ihr werdet die Kraft des heiligen Geistes empfangen, der auf euch kommen wird, und werdet meine Zeugen sein in Jerusalem und in ganz Judäa und Samarien und bis an das Ende der Erde.« Assistenten bei der Einsegnung waren der Direktor des Pfarrwaisenhauses, Friedrich Höfer, sowie Dekan Hermann Seifert. Seifert wählte als Segenswort für den Vikar Lukas 12,42: »Wer ist denn der treue und kluge Verwalter, den der Herr über seine Leute setzt, damit er ihnen zur rechten Zeit gibt, was ihnen zusteht?« Möglicherweise löste dieses Wort bei Hermann von Loewenich Erinnerungen an seinen Vater aus: Der Gedanke des Haushalters war für Wilhelm von Loewenich prägend gewesen. Das Motiv hatte die Traueransprache geleitet, auf dem Lesezeichen, das die Mutter in ihre Bibel legte, stand der Vers aus 1Kor 4,2 unter dem Bild des Vaters.[154] In späteren Jahren thematisierte Hermann von Loewenich wiederholt den Gedanken der Haushalterschaft in seinen Ansprachen.

Drei Tage nach der Ordination teilte der Landeskirchenrat dem jungen Pfarrer mit, dass seine Ernennung zum Inspektor des Predigerseminars Nürnberg beabsichtigt sei;[155] von Loewe-

---

154 Abbildung in: WIGGLI-VON LOEWENICH, Mein Bild, 111.
155 Oberkirchenrat W. Schmidt an von Loewenich, 14.5.1958, in: LAELKB,

nich hatte dem Brief zufolge bereits vor der entsprechenden Haussitzung des Landeskirchenrats bei einem Besuch in München seine Bereitschaft zur Annahme der Stelle bekundet. Trotz seiner Zusage bewegten den Vikar offensichtlich wiederholt Zweifel bezüglich seiner Eignung für diese Stelle: Er war – damals durchaus kein Einzelfall – selbst nicht Seminarist im Predigerseminar gewesen und konnte zudem kaum Gemeindepraxis vorweisen. So schrieb von Loewenich im Juni 1958 an seinen zukünftigen Vorgesetzten, den Rektor des Predigerseminars Kurt Horn: »Meine Sorgen und Bedenken habe ich ja mit dem Herrn Landesbischof offen besprochen. Wenn mir nun trotzdem diese Stelle übertragen werden soll, so sehe ich darin eine Führung Gottes, der ich willig Folge leiste.«[156]

Bevor er seinen Dienst in Nürnberg antrat, sammelte Hermann von Loewenich auf eigenen Wunsch noch Erfahrungen im Gemeindedienst: Vom 8. August bis zum 30. September 1958 war er als Pfarrverweser in Schmölz im Dekanat Kronach tätig; der dortige Pfarrer, Vater seines ehemaligen Windsbacher Klassenkameraden Hans Sommer, war kurz zuvor verstorben. Dort, am südlichen Rand des Frankenwaldes, mit seinem Moped über Land unterwegs, durchlief von Loewenich innerhalb weniger Wochen quasi einen Schnellkurs in Sachen Pfarramtsführung: »Die Pfarrei ist sehr ausgedehnt und ich bin viel unterwegs zu meinen fünf Unterrichtsstationen«[157], so von Loewenich in einem Brief vom 8. September an Kurt Horn. Von Loewenich weiter: »Zu meiner sonstigen pfarramtlichen Tätigkeit kommen die Schwierigkeiten eines Kindergartenneubaus. [...] Es ist nicht ganz einfach, sich in den Vorarbeiten, Grundstücksangelegenheiten etc. zurechtzufinden.«

Viel Zeit zur Vorbereitung auf den Dienst im Predigerseminar blieb von Loewenich in diesen Wochen in Schmölz nicht; er bedauerte dies und sah dem beruflichen Start in Nürnberg of-

PS Nürnberg, Nr. 26.

156 Von Loewenich an Horn, 15.6.1958. A.a.O.

157 Von Loewenich an Horn, 8.9.1958. A.a.O. Ebd. nachfolgende Zitate.

fensichtlich mit einer gewissen Beunruhigung entgegen: »Ich kann mir nicht recht vorstellen, wie das im Oktober gutgehen soll.« Dennoch bereute er seine Zeit in Schmölz nicht: »Man kann doch als Pfarrverweser sehr gut Erfahrungen von unserem Amte sammeln.«

3. »Mut zum Exodus«: Die 1950er/1960er Jahre in Nürnberg (1958–69)

Für Hermann von Loewenich gingen die späten 1950er und die 1960er Jahre mit Phasen der Anfechtung einher, was seinen Ort in der Volkskirche betraf – das »Ja zur Institution der Kirche« sei für ihn nach den ersten Berufsjahren »fraglich« geworden: »Die restaurativen Tendenzen wurden spürbar. An dem Agendenwerk der VELKD von 1954 wurde mir das besonders deutlich. Die Fixierung der führenden Männer unserer Kirche auf die Kirchenkampferfahrung empfand ich mehr und mehr als rückwärtsgewandt. Die Kirche war im Übergang von den 1950er zu den 1960er Jahren stark mit sich selbst beschäftigt.«[158] Tradition und Zeitgenossenschaft, so von Loewenich, seien ihm in dieser Zeit neu zum Lebensthema geworden: »Kann sich die Kirche der Moderne versagen? Kann sie sich einschließen in eine betont traditionsorientierte Lebenswelt? Diese Frage hatte ich auch gegenüber der in unserer Kirche dominierenden Theologie des Neu-Luthertums.«[159] Von Loewenich wollte den restaurativen Erscheinungen etwas entgegensetzen. In seinen Jahren als Studieninspektor ist ein dahingehendes Engagement noch wenig greifbar: Die Zeit im Predigerseminar Nürnberg nutzte von Loewenich in erster Linie dazu, weitere Einblicke auf dem Gebiet der Ausbildung zu sammeln und sein theologisches Wissen zu vertiefen. Anfang der 1960er Jahre zeigte sich zunehmend von Loewenichs Wille, die Kirche auf landesweiter Ebene mitzugestalten. Als Schriftleiter des Korrespondenzblattes des Pfarrervereins, im Kreis der Pfarrbruderschaft und gerade

---

158 Ansprache Ehrenpromotion, 28.5.1997, in: LAELKB, NL Loewenich, Hermann von, vl. Nr. 13.
159 A.a.O.

im Nürnberger Raum war von Loewenich bald gut vernetzt: Er traf sich mit anderen Mitgliedern der Pfarrbruderschaft zu regelmäßigen Predigtbesprechungen, er gestaltete das Konzept des neugegründeten »Studienzentrums Heilig Geist« mit, er fand Gesinnungsgenossen, was eine angestrebte Erneuerung der Kirche betraf. Es erscheint konsequent, dass diese erste berufliche Phase von Loewenichs in Nürnberg in die Gründung des »Arbeitskreises Evangelische Erneuerung« (AEE) mündete. Der junge Pfarrer bewegte sich zunehmend selbstbewusst im kirchlichen Kontext und – nun ohne parteipolitische Bindung – in der Gesellschaft.

3.1 Studieninspektor am Predigerseminar Nürnberg

»Kann Gott nicht auch auf einen solchen eiligen Anfang seinen Segen legen?«[160] Den Zeilen Hermann von Loewenichs, geschrieben kurz vor seinem Dienstantritt im Herbst 1958 an den Rektor des Predigerseminars Kurt Horn, merkt man ein gewisses Unbehagen an. Es war geplant gewesen, dass der künftige Inspektor vor Dienstantritt schon einmal ins Predigerseminar kommen sollte, um mit Horn die künftige Zusammenarbeit zu besprechen. Daraus war nichts geworden – das Arbeitspensum in Schmölz hatte von Loewenich zu sehr in Anspruch genommen. Es wurde Anfang Oktober und damit kurz vor Kursbeginn, als von Loewenich in das imposante Gebäude in der Nürnberger Veilhofstraße einzog.

Das 1902 errichtete Haus, anfangs Erziehungs- und Resozialisierungseinrichtung, diente seit 1922 der Ausbildung junger Theologen. In den ersten Jahren war die heutige Löheschule, anfangs eine evangelische Mädchenschule, im Osttrakt des

---

160 Von Loewenich an Horn, 27.9.1958, in: LAELKB, PS Nürnberg, Nr. 26.

großen Gebäudes untergebracht.[161] Der erste Rektor des Nürnberger Predigerseminars war 1922 bis 1928 der spätere Landesbischof Hans Meiser. Ihm folgte Julius Schieder, der 1932 in Anbetracht der anstehenden Sanierungsarbeiten schrieb: »Wenn
nun auch noch die letzten Arbeiten gemacht werden können,
dann ist unser Seminar eines der schönsten in Deutschland,
vielleicht das schönste.«[162] Schieder konnte zu diesem Zeitpunkt nicht ahnen, dass die folgenden Jahre ästhetische Bestrebungen in den Hintergrund rücken ließen; das Nürnberger
Predigerseminar sollte sich gerade in den Anfangsjahren des
»Kirchenkampfes« zu einem Zentrum der bekennenden Gemeinden entwickeln.[163] Zwischen 1940 und 1946 ruhte der Seminarbetrieb weitgehend, da die angehenden Pfarrer nahezu
vollständig eingezogen wurden.[164] In den Jahren 1941 bis 1943
wurde das Seminargebäude mehrfach von Bomben getroffen.
In den letzten Kriegsjahren war hier vorübergehend die Not-
feuerwehr untergebracht, Flüchtlingsfamilien fanden Unterkunft, später nutzte das Hilfswerk des Landesvereins der Inneren Mission zeitweilig die Räumlichkeiten. Bei Kriegsende
war das Gebäude nur noch als Bauruine zu bezeichnen. Der Seminarbetrieb zog zum Jahresbeginn 1946 nach Erlangen in das
Haus des Martin-Luther-Bundes in der Fahrstraße um. Dort
unterrichtete Hermann Dietzfelbinger, später Nachfolger Meisers im Bischofsamt, die ersten Nachkriegs-Kandidaten und

---

161 Zur Geschichte des Predigerseminars vgl. http://www.predigerse-
minar-nuernberg.de/geschichte.html [Stand: 4.12.2014] sowie
W. DIETZFELBINGER, 50 Jahre Predigerseminar Nürnberg, Nachrichten (13/1972).

162 Zit. nach http://www.predigerseminar-nuernberg.de/geschichte.
html.

163 Vgl. dazu etwa ROEPKE, Protestanten, 408f.

164 So W. DIETZFELBINGER, 50 Jahre Predigerseminar Nürnberg, Nachrichten (13/1972), 241. Laut BAIER, Kirche, 104f., hielt der damalige
Rektor des Predigerseminars Gerhard Schmidt Kontakt zu den Theologiestudenten im Feld. Waren sie auf Heimaturlaub, konnten sie im
Seminar »leichte theologische Arbeit« betreiben.

engagierte sich zugleich für einen Wiederaufbau des Hauses in Nürnberg. Auch wenn manche Schäden noch nicht beseitigt waren und Provisorien blieben, konnte der Seminarbetrieb zum Herbst 1948 wieder in die Veilhofstraße umziehen.

Arbeit und Gemeinschaft im Predigerseminar unterschieden sich grundlegend vom späteren »Lehrvikariat«. Die angehenden Pfarrer lebten für einen neun bis zehn Monate andauernden Kurs im Seminargebäude.[165] Nachdem es noch nicht, wie im späteren Ausbildungssystem, die jeweiligen Mentoren vor Ort gab, hatten Rektor und Studieninspektor eine entscheidende Rolle, was die Prägung der jungen Männer und damit ganzer Jahrgänge bayerischer Pfarrer betraf. Mehrwöchige Gemeindepraktika gehörten ebenso zur Ausbildung wie das Halten von Gottesdiensten, das von den Gemeinden besonders an den Feiertagen gerne nachgefragt wurde. Immer wieder beteiligten sich Kandidaten aus der Veilhofstraße an der Ferienkinderarbeit – auch Hermann von Loewenich engagierte sich noch in seiner Zeit als Inspektor weiterhin in diesem Bereich.[166]

Die Seminaristen genossen die hauswirtschaftliche Betreuung durch Neuendettelsauer Diakonissen. Man aß zusammen, musizierte, spielte Faustball und Tischtennis; jeder erhielt ein kleines Taschengeld. In den Fluren befanden sich Kochnischen, Radioapparate konnten in den Zimmern betrieben werden, »wenn die Mitbewohner nicht gestört und die Gebühr an die Post entrichtet«[167] wurde. Neben theologischer Literatur – »ziehen Sie den Kreis der einzupackenden Bücher nicht zu eng! Ihre biblischen Kommentare sollten Sie auf jeden Fall mitbringen« – gehörte auch alte Arbeitskleidung zur Grundausrüstung der

---

165 Die Theologinnen, die es damals bereits in Bayern gab, wurden nicht im Predigerseminar ausgebildet. Zur Situation der bayerischen Theologinnen vgl. die Habilitation »Evangelische Kirche und Frauenordination« von A. Zeiß-Horbach, die demnächst veröffentlicht wird.

166 Vgl. Kapitel 2.3.

167 Horn an die Seminaristen des Jgs. 1958/59. LAELKB, PS Nürnberg, Nr. 26. Ebd. nachfolgendes Zitat.

Seminaristen: Die Mitarbeit bei der Bewirtschaftung des großen Geländes, das sich damals bis hin zur Pegnitz erstreckte,
war verpflichtend. Legendär waren die dort wachsenden zahlreichen Kürbisse, die zumindest in den ersten Nachkriegsjahren
zum Grundnahrungsmittel wurden. Kursteilnehmer setzten
der nicht uneingeschränkt geliebten Pflanze mit einer »Kürbis-
Kantate«, gewidmet dem »verehrl. Küchenpersonal«, ein ein-
drückliches Denkmal; Anklänge an Werke Johann Sebastian
Bachs mischen sich hier mit zeitgenössischer Küchen-Poesie.[168]
Sicher, so Hermann Dietzfelbinger später rückblickend über
das damalige Kurssystem, sei es für manche der Kandidaten
ein »nicht geringes Opfer«[169] gewesen, sich fernab der familiären Bezüge auf dieses enge gemeinsame Leben einzulassen. Im
Gegensatz zu nachfolgenden Generationen hätten die Männer
dadurch aber auch eine Ahnung »von der Ganzheit des Pfarrer-
dienstes« bekommen und wären zu einer teils lebenslang bestehenden Kursgemeinschaft zusammengewachsen. Auch Dietzfelbingers Nachfolger im Amt, Kurt Horn, der das Seminar von
1953 bis 1962 leitete, betonte immer wieder den hohen Stellenwert der Gemeinschaft. So schrieb er in seinem Willkommens-
gruß an die Seminaristen des Jahrgangs 1958/59: »Gemeinschaft bildet sich nicht von selbst. Es wird also recht sehr darauf
ankommen, daß wir uns in unserer Arbeit engagieren und in
dem gemeinsamen Leben nicht aneinander vorbeilaufen oder
nur darauf warten, daß andere einem etwas geben. Das wird dadurch leicht gemacht, daß wir die Gemeinschaft nicht erst fordern und durchsetzen müssen, sondern an ihr Vorhandensein
glauben dürfen.«[170] Den Seminaristen wurde mit demselben
Schreiben mitgeteilt, dass kurz vor ihnen auch »Herr Inspektor
Hermann von Loewenich seinen Dienst hier antreten« werde.

---

168 Kürbis-Kantate, erstmalig aufgeführt am 22.2.1952 im Predigersemi-
     nar, in: LAELKB, PS Nürnberg, Nr.4.
169 DIETZFELBINGER, Veränderung, 134. A.a.O. nachfolgende Zitate.
170 Horn an die Seminaristen des Jgs. 1958/59, in: LAELKB, PS Nürnberg,
     Nr. 26.

Der damals 26-jährige von Loewenich hatte in seinem Amt eine Mittelstellung zwischen Rektor und Kandidaten inne: Zum einen übernahm er als Studieninspektor einen beträchtlichen Teil der Ausbildung. Er legte gemeinsam mit Rektor Horn die Inhalte der Kurse fest und war Horns Vertreter, wenn dieser abwesend war. »Einen Inspektor, der mir brüderlich hilft, mich auch kritisiert und u. U. auch etwas auf die Beine hilft, wo das fortschreitende Alter den Elan verlangsamt«[171], wünschte sich Horn und drückte mit Worten wie diesen seinen Willen zur Zusammenarbeit auf Augenhöhe aus. Die gemeinsame Aufgabe von Rektor und Inspektor, so Kurt Horn, sei »nicht vordergründig Lehre, sondern geistliche Führung von der studentischen Existenz ins kirchliche Amt« – man wolle den jungen Brüdern »Gehilfe der Freude«[172] sein. Horn pries immer wieder als Vorteil des Inspektorendienstes an, »daß man – wonach viele sich sehnen – vor der Übernahme eines Gemeindeamts noch einmal intensiv zum Studieren und zum Nachdenken über den Dienst in der Gemeinde kommt«.[173] Von Loewenich erinnerte sich später an diese Möglichkeit des Weiterstudiums im Predigerseminar: »Mein Dienst am Predigerseminar Nürnberg war eine sehr intensive Zeit, die mir noch einmal die Gelegenheit gab, auch theologisch weiterzuarbeiten.«[174] Neben der Lehr- und Leitungsverantwortung von Loewenichs gab es das, was ihn nahe an die Kandidaten heranrücken ließ: Er lebte im selben Haus, nahm ebenso an der Tischgemeinschaft wie an sportlichen und musikalischen Freizeitaktivitäten teil und fungierte als Ansprechpartner bei Sorgen und Nöten. Ähnlich den Kandidaten konnte auch Inspektor von Loewenich noch nicht auf

---

171 So Horn in einem Schreiben, mit dem er um einen neuen Inspektor warb (undatiert), in: a.a.O. Ebd. nachfolgendes Zitat.
172 Horn an von Loewenich, 9.6.1958. A.a.O.
173 Horn in einem Schreiben, mit dem er um einen neuen Inspektor warb (undatiert). A.a.O.
174 In: »Der neue Landesbischof hat in der Region gute Erfahrungen gesammelt: ›Innere Verbindung zu Nürnberger Raum bleibt‹«, Sonntagsblatt (1994/Nr. 26), VII.

eine abgeschlossene Ausbildung zurückblicken; das Zweite
Theologische Examen legte er erst während seiner Zeit als Studieninspektor ab. Auch was seinen Familienstand betraf, war
er den Kandidaten gleichgestellt: Während die ersten Jahrgänge nach dem Krieg, darunter viele ältere Teilnehmer – »langge-
diente [...] Soldaten und Kriegsheimkehrer [...], die Mehrzahl
ehemalige Offiziere, Durchschnittsalter 32 Jahre«[175] – oft verheiratet waren und Familie hatten, war es in späteren Jahren
wieder üblich, dass sich die Männer erst nach Abschluss ihrer
Ausbildung verehelichten. Auch für das Amt des Inspektors
kam nur ein lediger Kandidat infrage, was die Stellenbesetzung
oft erschwerte. Mit einigen seiner Seminaristen arbeitete Hermann von Loewenich in späteren Berufsjahren wieder eng zusammen, unter ihnen etwa der spätere Nürnberger Prodekan
Werner Müller und der Präsident des Diakonischen Werks Bayern, Heimo Liebl.[176]

In seiner Dienstzeit am Predigerseminar erlebte Hermann
von Loewenich einige Änderungen am Ausbildungssystem mit:
So hatte das Ende der 1950er Jahre eingeführte achtwöchige
Gemeindepraktikum Auswirkungen auf den Ausbildungsplan.
Manche der zuvor möglichen zusätzlichen Veranstaltungen
mussten gestrichen werden. Neu war auch der Führerschein-
kurs für die angehenden Pfarrer bei einer Nürnberger Fahrschu-
le: Zuvor hatten die Vikare den Führerschein oft auf ihrer ersten
Stelle erworben, was nicht selten zu beträchtlichem Unmut bei
den Dienstvorgesetzten geführt hatte.

Von Loewenich selbst hat kaum Erinnerungen über seinen
Dienst im Predigerseminar hinterlassen. Was ihn in dieser Zeit
besonders bewegte, wie er im Einzelnen sein Amt verstand,
lässt sich nur anhand einiger weniger Dokumente erahnen. An-

---

175 Bericht eines Kursteilnehmers, zit. nach DIETZFELBINGER, Verände-
     rung, 138.
176 Vgl. dazu: »Der neue Landesbischof hat in der Region gute Erfahrun-
     gen gesammelt: ›Innere Verbindung zu Nürnberger Raum bleibt‹«,
     Sonntagsblatt (1994/Nr. 26), VII.

zunehmen ist, dass die theologischen Gespräche mit den Kandidaten, die praktischen Übungen und nicht zuletzt die vielen Vorträge und Besuche auch außerbayerischer Gruppen und hochkarätiger Referenten Hermann von Loewenichs breit gefächerten Interessen entgegenkamen:[177] So informierte der später als »Seelsorger der Nation« bekannte Pfarrer Adolf Sommerauer, Beauftragter der Landeskirche für Predigt- und Rundfunkfragen, über Möglichkeiten der Rundfunkseelsorge. Der spätere Hamburger, dann Erlanger Neutestamentler Jürgen Roloff, damals Assistent der Theologischen Abteilung des Lutherischen Weltbundes in Genf, referierte über »Die theologische Arbeit des Lutherischen Weltbundes«. Der Kirchliche Hilfsausschuss für die Ostvertriebenen, vertreten durch Geschäftsführer Friedrich Spiegel-Schmidt, stellte seine Arbeit vor. Es gab einen Missionslehrgang, Einführungen in Militär- und Familienseelsorge, ein Arbeiterseminar wurde angeboten, man besuchte Predigerseminare anderer Landeskirchen und erhielt Gegenbesuche, etwa aus Wittenberg, Hamburg und Soest. Obligatorisch war der Besuch des Landesbischofs – Hermann Dietzfelbinger kehrte damit in neuer Funktion an seine alte Wirkungsstätte zurück.

Diskussionen gab es in den späten 1950er Jahren offensichtlich wiederholt um die Rolle der sogenannten Pfarrbräute. So wandte sich der Leiter der Akademie Tutzing, Gerhard Hildmann, im Sommer 1959 mit der Bitte an Horn, gemeinsam mit seiner Frau die Seminaristen über den Pfarrbräutekurs informieren zu dürfen: »Es gehen unter den Vikaren immer wieder sehr eigenartige Gerüchte um, was auf diesem Kurs alles geschehe. Manche glauben, ihre Bräute bekämen Noten, andere denken, man wolle sie auf pietistische Weise bekehren, wieder andere fürchten, der Landeskirchenrat möchte sie durch den Kurs sozusagen auf Vordermann bringen.«[178]

---

177 Unterlagen dazu vor allem in LAELKB, PS Nürnberg, Nr. 37.
178 Hildmann an Horn, 6.6.1959. A.a.O.

Nicht nur was die Rolle der Frauen betraf, waren offensichtlich ab Ende der 1950er Jahre erste Anzeichen des wenige Jahre später folgenden Umbruchs spürbar. Die nachrückende Generation der Geistlichen wurde von vielen älteren Kollegen mit Skepsis gesehen. Um noch einmal Gerhard Hildmann, Jahrgang 1907, zu zitieren: »Aus einer Zeit verhältnismäßigen theologischen Einverständnisses sind wir in eine Phase getreten, in der die verschiedenen theologischen Auffassungen in großer Breite vorgetragen werden. Manche halten das für die normale protestantische Situation. Mir macht das Sorgen.«[179] Auch wenn Rektor Horn diese Vielfalt nicht als neues Phänomen ansah – »Wenn ich recht sehe, war die Vielfalt auch schon in unserer Generation groß«[180] –, empfand auch er, dass er und seine Altersgenossen ein anderes Zusammengehörigkeitsgefühl gehabt hätten als die momentanen Seminaristen: »Was aber unserer Generation noch eine gewisse Einheitlichkeit verliehen hat, waren gewiß auch nichttheologische Faktoren.« Horn, Jahrgang 1910, hatte bei dieser Bemerkung sicher auch die Erfahrungen des Kirchenkampfes im Blick; für viele bayerische Geistliche tat sich in diesen Jahren ein Graben auf zwischen denen, die als Pfarrer die NS-Zeit miterlebt hatten, und den »Nachgeborenen«; dies sollte auch in der Pfarrbruderschaft seine Folgen haben.[181]

Es fällt auf, wie Horn immer wieder beruhigend auf Pfarrer seiner Generation einwirkte, was die Seminaristen betraf. Als etwa ein Dekan mangelhafte Umgangsformen der Kandidaten beklagte, warb Horn – auch wenn er entsprechende Verfehlungen bedauerte – um Verständnis: »Man muß, wenn man die Jungen verstehen will, sich klarmachen, daß unsere guten gesellschaftlichen Traditionen [...] nicht unumstritten sind. [...] Dem Verdacht der Restauration kann man unter diesen Um-

---

179 Hildmann an Horn, 21.10.1960, in: LAELKB, PS Nürnberg, Nr. 53.
180 Horn an Hildmann am 25.10.1960, in: A.a.O. Ebenso nachfolgendes Zitat.
181 Vgl. Kapitel 4.1.

ständen nur dann entgehen, wenn die Formen, die man zu pflegen wünscht, lebendiger Ausdruck eines tatsächlich vorhandenen Gemeinschaftslebens sind. Wir befinden uns in einem
Übergang, der nicht ignoriert werden kann. Also wird man sich
im Interesse der Sache vor Unbeweglichkeit hüten müssen.«[182]
Offensichtlich sprach die einfühlsame, aufrechte Art Horns
seinen jungen Inspektor ebenso an wie die Seminaristen. Von
Loewenich sagte später über Rektor Horn, er habe ihm viel zu
verdanken – nicht zuletzt, was den Terminus des Freimuts an-
gehe: »Er brauchte das Wort ›Parrhesia‹. Evangelisch sein heißt
in ›Parrhesia‹ leben – Freimut haben, offen sein, ein offenes
Wort riskieren. Insgesamt also mit Zuversicht in die Zukunft
schauen. Das hat mich mein ganzes Leben lang begleitet.«[183]

Aus seiner Zeit als Studieninspektor im Predigerseminar
sind Andachten von Loewenichs erhalten, ebenso wie auch
schon aus seiner Zeit als Präfekt in Windsbach und in der Gemeinde in Schmölz. Von Loewenich archivierte seine Predigten
über die Jahre hinweg nach Bibelstellen. Die erhaltenen Blätter lassen erahnen, welch hohen Stellenwert er der Arbeit an
der Schriftauslegung beimaß, einige Ansprachen sind mehrfach überarbeitet. Die handschriftlichen, später maschinenge-
schriebenen Manuskripte sind mit Hervorhebungen versehen,
die Unterstreichungen in bis zu vier unterschiedlichen Farben
dienten von Loewenich offensichtlich als Hilfe beim Vortragen.

Liest man die Ansprachen des jungen Geistlichen aus seinen ersten Amtsjahren, fällt – nicht ungewöhnlich für Pfarrer –
auf, wie sie zunehmend an Nähe zu den Hörern und Anschaulichkeit gewinnen.[184] Exemplarisch mag dafür ein Vergleich
seiner Predigten zum 1. Johannesbrief, Kapitel 4, stehen. Das
Wort »Gott ist die Liebe« legte Hermann von Loewenich im
Oktober 1960 folgendermaßen aus: »Da bricht in dem Herrn

---

182 Horn in einem Brief vom 13.9.1956, in: LAELKB, PS Nürnberg, Nr. 99.
183 VON LOEWENICH, Offen, 17.
184 Vgl. etwa die Predigten in: LAELKB, NL Loewenich, Hermann von,
    vl. Nr. 66.

Chr. diese ewige Liebe überstürzend in unsere Zeit ein. In dem Herrn Chr. nimmt sie den Kampf auf mit dem Leid und der Krankheit u. dem Tod u. allem, was ihr widerspricht. In dem Herrn Chr. nimmt sie den Kampf auf mit unseren verstockten Herzen, die von dieser Liebe Gottes nichts wissen u. nichts wissen wollen.«[185] Acht Jahre später predigte von Loewenich zu derselben Stelle: »Gott ist Liebe: D.h. daß unser ganzes Leben von Liebe eingefaßt ist. Diese Liebe wandert mit uns, wie der Horizont mit uns wandert.« Allerdings: »Gott ist Liebe – das ist freilich ein heiß umstrittener Satz. Man kann das nicht unbesehen nachsprechen, als käme es in der Kirche auf ein paar große Worte mehr oder weniger nicht an. Wir sind heute empfindlich gegen solche großen Worte. Wir fragen danach, was dahinter steht, ob sie gedeckt sind, oder ob sie nur leeres Gerede sind.«[186] 1974, nun Dekan in Kulmbach, ging von Loewenich auf die Perikope mit den Worten ein: »In Nürnberg wohnten wir in einem Haus, in dem auch ein Kindergarten untergebracht war. Noch heute höre ich's nachklingen, wie dort die Kinder Tag für Tag sangen: Drum sag ich's noch einmal: Gott ist die Liebe. Er liebt auch dich! Das ist ein Kindervers. Aber kommen wir als erwachsene Christen darüber hinaus? Können wir Tieferes von Gott sagen?«[187]

Auch wenn sich Diktion und Konkretion änderten, es gibt Züge in von Loewenichs Predigten, die über die Jahre hinweg Bestand haben: seine theologische Durchdringung des biblischen Wortes, der Versuch, dem Wort etwas für die Menschen »abzuspüren«[188], seine immer wiederkehrende Berufung auf Martin Luther, dann auch auf Dietrich Bonhoeffer, später neuere Theologen, und vor allem: trotz nüchterner Analyse des Ist-Zustands sein Nein zur Resignation – von Loewenichs Ansprachen verbreiteten Zuversicht und Ermutigung. Es war

---

185 22.10.1960. A.a.O.

186 Ansprache aus dem Jahr 1968 zu 1 Joh 4,16. A.a.O.

187 Predigt am 8.9.1974. A.a.O.

188 So Interview H. Reif. Vgl. dazu Kapitel 7.1.

eine Zuversicht, auf deren Zusage er auch selbst offensichtlich immer wieder angewiesen war, wie er einmal schilderte: »Ich bin von Haus aus gar kein so zuversichtlicher Mensch. Ich habe auch andere Seiten, depressive Seiten, Schwermut, Zweifel an mir selbst. Insofern war mir dieses Wort ›Zuversicht‹ vom Evangelium her immer wichtig – Zuversicht, die einem tatsächlich zugesprochen wird. Die einen herausruft aus der Selbstverschlossenheit, aus diesem Insichverkrümmtsein, wie es Martin Luther beschreibt. Das hat mich immer sehr stark angesprochen, weil ich das als Selbsterfahrung kannte, daß man in sich verschlossen ist und nicht herausgeht.«[189]

Nach gut drei Jahren in der Veilhofstraße dachte von Loewenich über einen Stellenwechsel nach und sprach aus diesem Grund Bischof Dietzfelbinger im Mai 1961 bei dessen Besuch im Predigerseminar darauf an.[190] Hermann Dietzfelbinger hatte Verständnis für dieses Anliegen, ebenso Rektor Horn, der eigener Aussage zufolge mit von Loewenich »aufs Beste zusammengearbeitet«[191] hatte. Horn verließ im selben Jahr wie von Loewenich das Predigerseminar; er wurde zum Oberkirchenrat berufen. Die Verbindung zwischen den beiden Männern blieb über die gemeinsame Dienstzeit im Predigerseminar hinaus bestehen. In seinem Nachruf auf Horn, der 1990 verstarb, beschrieb von Loewenich den einstigen Vorgesetzten als einen Mann der leisen Töne: »Das Zusammenleben mit den jungen Vikaren an der Veilhofstraße war für ihn nicht immer leicht. Aber die geistliche Substanz seines Wirkens, seine Treue zum biblischen Wort, die Hingabe, mit der er den Kern eines biblischen Textes zu erfassen suchte, die hat in vielen lange nachgewirkt, sie in ihrer pastoralen Existenz bestimmt.«[192]

Für die Bewerbung auf eine neue Stelle brachte von Loe-

---

189 VON LOEWENICH, Offen, 16.
190 Aktenvermerk H. Dietzfelbinger, 13.5.1961. Landeskirchenamt, Personalakte H. v. Loewenich.
191 Enthalten in: A.a.O.
192 LAELKB, NL Loewenich, Hermann von, vl. Nr. 90.

wenich beste Voraussetzungen mit: Die Beurteilung Horns attestierte ihm »Energie, Ausdauer und Zielstrebigkeit«[193], diese Eigenschaften würden dem jungen Mann ermöglichen, »seine sehr gute geistige Befähigung zu entfalten und einzusetzen«. Horn weiter: »Die Vielseitigkeit seiner Interessen führt nicht zur Zersplitterung, weil bei ihm die Ausrichtung der ganzen Person auf den Dienst in der Kirche eindeutig ist und weil seine Urteilsfähigkeit ihn vor der Verwechslung von Haupt- und Nebensachen bewahrt.« Zudem hatte von Loewenich bei der theologischen Anstellungsprüfung im Herbst 1959 herausragende Zensuren erreicht: Seit 1951 war er offensichtlich der erste Kandidat, der die Note I½, »vorzüglich nahe«, erhalten hatte. Oberkirchenrat Otto Bezzel, der Personalreferent, hatte den jungen Mann dazu mit den Worten beglückwünscht: »So haben Sie also in diesen 9 Jahren als einziger diese Stufe erreicht. Das darf auch Ihnen eine erfreuliche Genugtuung sein. […] Ich gestehe, ich mußte dabei an Ihren Herrn Vater denken, was es ihm wohl für eine Freude gewesen wäre, wenn er das hätte erleben dürfen.«[194]

Nachdem sein Entschluss, die Stelle zu wechseln, feststand, wurde von Loewenich die Bewerbung auf Pfarrstellen in München und Nürnberg nahegelegt, die er jedoch ablehnte. Er führte dabei verschiedene Beweggründe ins Feld, unter anderem, dass er etwa den Aufbau einer neuen Gemeinde nicht leisten könne, weil er aufgrund seiner kaum vorhandenen Gemeindeerfahrung gegenüber anderen Pfarramtskandidaten einen deutlichen Nachholbedarf in diesem Punkt verspüre.[195] Er wisse zwar, so von Loewenich, »daß die Kirchenleitung etwas von mir erwarten kann. Aber es ist keinem gedient, wenn ich eine Stelle mit dem Gefühl annehme, die eigene Arbeits- und Nervenkraft sei

---

193 Beurteilung anlässlich der Anstellungsprüfung, 31.3.1959, in: Landeskirchenamt, Personalakte H. v. Loewenich. A. a. O. nachfolgende Zitate.

194 O. Bezzel an von Loewenich, 13.1.1960, in: A. a. O.

195 Vgl. Unterlagen a. a. O.

damit überfordert. Hier muß man bei allem Pflichtgefühl seine Grenzen anerkennen.«[196] Auch die damals noch mit der Jakobsgemeinde gekoppelte Studentenpfarrstelle in Nürnberg lehnte von Loewenich zunächst ab.[197] Er schlug vor, dass er zunächst einmal als Pfarrverweser arbeiten würde, bis sich etwas Geeignetes auftue. Dass man damals in der Regel »ging«, wohin man vom Landeskirchenrat »gerufen« wurde, war von Loewenich bewusst, und so schwingt zwischen seinen Zeilen die Bitte mit, ihm seine selbstbewusste Haltung nicht übelzunehmen. Von Loewenich schloss einen diesbezüglichen Brief an den Landeskirchenrat mit den Worten: »Ich kann nur noch den Wunsch aussprechen, daß sich dennoch für mich ein Weg ins Pfarramt finden möchte, den ich nicht nur mit ›Seufzen‹ gehen muß, und der auch den Erwartungen der Kirchenleitung entspricht.«[198]

Es wurde dann doch die Stelle des Nürnberger Studentenpfarrers, nun allerdings verbunden mit der 3. Pfarrstelle in St. Egidien, mit der für Hermann von Loewenich ein neuer Lebensabschnitt begann – und das nicht nur in beruflicher Hinsicht: Wie bereits erwähnt, sollte ein Inspektor am Predigerseminar ledig sein; Hermann von Loewenich wollte nun heiraten.

3.2 »Der Kontext, der mich trägt und kritisch begleitet«: Partnerschaft und Familie

Nachdem sich Hermann von Loewenich und Hiltrud Maiwald 1960 auf dem Ferienhelfertreffen begegnet waren, blieb der Kontakt zwischen ihnen bestehen; langsam entwickelte sich über die räumliche Entfernung hinweg eine Beziehung.

Hiltrud Maiwald wurde am 22. Juli 1936 in Hohenheim, südlich von Stuttgart gelegen, als zweites Kind von Liselotte und Kurt Maiwald geboren. Kurt Maiwald war seit 1932 an

---

196 Von Loewenich an O. Bezzel, 9.7.1961. A.a.O.
197 Vgl. Oberkirchenrat H. Schmidt an von Loewenich, 15.6.1961. A.a.O.
198 Von Loewenich an O. Bezzel, 9.7.1961, in: A.a.O.

der dortigen Landwirtschaftlichen Hochschule als Professor für Pflanzenernährung und Bodenbiologie tätig. Die vier Kinder – Gisela, Hiltrud, Dietrich und Dietlinde – wuchsen in einem von humanistischen Werten geprägten Elternhaus auf. Die Maximen, so Hiltrud von Loewenich, seien gewesen: »Nimm dich nicht so wichtig« und – durch den Krieg geprägt – »Wir müssen alle zusammenhalten, sonst schaffen wir es nicht«.[199] An ihre Angst im Krieg, an Fliegeralarm und Bombenabwürfe erinnert sich Hiltrud von Loewenich ebenso wie an die Geborgenheit im Elternhaus. So seien zu Hause immer viele Menschen gewesen: Großeltern ebenso wie Pflichtjahrmädchen, Gäste, einquartierte Menschen – »das hieß: schauen, woher es heute etwas zum Essen gab, teilen, (ich hatte oft Hunger!) aber auch: Mittendrin in einer großen Gemeinschaft.«

Dem Pfarrer der Kirchengemeinde Stuttgart-Hohenheim fiel die Familie Maiwald »im Rahmen der Professoren- und Dozentenschaft vor allem dadurch auf, daß die Eltern eine bewußt christliche und kirchliche Haltung einnahmen und die Kinder im selben Sinn erzogen haben«.[200] Die Kinder Maiwald hätten damit »zu den wenigen innerhalb der Hohenheimer Akademikerschaft [gehört], die im Leben der Kirchengemeinde verwurzelt sind«.

In ihre Schulzeit auf der Knaben-Oberschule (Progymnasium) Hohenheim fiel für Hiltrud von Loewenich ein prägender Auslandsaufenthalt: 1949/50 nahm der Vater einen Lehrauftrag an der Universität in Kairo an und verbrachte mit seiner Familie ein Jahr in Ägypten. Die damals dreizehnjährige Hiltrud besuchte die dortige Deutsche Schule; die Eindrücke in Kairo waren überwältigend: »Wir Kinder (vom Dorf) kannten keinen Stadtverkehr, hatten natürlich weder Auto noch Fernseher.

---

199 VON LOEWENICH, Spuren, 34. A. a. O. nachfolgendes Zitat.
200 So das Gutachten des Hohenheimer Pfarrers vom 22.4.1962 anlässlich der Verlobung H. Maiwalds mit H. von Loewenich, enthalten in: Landeskirchenamt, Personalakte H. v. Loewenich. Ebd. nachfolgendes Zitat.

Durch den Krieg gab es kaum Bücher, also wir wurden in die damals Drei-Millionenstadt Kairo – mittenrein – versetzt!«[201] Zurück in Hohenheim, wechselte Hiltrud 1952 vom Progymnasium auf das Königin-Charlotte-Gymnasium in Stuttgart, sammelte hier weitere Auslandserfahrungen im Rahmen eines Schüleraustauschs mit England und legte 1955 das Abitur ab.

In den folgenden Jahren der Berufsausbildung absolvierte die junge Frau verschiedene Stationen: Direkt nach dem Abitur besuchte Hiltrud Maiwald eine Haushaltsschule, anschließend machte sie eine Ausbildung zur Kindergärtnerin im Fröbelseminar des Schwäbischen Frauenvereins Stuttgart. Ihre ersten beruflichen Erfahrungen sammelte sie in einem Kinderkurheim auf der Nordseeinsel Juist und im Gemeindekinderhort der evangelischen Kirchengemeinde Bonn-Mitte. Danach ging sie für einige Monate in ein Fürsorgeerziehungsheim bei Freudenstadt und begann dann im Mai 1960 ihre Ausbildung zur Jugendleiterin in Stuttgart – heute vergleichbar mit dem Studium der Sozialpädagogik.[202] Hiltrud Maiwald war Stipendiatin der Victor-Gollancz-Stiftung, die sich den Zielen des aus Großbritannien stammenden jüdischen Verlegers Gollancz (1893–1967) verpflichtet sah, der sich als bekennender Humanist und Pazifist gegen den Nationalsozialismus engagiert hatte und sich nach dem Krieg für eine Welt ohne Atomwaffen und gegen Nationalismus starkgemacht hatte.

Wie bereits geschildert, lernte Hiltrud Maiwald ihren späteren Ehemann im Sommer 1960 im Rahmen der Ferienhelferausbildung kennen. Wie Hermann von Loewenich gehörte auch Hiltrud Maiwald bald zum festen Kreis derer, die die Ferienhelfer ausbildeten. Zu Ostern 1962 gaben Hermann von Loewenich und Hiltrud Maiwald ihre Verlobung bekannt. Es folgte das damals übliche Procedere: Hermann von Loewenich war dazu verpflichtet, seine Verlobung beim Landeskirchenrat

---

201 VON LOEWENICH, Spuren, 34.
202 1982 wurde ihr der Grad einer Diplomsozialpädagogin der Fachhochschule für Sozialwesen in Esslingen verliehen.

anzuzeigen. Es musste ein Pfarrer benannt werden, der eine Referenz über die künftige Pfarrfrau einreichen konnte, und Hiltrud Maiwald musste Tauf- und Konfirmationsbescheinigung sowie ihren handgeschriebenen Lebenslauf einreichen. Diese Bestimmungen des sogenannten »Verlöbnisparagraphen« wurden 1972, vor allem auf Initiative Theologiestudierender, abgeschafft.[203] Am 30. August 1962 fand die Hochzeit in Hiltruds Heimatgemeinde Stuttgart-Hohenheim statt; Eberhard Mayer, der dortige Gemeinde- und Studentenpfarrer, traute das Paar. Der Trauspruch war ein Vers aus dem ersten Korintherbrief: »Alles ist euer, ihr aber seid Christi, Christus aber ist Gottes« (1Kor 3,22f.). Trauzeugen waren die Brüder Reinhard von Loewenich und Dietrich Maiwald.

Nach dem Wechsel Hermann von Loewenichs in das Amt des Studentenpfarrers begann in Nürnberg das gemeinsame Leben. Hiltrud von Loewenich stieg nicht in ihren Beruf ein, weil sich das erste Kind anmeldete – 1963 wurde Andreas geboren, 1966 seine Schwester Christiane.[204] Das Ehepaar wohnte zunächst im Brunnengässchen 7, im Jahr darauf zogen sie in das Haus am Egidienplatz 37. In diesen ersten Jahren in Nürnberg widmete sich Hiltrud von Loewenich vor allem ihren Kindern. Sie genoss die Hausgemeinschaft am Egidienplatz; in ihrer Zeit dort teilten sie das Haus mit den Familien Baader, Lagois und Hoffmann. Zudem gab es im Obergeschoss noch ein Zimmer, das ESG-Studenten bewohnten – hier gab es auch immer wieder Studentinnen, die gerne auf die Loewenich-Kinder aufpassten, wenn Hiltrud von Loewenich einmal Veranstaltungen ihres

---

203 Vgl. HAGER, Jahrzehnt, 153–167.
204 Aussagen damaliger Pfarrfrauen gemäß mussten die Frauen damals eine Erklärung unterschreiben, dass sie auf ihre Berufsausübung verzichteten. Dem Pfarrergesetz der VELKD zufolge, dem die bayerische Landeskirche in der »Pfarrbrautfrage« folgte (VELKD Pfarrergesetz vom 14. Juni 1963, §§ 43–47), war ein Pfarrer – sofern es sein Beruf erforderte – dazu verpflichtet, seine Frau zur Aufgabe ihres Berufes zu bewegen, damit diese sich stattdessen entsprechend in der Gemeinde einbringen konnte. Vgl. HAGER, Jahrzehnt, 156.

Mannes besuchen wollte oder an einem der Abende mit Herta Atzkern, Mitarbeiterin im Bayerischen Mütterdienst, später auch AEE-Mitglied und Synodale, teilnahm. Zum Mütterdienst Stein ergaben sich für Hiltrud von Loewenich in den Kulmbacher Jahren zunehmend engere Kontakte. Initialzündung dafür, dass Hiltrud von Loewenich sich an den Bayerischen Mütterdienst wandte, waren ihre Erfahrungen beim Weltgebetstagsgottesdienst: Sie ärgerte sich darüber, »wie damals der WGT in Kulmbach ›runtergelesen‹ wurde«.[205] Hiltrud von Loewenich wurde daraufhin zu einem Werkstattseminar eingeladen, und nach und nach – über die Beteiligung an Vorbereitungsgruppen und über die Teilnahme an verschiedene Seminaren – wuchs Hiltrud von Loewenich in die Arbeit des Mütterdienstes hinein. Sie hatte das Gefühl, hier eine Form kirchlicher Mitarbeit gefunden zu haben, »in der auch meine Stacheln aufgenommen wurden«[206]. Der Stil in Stein kam ihrem Wesen entgegen, Hiltrud von Loewenich empfindet sich in erster Linie als »Teammensch«. Zunächst engagierte sie sich ehrenamtlich. Besonders die Pfarrfrauenarbeit hatte es ihr angetan: Bald war Hiltrud von Loewenich im Gesamtteam aktiv, ab den 1980er Jahren im Leitungsteam. 1990 nahm sie das Angebot einer halben Stelle in Stein an und war damit ab 1991 hauptberuflich mit der Pfarrfrauenarbeit beschäftigt, die ein weites Tätigkeitsfeld umfasste: Die Organisation von Tagungen und Fortbildungen fiel ebenso darunter wie die Beschäftigung mit zeitgenössischen theologischen Strömungen, speziell der feministischen Theologie, oder die Beratung von Pfarrfrauen, auch in schwierigen Situation wie etwa bei einer Scheidung. Als Hermann von Loewenich 1994 zum Bischof gewählt wurde, gab seine Frau ihr Amt nicht auf und war damit die erste berufstätige Frau eines bayerischen Landesbischofs. Dies sorgte in der Öffentlichkeit für Aufsehen. Hiltrud von Loewenich rückblickend: »Ich weiß noch

---

205 VON LOEWENICH, Spuren, 35.
206 A.a.O.

von manchem Widerstand, weil ich ›arbeitete‹, gerade auch aus Pfarrerskreisen.«[207] Dennoch, so von Loewenich, habe ihr die halbe Stelle ausreichend Zeit gelassen, an der Seite ihres Mannes Besuche zu empfangen, Einladungen zu folgen und selber zu geben.

Hermann von Loewenich wies zeitlebens auf die große Bedeutung hin, die Hiltrud von Loewenich für ihn hatte: Gerade auch als offene, aufmerksame Diskussionspartnerin sei seine Frau wichtig für ihn, die Familie sei der »Kontext, der mich trägt und kritisch begleitet«[208]. Allerdings, so von Loewenich 1999, müsse er seiner Frau Recht geben darin, dass er selbst »kein so großartiger Familienmensch« sei: »Das hängt wahrscheinlich damit zusammen, daß ich die Vaterrolle in der eigenen Familie nicht so richtig kennengelernt habe. Ich bin letzten Endes vaterlos aufgewachsen. [...] Für mich war klar, daß Kinder Sache der Frau sind. Als Defizit meiner Lebensgeschichte muß ich mir sagen lassen, daß ich vielleicht kein so toller Vater war. Aber das hängt eben mit dieser biographischen Prägung zusammen – ohne daß ich mich dafür entschuldigen will. Der Vater, der ist für den Beruf da: Das ist das Pfarrerbild gewesen. Der Pfarrer muß sich ganz für sein Amt opfern.« Hermann von Loewenich rückblickend: »Meine Frau hat sicher manches übernehmen müssen, was ich der Familie schuldig blieb.«

3.3 Gemeinde im »Halbkreis«: Studentenpfarrer

Als Hermann von Loewenich am 1. April 1962 als Nürnberger Studentenpfarrer anfing, trat er das erste Mal in das Licht einer breiteren Öffentlichkeit – mitten hinein in die Großstadt in einer Zeit der Auf- und Umbrüche. Er wurde von den gesellschaftspolitischen Themen und theologischen Auseinander-

---

207 A.a.O.
208 VON LOEWENICH, Offen, 34. Nachfolgende Zitate a.a.O., 34f.

setzungen der Zeit herausgefordert, seine Predigten wurden zunehmend anschaulicher, er sammelte weiter Erfahrungen in der Begleitung und Anleitung junger Menschen. Von Loewenich ging nicht in der Studentenbewegung auf. Allerdings trugen die Erlebnisse dieser Jahre ihren Teil dazu bei, dass sich der einstige Christsoziale zunehmend dem sozialliberalen Spektrum zuwandte. Hermann von Loewenich selbst würdigte seine ESG-Jahre rückblickend als eine Zeit, von der er in vielerlei Hinsicht profitierte: Er, der zeitlebens Neuem aufgeschlossen gegenüberstand, gewann Einblick in die Forschungsgebiete der Nürnberger Studierenden und schätzte dabei vor allem die Impulse der Sozialwissenschaftler – sie waren ein Anstoß für ihn, sich intensiv mit den damals diskutierten Gesellschaftstheorien auseinanderzusetzen. Empirischen Studien und soziologischen Perspektiven auf die Kirche räumte er von nun an einen hohen Stellenwert ein.

Die Wurzeln der »Evangelischen Studentengemeinde« (ESG) in Nürnberg reichen in die Mitte der 1930er Jahre zurück: Julius Schieder, 1935 erster Kreisdekan des neu errichteten Kirchenkreises Nürnberg und zuvor Leiter des Nürnberger Predigerseminars, beauftragte seine Hilfsreferenten Kurt Frör und später Wilhelm Grießbach damit, sich um die Studierenden der Nürnberger Wirtschaftshochschule zu kümmern.[209] Nach dem Krieg war es vor allem dem Engagement eines Betriebswirtschaftlers, Professor Georg Bergler, zu verdanken, dass 1947 eine »Evangelische Studentengemeinde« in Nürnberg gegründet wurde. Als erster Studentenpfarrer, damals allerdings nur im Nebenamt, fungierte von 1947 bis 1955 Karl Hochleitner, Gymnasialprofessor am Hans-Sachs-Gymnasium. Nach ihm war Dr. Horst Fild, Vikar in St. Matthäus, für die Betreuung der

---

209 Vgl. Unterlagen in: LAELKB, NL Loewenich, Hermann von, vl. Nr. 18. Ebd. nachfolgende Informationen. Zu der ersten Generation der Nürnberger ESG-Studenten zählte auch der CSU-Politiker Dollinger, den H. von Loewenich im Wahlkampf unterstützt hatte (vgl. Kapitel 2.2).

Studierenden zuständig. Er bot Veranstaltungen in den Räumlichkeiten des CVJM am Sterntor an, die Gottesdienste fanden in der Jakobskirche statt. Parallel zu den in der ESG engagierten Studierenden der Wirtschaftshochschule gab es in Nürnberg noch den sogenannten »Erlanger Kreis«, in dem sich die Studierenden sammelten, die an der benachbarten Friedrich-Alexander-Universität Erlangen studierten; auch sie wurden von Nürnberger Geistlichen betreut. »Starke geistliche Impulse«[210] gingen ab 1958 von Manfred Seitz, dem zweiten Pfarrer in St. Jakob, aus. In seiner Amtszeit wurden die beiden »Studentengemeinden« vereinigt. Seitz, Jahrgang 1928, prägte später als Praktischer Theologe an der Erlanger Fakultät zahlreiche angehende Geistliche. Zuvor, in seinen Jahren als Professor in Heidelberg (1966–72), hatte er große Auseinandersetzungen mit Vertretern radikaler Studentengruppen.

Mit dem Stellenantritt Hermann von Loewenichs am 1. April 1962 war die Entwicklung der Nürnberger Studentenpfarrstelle zu einem gewissen Abschluss gekommen: Erstmals war das Amt nun mit der dritten Pfarrstelle in St. Egidien verbunden. Allerdings war von Loewenich de facto »fast ganz für die Arbeit in der Nürnberger Studentengemeinde freigestellt«[211]; seine Mitwirkung in der Egidiengemeinde betraf hauptsächlich die Beteiligung am Predigtdienst. Von Loewenich betonte, man dürfe die vorherrschende Linie der ESG nicht einfach mit dem Wirken des jeweiligen Studentenpfarrers gleichsetzen, die »Aktivität der Gemeinde [sei] sehr stark von den […] Vertrauensstudenten und dem Mitarbeiterkreis geprägt«[212]. Dennoch hing es sicher auch mit seiner Person zusammen, dass sich ab 1962 erneut die Schwerpunkte im Leben der ESG Nürnberg

---

210 »Die Evangelische Studentengemeinde Nürnberg«. LAELKB, NL Loewenich, Hermann von, vl. Nr. 18.
211 Gesamtwürdigung 1960/64 durch Kreisdekan E. Giegler, 6.9.1965. Landeskirchenamt, Personalakte H. v. Loewenich.
212 »Die Evangelische Studentengemeinde Nürnberg«, in: LAELKB, NL Loewenich, Hermann von, vl. Nr. 18.

verschoben: »Über die Frage nach der Bedeutung von Glauben und Theologie für das Fachstudium entwickelte sich ein neues Gemeindeverständnis. Man wollte nicht mehr ›Freizeitgemeinde‹, sondern ›Hochschulgemeinde‹ sein, die auch in der Hochschule, in Gesellschaft und Politik Stellung bezieht.«[213] Engagiert in gesellschaftspolitischen Fragestellungen und dezidiert offen für Menschen, die keine enge Kirchenbindung hatten: Das Konzept trug von Loewenichs Handschrift. In einem Einladungsschreiben an Studierende kleidete er es in folgendes Bild: Die ESG wolle kein geschlossener Kreis sein, »eher ein Halbkreis, in dem man sich zusammensetzt und miteinander über menschliche Fragen spricht, die anstehen«.[214]

Begünstigt wurde diese Öffnung, dieser »Halbkreis« auch durch den Umzug in eigene Räumlichkeiten: Im Wintersemester 1962/63 bezog die Studentengemeinde die Räume in dem im Juli 1962 eingeweihten Studentenwohnheim Heilig Geist; die Zeit der Provisorien hatte ein Ende. Von der Heilig-Geist-Kirche hatten nur Türmchen und die Fassade zum Hans-Sachs-Platz hin die Bombennacht vom 2. Januar 1945 überstanden. In den Jahren 1960 bis 1962 war an der Stelle der Kirche das »Studentenhaus Heilig Geist« mit großem Vortragssaal, Kapelle, Studentenwohnheim und Seminarräumen errichtet worden.[215] Von Loewenich war damit beauftragt, an einem Konzept für das entstehende »Studienzentrum Heilig Geist« mitzuarbeiten: »An traditionsreicher Stelle sollte ein Ort des Gesprächs zwischen Kirche und Stadt, zwischen der christlichen Botschaft und den geistigen Strömungen der Zeit, zwischen Evangelium und Öffentlichkeit entstehen. Dieser Ort sollte offen sein für Christen, die nach Vertiefung suchten, ebenso aber auch für Suchende, Skeptiker und Sympathisanten, offen für den redlichen

---

213 A. a. O.
214 Einladungsschreiben an Erstsemester am Ohm-Polytechnikum Wintersemester 1966/67, in: LAELKB, NL Loewenich, Hermann von, vl. Nr. 37.
215 Der Komplex wurde 2003 von der Stadt Nürnberg übernommen.

und ungeschützten Diskurs mit den Zeitgenossen, auch über strittige Fragen. In all dem sollte das Profil des Evangeliums deutlich werden: nicht als dogmatisches Postulat, sondern als helfendes und befreiendes Wort, das von sich aus überzeugt.«[216] Werner Schanz, damals Pfarrer in Nürnberg-St. Peter und ebenfalls im Beratungsteam für das neue Studienzentrum, erinnert sich daran, wie man gemeinsam versuchte, in Heilig Geist eine in Bayern neue Form einer offenen Kirche zu gestalten. Aktuelle Themen in Theologie und Gesellschaft wurden von prominenten Referenten beleuchtet; Jürgen Moltmann war ebenso zu Gast wie Gerhard von Rad, Ernst Käsemann und Siegfried Lenz, dessen Vortrag über sein 1961 uraufgeführtes Schauspiel »Zeit der Schuldlosen« Schanz besonders in Erinnerung blieb.

Die Struktur der ESG Nürnberg, wie sie Hermann von Loewenich bei Dienstantritt vorfand, blieb in seiner Zeit weitgehend erhalten: Der Studentenpfarrer arbeitete im Team mit vier Vertrauensstudenten, die jedes Semester wechselten. Mit je zwei Männern und Frauen war man in der Regel paritätisch besetzt. Dieses Team bildete den »Kirchenvorstand der Studentengemeinde«[217], so Udo Richter, Vertrauensstudent im Sommersemester 1964. Er hatte damals erst kurz zuvor, zum Wintersemester 1963/64, sein Studium an der Wirtschafts- und Sozialwissenschaftlichen Fakultät aufgenommen und war von anderen Studierenden auf dieses Amt angesprochen worden. Richter nahm an: »Man wusste: Man hat sich nur für ein Semester gebunden, und mit vier Personen konnte man sich die Arbeiten, die angefallen sind, durchaus aufteilen.« Einen Anreiz bot dabei auch das mit dem Amt einhergehende engere Verhältnis zum Studentenpfarrer: Wöchentlich kamen die Vertrauensstudenten bei Hermann von Loewenich in dessen Wohnzimmer zusammen, diese Abende, so Richter, seien ihm »unvergesslich«: die Gesprächskultur, die Denkanstöße, die

---

216 Grußwort, 25-jähriges Jubiläum Evang. Studienzentrum Heilig Geist, 5.10.1988. LAELKB, NL Loewenich, Hermann von, vl. Nr. 90.
217 Interview U. Richter. Ebd. nachfolgende Zitate.

gemeinsame, geradezu penible Planung der anstehenden Aktivitäten. Für Letzteres war von Loewenich berühmt-berüchtigt. Seine gründliche Art der Vorbereitung übertrug sich auch auf die Studierenden: Von Loewenich ermunterte sie dazu, die ESG als ein Übungsfeld für öffentliches Auftreten zu nutzen, in Vorträge einzuführen, Veranstaltungen zu eröffnen und damit in einer Zeit, in der Vorträge noch wenig in Schule und Studium eingeübt wurden, Erfahrungen in der freien Rede zu sammeln. Auch bei der Gestaltung der großen Gottesdienste in der Lorenzkirche waren die Studenten gefragt. »Challenge«, Herausforderung, war ein Begriff, den von Loewenich später immer wieder mit Blick auf seinen eigenen Werdegang sowie die Personalführung bei Pfarrern heranzog – sich neuen Herausforderungen zu stellen, versuchte er schon seinen Studenten zu vermitteln. »Die Erfahrungen, die wir bei ihm und durch ihn gemacht haben, haben uns in manchen Bereichen mehr gebracht als das Studium, er war wie ein Coach«, erinnert sich der Soziologe Lutz Walk, damals ebenfalls im engeren Kreis der ESG engagiert. Walk rechnet von Loewenich hoch an, wie er mit den Studenten umgegangen sei: »Er versucht, uns und unsere Anliegen zu verstehen, und hat dabei auch immer wieder seine eigene Position reflektiert.« Von Loewenichs Mienenspiel sei oft ein beredtes Zeugnis dafür gewesen, dass die Gespräche dem Studentenpfarrer einiges abverlangten; dennoch sei ihm der diskursive Prozess in der ESG Nürnberg ebenso wie auch in überregionalen ESG-Gremien immer ein Anliegen gewesen. Als vorbildlich, so Walk, hätten die Studenten auch von Loewenichs Zusammenarbeit mit der Sekretärin Annemarie Gampert empfunden, die in der ESG eine wichtige Bezugsperson war.

Herz des ESG-Gemeindelebens war der Donnerstagabend. Unter Manfred Seitz hießen die Donnerstagsveranstaltungen noch generell »Bibelabende«[218], die sogenannten »Donners-

---

218 Vgl. etwa ESG-Programm (Sommersemester 1961), in: Sammlung ESG/Richter.

tagsgespräche« zu »Fragen unserer Zeit« bildeten die Ausnahme. Unter der Leitung von Hermann von Loewenich nahmen
zunehmend die »Gespräche« breiteren Raum ein, bis der Abend
fast durchgängig Diskussionsveranstaltungen gewidmet war,
denen »15 Minuten der Besinnung« in der Kapelle vorausgin-
gen. Von der »Unterweisung« zum Gespräch: Von Loewenich
verteidigte später den diskursiven Charakter der Abende und
deren gesellschaftspolitische Inhalte mit den Worten: »Die
Auseinandersetzung mit dem christlichen Glauben kann heute
weniger als früher in lehrhaften Formen, sondern muß im Gespräch erfolgen. Dabei ist keine Frage tabuisiert. Auch die Antworten liegen nicht fest, da der Student mit dem Verweis auf
das Erbe der Väter wenig anfangen kann. Was keinen Bezug zur
heutigen Wirklichkeit hat, hat keine Chance, aufgenommen zu
werden.«[219]

Ein Blick in die ESG-Programmhefte dieser Jahre illustriert
von Loewenichs Aussage: »Kirche – wohin?« lautete etwa das
Semesterthema im Sommer 1965, Hermann von Loewenich eröffnete mit dem Vortrag »Christen ohne Kirche – Gemeinde für
andere«. Die Auswahl der Referenten spricht für sich: Da sprach
der für seinen Widerstand in der NS-Zeit bekannte bayerische
Pfarrer Karl Steinbauer zum Thema »Die Kirche und die sogenannten nationalen Anliegen«, BR-Studioleiter Konrad Michel
widmete sich der Frage »Christen an der Leine?«, und Sozialpfarrer Dr. Hans Schulze referierte über »Avantgarde und Reaktion – die Wechselbeziehung zwischen Kirche und Gesellschaft«. Im Winter 1966 standen »Fragen des humanistischen
Marxismus an die westliche Christenheit« auf dem Programm,
im Frühjahr 1968 wurde zu Diskussionen über Pädagogik und
Autorität eingeladen. Die Vorbereitung der anspruchsvollen
Abende betrachtete von Loewenich als persönlichen Gewinn,
aber auch als enorme Herausforderung.[220] Herausgefordert sah

---

219 »Die Evangelische Studentengemeinde Nürnberg«, in: LAELKB, NL
   Loewenich, Hermann von, vl. Nr. 18.
220 Vgl. Zeitzeugeninterview H. von Loewenich (HdBG; 2002).

sich von Loewenich auch durch die Öffentlichkeitsarbeit, die
er kontinuierlich ausbaute: Neben den Semesterprogrammen
kündigten Handzettel und Plakate Gruppen, Kreise und Veranstaltungen an. Ab Ende der 1960er Jahre erschienen die ESG-
Nachrichten, in denen auch längere Kommentare Platz fanden, etwa über aktuelle Diskussionen zu Kirche und Glauben.
Fantasievoll beworben wurden Freizeitaktivitäten und gesellschaftliche Ereignisse wie Winter- und Sommerfeste der ESG
oder Skifreizeiten. Vom sportlichen Engagement Hermann von
Loewenichs in diesen Jahren zeugen zahlreiche Fotos des bol-
zenden Studentenpfarrers, der von den Studierenden »Löwe«
genannt wurde – ein Name, der von Loewenich seine Laufbahn
hindurch begleitete und für eine beträchtliche Sammlung an
kreativen Abbildungen und Stofftieren im Hause von Loewenich sorgte. Wenn in der ESG die Komplet gesungen wurde, erinnert sich Lutz Walk, habe bei der Stelle »der Teufel geht umher
wie ein brüllender Löwe« kaum einer, Hermann von Loewenich
eingeschlossen, ein Schmunzeln unterdrücken können.

In seinem Amt als Prediger wurde von dem Studentenpfarrer in besonderem Maß erwartet, dass er aktuelle Fragestellungen aufgriff, gerade auch, was den damals turbulenten universitären Kontext betraf. Seine Predigten hatten einen prominenten
Stand im Nürnberger Hochschulleben: Anlässlich der Semes-
teranfangsgottesdienste in der Lorenzkirche entfielen die Vorlesungen;[221] die Kirchenbänke waren gefüllt, die Professoren
saßen in den vorderen Reihen. Von Loewenichs Ansprachen
gewannen in diesen Jahren zusehends an Anschaulichkeit, er
nahm die Fragen der Zeit ernst – allerdings, und das unterschei-
det ihn von manchen anderen jungen Predigern dieser Jahre,
erschöpften sich seine Predigten nicht darin. Das biblische
Zeugnis behielt Priorität, es sollte für die Gegenwart fruchtbar

---

221 Die Studierenden des Ohm-Polytechnikums lud der Studentenpfarrer nach St. Bartholomäus in Wöhrd ein. Gottesdienste und Andachten wurden ansonsten in der Kapelle Heilig Geist gefeiert, oft
musikalisch gestaltet von der ESG-Kurrende.

gemacht werden: »Ganz gewiß lassen sich viele der alten, ehr-
würdigen Formeln christlicher Überlieferung heute nicht mehr
unbesehen gebrauchen. Aber d.h. doch nicht, daß damit die
Verheißung Gottes erloschen wäre. Wir müssen sie nur in neu-
en oder unausgeschöpften Sprachfeldern entdecken.«[222]

Ein Beispiel dafür, was von Loewenich unter einer solchen
Entdeckung in neuen Sprachfeldern verstand, ist seine Predigt
zum Semesterbeginn 1967. Bezugnehmend auf den Aufbruch
Abrahams in das Land, das Gott ihm zeigen will, fordert von
Loewenich zum »Leben in Zelten« auf und damit dazu, »sich
von keiner der mächtigen Positionen vereinnahmen zu lassen,
sich mit keiner der gängigen Parolen zu identifizieren«. Von Loewenich ermuntert dazu, kritischen Blicks durch die Welt zu gehen, die Vorläufigkeit aller Konzepte vor Augen, ein lebenslanger Exodus, getragen vom Wissen um das Ziel: das himmlische
Jerusalem, Sinnbild der »absoluten Zukunft«. Angesichts von
Zukunftseuphorie wie Weltuntergangsstimmung dieser Jahre,
hitzigen Debatten um Gesellschaftstheorien und einem »Geschichte ist machbar« Rudi Dutschkes erwies sich der Studentenpfarrer als Pragmatiker: »Wir sollen nicht von übermorgen
träumen und schwärmen. Die absolute Zukunft ist nicht unser
Werk. Es geht in Ihrem Studium um bescheidenere Ziele, um
nüchterne und detaillierte Fragen. Es geht um sachliche Arbeit.
Aber Sie dürfen diese Arbeit tun unter der Verheißung Gottes.«
Dass von Loewenich in seinen Ansprachen immer wieder zum
Handeln und zum selbstbewussten Auftreten als Christ aufrief,
ist Udo Richter besonders in Erinnerung geblieben. Biblische
Voten, die von Loewenich wiederholt in diesem Zusammenhang anführte, waren »Stellt euer Licht nicht unter den Schef-
fel« (Mt 5,16) und »Wer seine Hand an den Pflug legt und sieht
zurück, der ist nicht geschickt für das Reich Gottes« (Lk 9,62).

---

222 Predigt zum Semesterbeginn 9.5.1967, Lorenzkirche, Hebr 11.1.8–10,
in: LAELKB, NL Loewenich, Hermann von, vl. Nr. 18. A.a.O. nachfolgende Zitate.

Alles Tun und Handeln sollte auf festem Grund fußen –
das war von Loewenich wichtig, und das zeigte sich besonders in seinem Verständnis der »Tage der Besinnung«, die die
ESG einmal im Semester anbot. Die dazu erhaltenen Vorarbeiten und Andachten von Loewenichs lassen erahnen, wie sehr
ihm diese Tage am Herzen lagen. Auch wenn er gerade in den
darauffolgenden Jahren vielen in erster Linie als Kirchenreformer und Pragmatiker erschien, haben ihn wiederholt Weggefährten als einen Menschen beschrieben, »der sehr viel geistliche Kraft ausstrahlen konnte«[223]. Die »Stillen Wochenenden«,
meist im Kloster Heilsbronn, sollten den Studierenden durch
Sammlung und Bibelarbeit die Möglichkeit geben, Abstand zu
gewinnen – »nicht um in eine ›Hinterwelt‹ einzutreten, sondern um neue Anstöße für unseren Alltag zu empfangen«.[224]
Besinnung, so in einer Notiz von Loewenichs, sei »nicht Rückkehr zum Eigentlichen. Als wäre Christsein nur im Rückzug,
in privater Innerlichkeit möglich. Das nicht. Aber es bedarf
der Sammlung, um dem Auftrag des Christseins nur irgendwie ansichtig zu werden, sonst [ist es ein] reines Nominal-
Konventionalch[ristentum].«[225] Von Loewenich wünschte sich
dazu »eine unverkrampfte Atmosphäre der Sammlung, des
Verstehenwollens und der Offenheit«.[226] Die »Tage der Besinnung« waren bei den Studenten sehr beliebt: »Es waren prägende Erlebnisse«, so Lutz Walk, »wir haben mit von Loewenich bis
in die Nacht hinein diskutiert und sind am Ende des Wochen-
endes sehr bereichert nach Hause gefahren.«[227]

Wenn von Loewenich in einem Einladungsschreiben zu
einem »Stillen Wochenende« darum bat, für die Tage der Stil-

---

223 Interview H. Issler.
224 Einladungsschreiben H. von Loewenichs, 29.1.1969, an die Teilnehmer
der »Tage der Besinnung«, in: LAELKB, NL Loewenich, Hermann von,
vl. Nr. 37.
225 Notizen zu den Tagen der Besinnung, 1969. A. a. O.
226 Von Loewenich, 29.1.1969. A. a. O.
227 Interview L. Walk.

le »einen Stil durchzuhalten, in dem wir auf laute Töne und Diskussionen im Sinne eines Schlagabtausches verzichten«[228], mag das ein Indiz dafür sein, dass auch in der ESG Nürnberg die Stimmung mitunter etwas hitziger war, auch wenn es in der mittelfränkischen Metropole – blickt man auf den zeitgeschichtlichen Kontext – weiterhin moderat zuging. Für Hermann von Loewenich lag ein Grund dafür in »der Mentalität der hiesigen Studentenschaft [...], die von ihren Fachrichtungen her weithin pragmatisch denkt und sich landsmannschaftlich in der Hauptsache aus Franken und Württembergern zusammensetzt«[229]. Vieles von dem, was bundesweit an Herausforderungen auf die Studentengemeinden zukam und ihre Strukturen zum Teil gravierend veränderte, spiegelt sich nur in Ansätzen in Nürnberg wider – etwa, was eine Auseinandersetzung oder Zusammenarbeit mit nichtchristlichen studentischen Gruppierungen betraf, die Hinwendung zur politischen Theologie oder die Adaption neuerer Aktions- und Diskussionsformen.

Was die Nürnberger mit anderen Studentengemeinden verband, war, dass in diesen Jahren neue Gruppen innerhalb der ESG entstanden. Zu ihnen zählte der »Internationale Freundeskreis«, kurz: IFK, der die Unterstützung und den Dialog mit ausländischen Studierenden zum Ziel hatte. Interesse an der Situation der Fremden und Hilfsbereitschaft sollten praktiziert werden, es ging den Studierenden um gelebten Glauben: »Man redet in christlichen Kreisen viel von Hilfsbereitschaft und Nächstenliebe und glaubt oft, das alles mit einer sonntäglichen Kollekte abtun zu können, die sauber im Kassenbuch vermerkt ist«, heißt es in einer Vorstellung des Kreises: »Damit ist es aber

---

228 In: LAELKB, NL Loewenich, Hermann von, vl. Nr. 37.
229 »Die Evangelische Studentengemeinde Nürnberg«, in: LAELKB, NL Loewenich, Hermann von, vl. Nr. 18. Fachrichtungen in Nürnberg waren die Wirtschafts- und Sozialwissenschaftliche Fakultät, die Pädagogische Hochschule, das Ohm-Polytechnikum, die Akademie der Bildenden Künste, das Städtische Konservatorium, die Schule für Rundfunktechnik.

bestimmt nicht abgetan, sondern wir sind vielmehr aufgerufen zu helfen, wo wir persönlich helfen können.«[230] Lutz Walk erinnert sich daran, dass die ESG Nürnberg, was die Integration ausländischer Studenten betraf, in seinen Augen der Zeit weit voraus gewesen sei. Von Loewenich habe bei den Begegnungen manchmal etwas darunter gelitten, dass er in den modernen Fremdsprachen weniger zu Hause war als in Latein, Griechisch und Hebräisch.

Symptomatisch für diese Jahre waren auch die Partnerschaftskreise, die west- und ostdeutsche Studentengemeinden miteinander verbanden – das diesbezügliche Engagement begleitete von Loewenich ein Berufsleben lang. Die Partnerschaften sollten den Willen der Kirchen symbolisieren, die Einheit untereinander trotz der staatlichen Trennung zu bewahren. Die Nürnberger ESG pflegte hier vor allem Kontakte nach Magdeburg.[231] Die in der Regel zweimal jährlich stattfindenden Treffen waren nicht einfach zu bewerkstelligen. Die Begegnungen fanden im Stephanus-Stift im Osten Berlins statt, die Anspannung war dabei offensichtlich deutlich spürbar. Die Gespräche drehten sich um das Thema »Kirche sein in der jeweiligen gesellschaftlichen Situation«[232], Staatskritisches verbot sich angesichts der Möglichkeit, abgehört zu werden. Der Kontakt zwischen Hermann von Loewenich und seinem damaligen Magdeburger Kollegen blieb lebenslang bestehen.

Auch die Ökumene wurde in dieser Zeit großgeschrieben: Hermann von Loewenich und Pater Hermann Müller SJ von der Nürnberger Katholischen Studentengemeinde (KSG) arbeiteten Zeitzeugen zufolge gut zusammen. Nachdem die wirtschafts- und sozialwissenschaftliche Hochschule 1946 wiedereröffnet worden war, hatten zunächst Jesuiten von der Pfarrei

---

230 Enthalten in: Sammlung ESG/Richter.
231 Vgl. ESG-Nachrichten (1/1967).
232 So laut Zeitzeugeninterview H. von Loewenich (HdBG; 2002).

St. Kunigunde die katholischen Studierenden betreut.[233] Nach der Eröffnung des Caritas-Pirckheimer-Hauses in der Königstraße konnte die KSG 1961 offiziell dort ihre Arbeit aufnehmen. Pater Hermann Müller SJ (†1998) leitete die Gemeinde ab diesem Zeitpunkt bis zum Sommer 1987. Es gab ökumenisch verantwortete Wortgottesdienste, Vorträge und Wochenenden – im Dezember 1967 beispielsweise zu dem Thema »Die humanen Aspekte der technisch-wissenschaftlichen Revolution in westlicher und marxistischer Sicht«; Referent war Dr. Jaroslav Hranička aus Prag.

Veranstaltungen wie diese, dazu sein Amt als Studentenpfarrer per se, brachten von Loewenich bei manchen Nürnbergern den Ruf als »roter Pfarrer«[234] ein. Das mag vor dem Hintergrund restaurativer Tendenzen dieser Jahre eine gewisse Berechtigung gehabt haben, trifft aber den nüchternen Theologen nicht: In seinen Ausführungen zeigte sich von Loewenich stets als abwägender Beobachter des Zeitgeschehens, etwa wenn er konstatiert: »Das Schema, das Herrschende und Beherrschte gegenüberstellt, verwischt die Erfahrung, daß die Fronten auch quer durch die Professoren- und Studentenschaft gehen.«[235] Wenn die ESG Stellung beziehe, dann solle dies auf differenzierte Weise geschehen, von einer Position aus, die sich weder »von den unbequemen Minderheiten unter der Studentenschaft« distanziere noch sich mit diesen »allzu pauschal« solidarisiere: »Es muß der schmale Weg zwischen einer unparteiischen Vermittlerrolle einerseits und einer völligen Vereinnahmung andererseits versucht werden. Auf diesen Weg weist das Evangelium, das sowohl in die Freiheit von Ideologien jegli-

---

233 Informationen nach: http://www.khg-nuernberg.de/geschichte.html [Stand: 15.1.2015].

234 Vgl. H. S. an von Loewenich, 16.4.1981. In: LAELKB, NL Loewenich, Hermann von, vl. Nr. 40.

235 Zum Standort der ESG im politischen Engagement der Studenten (vermutlich Sommer 1967), in: LAELKB, NL Loewenich, Hermann von, vl. Nr. 18.

cher Art ruft wie in den Dienst an die Seite derer, die nach ›bes-
serer Gerechtigkeit‹ trachten.«[236]

Konflikte benennen, nach Lösungen und Gesprächen suchen und nur im äußersten Notfall selbst Konflikte verursa-
chen: Das war die Linie von Loewenichs für die ESG. »Generell ist an die Methoden studentischer Aktionen auch stets der
Maßstab anzulegen, ob sie auf Verständlichkeit bei der Bevölkerung ausgerichtet sind. […] Die ESG müßte sich gerade an
diesem Punkt engagieren und Phantasie dafür aufwenden, die
Anliegen der Studentenschaft für die übrige Bevölkerung verständlich zu machen.«[237] In diese Richtung gehen öffentliche
Diskussionsveranstaltungen rund um Fragen der Studentenbewegung. »Ist Studieren ein Privileg?« war das Thema eines
Abends im Winter 1965, Referenten informierten über Aspekte wie »Kritisch studieren« oder »Student und Universität«. Das
damals weit verbreitete Interesse an der Arbeiterschaft wurde
aufgegriffen. Im Dezember 1966 gab es eine gemeinsame Veranstaltung mit dem Studienzentrum zum Thema »Fragen des
humanistischen Marxismus an die westliche Christenheit«.
Wiederholt stand auch die »Theologie der Revolution« auf dem
Programm; die Semesterfreizeit mit dem Thema »Die Revolution als Herausforderung der Christen« wurde als die »wohl be-
deutsamste Veranstaltung im Sommersemester« 1968 bezeichnet: Ihre Thematik treffe das »gegenwärtig aktuellste Problem
der oekumenischen Diskussion«.[238]

Bei der Sichtung der Unterlagen zu diesen und ähnlichen
Aktivitäten kann man sich manchmal des Eindrucks nicht er-
wehren, als musste die ESG-Leitung ihre Studierenden ein
Stück weit zum kritischen Denken antreiben. So heißt es in der
Vorstellung des Gesprächskreises »Student und Gesellschaft«
im Herbst 1967: »Vielleicht sind wir aber auch schon in der Ge-

236 A. a. O.
237 A. a. O.
238 Einladungsschreiben ESG Nürnberg, 30.5.1968. In: Sammlung ESG/
     Walk.

fahr, zu vergessen, was im Sommersemester 1967 an kritischem Bewußtsein unter den Studenten aufbrach, zur universitären Tagesordnung überzugehen, die heißt: Seminare und Vorlesungen besuchen, Scheine machen. Unkritisch, unreflektiert. Aber heißt Studieren nicht gerade kritisch sein, nichts unbesehen annehmen? [...] Wir sollten zumindest versuchen, das zu analysieren, was viele unserer Kommilitonen zu Aktionen trieb und treibt.«[239]

Die großen Ereignisse jener Jahre fanden auch in Nürnberg Widerhall, so etwa der Tod des Westberliner Studenten Benno Ohnesorg am 2. Juni 1967, der bundesweit Trauer und Wut an den Universitäten hervorrief. Auch in Nürnberg gab es eine Protestkundgebung im Auditorium Maximum der Nürnberger Wirtschaftshochschule; der Sozialistische Hochschulbund Nürnberg hatte gemeinsam mit dem Allgemeinen Studentenausschuß Erlangen (AStA) zu der Veranstaltung aufgerufen. Der Nürnberger AStA hingegen hatte eine solche Veranstaltung mit den Worten abgelehnt: »Für die Demonstration setzten sich Vertreter politischer Hochschulgruppen ein, denen höchstens fünf Prozent der Studentenschaft angehören. [...] Eine Demonstration in Nürnberg birgt die Gefahr in sich, daß die Öffentlichkeit den Eindruck gewinnt, die Studenten erklärten sich in allen Einzelheiten mit den Berliner Kommilitonen solidarisch.«[240] Von Loewenich hielt eine Ansprache bei der Veranstaltung, die Presse zitierte ihn mit dem Satz: »Ist es in unserem Land tatsächlich schon so weit, daß der gewaltsame Tod eines Studenten als gerechte Strafe für das Verhalten einer ›anarchistischen Minderheit‹ angesehen wird?«[241] Es scheint bezeichnend für die Stimmung in Nürnberg, dass an

239 ESG-Nachrichten (1/1967), in: Sammlung ESG/Richter.
240 STROGIES, Außerparlamentarische Opposition, 43. Der Vorsitzende der Studentenvertretung der WiSo, der gegen die Gedenkfeier gewesen war, trat am 13.7.1967 vom Amt zurück. Vgl. ESG-Nachrichten (Nov. 1967), in: Sammlung ESG/Richter.
241 Abendzeitung (8.6.1967), 11.

dem Schweigemarsch durch die Altstadt, den der Kabarettist Horst W. Blome, Schlüsselfigur der Nürnberger APO, organisierte, lediglich 110 Demonstranten teilnahmen.[242] Ebenfalls 1967 nagelte Blome zum 450. Jubiläum der Reformation ein provokatives Thesenpapier an die Pforte von St. Sebald. Bei der folgenden Gerichtsverhandlung, so Lutz Walk, sei von Loewenich als Sachverständiger geladen gewesen – eine Rolle, die er als Herausforderung, aber auch als Belastung empfunden habe. Nach dem Urteil gegen Blome, so Walk, hätten einige Studenten dies auch von Loewenich zum Vorwurf gemacht. Das habe den Studentenpfarrer sehr getroffen.

Die Diskussionen um die Notstandsgesetze führten auch in Nürnberg zu Kundgebungen.[243] Was die Nürnberger Hochschulpolitik betraf, machte sich von Loewenich unter anderem dafür stark, dass das Ohm-Polytechnikum anderen universitären Einrichtungen als gleichwertig angesehen wurde.

In seinen Ansprachen wollte von Loewenich den Studierenden vor allem eines vermitteln: eine klare Haltung und Zuversicht – trotz allem.

Es gibt eine Predigt Hermann von Loewenichs, die dies auf eindrückliche Weise illustriert und zudem zeigt, wie der Studentenpfarrer sich im Brückenbauen versucht: zwischen biblischem Wort und aktueller Situation, zwischen der Sprache des Glaubens und der Diktion der Studentenbewegung, zwischen zeitloser Wahrheit und aktueller Geschichte. Es ist die Predigt zum Beginn des Wintersemesters 1968.[244] Von Loewenich hielt sie am 7. November und damit gerade einmal drei Tage nach der legendären Straßenschlacht von Berlin-Tegel, die als bewusste Provokation des SDS und als Ende der friedlichen APO-Bewegung gewertet wurde. Man blicke, so von Loewenich, auf einen

---

242 Abendzeitung (10./11.6.1967), 15.
243 Vgl. dazu Zeitzeugeninterview H. von Loewenich (HdBG; 2002).
244 Predigt zu Hebr 10,35f., 7.11.1968, in: LAELKB, NL Loewenich, Hermann von, vl. Nr. 18. A.a.O. folgende Zitate.

»Sommer der Enttäuschung« zurück: Wenige Wochen zuvor waren nach dem endgültigen Scheitern des »Prager Frühlings« Truppen des Warschauer Pakts in der ČSSR einmarschiert, der Schock über das Attentat auf Rudi Dutschke saß bei vielen noch tief. Die Bilder der Hungernden aus Biafra und die Reportagen aus Vietnam erschütterten die Menschen, und einmal mehr warfen hochschulpolitische Auseinandersetzungen ihre Schatten voraus. Von Loewenich zeigte Verständnis dafür, dass viele Studierende angesichts dieser Situation resignierten oder nach radikalen Lösungen suchten. Doch gerade jetzt gelte das Wort aus dem Hebräerbrief, das Wort des Predigttextes: »Darum werfet euer Vertrauen nicht weg, welches eine große Belohnung hat«: »Werdet keine Zyniker! Führt trotz allem kein erwartungsloses Leben! Habt Mut, auf dem Weg der Hoffnung zu bleiben!« Grundlage der Hoffnung sei Jesus – gerade auch, weil sich im Gegensatz zu anderen »sogen. Autoritäten« bei ihm Reden und Handeln deckten: »Er predigt nicht nur über die Liebe zu den Unterprivilegierten. Er praktiziert sie! Er beklagt nicht nur die Entfremdung des Menschen. Er führt gegen sie einen aktiven Kampf! Er rebelliert gegen die Mächte, die den Menschen in seiner Verknechtung und Entfremdung festhalten.« Von Loewenich lud die Studierenden dazu ein, sich auf den Weg Jesu einzulassen – einen Weg im Licht der Verheißung: Christen müssten das Reich auf Erden nicht selbst realisieren. Das lehre Gelassenheit und befreie zugleich zum Handeln: »Wir müssen die Flamme dieser Hoffnung [...] nicht dadurch hektisch am Leben erhalten, daß wir eine Aktion nach der anderen starten und darüber nicht mehr zum Arbeiten kommen. Wir haben die Freiheit, ruhig und gründlich auch die Aufgaben unseres Studiums anzupacken, die uns befähigen sollen, später in unserem Beruf unseren Mann zu stehen. [...] Wir brauchen uns nicht hinter jener schrecklich unfruchtbaren Alternative« zu verschanzen: Alles oder nichts!« Geduld sei angesagt, eine Geduld, die Ausdruck des Vertrauens auf Gott sei und damit zugleich eine aktive Komponente habe: »Sie legt die Hände nicht in den Schoß und wartet nicht ab, sondern versucht den Willen Gottes zu tun, der eben auf jenes Reich der Liebe und Freiheit zielt, in dem unsere Entfremdung und Unfreiheit aufgehoben ist.«

Sieben Jahre war Hermann von Loewenich als Studentenpfarrer in der ESG Nürnberg tätig. Er sei, was die Leitung betreffe, »erfinderisch und phantasiereich«[245] gewesen, so die Einschätzung des damaligen Nürnberger Dekans Fritz Kelber, in dessen Fußstapfen Hermann von Loewenich später trat. Kelber bescheinigte dem »mehr geistige[n] als praktische[n]« Geistlichen im Umgang mit anderen Menschen eine gewisse Zurückhaltung, ihm sei »eine gewisse Distanziertheit und Kühle« zu eigen – hier wurde von Loewenich auch an dem »ausgesprochen seelsorgerlich wirkenden«[246] Vorgänger im Amt, Manfred Seitz, gemessen. Bei von Loewenich äußerte sich die Fürsorge für die Studierenden offensichtlich vor allem in dem Anstoß, sich über die eigenen Positionen, auch und gerade im Glauben, klarzuwerden und dann die entsprechenden Ziele im Leben konsequent zu verfolgen. Udo Richter erinnert sich: »Er hat seine Themen vertreten und hat uns gezeigt, dass man dafür arbeiten muss. Ich glaube, das ist das, was mir von Seiten Hermann von Loewenichs hängengeblieben ist: ›Mach was aus dir, aber arbeite auch daran‹.«

»Mach was aus dir« – auch für Hermann von Loewenich standen bald wieder neue Herausforderungen an: »Von Loewenich sollte zu gegebener Zeit eine Pfarrstelle in der Großstadt übernehmen. Eine übergemeindliche Arbeit sollte man ihm vorher nicht noch einmal übertragen. Er wird sicher einmal einen besonders verantwortlichen Dienst in der Landeskirche tun können.«[247] So lautete die Empfehlung, die der Nürnberger

---

245 Beurteilungsbogen 1960/65, Dekan F. Kelber, in: Landeskirchenamt, Personalakte H. v. Loewenich. A. a. O. nachfolgendes Zitat.
246 Gesamtwürdigung von Loewenichs durch F. Kelber, 10.7.1964. A. a. O.
247 Gesamtwürdigung 1960/64, Kreisdekan E. Giegler, 6.9.1965, in: a. a. O.

Kreisdekan Dr. Eugen Giegler dem »hochbegabte[n], ernste[n] Pfarrer« ausstellte. Die Zukunft brachte beides: die Stelle in der Großstadt mit der Rückkehr nach Nürnberg 1976, die herausragende Position in der Landeskirche spätestens ab 1985 mit dem Amt des Nürnberger Kreisdekans. Zuvor aber führte der Weg ins ländliche Oberfranken: Mit Wirkung vom 1. September 1969 wurde Hermann von Loewenich auf die Stelle des Kulmbacher Dekans berufen. Sein Nachfolger als Nürnberger Studentenpfarrer wurde ab Mai 1970 Günter Schattenmann, nachdem Christian Blendinger, Pfarrer an der Lorenzkirche, die Stelle für einige Monate interimsweise übernommen hatte.

Der Berufung Hermann von Loewenichs nach Kulmbach im Alter von 37 Jahren war ein längerer Entscheidungsprozess vorausgegangen. Offensichtlich war vonseiten des Landeskirchenrats spätestens im Sommer 1968 an von Loewenich herangetragen worden, sich über einen Stellenwechsel Gedanken zu machen. Von Loewenich zeigte sich hiermit durchaus einverstanden: »Ich teile diese Auffassung, nicht, weil ich an meiner derzeitigen Tätigkeit als Studentenpfarrer resigniere, sondern weil es zur Eigenart der Studentenseelsorge gehört, daß man sie nur für einen begrenzten Zeitraum ausüben sollte.«[248] Wie schon wenige Jahre zuvor beim Wechsel vom Amt des Studieninspektors nahm sich von Loewenich auch diesmal die Freiheit, gegen zunächst für ihn vom Landeskirchenrat vorgeschlagene Stellen Einspruch zu erheben. So äußerte er in einem Schreiben an den Landeskirchenrat, mit dem er eine ihm empfohlene Pfarrstelle ablehnt, mit klaren Worten, wie er sich ein neues Betätigungsfeld vorstellte: Wenn er in die Gemeinde gehe, so strebe er, aufbauend auf seine Tätigkeit in der Studentengemeinde, eine Stelle mit Leitungsfunktion an: Er wolle »verantwortlich die verschiedenen Dienste einer Gemeinde koordinieren und so in einem Team modernen Gemeindeaufbau betreiben«. Er

---

248 Von Loewenich an den Landeskirchenrat, 19.7.1968, A. a. O. Ebd. nachfolgende Zitate.

könne sich aber auch durchaus einen überparochialen Dienst vorstellen, in den er seine Erfahrungen als Studieninspektor, aus seiner Tätigkeit für das Korrespondenzblatt sowie als Gründer des »Arbeitskreises Evangelische Erneuerung« (AEE) und Studentenpfarrer einbringen könnte: »Ich betätige mich gerne auf diesen Gebieten, weil ich für größere Zusammenhänge des kirchlichen Lebens und weitergesteckte Aufgaben Interesse und Neigung habe und glaube, auf diesem Feld auch etwas leisten zu können.« Er wäre dankbar, so von Loewenich, »wenn sich in absehbarer Zeit eine Aufgabe fände, die meinen Vorstellungen einigermaßen entspricht«. Als ihm wenige Monate später der Landeskirchenrat die Dekansstelle in Kulmbach antrug, zögerte von Loewenich offensichtlich zunächst, bevor er dem Ruf folgte: »Ich weiß, daß diese Aufgabe für mich eine erhebliche Umstellung mit sich bringt und daß ich manche Erfahrungen, die nötig sein werden, erst sammeln muß. [...] Man kann eine solche Aufgabe sicherlich nicht ohne Bedenken übernehmen. Aber da sie mir der Landeskirchenrat zutraut, möchte ich nicht ausweichen. Ich verstehe diese Aufgabe als Ruf, Verpflichtung und Auszeichnung.«[249]

Es gibt allerdings auch andere Überlieferungen, denen zufolge von Loewenich den Ruf nach Kulmbach nicht unbedingt als Anerkennung seiner Leistung verstand. Hiltrud von Loewenich etwa erinnert sich an die »halb humorvoll[e]« Reaktion ihres Mannes auf die Berufung nach Oberfranken: »Jetzt werde ich strafversetzt, aber denen zeige ich es.«[250] Diese Mutmaßung einer »Strafversetzung« lag nicht unbedingt in seinem Wirken als Studentenpfarrer begründet – von Loewenich spielte hier wohl auch darauf an, dass er sich in den 1960er Jahren zunehmend als kirchlicher Reformer präsentiert hatte und spätestens seit der Gründung des AEE 1967 als kritischer Kopf in der Landeskirche bekannt war. Von Loewenich hatte die Idee zur Grün-

---

249 Von Loewenich an den Landeskirchenrat, 21.4.1969. A.a.O.
250 VON LOEWENICH, Spuren, 35.

dung einer Reformgruppe auch einmal im Rahmen der ESG formuliert: »Überlegenswert wäre es, ob nicht ein Arbeitskreis ›Evangelische Kirchenreform‹ innerhalb der ESG analog der Hochschulkommission zu konstituieren wäre, der an den Aufgaben der Kirchenkritik und -reform mitarbeitete.«[251] Es wurde schließlich ein bunt gemischter Kreis, es waren Menschen verschiedenster Generationen, Geistliche und Nichttheologen, die antraten, die Kirche zu demokratisieren und zu öffnen für die Welt. Von Loewenich sollte einer ihrer führenden Köpfe sein, und es klingt programmatisch, wenn er in seiner Abschiedspredigt am 14. September 1969 in der Egidienkirche bekannte: »Viele plagt heute der Zweifel, ob die Kirche überhaupt noch Zukunft habe. Nicht wenige bleiben deshalb von ihr weg. Andere bringen das nicht fertig. Sie kommen von der Kirche nicht los. Sie hören nicht auf, sich von der Botschaft etwas zu erwarten, die der Kirche anvertraut ist. Aber sie rufen zugleich nach ihrer Erneuerung, nach neuen Ordnungen und Strukturen neuer Gestalt, die diese Kirche wieder einladender und offener, brüderlicher und glaubwürdiger machen. Ich selbst gehöre zu denen, die an einer solchen Reform der Kirche engagiert sind, und ich will es auch bleiben.«[252]

---

251 Zum Standort der ESG im politischen Engagement der Studenten (vermutlich Sommer 1967), in: LAELKB, NL Loewenich, Hermann von, vl. Nr. 18.
252 Predigt Egidienkirche, 14.9.1969, in: LAELKB, NL Loewenich, Hermann von, vl. Nr. 66.

4. »Kirche für die Welt«: Der Reformer

»Liebe Brüder, viele unter uns begleiten den Weg unserer Kirche mit zunehmender Sorge. Immer mehr scheint sich dieser Weg in der Sackgasse der Restauration und Introvertiertheit zu verlieren. Trotz bestem Willen vonseiten der Verantwortlichen, der nicht bestritten werden soll, verstärkt sich der Eindruck, als sei die Kirche vorzugsweise an der Erhaltung überkommener Positionen und Ordnungen interessiert. Immer weniger scheint sie sich den Herausforderungen zu stellen, die sich aus dem Wandel der Gesellschaft in eine von uns allen noch unübersehbare Zukunft – signalisiert durch das Jahr 2000 – ergeben. Ist dieser Eindruck richtig, dann bedeutet dies, daß die Kirche in unserer Zeit ihren Auftrag verfehlt, Kirche für die Welt zu sein.«[253] Mit diesen Worten luden Studentenpfarrer Hermann von Loewenich, Schülerpfarrer Werner Schanz und der Nürnberger Bezirksjugendpfarrer Kurt Hoffmann im November 1967 rund dreißig ausgewählte Personen, Pfarrer wie Nichttheologen, zur Gründung einer »Aktionsgemeinschaft« ein – die Geschichte des »Arbeitskreises Evangelische Erneuerung« (AEE) begann.

Der AEE ist zu sehen im Kontext zahlreicher kirchlicher Gruppenbildungen dieser Jahre, es gab EKD-weit Zusammenschlüsse reformorientierter Christen ebenso wie die Formierung sogenannter Bekennender Gemeinschaften. Der AEE ist Kind seiner Zeit, eingebettet in die gesamtgesellschaftlichen Umbrüche dieser Jahre. Er drängte auf innerkirchliche Demokratisierungsprozesse und konnte gerade hier – auch wenn er es selbst manchmal kaum zu glauben schien – beachtliche Er-

---

253 Einladungsschreiben, 20.11.1967, in: LAELKB, Vereine und Institutionen III/20 (AEE), Nr. 1.

folge erzielen. Auch außerhalb der Kirche zog er Menschen an und sorgte für Aufsehen. Lebenslange Freundschaften entstanden aus dem Gefühl einer Gesinnungsgemeinschaft heraus, die Werner Schanz mit den Worten umschrieb: »Für mich war das ein sehr befreiendes Erlebnis, jetzt nicht mehr als Werner Schanz dazustehen, der etwas will, sondern zu wissen, dass da eine Reihe von Leuten das mitträgt.«[254] Georg Kugler, Gründer der Gemeindeakademie Rummelsberg, beschrieb diese Jahre als »einmalige Achsenzeit«, in der »Dinge möglich waren, wie sie später nicht mehr möglich gewesen sind«[255]. Kugler sieht exemplarisch dafür das Lied von Piet Janssens »Die Sache Jesu braucht Begeisterte«: »Da war so etwas wie eine Begeisterung, eine Gewissheit von Hoffnung, ein Überschwang fast.«[256] Für viele Pfarrer, Vikare und Theologiestudierende der bayerischen Landeskirche waren diese Jahre des Aufbruchs und die damals erlebte Solidarität prägend für ihr weiteres Berufsleben.

In der Wahrnehmung von Gruppenmitgliedern wie Außenstehenden repräsentierte Hermann von Loewenich den Arbeitskreis. Er war das Gesicht des AEE, auch wenn er ihn nur wenige Jahre an führender Stelle vertreten sollte. Liest man von Loewenichs Texte aus der AEE-Gründungszeit, verfolgt man seine frühen Aktionen, dann bemerkt man hier auf besondere Weise seine Leidenschaft für kirchenpolitisches Agieren, sein Talent zur begeisternden Rede, seinen Mut zur Vision. Es war ein neues Phänomen in Bayern, dass eine kirchliche Gruppe in diesem Maß das Gespräch mit der Öffentlichkeit suchte, sich positionierte und von ihren Hoffnungen auf Veränderung hin zu einer offenen Kirche sprach. Der Terminus der »Erneuerung« war von nun an in der bayerischen Landeskirche mit Hermann von Loewenichs Namen verbunden und sollte es auch bis in seine Bischofsjahre hinein bleiben.

Von Loewenich zeigte seinen Freimut im Reden und Han-

---

254 Zit. nach HAGER, Jahrzehnt, 281.
255 Zit. nach: A.a.O., 309.
256 A.a.O.

deln in dieser Lebensphase auf besondere Weise. Zu Extremen tendierte er aber auch als AEE-Gründer und Sprecher des Kreises nicht. »Manche hätten ihn sich [...] radikaler gedacht, als er war«, so Eleonore von Rotenhan, ebenfalls von Anfang an im AEE engagiert: »Wenn der AEE nur eine linke Revoluzzerbewegung geblieben wäre, wäre er untergegangen.«[257] Von Loewenich selbst beschrieb rückblickend den Ansatz der frühen AEE-Jahre: »Das ›Ja zur Kirche‹ formulierte sich als Reformprogramm im Sinne von Reformation, nicht als revolutionärer Umsturz. Die lutherische Grundprägung machte uns skeptisch gegen die ›Theologie der Revolution‹.«[258]

Hermann von Loewenich agierte im AEE von Anfang auf einem Niveau, mit einem Selbstbewusstsein, einer Zielstrebigkeit und einem Talent zur Vernetzung, dass ihn das Engagement in der Arbeitsgruppe eher für verantwortliche Positionen in der Kirche empfahl als solchen entgegenstand. Nach der Euphorie des AEE-Beginns suchte er bald andere Wege, um Kirche zu gestalten: Er würdigte die Chancen der Volkskirche und nutzte für seine Anliegen die Möglichkeiten, die ihre Strukturen boten – sei es in der Synode, in überregionalen Gremien oder in kirchenleitenden Ämtern. Die Freunde aus den Anfangsjahren des AEE waren ihm dabei Weggefährten und Partner in ihren beruflichen Positionen – Werner Schanz etwa als Leiter des »Amts für Industrie- und Sozialarbeit« in Nürnberg, Georg Kugler als Begründer und Leiter der Gemeindeakademie Rummelsberg oder Eleonore von Rotenhan als Präsidentin des Deutschen Evangelischen Kirchentags.

Dennoch: Von Loewenich bezog sich zeitlebens auf den AEE der Anfangsjahre und verstand die einst vertretenen Ideale immer wieder als Anfrage an seinen eigenen Weg. Zum 15-jährigen Jubiläum des AEE stellte er dem AEE, aber auch sich selbst die Frage: »Exodusgemeinde wollten wir sein. Gemeinde, die

---

257 Interview E. von Rotenhan, zit. nach a. a. O., 287.
258 Ansprache Ehrenpromotion 1997, Neuendettelsau, in: LAELKB, NL von Loewenich, Hermann, vl. Nr. 13.

aufbricht wie Abraham; heraus aus dem Zustand begonnener Anpassung, heraus aus der Erstarrung in traditionellen Formen, Formalien, heraus aus den Kompromissen, die die sanfte Umarmung durch einen christlichen Freistaat Bayern mit sich bringt. Was ist aus dem Exodus geworden? Aus dem Studentenpfarrer wurde der Dekan, aus dem Verfechter des Exodus der Mann der verfaßten Kirche. Aus dem Willen zum Auszug entstand dann viel Papier: Entwürfe, Resolutionen, kritische Begleitkommentare zur Arbeit der Synode. Aber dann verloren allmählich die Impulse zum Aufbruch an Kraft.«[259]

Hatte von Loewenich selbst mit seinem Aufstieg in der kirchlichen Hierarchie daran Anteil? Die Meinungen darüber gingen im AEE auseinander. Die einen warfen ihm vor, was eine Karikatur zum 30-jährigen Jubiläum des AEE 1997 in dessen Hausblatt »Berichte und Kommentare« (B&K) folgendermaßen ausdrückt: Hermann von Loewenich sitzt auf einem zu großen Stuhl, über ihm hängt ein Banner »30 Jahre AE«; das fehlende »E«, das für »Erneuerung« steht, dient seinem Stuhl als viertes Bein.[260] Hermann von Loewenich – derjenige, der »mehrheitsfähig« sein wollte um jeden Preis, auch um den der Erneuerung, der Wahrheit? Andere AEE-Mitglieder hingegen sahen den Aufstieg in Leitungsämter als Konsequenz aus den Forderungen nach einer Kirchenreform. So urteilte Günter Kohler, AEE-Mitglied der ersten Stunde, im Jahr 2005: »Ich kann nicht bloß immer nur verlangen, dass Leute anders Kirche leiten, ohne dann irgendwann einmal das selber zu tun und anders zu tun.«[261] Hermann von Loewenich selbst erklärte rückblickend: »Wir wollten nicht den langen Marsch durch die Institutionen antreten, um diese umzufunktionieren. Es ging uns wirklich um Reform der Kirche.«[262]

---

259 15 Jahre AEE (1982 oder 1983): undatierte Morgenansprache zu Gen 12,1, in: LAELKB, NL Loewenich, Hermann von, vl. Nr. 78.

260 B&K (4/1997), 15.

261 Interview G. Kohler, zit. nach HAGER, Jahrzehnt, 314f.

262 Vom gelobten Land in die Wüste? Gedanken zum Weg der baye-

4.1 »Sonst hat man sein Leben verwartet«: Genese des AEE

Die Anfänge des AEE lagen in der Pfarrbruderschaft – der Gruppierung, der Hermann von Loewenich seit seiner Zeit als junger Pfarrer angehörte und der er sich auch noch als kranker Mann im Ruhestand zugehörig fühlte.

In der Bayerischen Pfarrbruderschaft, 1934 im Zeichen des Kirchenkampfs gegründet, taten sich in den 1950er/60er Jahren zunehmend Gräben auf, die nicht zuletzt mit dem Selbstverständnis der Bruderschaft zusammenhingen: Was war der gemeinsame Nenner, nachdem die Auseinandersetzung mit der Gleichschaltungspolitik des NS-Staates, die Gegnerschaft zu den »Deutschen Christen« weggefallen war? Was verband die Mitglieder über die »Pflege der Gemeinschaft«[263] hinaus, war man mehr als ein »Veteranenverein für alte Kirchenkämpfer«? Die Ansichten bezüglich der Rezeption Rudolf Bultmanns, die Meinungen über neue theologische Ansätze, über die sogenannte »moderne Theologie«, klafften weit auseinander. Der Generationenkonflikt brach auf, es kam zu Austritten der alten Generation. Senior Wilhelm Nicol versuchte nach Kräften, die unterschiedlichen Positionen zu integrieren und die teils verhärteten Fronten durch Neuzugänge aufzubrechen. Dabei half ihm auch Hermann von Loewenich, der gemeinsam mit Pfarrer Peter Smolka 1961 ein Einladungsschreiben eigens für junge Geistliche entwarf. Doch ebenso wie eine ganze Reihe anderer Pfarrer wünschte sich Hermann von Loewenich mehr von der Pfarrbruderschaft als Integration und Zusammenhalt: Er erwartete Reformen.

Von Loewenich war nicht zuletzt aufgrund seiner Tätigkeit als Schriftleiter des Korrespondenzblattes[264] mit der Diskussi-

---

rischen Landeskirche durch die Nachkriegszeit (1985). Sammlung Schanz.

263 Zit. nach BLENDINGER, Aufbruch, 81. A. a. O. nachfolgendes Zitat.

264 Vgl. Gesamtwürdigung von Loewenichs durch F. Kelber, 10.7.1964. In:

onslage in der Landeskirche gut vertraut, er wusste um Gesinnungsgenossen, die sich zum Teil in kleinen Gruppen zusam-
mentaten, um über notwendige Veränderungen zu beraten und
sich auszutauschen. Besonders im Nürnberger Raum tat sich
hier einiges. Gemeinsame Intention war eine Demokratisierung und Enthierarchisierung kirchlicher Strukturen, die Öffnung der Kirche hin zur Gesellschaft, hin zur Welt. Könnte das
nicht der gemeinsame Nenner in der Pfarrbruderschaft werden? Hermann von Loewenich wandte sich Mitte der 1960er
Jahre wiederholt in dieser Angelegenheit an den damaligen
Senior der Bruderschaft, Peter Krusche: »Sicherlich wird sich
die Bruderschaft hüten müssen, zu einer kirchenpolitischen
Kampftruppe zu werden, in der eben nicht mehr die theologischen, sondern die kirchenpolitischen Argumente vorherr-
schen. Aber sie sollte auch nicht aus lauter Ängstlichkeit vor
solchen Mißverständnissen den Weg zu einer gemeinsamen
Willensbildung und von daher die Mitarbeit in der praktischen
kirchlichen Gestaltung scheuen.«[265]

Zunehmend kristallisierte sich heraus, dass die Bayerische
Pfarrbruderschaft nicht der geeignete Rahmen für eine solche Reformgruppe war: Zwar begegnete Krusche den Bestrebungen von Loewenichs und seiner Gesinnungsgenossen mit
offenkundiger Sympathie, der Bruderrat zeigte zudem mit
seinem kritischen Votum zur 1966 gegründeten »Bekenntnisbewegung ›Kein anderes Evangelium‹« deutlich, dass er sich
nicht auf deren Linie verortete. Auch dass Rudolf Bultmann
1965 zur Tagung der Pfarrbruderschaft eingeladen wurde und
dass die auf der Pfingsttagung 1968 verabschiedeten Leitsät-
ze der Bruderschaft die historisch-kritische Forschung als un-
entbehrlich bezeichneten, auf eine Betonung des lutherischen
Bekenntnisses hingegen verzichteten,[266] zeigt, wo die Bruder-

---

Landeskirchenamt, Personalakte H. von Loewenich.
265 Von Loewenich an Krusche, 17.3.1965, in: LAELKB, Vereine und Institutionen III/4 (Bayerische Pfarrbruderschaft), Nr. 10.
266 Vgl. dazu BLENDINGER, Aufbruch, 217.

schaft sich verortete. Dennoch: Man wollte weiterhin allen Positionen gegenüber gesprächsbereit bleiben. Zudem nahm die Pfarrbruderschaft keine Nichttheologen auf – dies aber schwebte den späteren AEE-Gründern vor. Im Januar 1967 wandte sich Hermann von Loewenich noch einmal an Peter Krusche mit der dringenden Bitte, die Bruderschaft möge endlich Engagement in Sachen Kirchenreform zeigen: »Wenn wir nämlich nicht dazu kommen, endlich konkrete Schritte zu tun, müsste auch für unser theologisches Engagement die Marx'sche Kritik gelten, dass wir die Welt zwar ständig interpretieren, aber nicht ändern. Und dabei geht es nicht einmal um die Welt, sondern um die Kirche.«[267] Einzelkämpfer seien hier überfordert, man benötige den Rückhalt einer Gemeinschaft. Von Loewenich äußerte die Überlegung, eine »neue Gruppe als ›Evangelische Reform‹ oder so ähnlich« zu gründen. In jedem Fall müsse nun etwas geschehen: »Vielleicht finden Sie das alles etwas ungeduldig und hitzköpfig. Aber irgendwann kommt der Zeitpunkt, an dem man nicht mehr bloß zuschauen kann. Sonst hat man sein Leben verwartet. Und das meint das ›Warten auf Gott‹ sicherlich nicht.«

Wenige Monate später war es so weit, die Zeit des »Zuschauens« hatte ein Ende: Rund dreißig ausgewählte Personen erhielten das bereits zitierte Einladungsschreiben von Hermann von Loewenich, Kurt Hoffmann und Werner Schanz, das dazu aufrief, nicht länger »in der Vereinzelung zu verharren«, sondern in einer Gruppierung Gleichgesinnter anstehende Fragestellungen anzugehen: »Fragen der Verfassungsreform, das Verhältnis Kirche-Staat/Gesellschaft/Politik, die Pluralität gottesdienstlichen und gemeindlichen Lebens, die ökumenischen Beziehungen unserer Kirche, der Prozeß der Meinungsbildung und der Mitverantwortung in der Kirche«[268]. Theologi-

---

267 Von Loewenich an Krusche, 3.1.1967, in: LAELKB, Vereine und Institutionen III/4 (Bayerische Pfarrbruderschaft), Nr. 10. A.a.O. nachfolgende Zitate.

268 Einladungsschreiben, 20.11.1967, in: LAELKB, Vereine und Institutio-

sche Reflexion solle dabei Hand in Hand gehen mit praktischen Impulsen und Aktionen. Wie man zu einer der Einladungen zur Gründungsversammlung kam, hatte Klaus Diegritz, Mitglied im ersten Leitenden Team des AEE, mit den Worten festgehalten: »Auf einer Frühjahrstagung des Pfarrervereins 1967 in Rummelsberg marschiere ich so kurz vor Mitternacht zu meinem Quartier in Schwarzenbruck. Doch da stehe ich vor einer verschlossenen Kammer. Also marschiere ich zurück. Da sitzen noch einige zusammen, unter anderem Hermann von Loewenich. Als ich meine G'schicht erzähl', sagt der: ›Bei mir ist noch ein Bett frei im Zimmer!‹ Da haben wir uns bis drei Uhr nachts gegenseitig das Leid an unserer Firma Kirche geklagt. Auf diese Weise war ich Hermann von Loewenich wahrscheinlich noch im Gedächtnis.«[269]

Am 4. Dezember 1967 fand die konstituierende Sitzung des Kreises im Studienzentrum Heilig Geist in Nürnberg statt.[270] Ein Name wurde gefunden, die Arbeitsfelder und Organisationsstruktur des Kreises wurden festgelegt. Theologisch sollten die Konzepte der »Exodusgemeinde« (in Anlehnung an Jürgen Moltmann) und »Kirche für die Welt« (in Anlehnung an Dietrich Bonhoeffer) Pate stehen. Ein vorläufiges Leitungsteam wurde bestimmt, das ein breit gestreutes Informations- und Einladungsschreiben zur ersten Mitgliederversammlung verfasste. Die Reaktion darauf war überwältigend: Bis zum 12. Februar 1968 erklärten 180 Männer und Frauen ihre Mitgliedschaft zum AEE, zur Mitgliederversammlung am 3./4. März 1968 erschienen rund 200 Interessierte. Das Medienecho war enorm, »Unbehagen jetzt in Bahnen« titelten etwa die Nürnberger Nachrichten.[271] Ende 1968 war die Zahl der AEE-Mitglieder auf

---

nen III/20 (AEE), Nr. 1.
269 Zit. nach: B&K (1.8.2000), 18.
270 Vgl. dazu HAGER, Jahrzehnt, 50–52.
271 Nürnberger Nachrichten (9./10.3.1968). Weitere Meldungen vgl. HAGER, Jahrzehnt, 54.

rund 400 angewachsen,[272] Theologen ebenso wie Nichttheologen; allerdings wurden die Beteiligungsmöglichkeiten der
sogenannten »Laien« in der Geschichte des AEE wiederholt als
unbefriedigend empfunden.

Eine Polarisierung sollte vermieden werden: Der Landeskirchenrat wurde frühzeitig über die Gründung des AEE in-
formiert, ebenso liefen Kontaktgespräche mit Kirchenrat Wilhelm Mädl, dem Vorsitzenden des Pfarrervereins. Mädl gehörte
zu der schwer greifbaren konservativen »Arbeitsgemeinschaft
Bayerischer Dekane«, mit deren Vertretern der AEE in der Folge
wiederholt in Konflikt geriet, ebenso wie mit Mitgliedern der
im November 1967 gegründeten »Kirchlichen Sammlung um
Bibel und Bekenntnis« in Bayern (KSBB i. B.). Werner Schanz
erinnert sich daran, dass zu den Vorwürfen, die die KSBB i. B.
gegen den AEE erhob, unter anderem gezählt habe, dass der
AEE das Evangelium in Humanisierung auflöse und die gemeinsame Basis von Schrift und Bekenntnis verlasse. Zudem
wurde offensichtlich die Anschuldigung laut, dass der AEE eine
ähnliche Rolle spiele wie einst die »Deutschen Christen«.[273] Im
Frühjahr 1970 eskalierte die Situation: Werner Schanz erinnert
sich an ein kritisches Gespräch bei einer Sitzung des Pfarrervereins am 13./14. April 1970, bei dem Mitglieder des AEE ebenso
anwesend waren wie Vertreter der KSBB i. B. und der »Arbeitsgemeinschaft Bayerischer Dekane« und es beinahe zu einem
Bruch zwischen den verschiedenen Lagern gekommen wäre.

Der Bruch konnte verhindert werden, die Lage blieb in Bayern vergleichsweise gemäßigt. Immer wieder gab es Phasen der
Annäherung zwischen den Gruppierungen, dann auch wieder
heftige Kontroversen, die im Grunde auf Differenzen über die
Interpretation der Schrift vor den Herausforderungen der Gegenwart basierten. Diese Konflikte aber als »Glaubenskampf«
zu bezeichnen, als »Kirchenkampf, gegenüber dem der Kir-

---

272 Nach BLENDINGER, Aufbruch, 235.
273 Vgl. Interview W. Schanz.

chenkampf des Dritten Reiches ein Vorhutgefecht war«[274], wie
es Hermann Dietzfelbinger 1971 in seiner Funktion als EKD-
Ratsvorsitzender in allgemeinerem Sinn getan hatte, wäre den
AEE-Mitgliedern nicht in den Sinn gekommen. Von Loewenich bezeichnete diese Äußerung Dietzfelbingers als eine »gezielte Provokation«[275] – bedenklich genug, wenn man sie auf
die Situation in der Gesellschaft beziehe, noch bedenklicher,
»wenn das Stichwort ›Glaubenskampf‹ auf die innerkirchliche
Auseinandersetzung übertragen würde und vorhandene Fronten dadurch zementiert würden«: »Es ist bedauerlich, daß das
Wort des Ratsvorsitzenden als Wasser auf die Mühlen der konservativen Gruppen verstanden werden konnte.«

4.2 »Er war der Kopf des AEE«: AEE-Sprecher

Drei große Aufgabenbereiche waren es, denen sich der AEE
verpflichtet sah:[276] »Kirche ist nur Kirche, wenn sie für andere da ist«, lautete im Gefolge Dietrich Bonhoeffers[277] der erste davon – der AEE wollte eine solche Kirche mit einem ver-
stärkten Einsatz für die Welt, mit einer Sensibilisierung für
die gesellschaftspolitische Dimension des Glaubens und einer
zeitgemäßen Rede von Gott, die sich vor allem auch in der Ge-

---

274 KIRCHENKANZLEI DER EKD, Berlin 1971, 33f.
275 H. von Loewenich: Überlegungen zur kirchlichen Situation, in: B&K
(21.6.1971), 2–9, hier: 2. Nachfolgende Zitate a.a.O., 3.
276 Überlegungen zur Aufgabenstellung des Arbeitskreises Evangelische
Erneuerung, leicht geänderte Fassung aufgrund der Diskussion der
1. ordentlichen Mitgliederversammlung, 3./4.3.1968, in: Sammlung
AEE/Hager.
277 Diese These Bonhoeffers (BONHOEFFER/BETHGE, Widerstand, 415f.)
wurde auch von Kirchenreformern anderer Landeskirchen zur Begründung des eigenen Tuns herangezogen. Vgl. OEHLMANN, Glaube,
178. Oehlmanns Anfrage (a.a.O.) erscheint nicht nur für das Beispiel
in Württemberg bedenkenswert: »Ob damit Bonhoeffers fragmen-
tarischer ›Entwurf einer Arbeit‹ für eine zukünftige Kirche wirklich
recht und erschöpfend verstanden ist, sei dahingestellt.«

staltung der Gottesdienste zeigen sollte, verwirklichen. Die zweite Aufgabe wurde dezidiert mit der Nachfolge des dienenden Gottessohnes begründet: Alles kirchliche Handeln habe Dienstcharakter – die Konsequenzen hießen: Verzicht auf äußere Sicherung der Macht und ein Verständnis kirchenleitender Ämter vorrangig als dienender Tätigkeiten. Letztendlich ging es um eine stärkere Demokratisierung der Kirche. Als dritte Prämisse wurde die Sendung der Kirche nach »draußen vor das Tor« (Hebr 13) betont; man wollte »Exodusgemeinde« im Sinne Jürgen Moltmanns sein. In der Exodusgemeinde sah man die Freiheit grundgelegt, auch unbequeme Positionen einnehmen zu dürfen, unabhängig von staatlicher Bindung zu agieren, von bestimmten Formen kirchlicher Praxis Abschied zu nehmen und »überkommene Grenzen« zu überschreiten – darunter fielen auch eine stärkere ökumenische Zusammenarbeit und das Zugehen auf Menschen, die keine Verbindung zur Kirche hatten.

Der AEE, den Selbstverständnisdebatten und Identitätskrisen nahezu von Gründung an begleiteten, diskutierte und modifizierte in den darauffolgenden Jahren wiederholt diese Gründungsziele. Die Grundanliegen aber blieben bestehen: Es ging dem AEE um eine Demokratisierung und Enthierarchisierung kirchlicher Strukturen und um eine Öffnung der Kirche hin zur Welt – und dabei war er auch durchaus erfolgreich. Es waren unterschiedliche Wege, die der AEE beschritt, um diese Ziele zu verfolgen.[278] Zum einen gab es die thematischen Arbeitsgruppen: Bei der ersten Mitgliederversammlung wurden die Gruppen Gottesdienst, Konfirmation, Kirchenverfassung, Politik und Gemeindestruktur eingerichtet, die mit unterschiedlicher Intensität und (Außen-)Wirkung arbeiteten, Papiere erstellten und sich mit Aktionen an die Öffentlichkeit oder kirchenleitende Organe wendeten. Immer wieder kamen

---

278 Aktionen und Verlautbarungen vgl. unter HAGER, Jahrzehnt, sowie BLENDINGER, Aufbruch, v. a. 233–254.

in der Folgezeit Gruppen dazu, die meist für einen überschaubaren Zeitraum ein Thema bearbeiteten – etwa der Arbeitskreis »AEE – Presse – Information«, die »AG Selbstbesteuerung«, die Projektgruppe »Kriegsdienstverweigerung«. Zudem waren die AEE-Mitglieder auch in regionalen Verbünden organisiert, in denen Informationen zusammengetragen, lokale Problemfelder besprochen und Aktionen vorbereitet wurden.

Die einzelnen Gruppen wurden von einem Leitenden Team koordiniert, das die Arbeitsgemeinschaft nach außen hin vertrat, es gab AEE-Sprecher, unter ihnen von 1968 bis 1975 Hermann von Loewenich. Kam es zu Konfliktfällen einzelner Pfarrer gegenüber der Kirchenleitung oder Politikern, verstand sich das Leitende Team als Anwalt der betroffenen Geistlichen; dies war der Fall etwa bei den Auseinandersetzungen um den jungen Nördlinger Pfarrer Dieter Helbig, ebenfalls AEE-Mitglied,[279] bei den Konflikten mit dem Wunsiedler Dekan Dr. Walter Reissinger[280] oder mit der »Arbeitsgemeinschaft Bayerischer Dekane«. Auch dass sich AEE-Mitglieder zu politischen Fragen äußerten, führte wiederholt zu Kontroversen – ein Beispiel dafür ist die Unterschriftenaktion zugunsten der Ratifizierung der Ostverträge 1972, bei denen sich der AEE deutlich in der Nähe der SPD positionierte. In dieser Auseinandersetzung standen besonders Hermann und Reinhard von Loewenich, ebenfalls AEE-Mitglied und damals Pfarrer in München, im Fokus des öffentlichen Interesses.[281] Hier wurde deutlich, wie sehr sich die Brüder inzwischen von ihrer Vergangenheit in der CSU gelöst hatten. Diesbezüglich gab es wiederholt interessante Berührungspunkte mit ehemaligen politischen Weggefährten. So wandte sich von Loewenich wegen einer anstehenden Änderung des Bayerischen Rundfunkgesetzes in einem öffentlichen Brief an den

---

279 Vgl. HAGER, Jahrzehnt, 248–270.
280 Vgl. etwa die Auseinandersetzungen um die Soldaten-Rüstzeit in Oberfranken des jungen Pfarrers und AEE-Mitglieds Dr. Helmut Ruhwandl 1970, vgl. a. a. O., 247f.
281 Vgl. Kapitel 5.2.

CSU-Bundestagsabgeordneten und Synodalen Werner Dollinger, dessen Wahlkampfhelfer er einst gewesen war. Der AEE zeigte sich bestürzt über eine von Teilen der CSU befürwortete mögliche Einführung des Privatfernsehens in Bayern.[282]

Um die AEE-Mitglieder über den Stand der Diskussionen auf dem Laufenden zu halten, gab es neben der Mitgliederversammlung das bereits erwähnte Publikationsorgan »Berichte und Kommentare«, das auch aufmerksam von der Landeskirchenleitung und Vertretern anderer Positionen rezipiert wurde. Dies zeigen auch die in den »B&K« veröffentlichten Gegendarstellungen.

Es war eine Fülle an Themen, mit denen sich AEE-Mitglieder in diesen Anfangsmonaten und -jahren beschäftigten. Blickt man auf die Rolle Hermann von Loewenichs in dieser Zeit, fällt auf, dass er sich vor allem zu Grundsatzfragen – was ist der AEE, wohin geht die Kirche – äußerte und sich in gesellschaftspolitischen Fragen zu Wort meldete. Was innerkirchliche Konfliktfälle betrifft, zählte er nicht unbedingt zu den Wortführern.

Die Jahre, in denen Hermann von Loewenich führend im AEE engagiert war, decken sich weitgehend mit seiner Dienstzeit in Kulmbach, und so lässt sich einiges an Wechselspielen zwischen den Aktivitäten des oberfränkischen Dekans und den Überlegungen des Arbeitskreises entdecken – sei es, was die Arbeit der Dekanatssynode oder neue Ansätze in der Konfirmanden- und Öffentlichkeitsarbeit betrifft, das Zugehen auf die Arbeiterschaft oder auch das Engagement im Vorfeld der Kirchenvorstandswahlen 1970 oder der Wahlen zur Landessynode 1971.[283] In seinem Dekanat konnte von Loewenich auf einen starken Rückhalt an Gleichgesinnten zählen: So waren etwa beide Kollegen an der Petrikirche, Heinrich Herrmanns und der ab 1972 dort tätige Fritz Kleineidam, AEE-Mitglieder,

---

282 Schreiben H. von Loewenich an W. Dollinger, 18.2.1972, in: Sammlung AEE/Hager.
283 Vgl. Kapitel 5.3.

ebenso Hans Issler, Pfarrer in Kulmbach-Mangersreuth, Werner Kugler, Pfarrer in Schwarzach, Klaus Haberl, Pfarrverwalter in Veitlahm, Wilhelm Erhard, ab 1972 Pfarrer in Guttenberg, sowie Hartmut de Fallois, ab 1971 Pfarrer an der Kulmbacher Friedenskirche.[284] Im Kirchenkreis Bayreuth, für den auf der AEE-Mitgliederliste vom April 1970 die Namen von 37 Männern und Frauen verzeichnet sind, konnte von Loewenich besonders auf die Kooperation mit Klaus Diegritz, bis 1975 Dekan in Bad Berneck und ebenfalls lange im Leitenden Team des AEE, sowie den Bayreuther Standortpfarrer Jürg Diegritz zählen.

Die Treffen der AEE-Regionalgruppe Bayreuth fanden in der Regel einmal im Monat statt, meist im Gemeindehaus Bad Berneck oder in der Stadthalle Gefrees.[285] Hans Issler beschreibt die Treffen: »Dort wurden Informationen ausgetauscht, da wurden Impulse gegeben und Kirchenpolitik gemacht. Als Verbündete fragten wir: Was steht an? Was müssen wir unternehmen? Welche Konfliktfelder in den Gemeinden oder in der Landeskirche müssen bearbeitet werden? Es ging uns um eine geistliche Erneuerung unserer Kirche.«[286] Identitätsfragen des Arbeitskreises wurden ebenso besprochen wie taktische Vorgehensweisen etwa bei anstehenden Wahlen oder auch in Konfliktfällen. Man diskutierte kirchliche Strukturmodelle in der Region, informierte sich über anstehende gesellschaftspolitische Fragen, etwa auch bezüglich der von der Synode beschlossenen, dann nicht erfolgten Verlegung der Kirchenmusikschule von Bayreuth nach Nürnberg[287] oder auch hinsichtlich der Errichtung einer Universität in Bayreuth, für die sich von Loewenich sehr engagierte.

---

284 Vgl. die Mitgliederlisten Region Bayreuth April 1970 und Mai 1971. In: Sammlung AEE/Lang.

285 Protokolle enthalten a.a.O.

286 Interview H. Issler.

287 Hier musste sich von Loewenich den Vorwurf gefallen lassen, als Nürnberger und weniger in Verbundenheit mit Oberfranken agiert zu haben (vgl. Interview F. Schmidt).

Was die ersten Jahre des AEE betrifft, sorgte vor allem eine Aktion für Aufsehen, die Hermann von Loewenich maßgeblich mitorganisiert und mit seinem taktischen Geschick geprägt hatte: Die »Kritische Begleitung der Synode« (KRIBS) im Frühjahr 1969 in Bayreuth, die deutliche Bezüge zur 68er-Bewegung zeigt:[288] Sie griff deren Aktionsformen humorvoll auf und spielte mit den diesbezüglichen Befürchtungen kirchenpolitischer Gegner – eine Steilvorlage lieferte das Dekanat Bayreuth, das die KRIBS als »außersynodale Opposition«[289] ankündigte. Neben Mitgliedern des AEE zeichneten Vertreter des theologischen Nachwuchses für die KRIBS verantwortlich, sie kamen aus den Reihen der Fachschaft Theologie der Universität Erlangen, des »Arbeitskreises für Theologie und Praxis« (AThP), des Konvents der Vikare und des »Theologischen Arbeitskreises«. Einige der jungen Theologen engagierten sich ab 1970 in den Nachwuchsorganisationen »Vereinigung Bayerischer Vikare« (VBV) und »Landeskonvent bayerischer evangelischer Theologiestudenten« (LabeT), mit denen der AEE später punktuell kooperierte.

Erklärtes Ziel der KRIBS – übrigens keine bayerische Erfindung – war es, synodale Diskussionen öffentlich zu machen und mit den Synodalen über ihre Anliegen ins Gespräch zu kommen. Um dies zu erreichen, wurden Spruchbänder vor und im Bayreuther Gemeindehaus gehisst – und vor allem Flugblätter verteilt, das Herzstück der Aktion. Das erste dieser insgesamt 26 Blätter verkündet programmatisch: »Wir wollen mit Ihnen reden – nicht über das Wetter, sondern über die Sachfragen, die auf der Synode verhandelt werden, über die Argumente, die Sie gebrauchen, über die Entscheidungen, die Sie treffen sollen.«[290] Die Flugblätter, nummeriert und im gleichen Layout, wurden direkt im Anschluss an Debatten und Entschei-

---

288 Ausführlich zur KRIBS vgl. HAGER, Jahrzehnt, 133–142.
289 Zit. nach HAGER, Jahrzehnt, 133.
290 Flugblatt Nr. 1 (Bayreuth). Die KRIBS-Flugblätter sind enthalten in: LAELKB, Vereine und Institutionen III/20 (AEE), Nr. 48.

dungen verfasst, im Pfarramt im nahe gelegenen Heinersreuth vervielfältigt und umgehend auf der Synode verteilt. Einzelne Wortmeldungen von Synodalen wurden ebenso kommentiert wie der Bischofsbericht, Entscheidungen der Synode wurden hinterfragt, eigene Positionen eingebracht. Stil und inhaltliche Tiefe der namentlich gekennzeichneten Beitrage variierten. Der humorvolle Ton der Aktion ging laut Zeitzeuge Christian Blendinger vor allem auf Klaus Diegritz zurück.[291]

Was die in den Kommentaren verhandelten Themen betrifft, nahm die Theologinnenfrage einen breiten Raum ein: Das Interesse daran, dass in diese Frage Bewegung kam, einte die bei der KRIBS Engagierten in besonderem Maß. Man forderte, endlich »Möglichkeiten für gleichberechtigte, verantwortliche Mitarbeit von bayerischen Frauen in der Landeskirche« zu schaffen – in scharfer Abgrenzung zu Landesbischof Dietzfelbinger, der weiterhin für einen »Dienst eigener Art« der Theologin plädierte. Als Dietzfelbinger in diesem Zusammenhang betonte, er wolle doch allen Amtsbrüdern die »Freudigkeit erhalten oder wiedergeben, oder ihnen jedenfalls dazu helfen«[292], kommentierte die KRIBS spitz: »Die Freudigkeit der meisten Brüder wird beeinträchtigt, wenn die Schwestern ohne Freudigkeit bleiben.«[293] Die Wortmeldungen der Synodalen zeigen, dass die KRIBS hier wahrlich keine Minderheitenposition vertrat; das Plädoyer von Alterspräsident Kurt Lentrodt für die Frauenordination druckte man gar auf einem eigenen Flugblatt ab. In enger Kooperation mit dem Theologinnenkonvent und Vertretern der Bayerischen Pfarrbruderschaft engagierte sich der AEE in den darauffolgenden Jahren auf unterschiedlichen Ebenen weiter für die Einführung der Frauenordination.[294]

Hermann von Loewenich verfasste bei der KRIBS auch Blät-

---

291 Vgl. Interview Chr. Blendinger, zit. nach HAGER, Jahrzehnt, 135.
292 VLS 1969/I, 61.
293 KRIBS Flugblatt Nr. 11 (Christian Blendinger, Johannes Friedrich, Walter Joelsen).
294 Vgl. dazu HAGER, Jahrzehnt, 192–207.

ter zu Strukturfragen, etwa zur anstehenden neuen Kirchenverfassung, die 1971 von der Synode verabschiedet wurde.[295]
Von Loewenich machte sich dafür stark, die Macht der Dekane
zu begrenzen (Flugblatt 20): Er plädierte für eine transparente Wahl des Dekans, für eine Amtszeitbegrenzung und dafür,
dass der neu zu errichtenden Dekanatssynode nicht der Dekan,
sondern ein Nichttheologe vorstehen solle; für den Dekan gelte: »Rechenschaftspflicht der kirchenleitenden Organe gehört
zur Demokratisierung der Kirche!« Ebenfalls auf Demokratisierung kirchlicher Strukturen zielte ein weiteres von ihm unter-
zeichnetes Flugblatt (Nr. 22) zu den Kirchenvorstandswahlen
ab: Hier wurde die Herabsetzung des passiven Wahlrechts auf
21 Jahre gefordert sowie die Möglichkeit, dass Wahlvorschlä-
ge auch direkt aus der Gemeinde möglich seien, ohne »durch
das Sieb des Vertrauensausschusses« zu gehen. Als Synodaler
und mit Unterstützung des Kulmbacher Dekanatsausschusses
agierte von Loewenich zwei Jahre später erneut in diesem Sinne. Flugblatt 5, das ebenfalls von Loewenich mit verantwortete,
geht so weit, die Glaubwürdigkeit der Kirche wegen der Einzie-
hung der Kirchensteuer durch den Staat infrage zu stellen.

Die KRIBS-Flugblätter lesen sich wie ein Schnelldurchlauf
durch damalige Kernanliegen des AEE – sei es das Plädoyer für
eine kritische Öffentlichkeitsarbeit, für eine stärkere Unabhän-
gigkeit der Kirche vom Staat, ein erhöhtes Engagement in der
Entwicklungshilfe, sei es die Kritik an der Pfarrerzentrierung,
die Forderung nach einer stärkeren Wertschätzung der »Laien«
im Gemeindeleben und nach verstärkter Kooperation über Ge-
meindegrenzen hinweg.

Das Interesse der Öffentlichkeit an der KRIBS war enorm,
was neben dem ungewohnten Format auch daran lag, dass die
Beteiligten gezielt den Kontakt zu Medienvertretern suchten
und ihre Anliegen auch in einer Pressekonferenz erläuterten.[296]

---

295 Vgl. dazu HÜBNER, Verfassungs- und Verwaltungsstrukturen, 386ff.
296 Vgl. dazu die Presseberichte in LAELKB, Vereine und Institutionen
     III/20 (AEE), Nr. 48.

Ein offener Abend wurde organisiert, der die Möglichkeit zur direkten Aussprache mit den Synodalen bot; eine Einrichtung, die bei Synodalpräsident Karl Burkhardt auf positive Resonanz stieß[297] und die auch nach Bayreuth fortgeführt wurde. Von Loewenich galt als Sprecher der KRIBS. »Er hatte eben das entsprechende Standing«, so Johannes Friedrich, der als Vertreter der Erlanger Fachschaft bei der KRIBS war.

Innerkirchlich war das Echo auf die KRIBS geteilt: Die Beteiligten erinnern sich an beides – an die Neugierde der Synodalen auf die Kommentare und Gesprächsbereitschaft ebenso wie an Ablehnung und Empörung. Synodalpräsident Karl Burkhardt und Alterspräsident Kurt Lentrodt würdigten in ihren Schlussworten ausdrücklich die Begleitung durch »der Kirche getreue Opposition mit ihrem Studentenpfarrer von Loewenich an der Spitze«[298]. Landesbischof Dietzfelbinger zeigte sich da skeptischer,[299] und es gab auch Stimmen wie die des Wunsiedler Dekans Walter Reissinger, der, obgleich selbst kein Synodaler, kein Verständnis für das Vorgehen und die Inhalte der KRIBS aufbringen konnte.[300] Die KRIBS sollte Nachfolgeaktionen haben, 1969 bei der Herbstsynode in Augsburg und 1970 bei der Frühjahrssynode in Coburg.[301]

Auch wenn sich keine konkreten Folgen der KRIBS – etwa in Form von Synodalbeschlüssen – festmachen lassen: Es ist wohl keine Übertreibung, der KRIBS einen gewissen Anteil an den Veränderungen zuzuschreiben, die Kurt Lentrodt im Herbst 1969 folgendermaßen charakterisierte: »Früher arbeitete die Synode mehr introvertiert, heute hat sie auch die Anliegen der Opposition und der Theologiestudenten willig aufgegriffen, um sie weiter zu bedenken. Tempora mutantur! Bei vielen Synodalen ist eine erfreuliche Öffnung zu verzeich-

---

297 Vgl. VLS 1969/I, 8f.
298 A.a.O., 154.
299 Vgl. a.a.O.
300 Vgl. ausführlich dazu HAGER, Jahrzehnt, 141.
301 Vgl. dazu a.a.O., 137.

nen [...]. Wir haben erkennen müssen, daß auch in der Kirche Jesu Christi verschiedene Wege und gegensätzliche Positionen möglich sind, daß der Irrtum von gestern die Wahrheit von heute oder morgen sein kann.«[302] Hermann von Loewenich bezeichnete vier Jahre nach der KRIBS diese nun ohne den ironischen Unterton von 1969 als »außersynodale Opposition« und rechtfertigte sie: »Als Methode mußten auch harte provokative Formen gewählt werden, damit man sich überhaupt Gehör verschaffte. Heute scheint es mir effektiver zu sein, Reformen und Veränderungen vor allem auch auf dem institutionell eröffneten Weg der Synode anzustreben.«[303]

Zu diesem Zeitpunkt, im Herbst 1973, waren von Loewenich und einige seiner Weggefährten aus dem AEE bereits als Synodale aktiv. Es war eines der Gründungsziele des Kreises gewesen, die synodalen Mehrheitsverhältnisse zugunsten der eigenen Position zu verändern. Mit entsprechenden Aktionen bei den Kirchenvorstandswahlen 1970 hatte man sich das erste Mal in Sachen Wahlkampf versucht: Man hatte sich bemüht, eigene Kandidaten aufzubauen, hatte darauf hingearbeitet, auf breiterer Ebene über die Kandidaten zu informieren sowie mehr Wahlberechtigte zu mobilisieren, etwa durch eine Bezuschussung des Flugblatts »Stimmen Sie mit«, herausgegeben vom Amt für Gemeindedienst.[304] Vor allem die höhere Wahlbeteiligung ließ den AEE die Aktion als Erfolg bewerten, wenngleich sich auch eine gewisse Ernüchterung zeigte: »Gewählt wird weithin nach dem örtlichen Bekanntheitsgrad der Kandidaten, dadurch zum Teil recht ›konservative‹ Ergebnisse, doch haben gezielte Gruppenaktionen zugunsten einzelner Kandidaten Erfolg«, so die Bilanz, die das Leitende Team kurz nach den Wahlen zog.[305]

---

302 VLS 1969/II, 129.
303 Plädoyer für eine offene Kirche. Bericht für die AEE-Mitgliederversammlung, 17.11.1973, in: Sammlung AEE/Lang.
304 Vgl. Unterlagen in: Sammlung AEE/Hager.
305 Protokoll: Sitzung des LT 30.11.1970, in: Sammlung AEE/Hager.

Was die Synodalwahlen am 7. November 1971 betraf, sollte in besonderer Weise der »Homo Politicus« von Loewenich
zutage treten, der auf seine Erfahrungen als ehemaliger Wahlkampfhelfer der CSU bauen konnte. Sein Ziel war klar: »Der
AEE sollte nichts unversucht lassen, den Ausgang dieser Wahlen durch eine entsprechende Kampagne so zu beeinflussen,
daß die Zahl der für moderne Fragestellungen und Reformen
aufgeschlossenen Synodalen wächst und eine entsprechende
qualifizierte Gruppe in der Synode zustande kommt.«[306] Von
Loewenich baute ein Netz an Kontaktpersonen auf, sogenannte »Organisationsstellen«. In den Wahlkreisen sollte jeweils si-
chergestellt werden, dass unter den weltlichen wie geistlichen
Kandidaten AEE-nahe Personen vertreten waren, die Kandidaten sollten entsprechend unterstützt und beraten werden.
Das Leitende Team sollte über eine »besonders einseitige Zu-
sammensetzung des Wahlausschusses« sowie »irgendwelche
Vorfälle, Manipulationen, besonders krasse Argumentationen«
unterrichtet werden, auch die Anschriften der wahlberechtigten Kirchenvorsteher erbat der AEE-Sprecher.

Unterlagen belegen anschaulich, wie die einzelnen AEE-
Kontaktleute in den Regionen in diesem Sinn agierten – sei es
mit schriftlich versandten Fragebogen an die einzelnen Kandidaten, mit öffentlichen Informationsveranstaltungen, Zusammenarbeit mit Medienvertretern, mit interner Netzwerk-
arbeit.[307] Teilweise zeigt sich dabei sehr deutlich, dass manche
Kandidaten, gerade aus dem konservativen Spektrum, wenig
Verständnis dafür zeigten, Rechenschaft über ein »Wahlpro-
gramm« ablegen zu sollen, während reformorientierte Kandidaten offensichtlich um den Stellenwert einer öffentlichen
Positionierung wussten. Auch vonseiten kirchenpolitisch An-

---

306 Hermann von Loewenich, Juni 1971, an AEE-Mitglieder, in: Sammlung
AEE/Hager.
307 Vgl. die Unterlagen in LAELKB, NL Loewenich, Hermann von,
vl. Nr. 20. Vgl. auch Kapitel 5.3.

dersgesinnter gab es entsprechende Wahlkampfaktionen.[308]
Dass der AEE seinen Wahlkampf reflektierte, zeigte sich unter
anderem bei einer Diskussion in der Regionalgruppe Bayreuth
zum Thema Wahlempfehlungen – machte man sich hier der
Manipulation schuldig? Dies wurde dann jedoch verneint: »Da
aber die wenigsten Kirchenvorsteher Kandidaten aus anderen
Teilwahlkreisen kennen, sind sie in jedem Fall auf Information durch ihren Pfarrer angewiesen. Das heißt: ›manipuliert‹
wird in jedem Fall, ob organisiert oder nicht, ob bewußt oder
unbewußt.«[309]

Die Wahl am 7. November 1971 veränderte das Gesicht der
Synode grundlegend – auch wenn dies nicht allein dem vielbe-
achteten »Hauch von Wahlkampf«[310] zu verdanken war, sondern auch den veränderten Wahlmodalitäten mit 13 statt der
zuvor 23 Wahlkreise, der Einführung von Teilwahlkreisen und
einer Erhöhung der Mitgliederzahl von (zuletzt) 91 auf 102 Synodale. Nur noch 18 Synodale der vorherigen Periode waren
wiedergewählt worden; die Synode hatte sich verjüngt, die
Zahl der Frauen war deutlich gestiegen, unter ihnen auch Dr.
Hildegard Hamm-Brücher, damals FDP-Landtagsabgeordnete.

Hermann von Loewenich hatte sich in seinem Wahlkreis
erfolgreich gegen den Bamberger Dekan Dr. Günter Schlichting,
Stellvertreter des Kreisdekans, und den Pegnitzer Dekan Wolfram Hanow durchgesetzt.[311] Zwei Tage nach der Synodalwahl
zeigte man sich bei der Zusammenkunft der AEE-Regionalgruppe Bayreuth entsprechend erfreut über das Ergebnis; im
Protokoll steht unter anderem vermerkt: »In der Synode wer-

---

308 Vgl. H. von Loewenich: »Wir im AEE sind mit dem Ergebnis im großen und ganzen recht zufrieden. Nur in München und Nürnberg
haben sich Gegenaktionen dann doch sehr deutlich im Wahlergebnis niedergeschlagen.« Schreiben an »Aktion Synode '71«, 20.12.1971,
in: LAELKB, NL Loewenich, Hermann von, vl. Nr. 20.
309 AEE-Region Bayreuth, Protokoll 13.9.1971 Bad Berneck (Sammlung
AEE/Lang).
310 Zit. nach B&K (1.2.1972), Gedanken nach der Wahl, hier: 1.
311 Vgl. Kapitel 5.3.

den einige AEE-Mitglieder vertreten sein, dazu viele, für die
sich der AEE eingesetzt hat. Im für die Region im Wesentlichen zuständigen Wahlkreis Bayreuth haben sich die Initia-
tiven besonders gelohnt. Bis auf einen sind in den jeweiligen
Teilwahlkreisen die vom AEE geförderten Kandidaten gewählt
worden.«[312] Insgesamt 18 Kandidaten, die AEE-Mitglieder waren, waren gewählt worden.[313] Drei Synodale traten kurz nach
der Wahl dem AEE bei.[314]

Der Erfolg bei den Synodalwahlen 1971 hatte zwei Seiten:
Einerseits war da die Freude über das erreichte Ziel, Reforman-
liegen nun nicht mehr nur in der »außersynodalen Opposit-
on«, sondern als Teil des Gremiums angehen zu können. Andererseits stellte sich einmal mehr die altvertraute Frage: Was
wollte man eigentlich mit dem AEE erreichen? Waren die
»Überlegungen zur Aufgabenstellung des AEE« (März 1968)
noch geprägt von großen Visionen, die Sehnsucht nach Veränderung weckten und zur Kritik am Vorherrschenden aufriefen,
liest sich das Papier »Prioritäten für die siebziger Jahre«[315] schon
deutlich pragmatischer, mit seinen konkreten Vorschlägen zu
einer neuen Verhältnisbestimmung von theologischem Denken und kirchlichem Handeln sowie zur kirchlichen Strukturreform. Kirchenreform war ein mühsames Unterfangen, nicht
immer führten die kleinen Schritte zum Erfolg, es gab Frus-
trationen. Wie passte das zu den anfänglichen großen Idealen?

Von Loewenich gab eine Antwort auf diese Frage in seiner
programmatischen Rede »Plädoyer für eine offene Kirche«[316],
gehalten vor der AEE-Mitgliederversammlung im November

---

312 AEE-Region Bayreuth, Zusammenkunft 9.11.1971 (Gefrees), in: Samm-
     lung AEE/Lang.
313 Nach B&K (1.2.1972), Gedanken nach der Wahl, hier: 1.
314 Protokoll der Sitzung des Leitenden Teams, 11.12.1971, in: Sammlung
     AEE/Lang.
315 Prioritäten für die siebziger Jahre, in: Sammlung AEE/Hager.
316 Plädoyer für eine offene Kirche. Bericht für die AEE-Mitgliederver-
     sammlung, 17.11.1973, in: Sammlung AEE/Lang. Ebd. nachfolgende
     Zitate.

1973. Hier griff er die Visionen des AEE vom März 1968 auf und stellte diese nun deutlich modifiziert dar: Man sei sich mittlerweile bewusst geworden, dass es in eine Sackgasse führe, wenn »wir einem Bild von Kirche nachlaufen, das in reiner Weise ›Kirche für andere‹ oder ›Kirche als Avantgarde der Gesellschaft‹, als ›Exodusgemeinde‹ darzustellen versucht«. »Kirche für andere« könne man nur sein, wenn man die Menschen in ihrer gesellschaftlichen Situation und ihren Bedürfnissen nach Halt, Orientierung und Stabilisierung akzeptiere. Von Loewenich folgt dem Systematiker Wolf-Dieter Marsch in dessen Bestimmung der Kirche als »Institution im Übergang«: Kirche sei nicht einfach »der in die Gegenwart verlängerte Christus«, sondern »im besten Falle im Übergang dazu: im Übergang von den Bedürfnissen der Menschen hin zu Christus, von der etablierten Kirchlichkeit zum Reich Gottes«. Diesen Status einer »imperfekten Institution« gelte es zu akzeptieren, aber auch als stete Herausforderung anzunehmen: »›Institution im Übergang‹ heißt: Bei aller Bejahung ihrer prinzipiellen Unvollkommenheit ist die Kirche ständig zu reformieren: Ecclesia semper reformanda.« Es ist ein »Ja« zur Volkskirche, das von Loewenich aus diesem Ansatz folgert, einer Volkskirche im Sinne einer offenen Kirche, die für alle da ist, dialogfähig und -freudig ist und sich nicht über die Zahl ihrer Mitglieder definiert. »Zweifellos«, so von Loewenich weiter, »war in den Anfangsjahren des AEE die Grundstimmung zur Volkskirche mehr kritisch. Ich meine aber, daß man auch von einer ›progressiven‹ Position aus ein Wort für die Volkskirche einlegen kann.«

Wie sollte folglich die künftige »Strategie« des AEE aussehen? Von Loewenich folgte hier weiter dem Denkansatz von Wolf-Dieter Marsch: »Aufgabe wäre es weiterhin, unerträgliche Diskrepanzen zwischen dem Auftrag der Kirche und ihrem gesellschaftlichen Status zu überwinden oder zu verkleinern zu suchen.« Dieses Ziel sei aber nicht mit einer »totalen Konfrontation mit der Institution« zu erreichen, vielmehr könnten hier die Rolle der mittelalterlichen Reformorden sowie der frühe Pietismus als Vorbild dienen. Allerdings solle man dabei den Stellenwert des AEE nicht überschätzen: »Wir verfügen nicht über eine überzeugende Vision des Christseins am Ende dieses 20. Jahrhunderts.« Was der AEE bislang erreicht habe, sei eine Klimaveränderung, aber keine große Reform an Haupt und Gliedern: »Erneuerung in diesem tiefgreifenden Sinn ist sicher nicht machbar. Sie ist immer auch ein spiritueller Vorgang. Actio und Meditatio müssen dabei ineinandergreifen.« Was dem AEE bleibe, sei, überschaubare Schritte zu tun, begrenzte Konflikte zu führen, vertretbare Kompromisse einzugehen und eine gewisse Hintergrundarbeit zu leisten für die, die eine offene Kirche wollten. Für von Loewenich bedeuteten die Erkenntnisse, die er in dieser Rede darlegte, einen wesentlichen Markstein in seinem Kirchenverständnis. Als ihm 1997 von der Augustana-Hochschule Neuendettelsau die Ehrendoktorwürde verliehen wurde, charakterisierte er den Ansatz von Marsch als »bis heute für mein Ja zur Kirche bedeutsam«[317], er betonte, wie hilfreich die funktionale Kirchentheorie für ihn gewesen sei und sah in dem Modell der Kirche als »Institution im Übergang« »die Rechtfertigungslehre konsequent auf die Ekklesiologie angewandt«.

Es gab auch Kritik an diesem »Plädoyer für eine offene Kirche«, an dem hier von Hermann von Loewenich dargestellten Kurswechsel und neuem Verständnis des AEE. Hermann Blendinger etwa sieht in dieser Rede, überhaupt in von Loewenichs Agieren nach den Synodalwahlen 1971, eine bedauerliche Trendwende: »Es ging ihm [von Loewenich] nicht mehr nur darum, dem Fortschritt in der Landeskirche eine Stimme zu verleihen, sondern mit der Gruppe der Fortschrittlichen auch Mehrheiten zu gewinnen.«[318] Dass über von Loewenichs Rede offensichtlich keine breiten Diskussionen im AEE erfolgten,

---

317 Ansprache Ehrenpromotion, 28.5.1997, Neuendettelsau. In: LAELKB, NL Loewenich, Hermann von, vl. Nr. 13. A.a.O. nachfolgende Zitate.
318 BLENDINGER, Aufbruch, 243.

empfand Blendinger als bitter: »Man gab modo grosso kampflos die alten Ziele auf, aber ersetzte sie nicht durch neue.«[319]

Lag es wirklich in so hohem Maß an der Person von Loewenichs, dass die Hoffnungsbilder des AEE-Beginns an Farbe, an Anziehungskraft verloren? Die Geschichte des AEE muss wohl im Kontext der gesamtgesellschaftlichen wie spezifisch kirchlichen Situation gesehen werden: Die Fronten, die die Reformer in Kirche und Gesellschaft ausgemacht und die sie geeint hatten, waren Anfang der 1970er Jahre gebröckelt; ein Generationenwechsel in den kirchlichen Leitungsämtern bahnte sich an, und vieles, wofür der AEE – und andere kirchliche Reformgruppen auch – anfangs gekämpft hatte, war zunehmend kirchlicher Common Sense geworden. Dazu kam, dass der AEE eine äußerst heterogene Gruppe an Mitgliedern vereinte, die dementsprechend unterschiedliche Auffassungen über Sinn und Zweck des AEE hatten. Exemplarisch zeigt sich dies in einem Protokoll einer Zusammenkunft der AEE-Regionalgruppe Bayreuth vom Sommer 1973:[320] Die Bandbreite an Vorstellungen vom AEE reichte vom Wunsch danach, »eine Gruppe sein, in der man zuhause ist« bis hin zum Plädoyer für eine aktivere Beteiligung am bundespolitischen Geschehen, es gab die Forderung, der AEE solle sich einer gründlichen Bestandsaufnahme des gesellschaftlichen Bezugsrahmens widmen, ebenso wie das Anliegen, der AEE solle nun, nachdem ihm »die Spitze, gegen die er sich wenden kann«, fehle, weiter vorausdenken: »Wie soll die Kirche der Zukunft aussehen?« Auch die Position von Loewenichs in dieser Diskussion ist protokolliert: »Bei jedem politischen Engagement muß bedacht sein, daß primär das Theologische mit seinem speziellen Auftrag bleibt. So könnte man fragen: Was sind die Erwartungen unserer Zeitgenossen an die Kirche? Man sollte nah- und mittelfristige Ziele anpeilen, ohne sich von Bedürfnissen manipulieren zu lassen.«

---

319 A.a.O., 246.
320 Protokoll 25.6.1973, in: Sammlung AEE/Lang. Ebd. nachfolgende Zitate.

4.3 »Nah- und mittelfristige Ziele«: Engagement in Synode und VELKD

Was sein Engagement beim AEE betraf, hatte von Loewenich bereits 1971 darum gebeten, ins »zweite Glied zurückzutreten«[321]. Er hatte diesen Wunsch gemeinsam mit weiteren Mitgliedern des Leitenden Teams ausgesprochen. Als Gründe, die den einzelnen Personen nicht zuzuordnen sind, wurden genannt: »Kräfteverschleiß, gesundheitliches Angeschlagensein, Beanspruchung durch andere Aufgaben«[322]. Damals wurde diesem Ansinnen nicht entsprochen; von Loewenich blieb weiter im Leitenden Team. Bei der Aufgabenverteilung innerhalb des Teams lautete sein Bereich allerdings bezeichnenderweise: »Kontakt zum Landeskirchenrat, Landessynode, Sprecherfunktion«[323]. Bis 1975 war von Loewenich noch Sprecher des AEE, dann trat er von dieser Funktion zurück. Dass dies in zeitlicher Nähe zu seinem Wechsel ins renommierte Amt des Nürnberger Stadtdekans geschah, wurde ihm verschiedentlich als Taktik ausgelegt.[324]

Es kristallisierte sich ab Anfang der 1970er Jahre zusehends heraus, dass von Loewenich sein kirchenpolitisches Betätigungsfeld vermehrt außerhalb des AEE sah: Nachdem er 1971 in die Synode gewählt worden war, versuchte er vor allem hier, seine Reformideen einzubringen. Dass er bald zu den Meinungsführern des Gremiums zählte, hatte Landesbischof Hermann Dietzfelbinger offensichtlich vorausgeahnt: Er hatte nach der Wahl das Gespräch mit von Loewenich gesucht »wegen des Weges der neuen Landessynode«.[325]

---

321 Protokoll Leitendes Team, 19.4.1971, in: Sammlung AEE/Hager.
322 A. a. O.
323 Protokoll Leitendes Team, 1.11.1971, in: Sammlung AEE/Hager.
324 Vgl. Kapitel 6.1.
325 Von Loewenich an Dietzfelbinger, 7.12.1971, in: LAELKB NÜRNBERG, NL Loewenich, Hermann von, vl. Nr. 20.

Gespräche wurden auch unter den AEE-Synodalen gesucht, und das bereits vor der ersten Zusammenkunft der neugewählten Synode: Sie trafen sich am 12. Februar 1972 in Nürnberg Heilig-Geist.[326] Hier dachten sie über die künftige Kooperation auf der Synode nach, darüber, zu welchen AEE-nahen Synodalen der Kontakt gesucht werden sollte, entwarfen eine erste Strategie für das Zusammenwirken, stimmten sich bezüglich der Kandidaten für Präsidium und Landessynodalausschuss ab sowie über sachliche Ziele und Wege der künftigen Zusammenarbeit. Von Loewenich befand sich diesbezüglich im Austausch mit Vertretern der »Aktion Synode '71« bzw. dem daraus hervorgehenden synodalen Gesprächskreis »Evangelische Erneuerung« in der württembergischen Landeskirche.[327]

Das Ziel war klar: Auch in der bayerischen Synode sollten, ähnlich wie in Württemberg, Meinungsgruppen klar erkennbar werden, die de facto schon bestanden: »Eine offene Fraktionsbildung scheint immer noch ehrlicher zu sein als ›Hintergrundarbeit‹. Wenn das aber ehrlicher ist, dann ist es auch einem Gremium von Kirchenleuten gemäßer.«[328] Im Mai 1972 trat die synodale Arbeitsgruppe Offene Kirche«, bestehend aus zwanzig Mitgliedern, mit einer Selbstvorstellung in den »B&K« an die Öffentlichkeit. Der Name »Offene Kirche« wurde darin definiert mit den Worten: »Die Kirche soll offen sein für die Fragen unserer Zeit, ohne sich dem Zeitgeist anzupassen. Sie soll sich nicht aus der Gesellschaft in ein selbstgefertigtes Ghetto zurückziehen. Sie soll sich in der Nachfolge Christi den Menschen in ihrer konkreten Situation öffnen und gerade so ihren Auftrag erfüllen. Dafür wollen wir in der Synode eintreten.«[329] Offen sei man für weitere Synodale, die in dieser Richtung mit-

---

326 Vgl. Protokoll LT 11.12.1971, in: Sammlung AEE/Lang.

327 Vgl. OEHLMANN, Glaube, 397.

328 Gedanken nach der Wahl (ohne Namen), 1–3, hier: 3. B&K (Februar 1972).

329 Synodale Arbeitsgruppe »Offene Kirche«, in: B&K (Mai 1972), 9f. Nachfolgende Zitate a.a.O.

arbeiten wollten, man wolle dabei die Arbeit der Synode »weder zersplittern noch polarisieren, sondern im Gegenteil: Im Vorfeld synodaler Entscheidungen auf eine durchsichtige, rationelle und möglichst effektive Arbeit der Synode hinwirken.« Der Kreis sollte dem Informationsaustausch und der Kooperation seiner Mitglieder dienen – ohne Fraktionszwang, wie man betonte – sowie der gemeinsamen Vorbereitung von Anträgen, der Absprache und Koordination von Wortmeldungen, Erklärungen und der Kontaktpflege. Ausdrücklich gaben die Unterzeichner der Hoffnung Ausdruck, dass auch andere Gruppen sich nun offen als solche präsentierten und man künftig fair zusammen arbeiten würde. Diese Hoffnung sollte sich erfüllen: Der Arbeitskreis »Gemeinde unterwegs«, anfangs »Arbeitskreis Synode«, besteht ebenso wie die »Offene Kirche« bis heute; seit 1996 bereichert der sogenannte »3. Arbeitskreis« das synodale Gruppenspektrum. Die Institution der Arbeitsgruppen, deren Recht, eine Unterbrechung der Sitzung, auch der Ausschuss-Sitzungen zu beantragen, wurde im Frühjahr 1973 in die Geschäftsordnung der Synode aufgenommen, ebenso die Einführung der Fragestunde. Hermann von Loewenich war von der Gründung der »Offenen Kirche« an bis zu seinem Wechsel in den Landeskirchenrat deren Sprecher.

Es war ein wichtiger Beitrag in Richtung Demokratisierung der Synode, den der AEE mit der Gründung der »Offenen Kirche« leistete. Allerdings warf das Verhältnis der synodalen Gruppe zum AEE gerade in den ersten Jahren ihres Bestehens wiederholt Fragen auf: War die »Offene Kirche« nun der verlängerte Arm des AEE – oder machte sie ihn de facto überflüssig? Im November 1973 bezeichnete von Loewenich die »Offene Kirche« als Partner des AEE, »auf den hin sich seine Initiative viel stärker als bisher entfalten sollte«[330]. Die Gratwanderung zwischen der synodalen Arbeit, zu der auch Kompromisse und

---

330 Plädoyer für eine offene Kirche. Bericht für die AEE-Mitgliederversammlung, 17.11.1973, in: Sammlung AEE/Lang.

Gesprächsbereitschaft zählten, und dem, was einige Mitglieder an Deutlichkeit vom AEE erwarteten, führte wiederholt zu Diskussionen.

Die neu zusammengestellte Synode nahm im Frühjahr 1972 mit großem Schwung ihre Arbeit auf, eine »fröhliche Synode«[331], so die Einschätzung von Synodalpräsident Karl Burkhardt; viele neue Gesichter, darunter, wie der spätere Synodalpräsident Dr. Dieter Haack im Jahr 1998 augenzwinkernd kommentierte, »junge Wilde«[332] wie Hermann von Loewenich, Horst Birkhölzer und Dr. Martin Bogdahn.

Der Elan der Synodalen wurde allerdings auf eine harte Bewährungsprobe gestellt: Bis zum Bischofswechsel 1975 musste die Synode weiterhin viel Zeit auf die Diskussionen um Frauenordination, Leuenberger Konkordie und die neue Grundordnung der EKD verwenden. Hermann Dietzfelbinger wollte in der ihm verbleibenden Amtszeit weder die Einführung der Frauenordination noch die Zustimmung zur Leuenberger Konkordie verantworten. Es zerre an den Nerven, so Hermann von Loewenich im Februar 1975, dass »an sich fällige Entscheidungen« aufgeschoben werden müssten und sich die Synode nicht endlich Themen zuwenden könne, »die der Problematik an der Basis der Kirche eher entsprechen«[333]. Die Wahl Johannes Hanselmanns im April 1975 zum Nachfolger Dietzfelbingers wurde vom AEE und Mitgliedern der »Offenen Kirche« begrüßt; den Unterlagen zufolge hätte sich ein beträchtlicher Teil auch Johannes Viebig, damals Direktor der Akademie Tutzing, vorstellen können.[334] Im November 1975 beschloss die Landessynode die Einführung der Frauenordination. Pfarrern, die dies nicht akzeptieren konnten, sollte der sogenannte Veto-Paragraph

---

331 VLS 1972/I, 157.
332 VLS 1998/II, 107.
333 VON LOEWENICH: Vor der zweiten Halbzeit, 3–6, hier 3. In: B&K (Februar 1975).
334 Vgl. dazu die Unterlagen in: LAELKB, NL Loewenich, Hermann von, vl. Nr. 19.

Gewissensschutz bieten: Er ermöglichte Pfarrern und Kirchenvorständen, die Ausschreibung einer Stelle auf Männer zu be-
schränken. Der Paragraph wurde 1996 abgeschafft.[335]

Von der ersten Sitzung der neugewählten Synode an bis
zu seinem Wechsel in das Amt des Kreisdekans 1985 fiel von
Loewenich durch einen überdurchschnittlich hohen Redean-
teil auf.

Seine erste Wortmeldung als Synodaler, abgegeben im Rahmen der allgemeinen Aussprache, liest sich dabei wie eine
Grundsatzerklärung:[336] Von Loewenich bezog sich dabei auf
den Bischofsbericht, in dem Hermann Dietzfelbinger auf die
Prioritätenfrage im kirchlichen Handeln eingegangen war. Dafür, so von Loewenich, sei er Dietzfelbinger prinzipiell dankbar,
ihn habe aber an dessen Ausführungen enttäuscht, dass dieser
vor allem das »Bleiben« betont habe, als es um die Prioritäten
kirchlichen Handelns ging: »Ich denke«, so von Loewenich bezugnehmend auf Apostelgeschichte 2,42, »daß wir alle bei ihm
bleiben wollen, wo immer wir stehen. Aber die Frage ist: wie
verwirklicht sich dieses Bleiben unter den Lebensbedingungen
von heute? Es ist ja sicherlich nicht das Bleiben bei einer kirchlichen Praxis gemeint, die durch die Geschichte geworden ist,
denn Geschichte ist für uns in der Kirche keine Offenbarung,
sondern Jesus Christus und die Heilige Schrift.« Ihn, so von
Loewenich weiter, beschäftige vor allem die Frage, was uns hin-
dere, bei Christus zu bleiben – und hier sei eine theologische,
aber auch empirische Analyse des Ist-Zustands in der Kirche
nötig. Von Loewenich nannte zwei Prioritäten, die ihm am
Herzen lagen: zum einen »die Aktualisierung dessen […], was
wir als Christen heute glauben«, zum anderen eine weitergehende Übereinstimmung von Struktur und Inhalten der Kirche: »Wir stehen als Institution Kirche dem Evangelium oft im
Wege. Wahrscheinlich wird dies immer so sein, weil die Insti-

---

335 Vgl. dazu HANSELMANN, Ja, 69–82. Vgl. Kapitel 7.2.
336 VLS 1972/I, 44. Nachfolgende Zitate a.a.O.

tution niemals eine reine Darstellung des Evangeliums sein wird. Aber wir sollen uns diesem Problem stellen, der Durchsichtigkeit, der Glaubwürdigkeit, der Institution in allen ihren Äußerungen.«

Die genannten Prioritäten sind die Basis in von Loewenichs Redebeiträgen quer durch seine folgenden Jahre als Synodaler: Die Glaubwürdigkeit der Institution Kirche wollte er vor allem durch eine Demokratisierung der verschiedenen strukturellen Ebenen erreichen, etwa, indem er sich 1972 gemeinsam mit der Kulmbacher Dekanatssynode für öffentliche Kirchenvorstandssitzungen stark machte, indem er 1973 mit Blick auf die Bischofswahl institutionell verankerte Aussprachemöglichkeiten in der Synode über die Kandidaten forderte[337] oder indem er für die Gleichberechtigung der Geschlechter eintrat, sei es in Bezug auf die Frauenordination, sei es bezüglich der Einführung des Amtes der Diakonin.[338]

Von Loewenich wünschte sich, dass die Themen der Basis in der synodalen Diskussion zur Sprache kamen. Es sollte Grundsätzliches verhandelt werden – etwa die Frage des Schriftverständnisses, das Verhältnis von Kirche und Politik[339] –, die Synode sollte aber auch auf Tagesfragen reagieren und damit der zweiten von ihm genannten Priorität gerecht werden: der Aktualisierung des Evangeliums, der Bewährung des Glaubens unter den gegenwärtigen Bedingungen. In den Synodenprotokollen sind in dieser Hinsicht leidenschaftliche Wortbeiträge von Loewenichs dokumentiert. Dabei war er sich dessen bewusst, dass es immer wieder neu abzuwägen gelte: »Was hat jeweils höheren Stellenwert: Das gemeinsame Reden der Kirche zu einer konkreten Frage oder das Durchhalten des eigenen Standpunktes? Kann der Verzicht auf gemeinsames Reden und das Durchhalten einer Minderheitposition nach außen hin ver-

---

337 Vgl. VLS 1973/II, 96.
338 Vgl. dazu VLS 1981/II, 92f.
339 Von Loewenich: Vor der zweiten Halbzeit, 3–6, hier 4. In: B&K (Februar 1975).

ständlich gemacht werden? Wo wird umgekehrt durch ein gemeinsames Wort die Redlichkeit der eigenen Überzeugung in Frage gestellt?«[340] Ein Thema, bei dem Kompromissbereitschaft gefordert war, war die Friedensdebatte Anfang der 1980er Jahre. Auf den Synodaltagungen wurde heftig darüber diskutiert, inwieweit und wie lange der Wille zum Frieden mit einer Politik der Bereithaltung von Atomwaffen einhergehen dürfe, wann der Prozess der Aufrüstung umgekehrt werden müsse in einen Prozess der Abrüstung und ob es eine Utopie sei, »Atomwaffen weg«[341] zu fordern. Welches Wort sollte die Synode in die Situation hinein sprechen – reichte ein abgewogener Kompromiss? Zur Frühjahrstagung der Synode 1983 brachte der AEE seine »Nürnberger Erklärung«: »Schritte zum Frieden – heute« ein: Er ging damit einen Schritt weiter als die EKD-Denkschrift »Frieden wahren, fördern und erneuern« (1981), indem er nun noch stärker darauf drängte, dass endlich Abrüstungsverhandlungen geführt und entsprechende Konzepte zur Entspannung entwickelt würden; atomare Abschreckung sei nur noch für die Zeit der Abrüstungsverhandlungen tragbar.[342] Von Loewenich zählte zu den Erstunterzeichnern der Erklärung.

Auf der Herbstsynode vom 20. bis 25. November 1983 stand das »Wort des Rates der EKD zur Friedensdiskussion im Herbst 1983« zur Diskussion an und wurde von der landeskirchlichen Arbeitsgruppe »Frieden und Friedensdienst« zur Annahme empfohlen. Während der Synodaltagung, am 22. November, stimmte der Bundestag gegen die Stimmen von SPD und Grünen der Stationierung neuer Nuklearwaffen auf westdeutschem Gebiet zu. Angesichts dieser Entwicklung sollte eine ausführlichere Erklärung der Landessynode gemeinsam mit der EKD-Erklärung an die Gemeinden weitergegeben werden. Mitglieder des Grundfragenausschusses und des Ausschusses »Kirche und Öffentlichkeit« gaben eine entsprechende Erklärung in Auftrag.

---

340 A. a. O., 6.
341 Wortmeldung H. Sommer, VLS 1983/I, 74.
342 Erklärung enthalten in: B&K (Juli 1983).

Darin wurde, so der Berichterstatter, der Münchner Kirchenhistoriker Georg Kretschmar, ein »Teilkonsens« formuliert,[343]
mit dem die bayerische Synode den Bundestagsbeschluss bedauerte und weiterhin als Ziel anmahnte, von der atomaren
Abschreckung wegzukommen und andere Wege der Friedenssicherung zu suchen. Von Loewenich hatte gemeinsam mit Eleonore von Rotenhan ein Papier formuliert, das seines Erachtens
nach »konturierter ist, klarere Aussagen enthält«[344] als der nun
vorliegende Teilkonsens. Dennoch erkannte er diesen an und
die Tatsache, »daß sich unsere Synode damit als Lerngemein-
schaft ein Stück weiterbewegt hat, vor allem im Aufnehmen der
Erklärung des Rats der EKD aus dem Herbst«.[345] Während der
Synodale Hans Sommer positiv vermerkte, dass in dem Papier
»eine unzulässige Politisierung vermieden« worden sei, gerade
auch im Zusammenhang mit einer »vernünftigen Anwendung
der Zwei-Reiche-Lehre Luthers«[346], unterstrich von Loewenich,
dass sich der Bundestag mit seinem Beschluss gegen kirchliche
Verlautbarungen gestellt habe, und wandte sich dezidiert gegen
jegliche Politik der Abschreckung, da sie – hier brachte von Loewenich die Zwei-Reiche-Lehre auf seine Weise ins Spiel – »den
von Gott gesetzten Schutzauftrag des Staates« pervertiere und
in einer Selbstüberschätzung des Menschen gründe: »Ich meine, man versucht Gott, wenn man das Vertrauen darauf setzt,
daß hier keine Fehler passieren.« Von Loewenich schloss seinen
Beitrag mit Verweis auf seine Biographie als Kriegskind, er zie-
he als Lehre aus der Nachkriegszeit: »Wir haben von deutschem
Boden aus einen Krieg gegen die Sowjetunion geführt. Er hatte
in der Sowjetunion 20,5 Millionen Menschenopfer gefordert. Es
belastet mich in meinem Gewissen unerhört, daß nun Raketen
auf deutschem Boden aufgestellt werden, die direkt in die Sowjetunion reichen.« Und ein Zweites sei ihm wichtig: »Es gehört

---

343 VLS 1983/II, 82.
344 A.a.O., 83.
345 A.a.O.
346 A.a.O., 84. Ebd. nachfolgende Zitate.

für mich zum Selbstverständnis der Bundesrepublik dazu, daß sie auf eigene Atomwaffen ausdrücklich verzichtet hat.« Nach langen Diskussionen beschloss die Synode die vorgeschlagene »Teilkonsens«-Erklärung. Sie nahm aber offiziell als Teil der synodalen Debatte eine weitergehende Erklärung auf, die der Synodale und AEE-Sprecher, der Neuendettelsauer Systematiker Joachim Track, »im Namen der Synodalen, die meinen, daß der Zeitpunkt zu Umkehr gekommen ist«, vorstellte.[347] Im Januar 1984 sprach sich der AEE auf seiner Friedenstagung in Nürnberg für ein klares »Nein zur bisherigen Form der Friedenssicherung durch Abschreckung mit Massenvernichtungsmitteln und einer damit verbundenen Politik der Stärke« aus; man zog nun, nach den gescheiterten Abrüstungsverhandlungen in Genf, das »noch« zurück, mit dem man 1983 die atomare Abschreckungspolitik eben noch hatte akzeptieren können.[348] Es folgte die Münchner Erklärung des AEE »Umkehr zum Frieden« (1984), die in der These gipfelte: »Wir können das gegenwärtige Sicherheits- und Abschreckungssystem nicht mehr als eine christlich begründbare und zu bejahende Politik ansehen.«[349] 1986 formulierte der AEE seine Stellungnahme zur SDI (Strategische Verteidigungsinitiative) unter dem bezeichnenden Titel »Ein Nein ohne jedes Ja«.

Politische Themen beschäftigten die Synode, die Kirche in diesen Jahren in hohem Maß. Als sich die Frühjahrssynode 1987 dem Schwerpunktthema »Wege zum Glauben – Kirche unterwegs in die 90er Jahre« widmete, gab der Journalist Günther von Lojewski bei einer Podiumsdiskussion zu bedenken: »Politik ist in der Welt von Natur aus strittig. Auch deshalb frage ich mich, ob die Kirche sich bei jedem Streit beteiligen muß. Ich glaube vielmehr, je pluralistischer wir in der Welt miteinander umgehen, desto notwendiger ist ein Platz, wo die Menschen

347 VLS 1983/II, 85f.
348 »Neue Position in der Friedensfrage«, Nürnberger Nachrichten (30.1.1984), vgl. B&K (April 1984), 4f.
349 Zit. nach B&K (Dez. 1984), 13.

wieder zusammengeführt werden, wo Gegensätze überwunden werden.«[350]

Hermann von Loewenich saß während seiner Synodentätigkeit durchgehend in Schlüsselpositionen: Von 1972 bis 1984 war er Mitglied des Landessynodalausschusses, dabei konnte er bei der Wahl 1978 die höchste Stimmenzahl der geistlichen Mitglieder des Gremiums auf sich vereinen.[351] Die Atmosphäre in dem Ausschuss, in dem neben von Loewenich auch andere AEE-Mitglieder der ersten Stunde saßen, bezeichnete von Loewenich rückblickend als sachlich, trotz der Differenzen zwischen der »Offenen Kirche« und dem »Arbeitskreis Synode«.[352] 1984 wurde von Loewenich zum ersten Vizepräsidenten der Synode gewählt, ein Amt, das er allerdings aufgrund seines Wechsels in den Landeskirchenrat 1985 nur für ein Jahr innehatte. Von Loewenich war durchgehend Vertreter seines jeweiligen Wahlkreises im Vertrauensausschuss – und vor allem: Er saß im einflussreichen »Ausschuss für Grundfragen des kirchlichen Lebens«, der auf der Herbstsynode in Schweinfurt 1973, offensichtlich auch auf Betreiben von Loewenichs hin,[353] ins Leben gerufen worden war. Dem Grundfragenausschuss stand zunächst Karl Heinz Neukamm, ab 1978 Hermann von Loewenich vor; 1984 wurde Joachim Track sein Nachfolger.

Der genaue Aufgabenbereich des Grundfragenausschusses war auch für Synodale anfangs offensichtlich schwer zu umreißen. Von Loewenich fasste ihn anlässlich des zehnjährigen Bestehens mit den Worten zusammen: »Der Ausschuß sollte für wichtige Entscheidungen, die in anderen Ausschüssen zur Beratung anstanden, theologische Gesichtspunkte bereitstellen, also mit den sogenannten Fachausschüssen kooperieren.«[354]

---

350 LOJEWSKI, Angst, 70.
351 VLS 1978/I, 50.
352 OKR Hofmann zum 70. Geburtstag, 20.4.2001, in: LAELKB, NL Loewenich, Hermann von, vl. Nr. 46.
353 Vgl. K. Burkhardt in: VLS 1973/I, 10.
354 Zehn Jahre Ausschuß für Grundfragen des kirchlichen Lebens (un-

Auch wenn dies etwa im Blick auf eine theologische Reflexion des kirchlichen Haushalts nicht gelungen sei, zog von Loewenich nach zwei Synodalperioden eine positive Bilanz: »Überblickt man das weite Feld, das der Ausschuß in seiner Arbeit abgeschritten hat, dann wird verständlich, daß am Ende der laufenden Synodalperiode einige Stimmen mit einem gewissen Neid feststellten, daß alle wichtigen Fragen durch den Grundfragenausschuß behandelt worden seien. Das ist in dieser Zuspitzung nicht richtig. Der Grundfragenausschuß zog diese Fragen nicht an sich. Aber er stellte sich den ihm übertragenen Aufgaben. Er hat der Versuchung widerstanden, eigene Thematiken und Anliegen in den Vordergrund zu spielen. Dabei scheute er sich nicht, heiße Eisen anzufassen, die ihm u. a. durch Eingaben vor die Füße gelegt worden sind. Erinnert sei an die Frage des sogenannten Radikalenerlasses oder der konfessionsverschiedenen Ehepartner von Pfarrern.«

Ein weiteres »heißes Eisen«, das der von Theologen wie – bewusst mehrheitlich – nichttheologischen Mitgliedern besetzte Ausschuss anpackte, war die Formulierung zweier Briefe zu Ehe und Familie 1980. Formal der Versuch, so von Loewenich, »einmal einen neuen Weg zu gehen und den Stil offizieller synodaler Verlautbarungen zu verlassen«[355]. Die gewählte Gattung sowie die dezidiert mit den Briefen intendierte Gesprächsbereitschaft mit Menschen, die in nicht ehelichen Partnerschaften lebten, führte zu heftigen Grundsatzdiskussionen unter den Synodalen; auch hier waren letztendlich Kompromisse in den Formulierungen gefragt.[356] An weiteren wichtigen Verlautbarungen, die der Grundfragenausschuss in diesen Jahren vorbereitet hatte, führte von Loewenich später das »Wort zur Verantwortung der Kirche für die Jugend«, das Wort zu

---

datiert), in: LAELKB, NL Loewenich, Hermann von, vl. Nr. 58. Ebd. nachfolgende Zitate.

355 VLS 1980/I, 67.

356 Vgl. VLS 1980/I sowie vor allem VLS 1980/II.

»Kirche und Arbeiterschaft« sowie zu »Abendmahl in Gottesdienst und Gemeindeaufbau« an – es waren Grundanliegen von
Loewenichs, die hier verhandelt wurden. Einen Schwerpunkt
der Ausschussarbeit stellte auch die gottesdienstliche Thematik
insgesamt dar.

Das Thema »Kirche in der Großstadt«, das von Loewenich in besonderer Weise als Nürnberger Dekan beschäftigte,
war ebenfalls ein Schwerpunkt der bayerischen Landessynode
in diesen Jahren – allerdings war es hauptsächlich ein anderes
Gremium, in dem sich von Loewenich grundlegend mit diesem
Thema befasste: Er arbeitete von 1980 an im Ausschuss für ge-
meindliches Leben der »Vereinigten Evangelisch-Lutherischen
Kirche Deutschlands« (VELKD) mit und bezeichnete diese Zeit
»als eine echte Segenserfahrung [...], daß aus dieser oft sehr
spannungsvollen Ausschußarbeit dieses Ergebnis herausge-
kommen ist, das in unserer Vereinigten Kirche und darüber
hinaus so viel Beachtung findet. Da ist uns etwas gelungen, es
ist uns etwas geschenkt worden, was in die Zukunft weist«.[357]
Gemeint ist der 1983 von der VELKD verabschiedete Text »Zur
Entwicklung von Kirchenmitgliedschaft. Aspekte einer missionarischen Doppelstrategie«, dessen Konzept vom »Öffnen«
und »Verdichten« von Loewenichs Arbeit in Nürnberg prägte.[358]
In den Augen von Loewenichs nahm die Doppelstrategie »die
volkskirchliche Wirklichkeit ernst[...], ohne sie ideologisch zu
überhöhen«.[359] Von Loewenich hielt hierzu ein engagiertes Referat auf der Nürnberger Synodaltagung 1983, bei der im Mittelpunkt das Thema »Schwerpunkte einer missionarisch-diakonischen Kirche« am Beispiel Nürnbergs stand.[360]

---

357 VELKD-Generalsynode, Schleswig, 1985, 125.
358 Vgl. Kapitel 6.1. Als Kreisdekan wirkte von Loewenich an der Fort-
    schreibung der »missionarischen Doppelstrategie« angesichts der
    veränderten Lage nach dem Mauerfall 1989 mit. Vgl. VON LOEWE-
    NICH/RELLER (Hrsg.), Unterwegserfahrungen.
359 VON LOEWENICH, Missionarische Doppelstrategie, 9.
360 Vgl. Kapitel 6.1.

Dass von Loewenich seit dem Nürnberger Kirchentag 1979 Mitglied der Präsidialversammlung des Kirchentags war, empfand er mit Blick auf den VELKD-Gemeindeausschuss als attraktive »Doppelpoligkeit«, »ein sehr reizvolles und notwendiges Miteinander des Arbeitens und der Gesichtspunkte«[361].

1985 wurde von Loewenich in die Kirchenleitung der VELKD gewählt. Wie aus den Tagungsprotokollen der Generalsynode hervorgeht, gab es auch hier eine enge Kohärenz zwischen den Themen, für die er sich in seinem Kirchenkreis starkmachte, und den Fragestellungen, denen er sich auf VELKD-Ebene widmete: Zu nennen sind hier beispielsweise das Themenfeld »Zum Glauben ermutigen in der Arbeitswelt« oder von Loewenichs Mitarbeit im Ausschuss »Kirche in unserer Zeit«. Er brachte Stellungnahmen seiner Landeskirche ins Gespräch, etwa, als es 1991 um eine Erklärung des Landeskirchenrats zu den Anschlägen auf Asylbewerberheime ging, die die VELKD-Generalsynode nach Ansicht von Loewenichs übernehmen sollte – und sich dann auch zu eigen machte.[362] Von Loewenich engagierte sich bei der wegweisenden VELKD-Synode 1988 in Veitshöchheim zum Thema Sterbebegleitung, ebenso 1991 in Königslutter bei der ersten gemeinsamen Tagung ost- und westdeutscher Kirchen nach dem Mauerfall.

Das Thema der innerdeutschen Teilung, nach 1989 der Weg zu einer neuen Verhältnisbestimmung zwischen Ost- und Westdeutschland bewegte von Loewenich auf besondere Weise. Er hatte sich im Kontakt mit der VELK DDR, von 1960 bis 1988 der Zusammenschluss der ostdeutschen lutherischen Kirchen, engagiert. Nachdem dieser 1988 aufgelöst worden war, um den Bund der Evangelischen Kirchen in der DDR zu stärken, gehörte von Loewenich einer VELKD-Arbeitsgruppe an, die versuchte, die aufgebauten Verbindungen weiter zu pflegen. »Wir hatten schon mit manchen depressiven Anwandlungen

---

361 VELKD-Generalsynode, Schleswig, 1985, 146.
362 VELKD-Generalsynode, Königslutter, 1991, 284–287.

zu kämpfen«, so von Loewenich später, »auch wenn wir uns in diese neue Situation hineinstellten.«[363] Dass der Mauerfall auch in der VELKD wieder eine neue, erweiterte Gemeinschaft möglich machte, bezeichnete von Loewenich als »Geschenk unseres Gottes«. 1991 traten die sächsische und die thüringische, 1992 schließlich auch die mecklenburgische Kirche der VELKD bei. Hermann von Loewenich reizten die missionarischen Möglichkeiten, die sich in den ostdeutschen Kirchen nach 1989 boten, und er kämpfte hier mit der Enttäuschung, dass es nicht in dem Maß zu einem missionarischen Aufbruch kam, wie er es sich erhofft hatte. 1991, auf der Synode in Königslutter, reflektierte er seine eigenen Erwartungen mit den Worten: »Wir sahen als Leute aus dem Westen damals nicht, wie sehr Sie die Fragen, die Sie drüben hatten, belasteten, wie sehr Sie erschöpft waren. Wir waren also ungeduldig. Das Stichwort ›Geduld‹ sollte uns auf dem Weg miteinander in die Zukunft verbinden, freilich auch im Sinne des Hebräerbriefes: Geduld ist uns nötig, daß wir den Willen Gottes tun, damit wir die Verheißung empfangen.« Mit seiner Wahl zum Landesbischof schied von Loewenich aus der Generalsynode aus und saß von da an in den Reihen der VELKD-Bischofskonferenz.

4.4 »Hat sich unsere Kirche an die Welt verloren?«: Rückblick

Spätestens Mitte der 1970er Jahre war es ruhig um den AEE geworden. Die Blütejahre der kirchlichen Reformbewegungen waren in Bayern wie andernorts vorüber. Im Sommer 1975 formulierten Renate Schiller, Christian Blendinger, Johannes Opp und Hermann von Loewenich die sogenannten »Betzensteiner Merksätze« als Resultat ihres Gespräches über die Zukunft des AEE und plädierten dafür, der AEE solle versuchen, »die noch

---

363 A.a.O., 159. Ebd. nachfolgende Zitate.

nicht ausgeschöpfte spirituelle Dimension einer ›evangelischen Erneuerung‹ wieder zu gewinnen«, die in den Anfängen des Kreises zumindest ansatzweise vorhanden gewesen sei: »Ohne diese spirituelle Dimension läßt sich das Anliegen einer offenen Kirche in einer Situation, in der zum Rückzug geblasen wird, nicht durchhalten.«[364] Vielleicht war die Zeit noch nicht reif für eine derartige Neuakzentuierung, wie sie Johannes Opp dann auch in den »B&K« vertrat,[365] ein Neuanfang im genannten Sinn schlägt sich zumindest nicht in den Unterlagen des AEE nieder.

Was dem Arbeitskreis mit Beginn der 1980er Jahre hingegen einen sichtbaren Aufschwung brachte, war die Friedensbewegung. Mit dem Neuendettelsauer Systematiker Joachim Track wurde 1982 ein neuer Sprecher gewählt, der in den nun folgenden Jahren die Arbeit und Außenwirkung des Kreises entscheidend prägen sollte, auch in der Synode. Gerade junge Theologen fühlten sich in dieser Phase wieder vom AEE angezogen. Eine Projektgruppe Frieden wurde gegründet, die bereits erwähnten wegweisenden Papiere »Schritte zum Frieden – heute« (1983), »Umkehr zum Frieden« (1984) und »Ein Nein ohne jedes Ja« (1986) wurden erarbeitet. Die spätere Synodale und Dekanin Ursula Seitz, die in diesen Jahren als junge Pfarrerin zum AEE gekommen war und später auch als Sprecherin aktiv wurde, erinnert sich: »Es war der konziliare Prozess, der mich angezogen hat. Gerechtigkeit, Frieden und Bewahrung der Schöpfung, das waren meine Themen.«[366] Auch für Andreas Grabenstein, später Referent bei Kreisdekan von Loewenich, waren es diese Themen, die ihn bereits im Studium zum AEE brachten – und die Persönlichkeit Joachim Tracks, bei dem er später auch promovierte. Hermann von Loewenich war Joachim Track eben-

---

364 Betzensteiner Merksätze. Ergebnis des Gesprächs am 23.7.1975 in Betzenstein. In: Sammlung AEE/Hager.
365 Vgl. JOHANNES OPP: Braucht der AEE ein neues Programm?, in: B&K (Nov. 1975), 1f.
366 Interview U. Seitz.

falls eng verbunden; Track war sein Nachfolger als Vorsitzender des Grundfragenausschusses der Landessynode und langjähriger Sprecher des Arbeitskreises »Offene Kirche«. Als Vorsitzender des Programmausschusses für Theologie und Studien des Lutherischen Weltbundes (LWB) spielte Joachim Track bezüglich der »Gemeinsamen Erklärung zur Rechtfertigungslehre« in den Bischofsjahren von Loewenichs eine wesentliche Rolle.

1989 gab der AEE unter seinem damaligen Sprecher Gerhard Monninger erneut ein programmatisches Papier heraus, die »Sieben Wegweiser für eine offene Kirche«[367]. Der Rahmen der Thesenreihe zeigt deutliche Reminiszenzen an die Ziele und Diktion der Gründergeneration – die Rahmenthesen lauten »Kirche ist Kirche für andere« (These 1) und »Wir wollen Exodusgemeinde sein und immer wieder den Auszug aus dem festen Lager hinaus riskieren« (These 7). Auch andere Schlagworte stehen für die Kontinuität des AEE – man wolle politische Kirche sein, eine Beteiligungskirche, eine kritische Kirche, hier bezogen auf den Umgang mit Schrift und Bekenntnis. Aber auch neue Akzente machen sich bemerkbar: Der konziliare Prozess wurde als ein Wegweiser aufgenommen, ebenso ein dezidiertes Bekenntnis zur spirituellen Dimension des Glaubens – »Kirche mit Herz«.

In den Jahren um die Jahrtausendwende wurde es erneut still um den AEE. Für die AEE-Jahrestagung im November 2002 wurde in der Einladung bereits die Selbstauflösung als denkbare Option angekündigt. Die Provokation mobilisierte Mitglieder, die Auflösung wurde nicht vollzogen, und AEE-Geschäftsführerin Christine von Falkenhausen konnte vermelden: »Aufbruch statt Leichenschmaus«[368]. Man strebte an, die Regionalgruppen neu aufzubauen, neue Themen zu fokussieren. Der Plan ging auf: Sicher auch beflügelt durch das 40-jährige Jubiläum des Kreises 2008, das wenige Monate vor von Loe-

---

367 Abgedruckt in: BLENDINGER, Aufbruch, 250–252.
368 B&K (1/2003), 18–20.

wenichs Tod begangen wurde, überlebte der AEE einmal mehr
eine kritische Phase seiner an Höhen und Tiefen reichen Geschichte. Die Frage, inwieweit das Ziel der Erneuerung mit der
Form einer beständigen Gruppe kompatibel ist, bleibt. Werner
Schanz kommentierte dies 2005 mit den Worten: »Vielleicht ist
die Zeit vom AEE vorbei, so, wie wir ihn initiiert haben. Aber
die Zeit für einen Aufbruch ist eigentlich immer nötig; ich weiß
nicht, ob Ihre Generation eine neue Form finden könnte.«[369]

Hermann von Loewenich blieb über die Jahrzehnte hinweg
vor allem den Weggefährten aus den AEE-Gründungsjahren
verbunden. Man wurde miteinander älter, erlangte zu einem
nicht geringen Teil Positionen auf leitender Ebene und kooperierte entsprechend, man suchte untereinander immer wieder
das Gespräch. Werner Schanz denkt hier besonders zurück an
die »Prackenfelser Gespräche« der 1980er Jahre, bei denen Hermann von Loewenich mit AEE-Mitgliedern, vor allem eben den
Freunden aus den Anfangsjahren, in der Tagungsstätte Prackenfels bei Altdorf zusammenkam. Im Januar 1987 etwa ging es um
einen Erfahrungsaustausch im Blick auf die Gegenwartsfra-
gen und die Herausforderungen der Gesellschaftspolitik an die
Kirche, ein Jahr später stand »Protestantismus heute« auf dem
Programm. Als Hermann von Loewenich schließlich Bischof
wurde, zeigte der AEE seinen Stolz auf den Mann aus den eigenen Reihen und gratulierte ihm mit den Worten: »Wir wünschen unserem Gründungsmitglied, daß er Kraft und Mut zur
Erneuerung der Kirche aus dem Evangelium findet. Arbeit gibt
es genug.«[370] Ob von Loewenich in den Augen des AEE diese Erneuerung in seinen Bischofsjahren geglückt ist? Die »Berichte
und Kommentare« der betreffenden Jahre zeigen sich hier eher
zurückhaltend: Es gibt neben lobenden Äußerungen auch Karikaturen, die von Loewenich als einen ängstlichen Mann zeichnen, es sind auch äußerst kritische Kommentare zu lesen, etwa,

---

369 Zit. nach HAGER, Jahrzehnt, 316.
370 B&K (2/1994).

was von Loewenichs Agieren in der Kruzifix-Debatte, seinen Umgang mit dem theologischen Nachwuchs oder auch seine Unterstützung des »Evangelischen München-Programms« (eMp) betrifft.[371]

Wenn Hermann von Loewenich in späteren Jahren auf die Anfangszeit des AEE, den damaligen Aufbruch in der Kirche zurückblickte, sah er viel Positives: »Insgesamt, so scheint mir, hat sich in diesen Jahren ein grundlegender atmosphärischer Wandel vollzogen. Der unverkennbare Zug zum Zwanghaften wurde überwunden. Unsere Kirche wurde menschlicher, partnerschaftlicher, offener. Lebendige Prozesse, weltzugewandter, realitätsnäher, wurden möglich. Diese klimatischen Veränderungen schätze ich höher ein als den Ertrag in einzelnen Sachfragen.«[372] Aber auch Letztgenannter, so von Loewenich, könne sich durchaus sehen lassen: Die Mitarbeit des AEE an der neuen Kirchenverfassung habe Früchte getragen, die Synode habe durch die Gruppenbildung an Transparenz gewonnen, die Frauenordination sei ermöglicht worden, das gottesdienstliche Leben sei reicher geworden, das politische Engagement wegweisend gewesen. Was weniger gelungen sei, sei »die Verknüpfung von Reform und Spiritualität, von Weltoffenheit und Frömmigkeit«.[373]

War er, waren die Freunde dem 1967 eingeschlagenen Weg treu geblieben? Auch diese Frage schien von Loewenich immer wieder zu beschäftigen. Wiederholt griff er sie in Ansprachen und Predigten auf, so etwa bei einem Ordinationsjubiläum im Jahr 1995, als er über das Sendungsbewusstsein seiner Generation mit den Worten nachdachte: »Von der ›Gemeinde vor der Tagesordnung der Welt‹ war in den 1960er Jahren viel

---

371 Etwa die Karikaturen in B&K (2/1996), B&K (3/1998) oder der Spottvers in B&K (4/1998), 25.
372 Vom gelobten Land in die Wüste? Gedanken zum Weg der bayerischen Landeskirche durch die Nachkriegszeit (1985), 9. In: Sammlung Schanz.
373 A.a.O.

die Rede, vom Exodus, vom Auszug der Kirche aus der Gesellschaft, von der Mission Gottes an der Welt, für die die Kirche
nur Werkzeug, Instrument sein sollte. Weltlich von Gott zu reden, nicht in der Sprache Kanaans, darum haben wir uns damals leidenschaftlich bemüht. Hat sich die Kirche mit diesem
Konzept übernommen? So frage ich ganz persönlich auch im
Blick auf meinen eigenen Weg. Hat sich unsere Kirche an die
Welt verloren? Die Visionen und Utopien von damals waren
von faszinierender Leuchtkraft. Vielleicht haben wir sie über-
schätzt. Aber darin hatten sie Recht, daß der Herr, der uns in
seinen Dienst gerufen hat, selbst zum Weizenkorn geworden
ist, das sich in die Erde fallen ließ, um zu ersterben und auf diese Weise Frucht zu bringen.«[374] Von Loewenich hält daran fest:
Es war nicht umsonst: »Ist die Saat der Hoffnung, die damals
ausgestreut wurde, im Winde verweht? Manches Samenkorn
vertrocknete, manches verdorrte unter den Steinen, wurde auf
den schnellen Straßen eines immer rascher werdenden Wandels zertreten. Manches aber brachte Frucht, einiges dreißig-
fach, einiges sechzigfach, einiges hundertfach.«

---

[374] Predigt Ordinationsjubiläum, 26.6.1995, Ansbach, in: LAELKB, NL Loewenich, Hermann von, vl. Nr. 86. A.a.O. nachfolgendes Zitat.

5. »Kirche gibt es nur im Wir-Stil«: Dekan in Kulmbach (1969–76)

»Kirche im Geiste Jesu Christi gibt es nur im ›Wir-Stil‹. Sie ist kein behördenmäßig zu verwaltender Apparat. Sie ist auch kein Tummelplatz für Solisten, so sehr jeder einzelne seine unverwechselbare Gabe, sich selbst mit seinem Profil einbringen soll. [...] Wir sind in der Kirche auf gemeinsames Handeln angewiesen.«[375] Bei seinem Abschied von Kulmbach beschrieb Hermann von Loewenich dies als Resümee seiner Zeit in Oberfranken.

Kirche im Wir-Stil: Es war der Reformer von Loewenich, der 1969 mit großem Schwung nach Kulmbach kam und gemeinsam mit anderen eine Erneuerung der Kirche im überschaubaren Raum des Dekanats zu verwirklichen suchte. Vieles von dem, was Hermann von Loewenich in seinen sieben Kulmbacher Jahren anging, liest sich wie die praktische Umsetzung dessen, was der AEE-Sprecher von Loewenich in diesem Zeitraum in Aufsätzen, Eingaben und Reden immer wieder beschwor und seit 1972 als Landessynodaler vertrat: eine Demokratisierung und Öffnung der Kirche sowie deren verstärkter Einsatz für die Welt.[376] Die Stimmung im Dekanat veränderte sich mit der Ankunft des jungen Dekans. Hans Issler, damals Pfarrer im Kulmbacher Ortsteil Mangersreuth, erinnert sich: »Von Loewenich brachte einen neuen Anschub, neue Impulse. Er setzte neue Akzente. Das war befreiend und belebend. Man spürte: Kirche geht nach vorwärts, sie öffnet sich.«[377] Von Loe-

---

375 Rechenschaftsbericht Dekanatssynode 30.4.1976, in: LAELKB, NL Loewenich, Hermann von, vl. Nr. 18.
376 Vgl. dazu Kapitel 4.
377 Interview H. Issler.

wenich fand Mitstreiter für seine Ideen sowohl unter den Geist-
lichen als auch unter den Nichttheologen, er konnte auf den
Rückhalt der AEE-Regionalgruppe Bayreuth zählen. Seine
Gabe, andere zu begeistern und mitzureißen, scheint sich in
dieser Zeit, parallel zu den Blütejahren des AEE, auf besondere
Weise gezeigt zu haben: Vertraut man den Quellen, war der
»Wir-Stil« in der Kirche ein Motiv, das sich durch die Kulmba-
cher Jahre von Loewenichs zog.

Das Amt des Kulmbacher Dekans kann als Gesellenstück
von Loewenichs gesehen werden, mit dem er sich für weitere
kirchliche Führungspositionen empfahl; hier, im ländlichen
Oberfranken, habe er, so von Loewenich später, »das kirchenleitende Amt [...] von der Pike auf gelernt«[378]. Er musste in kom-
munalpolitischen Auseinandersetzungen Position beziehen, er
hatte Personal- und Leitungsverantwortung, er stand für professionelle Medien- und Öffentlichkeitsarbeit, und er zeigte,
dass er sich auch in einem anderen Umfeld bewegen konnte, als
er es in seinen Positionen als Studieninspektor und Studentenpfarrer gewohnt gewesen war: In Kulmbach hatte von Loewenich eigenen Worten zufolge »einen Sprengel mit sehr einfachen Leuten. [...] Es waren Leute, die in Brauereien beschäftigt
waren, Bierfahrer und Handwerker. Für mich war das eine sehr,
sehr gute Schule – gerade auch hinsichtlich des emotionalen Be-
reichs, der mit Seelsorge verbunden ist.«[379]

Als einer der Geistlichen, »denen die Erneuerung der Kirche
sehr am Herzen liegt«[380], wurde von Loewenich schon vor seinem Amtsantritt in Kulmbach der Öffentlichkeit präsentiert. Er
selbst legte bei seiner Installation seinen Reformwillen in ähn-
licher Diktion offen wie bei seiner Abschiedspredigt in Nürnberg: Im Gegensatz zu Menschen, die der Kirche aus Zweifel
an deren Zukunftsfähigkeit fernblieben, zähle er zu denen,
die an ihr festhielten, die wollten, »daß die Kirche in ihrer Ge-

---

378 VON LOEWENICH, Offen, 138.
379 A.a.O., 93.
380 Bayerische Rundschau (7.6.1969), 8.

stalt, in ihren Ordnungen und Äußerungen wieder einladender und offener, brüderlicher und darin glaubwürdiger wird«.[381] Allerdings, so von Loewenich: »Nicht nur Strukturen müssen sich ändern. Auch wir müssen anders werden, nämlich stark werden am inwendigen Menschen.« Man brauche dazu so etwas wie eine neue Frömmigkeit: »eine Frömmigkeit, die nicht eng ist, gefühlsbetont und ichbezogen, sondern aufgeschlossen für das Neue, das Christus in unserem Leben und in der Welt schaffen will. Wir brauchen uns deshalb keinen Heiligenschein aufsetzen, der nicht zu uns paßt.« Christen müssten, so von Loewenich sprachlich im Duktus dieser Jahre, »radikaler werden – nicht in der Gewalt, aber in der Liebe, die auch den Gegner mitaufnimmt, wie es Jesus in der Bergpredigt gefordert hat«.

Es war die Hauptkirche des Dekanats, die Petrikirche am Fuß der Plassenburg, in der von Loewenich seine Antrittspredigt hielt. Hier, auf dem Kirchplatz, waren Dienst- und Wohnsitz von Loewenichs, das Büro des Kirchners sowie die Häuser weiterer Pfarrer der Petrikirchengemeinde und des Kantors. Die Wege zueinander waren kurz, entsprechende Bindungen zwischen den Familien konnten sich entwickeln. Unmittelbarer Vorgänger von Loewenichs auf der Stelle des Kulmbacher Dekans war Kirchenrat Hans Rößler gewesen, der das Amt von 1962 bis zu seiner Verabschiedung in den Ruhestand 1969 innegehabt hatte. Hans Issler erinnert sich an Rößler als an einen »sehr feinen, gebildeten netten Menschen«; man habe im Dekanat unter ihm »die herkömmliche, treue, kirchliche Arbeit gemacht, sicher auch mit großem Engagement und Herzblut. […] Aber unser Dienst hatte wenig Ausstrahlung. Da war mehr Stillstand als Fortschritt. Es gab keine Impulse. Wir nahmen zu wenig wahr, was die Gemeindeglieder umtreibt, was die Stadt und die Gesellschaft umtreibt.«[382] Dass der Landeskirchenrat nun mit der Berufung von Loewenichs einen Genera-

---

381 Predigt zu Eph 3,14–21, in: LAELKB, NL Loewenich, Hermann von, vl. Nr. 66.

382 Interview H. Issler. A. a. O. nachfolgende Zitate.

tionenwechsel vollzog, habe, so Issler, zunächst für Erstaunen
gesorgt: »Das war damals völlig unüblich in der Landeskirche.
Man war erwartungsvoll und gespannt, wie er mit den älteren
Kollegen zurechtkommen wird, die oft ja noch die Kriegszeit
erlebt und einen anderen Anschauungshintergrund hatten. Und
dann war doch auch eine jüngere Mannschaft da, die sich neue
Impulse erhoffte in einer etwas erstarrten Situation.« Als »Primus inter pares«, nicht autoritär, sondern als Autorität, so Fritz
Kleineidam, ab 1972 zweiter Pfarrer der Petrikirchengemeinde,
habe er von Loewenich erlebt – auch wenn diese Brüderlichkeit
nicht bedeutete, dass von Loewenich deshalb auf Schachzüge
in der Gestaltung seines Dekanats verzichtet hätte, wie Kleineidam selbst bezüglich seiner Stelle erfahren hatte.[383] Von Loewenich förderte seine Amtsbrüder, er forderte sie aber auch heraus.
Bei Hans Issler hat sich dies exemplarisch an einer der ersten
Pfarrkonferenzen festgemacht: Man habe sich zunächst »verwundert die Augen gerieben«, als der neue Dekan die Amtsbrüder aufforderte, den Predigttext zunächst gemeinsam auf
Griechisch zu lesen: »Das war nicht nur für die Älteren, sondern auch für die Jüngeren ungewohnt.«

Was die kirchliche Lage im Kulmbacher Dekanat betraf, war
der gesellschaftliche Bewusstseinswandel spürbar, auch hier, so
von Loewenich, »frag[t]en die Menschen, ob die ›Währung des
Glaubens‹ im Wandel der Zeit hält.«[384] Relativ gesehen blieb
die Akzeptanz der Kirche im Dekanat hoch; dies lag auch an der
Struktur des Dekanats, das sich von den Ausläufern der Fränkischen Schweiz bis hin zum Frankenwald erstreckte und hauptsächlich aus Dorfgemeinden bestand. Etwas anders stellte sich
die Situation in Kulmbach selbst dar, einer klassischen Indus-
trie- und Arbeiterstadt mit zahlreichen Unternehmen vor allem aus der Textil- und Nahrungsmittelindustrie. Hier musste
sich die Kirche besonders um die Arbeiter bemühen, gerade in

---

383 Vgl. Kleineidam, Beobachtungen.
384 Bericht Dekanatssynode, 25.4.1971, in: Dekanat Kulmbach, Az. 14/12
     (Dekanatsausschuss 1971–89).

einer Zeit des strukturellen Umbruchs. Die Auswirkungen der Teilung, die neue Randlage des Städtchens hinterließen Spuren. Kunden aus Thüringen und Sachsen waren weggebrochen, man musste sich wirtschaftlich neu orientieren. Auch in politischer Hinsicht standen beim Dienstantritt von Loewenichs Veränderungen im Kulmbacher Land an: Die Gebietsreform wurde vorbereitet, 1972 wurden die beiden Landkreise Stadtsteinach und Kulmbach zusammengelegt; Sitz der Behörde war Kulmbach. Der neuerschaffene Groß-Landkreis spielte als Bezugsgröße eine wesentliche Rolle in der Diskussion um die kirchliche Gebietsreform in der Dienstzeit Hermann von Loewenichs.[385]

Auch wenn er nicht mit wehenden Fahnen nach Oberfranken gezogen war: Von Loewenich lebte sich in der ländlichen Umgebung gut ein, die Familie wanderte gerne im Fichtelgebirge und am Obermain, es entstanden Bindungen, die lebenslang halten sollten. Von Loewenich ermunterte die Gemeinden wiederholt dazu, ihre geographische Lage nicht als Defizit, sondern als Chance zu begreifen: Noch sei hier, anders als in den Ballungsräumen, eben nichts von der »Tendenz zur Diasporakirche« zu spüren: »Hinken wir der Entwicklung in diesen Räumen nur 1 oder 2 Jahrzehnte hinterher? Wir sollten das nicht als eine gegebene Tatsache voraussetzen. Wir sollten uns dadurch nicht fixieren lassen, als sei eine Entwicklung in dieser Richtung eine Zwangsläufigkeit.«[386] Dass Hermann von Loewenich seinem Dekanat zeitlebens verbunden blieb, zeigt nicht zuletzt die Tatsache, dass er am Tag nach seiner Bischofseinführung nach Kulmbach kam und bei Bratwürsten und einem Fass Bier

---

385 Vgl. Protokoll Dekanatsausschuss 9.12.1971: »Dekan v. Loewenich äußerte sich bei einem Gespräch mit dem Landrat dahingehend, daß das Dekanat Kulmbach deckungsgleich mit dem neuen Landkreis Kulmbach sein soll.« In: LAELKB, BD Kulmbach, Az. 14/12 (Dekanatsausschuss bis 1980).
386 Rechenschaftsbericht Dekanatssynode 11.11.1973, in: LAELKB, BD Kulmbach, Az. 14/11 (Dekanatssynoden 1969–74).

mit ehemaligen Mitarbeitern und Freunden anstieß – er habe,
so Sonja und Hermann Kolb, die als Kirchner- und Hausmeis-
terehepaar an der Petrikirche waren, »die Oberfranken wohl
doch liebgewonnen«[387].

5.1 »Die Pfarrer kommen, was wollen die hier?«: Missionarische Gemeinde

»Missionarische Gemeinde« sein: Das war für Hermann von
Loewenich ein Kernanliegen seiner Kulmbacher Jahre, das war
auch Thema der Dekanatssynode im Januar 1972, um die sich
eine Reihe von Aktivitäten rankte: »Gemeint ist damit die Frage
nach der Mitarbeit und Mitverantwortung der Gemeindeglieder in unseren Gemeinden: Was ist an Aktivitäten vorhanden?
Was kann der Kirchenvorstand tun? Welche anderen Mitarbeiter gibt es? Wie können Gemeindeglieder zur Mitarbeit und
Mitverantwortung herangezogen werden?«[388] Zunehmend
brachte von Loewenich diese Fragen und Anliegen unter dem
Terminus der »Evangelisation« ein, den er mit den Worten definierte: »Ich verstehe darunter 1. das Bemühen, unseren Glauben neu zu verdeutlichen, gerade bei denen, die eigentlich nicht
mehr recht wissen, warum sie sich Christen nennen. Ich verstehe 2. darunter das Bemühen um Verlebendigung des Evangeliums. Das Evangelium ruft uns immer auch zu einem bewußten
Ja, zu einer bewußten Nachfolge. Und es möchte gelebt werden in der Gemeinschaft, in der Gemeinde. Ich verstehe 3. unter diesem Stichwort die Befähigung unserer Gemeinden, Rede
und Antwort zu stehen für den eigenen Glauben.«[389]
   »Unseren Glauben neu verdeutlichen«: Das wollte von Loe-

---

387 Interview S. und H. Kolb.
388 Von Loewenich an die Mitglieder der Dekanatssynode 27.12.1971, in:
   LAELKB, BD Kulmbach, Az. 14/11 (Dekanatssynoden 1969–74).
389 Rechenschaftsbericht Dekanatssynode 30.4.1976, in: LAELKB, BD
   Kulmbach, Az. 14/11 (Dekanatssynoden 1975–82).

wenich insbesondere im Blick auf Praxis und Verständnis des
Abendmahls – ein Thema, das in diesen Jahren in der Landeskirche auf verschiedenen Ebenen behandelt wurde. Was er bei
seiner Ankunft in Kulmbach vorfand, beschreibt Hans Issler
mit den Worten: »In Oberfranken war es Sitte: Man geht zum
Beichten. Man geht am Karfreitag zum Beichten und am Bußtag zum Beichten, und dann war die Sache mit der Sünden-
vergebung mehr oder weniger erledigt. Man hatte kein Verhältnis zum Abendmahl, im Vordergrund stand die Beichte.«[390]
Diese Verengung auf den Beichtcharakter wollte man wieder
weiten. Von Loewenich forderte dazu auf, »neu zu buchstabieren, dass das Abendmahl auch Gemeinschafts- und Hoffnungs-
mahl ist«[391].

Bevor es so weit war, dass in den einzelnen Gemeinden
wiederholt das Abendmahl als zentraler Bestandteil des Haupt-
gottesdienstes gefeiert wurde, wurden die angedachten Änderungen behutsam vorbereitet: »Wir haben das in den Pfarrkonferenzen besprochen, wir haben dann in den Kirchenvorständen
darüber geredet; wir haben oft sehr lange – manchmal ein Jahr
lang – erst einmal in den Gremien, in den Gemeindekreisen darüber geistlich und biblisch geredet und geworben, bis wir den
Sakramentsgottesdienst eingeführt haben. Dann wurde er auch
angenommen.«[392] Flankierend zu solchen Gesprächen war das
Thema im Gemeindeboten in Text und Bild präsent, es gab Dis-
kussionsbeiträge, etwa den Artikel von Loewenichs »Abendmahl ohne Beichte«, in dem der Dekan betonte: »Es schließt
uns mit Christus und untereinander zusammen. Zugleich rich-
tet es unseren Blick auf die Zukunft. Es ist Mahl der Hoffnung.
Wir nehmen die Tischgemeinschaft des Reiches Gottes vorweg. Darum hat es einen festlichen Charakter. Dunkler, bedrü-
ckender Ernst ist ihm nicht angemessen. Das letzte Mahl war

---

390 Interview H. Issler.
391 A.a.O.
392 A.a.O.

kein letztes. Es setzt sich fort bis auf den heutigen Tag.«[393] Die Zahl der Sakramentsgottesdienste stieg im Dekanat von 69 im Jahr 1969 auf 162 im Jahr 1975, die Zahl der Abendmahlsgäste von 14.500 auf 17.100. Hermann von Loewenich wertete das als Zeichen für ein vertieftes Verständnis des Gottesdienstes: »Wir sind nicht bloß passive Besucher eines Gottesdienstes, sondern wirkliche Teilnehmer.«[394]

Wirkliche Teilnahme am Gottesdienst: Dieses Ziel versuchte Hermann von Loewenich auch dadurch zu erreichen, dass er zu neuen Gestaltungselementen im Gottesdienst ermunterte. Auch wenn er vor einer kritiklosen Begeisterung gegenüber allem Neuen warnte, war er mit dem diesbezüglichen Engagement seiner Pfarrer, gerade auch in den Kulmbacher Stadtgemeinden, sehr zufrieden, sah er es doch als Ausdruck einer »missionarischen Gemeinde, die neue Zielgruppen ansprechen und auf die vielfältigen Bedürfnisse und Erwartungen der Menschen eingehen wolle«[395].

Im November 1973 machte von Loewenich einen Vorstoß in Richtung Reform des Gottesdienstes: Er fragte vor der Dekanatssynode nach Möglichkeiten, im »normalen« Hauptgottesdienst einen stärkeren Bezug zum Leben der Menschen herzustellen, etwa auch durch Themenpredigten; er regte an, darüber nachzudenken, wie im Gottesdienst die Gemeinschaft untereinander stärker erlebbar sein könne. Er wollte wissen, welche Elemente des Gottesdienstes von den Gemeinden positiv, welche als sperrig erlebt wurden und inwieweit eine stärkere Beteiligung von Laien hier bereichernd sein könne.[396] Der Dekanatsausschuss beschloss, die nächste Tagung der Dekanatssynode

---

393 Evangelisch in Kulmbach (März–April 1974), 6.
394 Rechenschaftsbericht Dekanatssynode 30.4.1976, in: LAELKB, BD Kulmbach AZ. 14/11 (Dekanatssynoden 1975–82).
395 B. Mayer: Gründliche Bestandsaufnahme als Ziel, in: Sonntagsblatt, Ausgabe Oberfranken (13.2.1972).
396 Rechenschaftsbericht 11.11.1973, in: LAELKB, NL Loewenich, Hermann von, vl. Nr. 18.

dem Thema »Gottesdienst« zu widmen – zuvor aber sollten die Kirchenvorstände über die Anregungen von Loewenichs beratschlagen. Die Antworten, die daraufhin eintrafen,[397] zeigen deutlich, dass die Ideen von Loewenichs nicht überall auf Widerhall stießen. Vor allem bei einigen Dorfgemeinden war wenig Interesse an den Anregungen von Loewenichs vorhanden. So berichtete ein Pfarrer, an der Diskussion über von Loewenichs Anstöße hätten sich »von den anwesenden sieben Kirchenvorstehern zwei beteiligt, die anderen haben geschwiegen«. »Der Gottesdienst hat im allgemeinen genug Lebensnähe«, hieß es hier im Protokoll der Sitzung, und auch was die Gemeinschaft betreffe, sei kein Reformbedarf vorhanden: »In der traditionellen Abendmahlsfeier kommt die Gemeinschaft der Gemeinde gut zum Ausdruck. Daß andere anders denken, läßt sich halt leider nicht ändern und muß in Kauf genommen werden.« Eine stärkere Beteiligung von Laien sei ja durchaus denkbar, »grundsätzlich jedoch gilt: Predigt und Gottesdienst ist Sache des Pfarrers, der in seinem Beruf ausgebildet worden ist wie etwa der Zahnarzt in seinem Beruf. Lektoren, die den ganzen Gottesdienst halten, sind deshalb auch überflüssig, solange es bei uns noch Pfarrer gibt.« Auch in anderen Protokollen zeigt sich, dass die Reformimpulse von Loewenichs und des AEE beileibe nicht von allen als notwendig empfunden wurden: Laienverkündigung wurde als »Anmaßung«, Modernisierungen wurden als Gefährdung empfunden. Themengottesdienste könnten leicht »sozialpolitisch« werden, und eine Gemeinde zitierte einen Kirchenvorsteher mit den Worten: »Wir reformieren uns zu Tode«. »Ernüchternd« seien die Umfrageergebnisse mit ihren mehrheitlich »kritisch-bewahrenden Stimmen«, stellte von Loewenich daraufhin fest.[398]

---

397 Vgl. zu den nun folgenden Zitaten die Unterlagen in: LAELKB, BD Kulmbach, Az. 14/11 (Dekanatssynoden 1969–74).

398 Protokoll Dekanatsausschuss-Sitzung, 26.3.1974, in: Dekanat Kulmbach, Az. 14/12 (Dekanatsausschuss 1971–89).

Das Thema gottesdienstliche Neuerungen blieb auf der Agenda der Kulmbacher Dekanatssynode: Die Lektorenausbildung wurde gefördert, Predigtnachgespräche, moderne Lieder sowie neue gottesdienstliche Formen wurden vor allem in den Stadtgemeinden eingeführt. Dekanatsweit wurde zu Themengottesdiensten eingeladen, die professionell beworben wurden. Als im Landeskirchenamt der Posten für Gottesdienstwerbung im Haushalt gekürzt werden sollte, protestierte der Kulmbacher Dekanatssausschuss dagegen.[399]

Missionarische Gemeinde: In von Loewenichs Zeit in Kulmbach wurden zwar auch Seniorenarbeit und die Arbeit mit der mittleren Generation neu konzipiert, beispielsweise mit der Gründung des »Club 36«; das besondere Interesse aber galt der Konfirmanden-, Kinder- und Jugendarbeit: »Wir bringen die jungen Menschen um die entscheidenden Perspektiven ihres Lebens, wenn wir ihnen nicht mehr von der Zukunft Gottes zu sagen wagen.«[400] Während Hermann von Loewenich als Studentenpfarrer mit der Kinder- und Jugendarbeit wenig Berührungspunkte gehabt hatte, konnte er sich nun zumindest strukturell wieder diesem Gebiet widmen, das ihm, ähnlich wie schon seinem Vater, am Herzen lag. In seiner Kulmbacher Amtszeit wurden neue Formen offener Jugendarbeit erprobt, Jugendabendmahlsfeiern und Jugendwochen initiiert, Dekanatsjugendkammer und Dekanatsjugendkonvent ins Leben gerufen. Neue Einrichtungen wurden aufgebaut: Hier sind vor allem das ökumenische Jugendzentrum Untersteinach (Frühjahr 1976) sowie die Jugendbegegnungsstätte Weihermühle zu erwähnen, deren Planung noch in die Amtszeit von Loewenichs fiel.

Ein Schwerpunkt war die Umgestaltung der Konfirmandenarbeit. Hier konnte von Loewenich ausprobieren, was auch

---

399 Protokoll Dekanatsausschusssitzung, 30.9.1974, in: Dekanat Kulmbach, Az. 14/12 (Dekanatsausschuss 1971–89).

400 Predigt (Dan 12, 1-4), in: LAELKB, NL Loewenich, Hermann von, vl. Nr. 18.

der AEE erarbeitete und diskutierte: Gerade weil die Erfahrungen in der Konfirmandenzeit als entscheidend für die spätere Kirchenbindung erkannt worden waren, suchte man nach neuen Konzepten, Glauben erlebbar zu machen.[401] Vieles davon war im ländlichen Oberfranken Neuland, etwa als eingeführt wurde, dass die Konfirmanden bereits während ihres Konfirmandenunterrichts Abendmahl feierten. Neu war auch, dass die Konfirmandenprüfung nicht mehr im Gottesdienst, sondern während des Unterrichts stattfand, neu waren die Gemeindepraktika und die Rüstzeiten in Bad Alexandersbad. Der Stilwandel hin zu einer »Verlebendigung des Konfirmandenunterrichts«[402] kam den Unterlagen zufolge gut an. Begrüßt wurde auch, dass hier – wie in der geistlichen Begleitung der Kindergärten – die Eltern in die religiöse Erziehung ihrer Kinder eingebunden wurden; es gab unter anderem Konfirmandeneltern-Wochenenden.[403]

Was die Inhalte des Konfirmandenunterrichts anging, war für Hermann von Loewenich zentral, »dass Glaubensinhalte transportiert werden, dass das Evangelium verkündigt wird«[404]. Auch wenn die Bedürfnisse und Probleme Jugendlicher zur Sprache kommen sollten, durften Bibelstudium und Theologie nicht vernachlässigt werden. »Fromm und politisch«, so Hans Issler, habe sich von Loewenich gezeigt, dabei stets Substanz gefordert: »Die Verkündigung sollte jugendgemäß sein, aber auch Niveau haben.« Von Loewenich ließ nicht zu, dass die Kirche für Gesellschaftskritik instrumentalisiert wurde. Dies zeigte sich exemplarisch im August 1972: Gymnasiasten nutzten einen Schulschlussgottesdienst zum Thema »Autorität und

---

401 Zum Engagement der Pfarrer in der Konfirmandenarbeit vgl. auch SEITZ, Kirchliches Leben, 459.
402 Rechenschaftsbericht, 30.4.1976. In: LAELKB, NL Loewenich, Hermann von, vl. Nr. 18.
403 Vgl. »Tour des Lebens«, in: Evangelisch in Kulmbach (März–April 1974), 3.
404 Interview H. Issler. Ebd. nachfolgende Zitate.

Antiautorität« als Plattform für heftige Kritik am Schulsystem, an Lehrern und Eltern. Diesen Gottesdienst bezeichnete von Loewenich öffentlich als misslungen und scheute auch nicht vor einem Zwischenruf während des Gottesdienstes zurück.[405]

Bei seinem Versuch, missionarische Gemeinde zu leben, war sich von Loewenich der Bedeutung und Macht der Medien bewusst, gerade auch, was das Bild der Kirche in den Augen ihr Fernstehender betraf. Eindrücklich war für ihn ein Erlebnis kurz nach Dienstbeginn in Kulmbach: »In meiner ersten Woche fand eine Veranstaltung der Jungsozialisten statt, zu der sie mich eingeladen haben. Ich dachte: Warum sollst du da nicht hingehen? In der ›Bayerischen Rundschau‹ wurde darüber berichtet. Es hat dann doch etwas Rumor gemacht, daß der Dekan zu den Jungsozialisten gegangen ist. Das war mein Einstieg und der Beginn eines Lernprozesses, wie man mit Medien umzugehen hat.«[406] Der erwähnte »Lernprozess« war von Erfolg gekrönt: Von Loewenich gelang es gemeinsam mit seinem Pfarrkapitel, die Klaviatur der Öffentlichkeitsarbeit umfassend und auch mit neuen Techniken zu bespielen.

Am meisten Aufsehen erregte dabei das Heft »Evangelisch in Kulmbach«, das ab Frühjahr 1972 alle drei Monate kostenlos in alle Haushalte von Kulmbacher Gemeindegliedern verteilt wurde und die vorherigen Kirchenblättchen im herkömmlichen Stil ergänzte, teils auch ablöste. Der Titel des Heftes war Programm: Fett und rot stand über den Lettern »Evangelisch in Kulmbach« die Jahreszahl gedruckt, dazu die Worte »Nach Christus«. Von Loewenich schreibt dazu in der ersten Ausgabe in seinem Beitrag »Wir rechnen nach Ihm! Rechnen wir mit Ihm?«: »1972 heißt: 1972 Jahre nach Jesus Christus. Wir berechnen auch heute noch unsere Zeit nach Ihm! Ist das nur eine Formsache? Kaum! Das äußere Datum erinnert daran, daß wir von diesem Christus nicht loskommen. […] Verborgen ist

---

405 Vgl. Bayerische Rundschau (3.8.1972).
406 VON LOEWENICH, Offen, 138.

er mitten unter uns. Lassen wir Ihn unbeachtet? Oder hören wir die Frage, die darin steckt, daß wir unsere Zeit nach Ihm berechnen? Wo rechnen wir mit Ihm? Es lohnt sich, darüber nachzudenken!«[407]

Christusbotschaft und die Fragen der Zeit, Bibel und Zeitgeschehen, Kerngemeinde und Kirchenferne, Bürgertum und Arbeiterschaft – das Heft wollte Brücken bauen. Die Aufmachung war professionell: Hans Lewerenz (1915–2006), bedeutender Maler, Grafiker und Bildhauer, der in der Nachkriegszeit nach Kulmbach gekommen war, zeichnete für die Gestaltung des neuen Gemeindeblattes verantwortlich. Der aus Pommern stammende Lewerenz lebte auf der Plassenburg; seine vom Bauhausstil geprägten Werke tauchen an verschiedensten Stellen im Stadtbild Kulmbachs auf. Unter anderem zählt auch das Ziffernblatt der Petri-Kirchturmuhr zu seinen Werken.

Manches grafische »Bonbon« wurde in das Heft eingelegt – ein Tischschmuck für die Adventszeit oder das großformatige »Kulmbach-Spiel« (Beilage Dezember 1975), ein »lustiger evangelischer Spaziergang durch das alte Kulmbach für alle, die nach 1800 geboren sind«: Dieses Würfelspiel, gezeichnet von Lewerenz, verband die Lage kirchlicher Orte mit humorvollen historischen Reminiszenzen und dem Hinweis: »Wichtig: Der Weg zu Ihrer Kirche ist heute wesentlich kürzer und in den Kohlenbach können Sie auch nicht mehr fallen. Sie sind uns herzlich willkommen!« Ohne Berührungsängste und mit einem Augenzwinkern: Der Stil des Würfelspiels kann exemplarisch für das Konzept des Heftes gesehen werden. Die Broschüre umfasste geistliche Anstöße ebenso wie den »Christlichen Kulmbacher Kommentar«, etwa zu Fragen der Stadtpolitik, zur Diskussion um Paragraph 218 oder zu christlicher Kindererziehung. Pfarrer kamen ebenso zu Wort wie Gemeindeglieder, die in der Rubrik »Das Wort. Stimmen aus der Gemeinde« aus ihrer Perspektive über Fragen des Glaubens schrieben. Es gab zahl-

---

407 Evangelisch in Kulmbach (März–Mai 1972), 1.

reiche Interviews und Stellungnahmen; Landtagsabgeordnete mit ihren Erklärungen zu Kirche und Christsein waren ebenso vertreten wie Gewerkschaftler. Gesellschaftspolitische Fragen wurden aufgegriffen, Entscheidungshilfen aus christlicher Sicht gegeben – etwa wenn die »Evangelische Jugend« Kandidaten der bevorstehenden Stadtrats- und Kreistagswahl befragte, wie sie planten, christliche Zielsetzungen politisch umzusetzen. Haupt- und Ehrenamtliche aus der Gemeinde wurden vorgestellt, zudem nutzten die Pfarrer das Blatt, um anstehende Projekte wie bauliche Veränderungen oder neue Formen im Gemeindeleben zu diskutieren. Sakrale Räume und gemeindliche Orte wurden präsentiert und erläutert.

Nicht nur mit »Evangelisch in Kulmbach« leisteten von Loewenich und sein Team Öffentlichkeitsarbeit auf hohem Niveau. Wie Dankesschreiben von verschiedenen Institutionen zeigen, sorgte von Loewenich für Transparenz kirchlicher Entscheidungen, indem er auch nichtkirchliche Stellen prompt informierte. Die lokalen Medien berichteten ausführlich und zeitnah über kirchliche Belange; dafür sorgten gute Kontakte zu den Redakteuren ebenso wie eine hohe Eigeninitiative der Geistlichen. Hans Issler, damals Pressereferent des Dekanats, erinnert sich: »Wenn am Samstagnachmittag die Dekanatssynode tagte, konnte am Montag ein Bericht von einer Seite in der Zeitung über deren Themen und Beschlüsse gelesen werden.«[408] Was die kirchliche Presse betraf, bestand eine enge Zusammenarbeit mit dem EPD Bayern, namentlich mit dem Bayreuther Redakteur Bernd Mayer, über den wiederholt Meldungen aus dem Kulmbacher Dekanat den Weg in die Landeskirche fanden. Auch EKD-weit machten Anstöße des Kulmbacher Dekans und seines Pfarrkapitels von sich reden. So wurde 1975 im Deutschen Pfarrerblatt[409] eine Anregung veröffentlicht, die von Loewenich auf einer Pfarrkonferenz gegeben hatte: Man

---

408 Interview H. Issler.
409 Deutsches Pfarrerblatt (2/1975), 60.

solle die agendarische Bestattungsformel »nachdem es Gott gefallen hat« neu überdenken – schließlich könne der Text zu dem
Missverständnis führen, als würde sich Gott über menschliches
Leid freuen. Zudem klammere die Formulierung menschliche
Schuld aus, die etwa bei Verkehrsunfällen eine Rolle spielte. Es
sei »das erste Mal«, so ein Ruhestandspfarrer aus Niedersach-
sen, dass er erlebe, »wie jemand vor und für uns Pfarrer dieses
heiße Eisen anfasst«: »Sehen Sie, Herr Dekan, wie weit geht die
Verkündigung, auch Ihre – bis an die Winkel und Zäune.«[410]

Für Hermann von Loewenich war eine missionarische Gemeinde vor Ort nur glaubwürdig, wenn sie sich zugleich ihrer
Verantwortung für die weltweite Christenheit bewusst war.[411]
Gleich bei der ersten Dekanatssynode 1971 warb der Dekan daher für ein stärkeres Engagement in Mission und Ökumene. Im
selben Jahr übernahmen die Kulmbacher die Patenschaft für das
Dekanat Wanuma in Papua-Neuguinea. Es habe ihn zunächst
erstaunt, so Hans Issler, dass von Loewenich »für diese Form
traditioneller kirchlicher Arbeit Interesse zeigt[e]«[412]; es sei diesem ein Anliegen gewesen, dass weltweite Mission »nicht so
nebenbei dahinplätschert, sondern dass sie im Bewusstsein der
Gemeinde verankert ist«.

Konkretion und wiederum eine professionelle Öffentlichkeitsarbeit waren es, die die Patenschaft zwischen Wanuma
und dem Dekanat Kulmbach in den 1970er Jahren zum Blühen
brachten. Die Kulmbacher sollten sich mit der Arbeit in der
Missionsstation identifizieren können: »In unseren Gemeinden
muß dafür das Bewußtsein weiter wachsen: Diese Missions-
Station ist unsere Station – Missionar Meisel ist unser Missionar, der stellvertretend für uns Arbeit leistet.«[413] Dass Missionar

---

410 Pfarrer R., 2.3.1975, an von Loewenich, in: LAELKB, BD Kulmbach, Az.
    25/2 (Pfarrkonferenzen 1970–76).
411 Vgl. Bericht Dekanatssynode 30.1.1972, in: LAELKB, BD Kulmbach, Az.
    14/11 (Dekanatssynoden 1969–74).
412 Interview H. Issler. Ebd. nachfolgendes Zitat.
413 Bericht Dekanatssynode 30.1.1972, in: LAELKB, BD Kulmbach, Az. 14/11

Christoph Meisel der Schwager Hans Isslers war, trug sicherlich zur wachsenden Verbundenheit des Dekanats mit der Missionsstation bei. Regelmäßige Artikel in kirchlichen und weltlichen Medien, Lichtbildervorträge über Wanuma und Begegnungen mit Missionar Meisel während seines Heimaturlaubes brachten den Oberfranken das Hochland Neuguineas näher. So wurde im Heft »Evangelisch in Kulmbach« ausführlich über eine dringend benötigte Landepiste für das kleine Missionsflugzeug berichtet. Dies führte zu einer hohen Spendenbereitschaft, und die dadurch ermöglichte Fertigstellung der Landebahn wurde ebenfalls entsprechend in den Medien gewürdigt. Auch das Projekt »Krankenhaus im Urwald« konnte realisiert werden.

Im Konzept der »missionarischen Gemeinde« war für Hermann von Loewenich auch die Erwachsenenbildung ein wichtiger Bestandteil. Sie erhielt durch die Gründung des Evangelischen Bildungswerkes (EBW) Kulmbach 1973 einen besonderen Stellenwert. Der Sache nach wurde Erwachsenenbildung im Kulmbacher Raum schon lange und auf vielfältige Weise praktiziert, etwa durch das Vortragsprogramm des Tutzinger Freundeskreises, die kirchenmusikalischen Angebote, die zahlreichen Kreise der einzelnen Kirchengemeinden und speziell auch die Elternarbeit; eine Volkshochschule bestand nicht.

Ziel der Gründung des EBW Kulmbach war »eine wirksame Förderung, eine bessere Kooperation und eine bessere Präsentation« in der Öffentlichkeit; von Loewenich setzte damit Akzente auf einem relativ jungen Feld in der bayerischen Landeskirche: Erwachsenenbildung erlebte seit Beginn der 1960er Jahre einen Aufschwung.[414] Damals entstanden die evangelischen Bildungszentren in München (1962), Nürnberg und Würzburg (1963). In den Regionen wurde der Ausbau erwachsenenbildnerischer Einrichtungen angestoßen durch den »Strukturplan für das Bildungswesen« des Deutschen Bildungsrates (1970).

(Dekanatssynoden 1969–74).
414 Vgl. dazu WOLFF, Erwachsenenbildung, 103f.

Mit dem »Erwachsenenbildungs- und Förderungsgesetz« waren ab 1974 in Bayern die Rahmenbedingungen gegeben, dass entsprechende Fördermittel vonseiten der Kirche für Erwachsenenbildung beantragt werden konnten. Von Loewenich handelte zügig, so dass die Gründung des EBW Kulmbach bereits am 15. Oktober 1973 und damit vor Inkrafttreten des Erwachsenenbildungsgesetzes erfolgte; er übernahm den Vorsitz. Was ihre Inhalte betraf, sah Hermann von Loewenich eine Nähe der Erwachsenenbildung zur Seelsorge: Auch hier gehe es um die Klärung persönlicher Lebenssituationen, Erwachsenenbildung gebe in einer sich rasch verändernden Welt Orientierung: »Wir brauchen Hilfe, damit wir als mündige, verantwortliche Christen unsere komplizierte Welt verstehen können. Wir brauchen Hilfe, um uns mit unseren Ängsten auseinanderzusetzen. Wir brauchen die Befähigung, unser Verhalten, unsere Einstellungen immer wieder zu ändern. Geistlich gesprochen geht es um die Befähigung zum Umdenken, zum Umkehren, zum Buße-Tun, zum Neuwerden. Das sind gewiß geistliche Vorgänge. Aber sie wollen in der Praxis des Lebens geübt und vollzogen werden.«[415]

In den Kulmbacher Jahren zeigte sich, was von Loewenich zeitlebens ein Anliegen war: nämlich Brücken zu schlagen zu Menschen, die der Kirche distanziert gegenüberstanden. In Kulmbach war dies vor allem die große Gruppe der Industriearbeiter. Trotz eines gewissen Tauwetters wirkte hier das schwierige Erbe im Verhältnis zwischen Arbeitern und Kirche weiter nach. In der bayerischen Landeskirche wurden ab den 1950er Jahren neue Wege der Annäherung gesucht: 1953 wurde die »Aktionsgemeinschaft für Arbeitnehmerfragen« (afa) gegründet, 1954 die Stelle eines Sozialpfarrers eingerichtet, das »Amt für Industrie- und Sozialarbeit« in Nürnberg entstand, der AEE nahm sich des Themas an. Hermann von Loewenich versuch-

---

415 Rechenschaftsbericht 11.11.1973, LAELKB, BD Kulmbach, Az. 14/11 (Dekanatssynoden 1975–82).

te, auf seine Weise in Kulmbach Beziehungen aufzubauen und setzte dazu auch bei den Mitgliedern seines Kapitels an: Durch Betriebsbesichtigungen mit anschließenden Treffen und Gesprächen mit Gewerkschaften wollte er die Pfarrer für den Alltag und die Fragen der Arbeiterschicht sensibilisieren. »Das war eine neue Erfahrung«, erinnert sich Hans Issler: »Wir führten als Pfarrkapitel Betriebsbesichtigungen durch. Wir sind in die Spinnerei gegangen, zu den Schwerstarbeitern, die in der Färberei Tücher färben mussten. Wir sahen, welche harte Arbeit hier geleistet wurde. Die Arbeiter haben geguckt: Die Pfarrer kommen, was wollen die hier? [...] Wir sollten für solche Situationen und Gemeindeglieder sensibel werden. Unsere Predigten sollten Lebensnähe erhalten.«[416]

Auch der Gemeindebote »Evangelisch in Kulmbach« spiegelt das Bemühen um die Integration der Arbeiter wider, etwa in einem Interview mit einem Kulmbacher Kirchenvorsteher, der Gewerkschaftler und Sozialdemokrat war.[417] Weitere Aktivitäten in dieser Richtung waren Treffen mit der Kulmbacher Handwerkerschaft, ein Tagesseminar für Arbeitnehmer zum Thema »Die Kirche spricht nicht unsere Sprache« oder eine Podiumsdiskussion im Rahmen einer Jugendwoche, bei der Hermann von Loewenich und ein Unternehmervertreter vom DGB zum Thema »Arbeitsplatz – verplemperst du nur Zeit damit?« sprachen. Kulmbacher Pfarrer machten die Situation Arbeitsloser zum Thema und loteten die Möglichkeiten der Kirchengemeinden aus, Betroffene zu unterstützen. Hermann von Loewenich führte sein Bemühen um den Kontakt zu der Arbeitnehmerschaft auf anderer Ebene in seinen Nürnberger Jahren fort und profitierte dabei von den Erfahrungen, die er in Oberfranken gemacht hatte – im »überschaubaren Kulmbach, der Stadt der Brauer und Mälzer, der Weber und Spinnereiarbeiter, die noch Spuren einer Klassengesellschaft hatte«, in einem

---

416 Interview H. Issler.
417 Kirche + Arbeiter, in: Evangelisch in Kulmbach (Nov. 73–Jan. 74).

Gebiet, so von Loewenich, in dem es eine Arbeiterschaft gab, »die nie den Kontakt zur Kirche verloren hatte. Eine andere Frage ist es, ob sie sich in der Kirche wohlgefühlt hat.«[418]

Nicht nur die Interessen der Arbeiter, auch die der in der Landwirtschaft tätigen Gemeindeglieder wurden berücksichtigt: So gab die Dekanatssynode bereits in ihrer ersten Zusammenkunft 1971 den Auftrag, eine Betriebshelfer-Station im Dekanat einzurichten; vorausgegangen war der Antrag einer Kirchengemeinde, eine Dorfhelferin für den Dekanatsbezirk anzustellen, »damit in Notfällen landwirtschaftliche Betriebe im Krankheitsfall oder dergleichen weitergeführt werden können«; ergänzend wurde um die Schaffung einer Betriebshelfer-Stelle angefragt.[419] Nach erfolgreichen Verhandlungen mit der Volkshochschule am Hesselberg wurde im Landratsamt mit weiteren Interessierten ein Betriebshelferausschuss unter Vorsitz des Landrats gegründet, dem auch Hermann von Loewenich angehörte; die Geschäftsführung lag beim Bayerischen Bauernverband. Bereits im Juli 1971 und damit gerade zwei Monate nach dem Anstoß auf der Dekanatssynode stand dekanatsweit ein Betriebshelfer für den Dekanatsbezirk zur Verfügung, und Dekan von Loewenich resümierte zufrieden: »Die Initiative der Synode hat sich also für unseren ganzen Bereich positiv ausgewirkt.«[420] Drei Jahre später konnte eine Dorfhelferin den Dienst in den Dekanatsbezirken Kulmbach und Bad Berneck beginnen.

Selbst wenn laut Zeitzeugen eine gewisse natürliche Distanz von Loewenichs anderen Menschen gegenüber bestehen blieb: In Kulmbach zeigte der an seinen vorherigen Dienststellen wiederholt als zurückhaltend beurteilte Geistliche offensichtlich weniger Berührungsängste. »Nah bei den Menschen«[421] sei

418 VON LOEWENICH, Ansprache zur Jubiläumsfeier (11.11.1994).
419 Vgl. Protokoll Dekanatssynode, 25.4.1971, LAELKB, BD Kulmbach, Az. 14/11 (Dekanatssynoden 1969–74).
420 Bericht Dekanatssynode, 30.1.1972, in: A.a.O.
421 Interview H. Issler. A.a.O. nachfolgendes Zitat.

ein wesentliches Ziel von Loewenichs gewesen, erinnerte sich
Amtsbruder Issler und führt unter anderem die Präsenz der
Pfarrer auf einem für Kulmbach herausragenden geselligen Ereignis an: dem Kulmbacher Bierfest. »Die Vertreter der Kirchen
wurden begrüßt. Diese öffentliche Präsenz war für die Menschen wichtig. Die Pfarrer sind auch mit dabei unter den 4.000
Menschen.«

Es war vor allem eine Innovation, mit der von Loewenich
auf besondere Weise seine Freude am gemeinsamen Feiern und
seine Nähe zu den Menschen zeigte: die »Petri-Kirchweih«, das
große Fest rund um die Kirche, das er 1975 einführte.

Es war ein besonderes Verhältnis, das von Loewenich zur
Petrikirche hatte: Die Kirche stand für die lange lutherische Tradition des alten Markgrafensitzes. Pfarrer Johann Eck hatte hier
als einer der ersten in Franken reformatorisches Gedankengut
verkündet. Als von Loewenich seinen Dienst in Kulmbach antrat, führte das geschichtsträchtige Gebäude eher ein Schatten-
dasein: Die Erweiterung des Stadtgebietes hatte die Kirche an
den Rand gerückt; zudem gab es drei neue Kirchen im Stadt-
gebiet. Eine zehnwöchige Schließung der Kirche aufgrund von
Heizschwierigkeiten im Winter 1971/72, so der Dekan mit feiner Ironie, sei von vielen Gemeindegliedern offensichtlich un-
bemerkt geblieben.[422] Es war sein Anliegen, dass die Kirche
neu als Dreh- und Angelpunkt einer lebendigen Gemeinde ins
Bewusstsein rückte. Dafür mussten zunächst die baulichen
Mängel beseitigt werden: Als von Loewenich nach Kulmbach
kam, waren die Außenrenovierungen in vollem Gange. Auch
der Zustand des Innenraums war wenig erhebend: Man müsse sich schämen, so von Loewenich 1972, Besucher in den Kir-
chenraum zu führen, »die grauen Wände und das dunkle Ge-
stühl« würden ihm einen »düsteren Charakter« geben.[423] Jedoch
machten Renovierungs- und Umbaumaßnahmen der Kirche

---

422 Vgl. Christlicher Kulmbacher Kommentar (H. v. L.), Evangelisch in
    Kulmbach (März–Mai 1972), 2.
423 Evangelisch in Kulmbach (Okt.–Dez. 1972), 6.

nur dann Sinn, wenn mit ihnen ein Diskussionsprozess über die künftige Nutzung des Gebäudes einherging: »Fast ein Todesurteil für die Kirche wäre es, wenn man zwar die äußerliche Substanz erhielte, vielleicht auch denkmalpflegerische Maßnahmen durchführte, aber die Frage nach der künftigen Benützung unbeachtet ließe. Man hätte dann eine Art Nationalheiligtum geschaffen, das zwar in neuem Glanz erstrahlt, aber seine Funktion verloren hat. Die Kirche wäre nicht viel mehr als ein Museum.«[424] Im Frühjahr 1973 war ein Etappenziel erreicht: Als Landesbischof Dietzfelbinger zum Festgottesdienst am 1. April 1973 kam, präsentierte sich die Kirche in einem einladenden Gewand; heller, freundlicher war sie geworden, technisch besser ausgestattet, ein schlichter Altartisch aus hellem Holz ließ den Liturgen näher an die Gemeinde rücken. Auch nach 1973 gingen die Instandsetzungsarbeiten weiter; eigentlich, so hat es sich in der Erinnerung von Kirchner Hermann Kolb festgemacht, »hat von Loewenich die ganze Zeit renoviert«.[425] Dabei musste er sich gegen manche Widerstände behaupten – etwa gegen Stimmen aus der Gemeinde, die anmahnten, die Gelder seien besser in einer Unterstützung der Aktion »Brot für die Welt« angelegt als in manchen baulichen Maßnahmen.[426]

Im Frühjahr 1973 kündigte von Loewenich an, dass die Petrikirche jetzt nur noch darauf warte, »neu als Stätte des Gottesdienstes von den Kulmbachern entdeckt zu werden«.[427] Unbestrittener Höhepunkt dieser Bemühungen um die Kirche war die Einführung der Petri-Kirchweih zum 29. Juni 1975. Entstanden war die Idee zur Feier der Kirchweih auf einem Kirchenvorstandswochenende. Man habe sich die Frage gestellt: »Besteht die ›Gemeinschaft der Heiligen‹ nur innerhalb der Gottesmau-

424 Christlicher Kulmbacher Kommentar (H. v. L.), Evangelisch in Kulmbach (März–Mai 1972), 2.
425 Interview S. und H. Kolb.
426 Vgl. Interview S. und H. Kolb.
427 Petrikirche in neuem Gewand, in: Evangelisch in Kulmbach (März–Mai 1973), 3.

ern? Muß sie sich nicht nach dem Gottesdienst fortsetzen? Gehört nicht dazu, daß man miteinander redet, feiert, ißt und trinkt?«[428] Die Petri-Kirchweih beantwortete diese rhetorischen Fragen mit einem großen, heiteren Fest. Folgt man der Filmdokumentation,[429] verkörperte diese Feier das Motto des Tages »Lebendige Kirche« auf mitreißende Weise, angefangen vom Festgottesdienst mit 1.200 Besuchern bis hin zur geistlichen Abendmusik. Auf dem Kirchplatz kamen Jung und Alt, Prominente und Gemeindeglieder, Geistliche und Vertreter aus Politik und Wirtschaft bei Bier und Bratwürsten zusammen; es gab eine Ausstellung zur Geschichte der Kirche ebenso wie ein Sackhüpfen der Geistlichen und ein Kabarett der Evangelischen Jugend. Als eine der »besten Neuerungen« von Loewenichs, als ein »gesellschaftliches Ereignis«[430] bezeichnet Fritz Kleineidam die Kirchweih, die auch nach von Loewenichs Kulmbacher Jahren noch eine Zeitlang blühte, dann aber offensichtlich nach und nach an Stellenwert im Gemeindeleben und im Leben der Stadt verlor.

5.2 »Politisierung der Kirche«: Gesellschaftspolitisches Engagement

»Ich weiß, daß ich als Pfarrer und Dekan für alle da sein soll. Doch kann das nicht heißen, daß ich nur das sagen darf, was ohnehin von allen gedacht und von allen gern gehört wird. Ich halte es für hilfreicher, auch solche Denkanstöße zu geben, die zunächst ungewohnt wirken. Ist einer Gemeinde mit farblosen Äußerungen und blassen Ratschlägen gedient? Provozieren will ich wahrhaftig niemanden. Ich respektiere Andersdenkende. Ich meine, daß Entscheidungen heute nur im Gespräch ge-

---

428 Petri-Kirchweih, Vorbericht in: Evangelisch in Kulmbach (Juni 1975), 3.
429 Zur Petri-Kirchweih 1975 vgl. den 20-min. Film von D. Neuber, G. Neuber, G. Schibille. Quelle: H. Kolb.
430 Kleineidam, Beobachtungen.

funden werden können.«[431] Was Hermann von Loewenich im Frühjahr 1972 in einem offenen Brief äußerte, zeigte sich wiederholt in seinen Kulmbacher Jahren: Auch wenn er in seiner Funktion als Dekan moderatere Töne anschlug als in den »Berichten und Kommentaren« des AEE, war der Kirchenreformer nicht vom Dekan zu trennen, vor allem nicht in den Augen kirchenpolitisch Andersdenkender.

Der Fall, der in von Loewenichs Kulmbacher Jahren bundesweit für Aufsehen sorgte, war der sogenannte »Kulmbacher Krankenhausstreit« 1971. Im Mittelpunkt der Auseinandersetzungen stand nicht von Loewenich selbst, sondern ein junger Pfarrer seines Kapitels. Hermann von Loewenich geriet aber als zuständiger Dekan ebenfalls ins Kreuzfeuer der Kritik und mitten hinein in die Auseinandersetzungen zwischen Kirche und Politik.

Zum Verständnis des Konflikts hilft ein Blick auf den gesellschaftspolitischen Hintergrund: Im April 1971 hatte die Chirurgen-Vereinigung in München zum ersten Mal in ihrer fast hundertjährigen Geschichte einen Assistenzarzt aus ihren Reihen ausgeschlossen: Der junge Mediziner Dr. Hans Mausbach, Mitglied einer sozialistischen Gruppe Frankfurter Mediziner, hatte in einer Fernsehsendung mit dem Titel »Halbgott in Weiß«[432] deutliche, zum Teil unbelegte Kritik am herrschenden Gesundheitssystem, namentlich an der Chefarzt-Hierarchie, geübt; ihm war daraufhin seine Stelle gekündigt worden. Die Diskussionen um den »Fall Mausbach« und damit über das deutsche Krankenhaussystem insgesamt schlugen hohe Wellen, die Pfingsten 1971 das Kulmbacher Klinikum erreichten. Dort, in der Kapelle des 1960 errichteten Stadt- und Kreiskrankenhauses, hielt der damals 33-jährige Lehentaler Schulpfarrer Jürgen Koch eine Predigt, in der er auf den Fall Mausbach

---

431 Zit. nach HAGER, Jahrzehnt, 236.
432 Vgl. die Artikel »Halbgott in Weiß«, in: SPIEGEL (43/1970), 88f., sowie »Rache der Halbgötter«, in: SPIEGEL (18/1971), 198f.

einging.[433] Koch legte dar, dass Menschen aus Furcht – »Angst vor dem anderen, das Erschrecken vor dem Leben, Ohnmacht, Mutlosigkeit« – auf der Suche nach sicheren Orten seien. Sie errichteten Bunker, die sie schützen sollten: »Das Streben nach Gewinn und in dem Zusammenhang nach Macht gilt als eines der solidesten Bauwerke dieser Art. Auch hier im Krankenhaus ist dieses Streben da. Wenn wir an den unverhältnismäßig hohen Gewinn der Chefärzte denken, verglichen mit dem, was eine Schwester oder ein Stationsarzt für ihre Arbeit bekommen. Die Folge dieses Strebens hat jeder vor Augen: Neid, Kritik bis hin zum Haß. Auch Chefärzte vermögen sich nicht in ihrem Bunker aus ›klingender Münze‹ vor ihren Mitmenschen zu schützen – am wenigsten vor denen, die sich anbiedern. Was aber, wenn sie Stück um Stück verantworten müssen, was sie auf Kosten anderer erworben haben? Da hilft ihnen dann ihr Bunker gar nichts.«[434]

Er habe bei seiner Ansprache »wohl nicht alle Predigterwartungen erfüllt«[435], bemerkte Koch später und berief sich zugleich auf Gespräche mit Menschen, »denen das Klima im Krankenhaus fraglich geworden ist, die Ärger mit den Chefärzten hatten«. Empörung gab es auf Seiten der Chefärzte, die in der Predigt den Versuch sahen, das Vertrauensverhältnis zwischen Arzt und Patient zu stören. Was nun folgte, spielte sich zunächst unter Ausschluss der Öffentlichkeit ab:[436] Einige Tage nach der Predigt kam es zu einem Gespräch zwischen Landrat Kurt Held und Dekan von Loewenich, bei dem der Landrat »Bedenken gegen einige Passagen aus Herrn Kochs Predigt gel-

---

433 Predigt zu Joh 15,9–17 (Sammlung AEE/Lang). In Auszügen auch in: Bayerische Rundschau (30.8.1971), 7.

434 A. a. O.

435 Laut Protokoll der Pfarrkonferenz, 13.9.1971, in: LAELKB, BD Kulmbach, Az. 25/2 (Rundschreiben 1958–73). A. a. O. nachfolgendes Zitat.

436 Vgl. den Bericht auf der Pfarrkonferenz, 13.9.1971; in: LAELKB, BD Kulmbach, Az. 25/2 (Rundschreiben 1958–73). A. a. O. die nachfolgenden Informationen und Zitate.

tend« machte. Vier Kulmbacher Chefärzte wandten sich direkt
an Landesbischof Dietzfelbinger und an den Verband der Chefärzte in Deutschland. Eine Unterredung zwischen einem der
Chefärzte und Jürgen Koch brachte keine Beruhigung der Lage:
Die Mediziner verlangten nun in einem Gespräch mit dem
Dekanatsausschuss, dass Koch vom Dienst im Krankenhaus
ausgeschlossen werden solle. Trotz Warnungen Hermann von
Loewenichs vor einem so »schwerwiegenden Beschluss« lautete die Entscheidung des Krankenhaus-Zweckverbands wenige
Tage später genau in diesem Sinne: Pfarrer Koch werde von der
»allgemeinen Krankenhausseelsorge« ausgeschlossen – er dürfe
weder im Klinikum predigen noch als Seelsorger dort wirken.
Bei der Beschlussfassung gab es offensichtlich Verfahrensfeh-
ler; Chefärzte, obgleich keine Mitglieder im Verbandsrat, waren
anscheinend bei der Abstimmung zugegen. Hermann von Loewenich äußerte sein Befremden über diesen Beschluss gegenüber dem Oberbürgermeister: Die Entscheidung des Zweck-
verbandes greife in die Freiheit der Kirche ein.

Kurz darauf kam die Angelegenheit mit einem Paukenschlag
an die Öffentlichkeit: Die Lokalpresse berichtete Ende August
über die Affäre, in den folgenden Tagen wurde der »Krankenhausstreit« in ganz Deutschland publik; Tageszeitungen und
Magazine wie Stern und Spiegel berichteten über die Angelegenheit, es gab Interviews und Beiträge in Rundfunk und Fernsehen, zahlreiche Leserbriefschreiber meldeten sich zu Wort.
Parteivertreter jeglicher Couleur bezogen Stellung. Rückendeckung für Jürgen Koch kam direkt von Hans Mausbach; er veröffentlichte gemeinsam mit einem Kreis Gleichgesinnter eine
Solidaritätserklärung.[437] Ein Bild von der Zerrissenheit innerhalb der Kulmbacher Kommunalpolitik zeichnet ein Bericht
über einen Dämmerschoppen der SPD-Stadtratsfraktion,[438] bei
der die Wortmeldungen von »Wir brauchen 100 solche Pfarrer«

---

437 Bayerische Rundschau (6.9.1971).
438 Bayerische Rundschau (4./5.9.1971).

bis hin zu Statements reichten wie »Ein Geistlicher hat dafür zu
sorgen, daß im Krankenhaus Frieden herrscht«; Pfarrer sollten
sich um andere Auswüchse kümmern, etwa um »Langhaarige«
oder »Playboys«. Auch Hermann von Loewenich wurde kritisiert: Das Dekanat trage zumindest eine »kleine Schuld an der
Sache«: »Bei etwas mehr Vernunft und gestandenen Manns-
bildern wäre es möglich gewesen, die Sache anders zu regeln«.
Hätte der Dekan »den Geistlichen zur Rede gestellt, er soll sich
entschuldigen, dann wäre schon längst Gras darüber gewachsen«.

Der Landeskirchenrat gab eine Presseerklärung heraus, in
der er ankündigte, dass der Ausschluss Kochs vom Kranken-
haus-Seelsorgedienst nicht hingenommen werde. Das Pfarrkapitel äußerte sich vor allem über das Predigtverbot für Koch
betroffen: »Wir sehen nach den Bestimmungen des Grundge-
setzes die Freiheit der Verkündigung uneingeschränkt auch im
Bereich der öffentlichen Einrichtungen garantiert. Das große
öffentliche Interesse bestätigt uns diese Sicht. Darüber hinaus
fragen wir uns, ob die Konkretionen einer Predigt, auch wenn
sie in der Öffentlichkeit umstritten sind, mit einer administra-
tiven Maßnahme beantwortet werden können, statt in Gesprächen eine Klärung zu finden.«[439] Wie sehr der Medienrummel
und die verschiedenen Verlautbarungen das Dekanat beschäftigten, lässt eine Einladung Hermann von Loewenichs zum
Abendmahl des Pfarrkapitels Mitte Oktober erahnen, in der
er schreibt: »Ich denke, daß wir gerade in der jetzigen Situation die Gemeinschaft am Tische Jesu Christi brauchen.«[440] Am
1. November 1971 fand ein Schlichtungsgespräch zwischen Landeskirchenrat und Zweckverband in Bayreuth statt; anschließend wurde die dort getroffene Vereinbarung publik gemacht,
dass Jürgen Koch keine Gottesdienste mehr im Krankenhaus
halten werde, das Predigtverbot gegen ihn aber aufgehoben sei.

---

439 In: LAELKB, BD Kulmbach, Az. 25/2 (Rundschreiben 1958–73).
440 Von Loewenich, 14.10.1971. A.a.O.

Zu Ende war die Affäre damit noch nicht: Am Buß- und Bettag wurde der Gottesdienst aus der Petrikirche live vom Bayerischen Rundfunk übertragen. Es sorgte bei einigen Involvier-
ten für Unmut, dass hier noch einmal der Krankenhausstreit
thematisiert wurde, unter anderem mit den Worten: »Auch
im Streit um die Krankenhauspredigt in dieser Stadt wurde
ein Kompromiß geschlossen. Solche Kompromisse wirken
faul, wenn sich beide Seiten nach dem Friedensschluß in ihre
Ecken zurückziehen und jede Berührung vermeiden. Sie können aber auch der erste Schritt auf einem neuen gemeinsamen
Weg sein. Es kommt darauf an, ob wir beieinander bleiben, weil
wir uns voneinander noch etwas erwarten.«[441] Im Januar 1972
zog Hermann von Loewenich in Sachen Krankenhausstreit vor
der Dekanatssynode eine vorläufige Bilanz: »Zweifellos sind
in diesem Konflikt auch eine Reihe von Grundsatzproblemen
aufgerührt worden, die nicht erledigt sind. Es geht um die politische Predigt, um die Frage, wie konkret bestimmte gesellschaftliche Vorgänge angesprochen werden können. Es geht
um das Problem der Gerechtigkeit in der Gesellschaft und den
Beitrag, den die Kirche dafür leisten kann. Und es geht schließlich um die Problematik der Krankenhäuser in unserem Land.
Alle diese Fragen werden teils in der Theologie, teils in der Öffentlichkeit weiter verhandelt.« Im gleichen Atemzug bat von
Loewenich die Synode darum, keine weiteren Diskussionen
über den Krankenhausstreit mehr vom Zaun zu brechen; die
Stimmung sei emotional aufgeladen: »Wir wollen nichts ver-
drängen, aber erst recht nicht als Störenfried erscheinen.«[442]
Nicht einmal drei Monate nach diesem Appell gab es einen
neuen Eklat, bei dem nun Hermann von Loewenich im Mittelpunkt stand. Die Stimmung war zu diesem Zeitpunkt ange-

---

441 Predigt 17.11.1971 in: LAELKB, NL Loewenich, Hermann von, vl. Nr. 82.
   Das Predigtteam bestand aus H. von Loewenich, G. Strauß, W. Pisar-
   ski, H. Herrmanns.
442 Bericht Dekanatssynode, 30.1.1972, in: LAELKB, BD Kulmbach, Az. 14/11
   (Dekanatssynoden 1969–74).

gespannt. Die Auseinandersetzungen hatten Wunden hinterlassen,[443] dabei auch die Kontroversen zwischen Landrat Kurt
Held und dem Dekan. Es war im Frühjahr 1972, mitten im
Wahlkampf, genau: am Wochenende unmittelbar vor dem Antrag der CDU/CSU-Fraktion auf ein konstruktives Misstrau-
ensvotum gegen Willy Brandt, als die Bayerische Rundschau in
ihrer Ausgabe vom 22./23. April 1972 titelte: »Politisierung der
Kirche durch Dekan von Loewenich«. Konkret ging es in dem
Beitrag um die Positionierung von Loewenichs zu den Ostverträgen, für deren anstehende Ratifizierung mit der Unterzeichnung des »Viermächte-Berlin-Abkommens« im September
1971 die Voraussetzungen geschaffen waren. Die Union und die
Vertriebenenverbände hatten vehement gegen die Verträge der
Bundesrepublik Deutschland mit Polen und der Sowjetunion
protestiert, in denen Deutschland erstmals den territorialen
Status quo bestätigte.

Der AEE folgte weitgehend der Linie der SPD und vertrat
damit einen »Wandel durch Annäherung« anstelle einer »Politik der Stärke«[444]. Folgerichtig begrüßte der AEE auch die »Erklärung evangelischer Theologen und Laien zu den Ostverträgen« (Ostern 1972), mit der unter anderem Jürgen Moltmann
und Carl Friedrich von Weizsäcker für eine Ratifizierung der
Verträge votiert hatten. Am 7. April 1972 rief der AEE zu einer
Unterschriftensammlung auf, die zeigen sollte, dass diese »Erklärung« mehr war als eine private Meinungsäußerung einiger
weniger. Über 3.000 Unterschriften kamen in zwei Wochen
zusammen, die Hermann von Loewenich an den Rat der EKD
und an die Bundestagsfraktionen weiterleitete. Damit war für

---

443 Dazu kam anscheinend ein weiterer Konflikt: Laut Zeitzeugen war
   einmal auf Wahlplakaten H. von Loewenich abgebildet worden,
   ohne dass er dazu seine Einwilligung gegeben hatte; die Plakate
   mussten demzufolge auf seinen Einspruch hin eingestampft werden.
   Vgl. dazu Kleineidam, Beobachtungen.
444 Ausführlich zum AEE und den Ostverträgen vgl. HAGER, Jahrzehnt,
   234–237.

die CSU, namentlich für den Bundestagsabgeordneten Hans
Roser, bayerischer Pfarrer und Landesvorsitzender des Evangelischen Arbeitskreises der CSU, das Maß voll: Roser warf
von Loewenich vor, er habe sein Amt als Dekan missbraucht,
um die Gemeindeglieder politisch zu beeinflussen und zu der
Unterschriftenaktion aufzurufen. Dies sei ein »Mißbrauch der
Kanzel für politische Zwecke«[445]. Ein CSU-Stadtrat berichtete,
eine Folge der Positionierung von Loewenichs sei eine »Reihe von Kirchenaustritten in Kulmbach«. In einer öffentlichen
Erklärung verwahrte sich von Loewenich gegen den Vorwurf
des Kanzelmissbrauchs: »Ich habe die Frage der Ostverträge
absichtlich nicht in meinen Predigten behandelt. Ich habe persönlich niemanden im Kulmbacher Dekanatsbezirk um seine
Unterschrift gebeten, um auch nicht den leisesten Verdacht
zu erregen, irgendwie Druck auszuüben.«[446] Dem Dekanat sei
bislang nur ein einziger Kirchenaustritt im Zusammenhang mit
der Angelegenheit bekannt, den von Loewenich mit den Worten kommentierte: »Meinungsverschiedenheiten über die richtige Entscheidung in solchen Fragen sind auch kein Anlaß zum
Kirchenaustritt.« Der Dekanatsausschuss stellte sich hinter von
Loewenich: Dieser habe sich korrekt verhalten, und zudem habe
jeder Geistliche das Recht, seine Meinung zu politischen Fragen
zu äußern: »Es bereitet uns Sorge, daß ein Pfarrer der bayer. Landeskirche [gemeint: Roser; Anm. d. Verf.], der zur Zeit in der aktiven Politik steht, der kirchlichen Arbeit in unserem Dekanatsbezirk eine weithin spürbare Belastung auferlegt hat.«[447]

Die Angelegenheit zog Kreise: Es folgten öffentliche Stellungnahmen Rosers und von Loewenichs; auch andernorts
wurde über die AEE-Unterschriftensammlung gestritten.[448]

---

445 Zit. nach: Bayerische Rundschau (22./23.4.1972). A. a. O. nachfolgendes
Zitat.
446 Bayerische Rundschau (24.4.1972).
447 Dekanatsausschuss Kulmbach an Roser, 27.4.1972, in: Dekanat Kulmbach, Az. 14/12 (Dekanatsausschuss 1971–89).
448 Vgl. Kapitel 4.2.

Das Sonntagsblatt behandelte das Thema umfassend, indem es zwei Stellungnahmen zu der Frage »Soll die Kirche sich konkret politisch äußern?« abdruckte:[449] Die konträren Positionen vertraten hier auf der einen Seite Hermann von Loewenich, auf der anderen Seite der Hofer Dekan Martin Bohrer – einmal mehr zeigte sich damit die »angespannte Lage« im Kirchenkreis Bayreuth. Auch der Landeskirchenrat formulierte eine Stellungnahme zu dem Thema: »Im Bereich politischer Ermessensfragen ist genaue Information, Sachverstand, politisches Kalkül und Mut zur Entscheidung notwendig. Dabei sind verschiedene Meinungen in Kauf zu nehmen. Sie sind häufig unvermeidbar und zuweilen zur Klärung notwendig. Das ist zu bedenken, wenn kirchliche Gruppen und einzelne Personen mit besonderer kirchlicher Verantwortung meinen, in solchem politischen Meinungsstreit öffentlich Stellung nehmen zu müssen. Sie stehen in der Gefahr, einem Ermessensurteil das Gewicht einer vom Evangelium her zu fällenden Glaubensentscheidung zu geben.«[450] Hermann von Loewenich konterte den zwischen den Zeilen durchaus lesbaren Vorwurf, dass es ihm und anderen möglicherweise am nötigen Sachverstand für entsprechende Stellungnahmen mangele, mit der Bemerkung, dass das »Engagement für den Frieden [...] der Kirche in besonderer Weise aufgetragen [sei]. Es darf sich nicht in Allgemeinplätzen erschöpfen, sondern muß sich in der konkreten politischen Situation bewähren.«[451]

Zwei Jahre später knirschte es Medienberichten zufolge noch einmal zwischen Kirche und Kommunalpolitikern: Oberbürgermeister Dr. Erich Stammberger (WGK) trat als Kulmbacher Kirchenvorsteher zurück. Stammberger hatte als offiziellen

---

449 Nürnberger Gemeindeblatt (7.5.1972), 20.

450 Stellungnahme des Landeskirchenrats zur kirchlichen Auseinandersetzung über die Ostverträge (19.4.1972), in: LAELKB, Vereine und Institutionen III/20 (AEE), Nr. 38.

451 Von Loewenich in: Soll die Kirche sich konkret politisch äußern? Nürnberger Gemeindeblatt (7.5.1972), 20.

Grund für seinen Rückzug im November 1974 Arbeitsüberlastung angegeben. Die Frankenpost kommentierte dies mit den Worten: »Man verweist auf Äußerungen einzelner Kirchenvorstandsmitglieder, wonach Dr. Stammberger vielmehr aus Verärgerung oder Protest seinen Sitz in Kirchenvorstand und Dekanatssynode niedergelegt habe. Der Grund: weil der Dekanatsausschuß zu einer Podiumsdiskussion am Reformationstag im Vereinshaus nicht Dr. Stammberger, sondern dessen politischen Konkurrenten, Bürgermeister Hans-Dieter Lotz, eingeladen habe.«[452] Ob die Einladung des katholischen Sozialdemokraten Lotz auf das hochkarätig besetzte Podium tatsächlich Grund für den Rücktritt Stammbergers war? Dazu wollte sich Dr. Stammberger nicht äußern, ebenso wenig Hermann von Loewenich. Offiziell war Lotz nicht in seiner Funktion als Politiker, sondern als Gymnasialprofessor eingeladen und begrüßt worden. Was auch immer die Hintergründe der Einladungsstrategie des Dekanats und der tatsächliche Anlass von Stammbergers Rücktritt war – das Verhältnis zwischen Kirche und Politik in Kulmbach war erneut angespannt.

Auch wenn die genannten Beispiele von einem gewissen Konfliktpotenzial zeugen, das mit Hermann von Loewenichs Auftreten in der Öffentlichkeit einherging: Der Draht des Dekans zu den politischen Mandatsträgern brach offensichtlich nicht ab, vielmehr suchte von Loewenich immer wieder den Austausch mit den Kommunalpolitikern.

5.3 »Ein lebendiges Miteinander«: Dekanat und Kirchenkreis

Ob es um Gottesdienstreform, Kontakt zu Kirchendistanzierten oder gesellschaftspolitische Debatten ging – Hermann von Loewenich maß der Dekanatssynode und dem Dekanatsaus-

---

452 Frankenpost (20./21.11.1974).

schuss einen hohen Stellenwert bei. Er hatte hier die Chance, einen strukturellen Neubeginn vor Ort zu gestalten: Die Dekanatsbezirksordnung war am 1. Dezember 1970 in Kraft getreten. Die Dekanatssynode löste die vorherige, weitaus größere und schwerfälligere Bezirkssynode ab. Mit der Einrichtung des neuen Gremiums verbanden sich die Erwartungen einer höheren Effektivität und eines Wandels im Selbstverständnis des Dekanats hin zu einer »eigenständigen Lebens- und Diensteinheit der Kirche«: »Aus der Verwaltungskörperschaft soll eine Arbeits- und Aktionseinheit werden [...]. Aus dem beziehungslosen Nebeneinander, das oft auseinanderstrebte, soll ein lebendiges Miteinander werden, in dem sich alle Teile für das Ganze verantwortlich wissen.«[453] Offensichtlich gelang das in Kulmbach. Die Synodalen, so Harald Zapf, damals im Präsidium der Dekanatssynode, »seien nie nur Zuhörer, sondern Mitarbeiter, Frager, Antragsteller gewesen, die ernst genommen wurden«[454]. Die Protokolle über die Verhandlungen der Synode, die dort beschlossenen Anträge und Anfragen an den Landeskirchenrat und an die Landessynode – unter anderem zur Leuenberger Konkordie oder zur »Struktur- und Verfassungsreform der EKD«[455] – zeugen davon, dass das angestrebte lebendige Miteinander tatsächlich Gestalt gewann. Die Kirchengemeinden wurden wiederholt durch Umfragen oder spezielle Arbeitsaufträge eingebunden, die engagierte Öffentlichkeitsarbeit fällt auf.

Wie er sich den Kurs der Dekanatssynode vorstellte, legte von Loewenich in seiner programmatischen Rede anlässlich der ersten Sitzung im April 1971 dar: »Einmal muß die Kirche in der Öffentlichkeit wieder einladender und offener wirken. Ein schlechtes Image schadet dem Auftrag. Alle Vorurteile gegen die Kirche sind geduldig abzubauen. Zum anderen müssen

---

453 Bericht zur ersten Sitzung der Dekanatssynode, 25.4.1971. Dekanat Kulmbach, Az. 14/12 (Dekanatsausschuss 1971–89).

454 Bayerische Rundschau (4.5.1976), 5.

455 Dekanatsausschuss an Landeskirchenrat, Mai 1972, in: Dekanat Kulmbach, Az. 14/12 (Dekanatsausschuss 1971–89).

wir denen, die als Christen zu leben versuchen, helfen, ihren Glauben besser zu verstehen, zu praktizieren und im Gespräch zu vertreten.«[456] Dass es Hermann von Loewenich wichtig war, eine positive Grundstimmung auch gegen den Trend kirchlicher Berichterstattung zu verbreiten, zeigte sich von Anfang an in seinen öffentlichen Verlautbarungen. Exemplarisch sei hier ein Artikel über eine Dekanatssynode »mit überraschend positiver Bilanz« erwähnt: Die Überschrift lautet »Gottesdienst bestbesuchte Veranstaltung am Wochenende«[457].

Gottesdienstreform, praktisches Christentum, gelebte Ökumene weltweit, Kirche und Arbeiterschaft: Was die Kulmbacher Dekanatssynode in den 1970er Jahren auf ihre Weise aufgriff, waren Themen, die auch dem AEE ein Anliegen waren. Es ging um Demokratisierung der Kirche auf den verschiedenen Ebenen und um eine Öffnung der Gemeinden hin zu den Themen der Gesellschaft, hin zu den Menschen, die der Kirche distanziert gegenüberstanden. Ein wesentlicher Anknüpfungspunkt waren hier die Kirchenvorstände – wie konnte deren Arbeit stärker mit den Fragen und Interessen der Gemeinde verbunden werden? Auf Anregung des Dekanatsausschusses wurde in über 20 Gemeinden des Dekanats die Arbeit dieses Gremiums evaluiert; die Ergebnisse wurden im Bayerischen Sonntagsblatt vorgestellt: »Die Kirchenvorsteher blicken bei ihren Zusammenkünften nur selten über den eigenen Kirchturm hinaus. [...] Aktuelle kirchenpolitische Fragen werden in den Kirchenvorständen genausowenig aufs Tapet gebracht wie gesellschaftspolitische Probleme. So werden beispielsweise Fragen der EKD, der Oekumene und des Rassismus weitgehend ausgeklammert. Aber auch kirchliche Denkschriften und Stellungnahmen – etwa zur Sexualethik oder zum Paragraphen 218 – geben keinen Gesprächsstoff für die Kirchenvorsteher ab. Die Sitzungen sind überwiegend mit lokalen

---

456 Bericht Dekanatssynode, 25.4.1971, in: Dekanat Kulmbach, Az. 14/12 (Dekanatsausschuss 1971–89).
457 Bayerische Rundschau (12.11.1974).

Gemeindeproblemen, vor allem Bau-, Verwaltungs- und Finanzfragen, ausgefüllt. Die Kulmbacher Dekanatssynode, die sich mit dem Befragungsergebnis ausführlich befaßte, appellierte an die Kirchenvorsteher, sich nicht in ihrer örtlichen Arbeit abzukapseln.«[458] Um einer solchen »Abkapselung« der Kirchenvorstände künftig auch strukturell vorzubeugen, machte die Dekanatssynode einen Vorstoß hinein in die Landeskirche: Sie stellte einen Antrag an die Landessynode, die Kirchengemeindeordnung dahingehend zu ändern, dass Kirchenvorstandssitzungen in der Regel öffentlich seien.[459] Der Rechtsausschuss brachte daraufhin auf der Frühjahrssynode in Bayreuth 1972 den Vorschlag ein, dass Kirchenvorstandssitzungen zwar weiterhin nicht öffentlich sein sollten, öffentliche Sitzungen aber jeweils beschlossen werden könnten. Nachdem in Bayreuth keine Einigung erzielt werden konnte, leitete die Synode den Antrag der Kulmbacher an den Landeskirchenrat mit der Bitte weiter, im Herbst eine Novelle zur Kirchengemeindeordnung vorzulegen, wonach die Sitzungen künftig in der Regel öffentlich seien. Der Landeskirchenrat initiierte eine Umfrage unter den Kirchenvorständen;[460] diese sprachen sich mehrheitlich für in der Regel nichtöffentliche Sitzungen aus. Dem Votum folgte die Synode mit knapper Mehrheit; der Antrag der Kulmbacher hatte sich damit nicht durchgesetzt.[461]

---

458 Sonntagsblatt, Ausgabe Oberfranken (13.2.1972).

459 Ein zweiter Antrag der Kulmbacher betraf die Herabsetzung des kirchlichen Wahlrechts auf 21 Jahre – laut Synodalpräsident Karl Burkhardt wurden in beiden Anträgen »bekannte Töne« laut; vgl. VLS 1972/I, 28.

460 Umfrage des Landeskirchenrats vom 5.7.1972 an alle Dekanate mit Abdruck an alle Pfarrämter mit Bitte um Rücksendung bis 15.10.1972, in: LAELKB, BD Kulmbach, Az. 15/142 (Dekanskonferenzen bis 1980). Vgl. VLS 1972/II, 89.

461 Vgl. VLS 1972/II, 94. Die grundsätzliche Öffentlichkeit der Kirchenvorstandssitzungen wurde erst bei der Herbstsynode 1999 als Kirchengesetz beschlossen, wurde allerdings vor diesem Gesetz schon in vielen Gemeinden praktiziert.

Während in der Dekanatssynode offensichtlich keine schwerwiegenden Spannungen bestanden, herrschte auf Kirchenkreisebene ein etwas anderes Klima: Der Kirchenkreis Bayreuth, in den von Loewenich als jüngster Dekan Bayerns berufen worden war, war, was die theologischen Positionen seiner Geistlichen anging, äußerst heterogen. Oberkirchenrat Emil Flurschütz, der von 1961 bis 1973 das Amt des Kreisdekans innehatte, deutete in seinem Abschiedsbrief an die Geistlichen etwas von den Auseinandersetzungen zwischen reformorientierten und auf das Bewahren ausgerichteten Geistlichen an, wenn er formulierte: »Manche unter Ihnen beschäftigen sich viel mit den ›Herrschafts-Strukturen‹ in der Kirche, die endlich fallen müssen. Vielleicht bin ich zu alt, um noch zu begreifen, was damit gemeint sein könnte. [...] Viele unter uns möchten die soziale und gesellschaftskritische Seite des Evangeliums in den Vordergrund stellen. Anderen geht es darum, die unverkürzte Botschaft von Jesus Christus für die Menschen unserer Zeit zur Sprache zu bringen. Daraus können Spannungen entstehen.«[462] Diese Spannungen erlebte sein Nachfolger im Amt, Johannes Hanselmann, bereits bei seiner Amtseinführung als Kreisdekan im Kirchenkreis Bayreuth im Januar 1974: Um die Verantwortung der Synodalen des Kirchenkreises bei der Berufung des Kreisdekans zu betonen, folgte Hanselmann dem Vorbild Augsburgs, wo bei der Einführung des dortigen Kreisdekans Walter Rupprecht im Jahr 1971 Synodalpräsident Karl Burkhardt und damit ein »Laie« assistiert hatte. Hanselmann bat daraufhin einen oberfränkischen Synodalen – ebenfalls einen Nichttheologen –, ihn gemeinsam mit den in der Agende vorgeschriebenen beiden geistlichen Assistenten einzusegnen: »Daran nahmen nun im Fall meiner Amtseinführung eine Anzahl von Brüdern, denen z. T. für die Übertragung bischöflicher Ämter an der Bedeutung der bischöflichen Sukzession besonders

---

462 Der Brief ist enthalten in: LAELKB, BD Kulmbach, Az. 15/142 (Dekanskonferenzen bis 1980).

gelegen ist, recht vehementen Anstoß bis hin zu dem Vorwurf, ich habe meinen Vorsatz, Mitte und damit Vermittler zwischen den verschiedenen Gruppierungen unserer Kirche zu sein, von Anfang an verlassen und mich eindeutig und absichtlich einer bestimmten Seite zugeschlagen.«[463] Die erste Dekanekonferenz im Februar 1974 brachte in diesem Punkt einen »erheblichen Eklat«[464]; die Angelegenheit zog, so Hanselmann, weite Kreise, es habe ihn über ein halbes Jahr Zeit gekostet, den Konflikt »zu klären, zu glätten und schließlich aus der Welt zu schaffen«[465].

Johannes Hanselmann beschreibt in seinen Memoiren wiederholt die schwierige Lage im Kirchenkreis: Zu den spezifischen Problemen des Grenzlandes, den nötigen Maßnahmen gegen Resignation und Depression und den vielen vakanten Stellen sei für ihn »als völligem Neuling [...] in [s]einem neuen Amt erschwerend hinzu[gekommen], daß alle drei kirchenpolitischen Gruppierungen in der Landeskirche im Kirchenkreis Bayreuth ihre Vorsitzenden hatten (Sammlung um Bibel und Bekenntnis: Dekan Höfer/Kronach, Evangelische Erneuerung: Dekan von Loewenich/Kulmbach, Arbeitsgemeinschaft Kirchliche Erneuerung: Pfarrer Steinmann/Steinbach a.W.).«[466] Zu dieser Auflistung Hanselmanns sei vermerkt, dass bis 1972 in diesem Kirchenkreis auch noch Walter Reissinger als Wunsiedler Dekan wirkte: Reissinger war maßgeblich an der Gründung des »Vorläufigen Leitungskreises der Kirchlichen Gruppen« im Herbst 1970 beteiligt gewesen – eine direkte Reaktion auf den kurz zuvor erfolgten Beschluss der Bayreuther Synode, noch einmal das Theologinnengesetz in Angriff zu nehmen.[467] Dieser Kreis um Reissinger, bestehend aus unterschiedlichen »bekenntnistreuen« Gruppen, legte gegen die von ihm so genannten »Bayreuther Gesetze« Rechtsverwahrung ein; die Dik-

---

463 Undatiertes Schreiben. A.a.O.
464 HANSELMANN, Ja, 54.
465 A.a.O., 55.
466 A.a.O.
467 Vgl. dazu HAGER, Jahrzehnt, 43.

1 Lina und Clemens von Loewenich. Stehend (von links) die Söhne Walther und Wilhelm. Juni 1915.

2   Wilhelm von Loewenich.

3 Reit im Winkel 1935. Jutta und Wilhelm von Loewenich mit (von links) Gerhard, Hermann und Reinhard.

4 Die Geschwister von Loewenich um 1941. Hinten von links: Reinhard, Hermann, Gerhard. Vorne von links: Elisabeth und Gertraud.

5 Schulzeit in Windsbach. Hinten, 3. von links: Hermann von Loewenich.
   Vorne Mitte: Dora und (rechts von ihr) Direktor Christian Nicol,
   daneben Schwester Elisabeth Breiter.

6 Studentenzeit.

7 Als Präfekt in Windsbach
   bei der Moderation einer
   Faschingsveranstaltung.

8 Ferienheimarbeit. Hermann von Loewenich vorne, Hermann
Sondermann hinten mit Gitarre.

9 Ferienheimarbeit. H. von Loewenich mit der
späteren Schauspielerin Elke Sommer.

10 Vikar von Loewenich.

11   Predigerseminar Nürnberg. Studieninspektor von Loewenich
      vorne (3.v.r.) und Rektor Kurt Horn, vorne (2.v.l.).

12   Hiltrud Maiwald und Hermann von Loewenich 1962.

13 Wandern mit der ESG Nürnberg.

14 Beim Fußballspielen mit Studenten.

15 Studentenpfarrer von Loewenich bei der Bayreuther Synode 1969
mit Pfarrvikarin Gudrun Diestel und Liselotte Nold.

16 Von Loewenich in seiner
Kulmbacher Zeit.

17 Auf dem Kulmbacher Bierfest im Kreis von Kollegen, Mitarbeiterinnen und Mitarbeitern.

18 Dekan von Loewenich und Pfarrer Hartmut de Fallois bei dessen Einführung 1971 (vorne, von links).

19 Verabschiedung aus Kulmbach im Mai 1976. Familie von Loewenich mit Oberbürgermeister Dr. Erich Stammberger.

20 Nürnberger Kirchentag 1979, am Hauptmarkt. Hermann von Loewenich mit (sitzend, von links) Bundespräsident Walter Scheel und Ministerpräsident Franz Josef Strauß. Stehend von rechts der Nürnberger Oberbürgermeister Andreas Urschlechter, Staatssekretär Georg von Waldenfels, Staatsminister Karl Hillermeier, Staatssekretär im Bayerischen Landwirtschaftsministerium Simon Nüssel.

21 Sebalder Freyung 1983. Von Loewenich im Kreis von Amtsbrüdern.
Vorne v. l.: Eberhard Günther, Hermann von Loewenich, Johannes
Friedrich, Peter Noack. Dahinter v. l.: Ludwig Markert, der katholi-
sche Pfarrer Veit Höfner, Eberhard Bibelriether.

22 Einführung als Kreisdekan in Nürnberg am 3. März 1985 in der
Lorenzkirche. Von links: Prodekan Herbert Bauer, Hermann von
Loewenich, Oberkirchenrat Theodor Glaser.

23 Nach der Wahl: Synodalpräsident Dieter Haack, Ehepaar von Loewenich, Oberkirchenrat Theodor Glaser.

24 Einführung als Landesbischof durch Johannes Hanselmann. Im Hintergrund der Mecklenburger Landesbischof Christoph Stier.

25 Bischof von Loewenich.

26 Im Gespräch mit Obdachlosen.

27 Kirchentag auf dem Hesselberg 1996.

28 Verabschiedung in der Matthäuskirche München am 31.10.1999.

29 Taufe von Enkelsohn Julius von Loewenich 2004. Von links:
Hermann von Loewenich mit den Enkelkindern Pauline und Julius,
Schwiegersohn Christian, Tochter Christiane und Sohn Andreas.

30 Trauerfeier in der Lorenzkirche.

tion erinnerte wohl nicht zufällig an die »Nürnberger Gesetze« aus dem Jahr 1935. Reissinger war wiederholt in Auseinandersetzungen mit Amtsbrüdern involviert und pflegte dabei oft einen scharfen Ton. Zu denen, die ihm widersprachen, zählte maßgeblich AEE-Mitglied Klaus Diegritz, Jahrgang 1926, Dekan in Bad Berneck von 1965 bis 1975. »Auf der Dekanekonferenz von Oberfranken saßen die beiden mehr oder weniger am Katzentisch«[468], gibt Hans Issler pointiert seinen Eindruck der Situation wieder. Gottfried Naether, von 1972 bis 1985 Dekan in Bayreuth, erinnert sich an »sehr große Spannungen zwischen den Dekanen«; von Loewenich habe dabei als ausgesprochen progressiv und zielgerichtet gegolten. »Regierfreudig« sei von Loewenich gewesen, so Naether, der kirchenpolitisch in vielem anderer Ansicht als sein Amtsbruder war; er habe dabei viel persönlichen Charme zeigen können, sei aber in Auseinandersetzungen fair geblieben. Der private Kontakt zwischen ihnen habe unter sachlichen Differenzen nicht gelitten, man habe es – auch, weil man sich von Kind auf kannte – verstanden, »das Persönliche und das Dienstliche im Rahmen zu halten«[469].

Es war sicher für manche Kollegen eine gewisse Anfechtung, dass Hermann von Loewenich im Herbst 1971 mit großer Mehrheit in die Synode gewählt wurde und sich dabei deutlich gegen den Bamberger Dekan Günter Schlichting, Jahrgang 1911, Stellvertreter des Kreisdekans, und den Pegnitzer Dekan Wolfram Hanow, Jahrgang 1909, durchsetzte. Die Zahl der Stimmen, die auf jeden Kandidaten fielen, wurde erstmals nicht vertraulich behandelt, sondern – auch auf eine Initiative des Kulmbacher Pfarrkapitels hin – den Wahlberechtigten mitgeteilt.[470] Der Wahlerfolg von Loewenichs hing sicher zu einem nicht geringen Teil mit der Vernetzung über den AEE, aber auch mit dem neuen Selbstbewusstsein der Wahlberechtigten zu-

---

468 Interview H. Issler.
469 Interview G. Naether.
470 Vgl. dazu die Unterlagen in: LAELKB, BD Kulmbach, Az. 15/142 (Dekanskonferenzen bis 1980).

sammen, die nun auch Informationen über die Kandidaten ein-
forderten, was manche arrivierten Geistlichen befremdete. Im
Kirchenkreis Bayreuth zeigte sich dieses Unbehagen an den Reaktionen auf eine Kandidatenbefragung, die der Dekanatsausschuss Bad Berneck schriftlich durchgeführt hatte:[471] Hanow
und Schlichting vermittelten hier potenziellen Wählern den
Eindruck, die Arbeit der Synode entziehe sich weitgehend der
öffentlichen Diskussion. So antwortete Hanow, gefragt nach
möglichen Schwerpunkten seines Engagements in der Synode:
»Die Erfahrung aus 12jähriger Mitarbeit in der Landessynode
hat gezeigt, daß diese Frage richtig erst nach Beginn der Syno-
daltätigkeit beantwortet werden kann«. Über konkrete Inhalte
schwieg Hanow weitgehend, er mahnt dafür zum Maßhalten
und betont die Notwendigkeit fundierten theologischen Sach-
verstands. Ähnliches signalisiert auch der Antwortbogen seines Amtsbruders Schlichting. Hermann von Loewenich hingegen lieferte in seiner ausführlichen Antwort, was die Befragung
bezweckte: konkrete Positionen zu anstehenden Aufgaben und
ein deutliches Signal in Richtung Gesprächsbereitschaft: »Die
Kluft zwischen Gemeinde und Theologie muß überwunden
werden. Das Handeln der Kirche muß glaubwürdig sein: d.h.
unter anderem weniger Angst in den Entscheidungen, mehr
Mitverantwortung für die Laien, nicht bloß ›Rückzugsgefech-
te‹, sondern klares Setzen von Schwerpunkten. Beispiele: Ver-
wirklichung der Strukturdenkschrift (Zusammenarbeit der
Gemeinden und des Dekanatsbezirks als Aktions- und Dienst-
gemeinschaft), evangelische Erwachsenenbildung, Reform des
Religionsunterrichtes, Fortbildung der Mitarbeiter der Pfarrer.«[472]
   Kreisdekan Hanselmann versuchte, die Fronten zwischen
den Dekanen aufzubrechen. Ihn leiteten dabei gruppenpädago-
gische Erkenntnisse und neue Modelle der Gesprächsführung.[473]
In theologischen Arbeitsgruppen im Kirchenkreis, aufgeteilt auf

---

471 Vgl. die Unterlagen a.a.O.
472 A.a.O.
473 Vgl. HANSELMANN, Ja, 56f.

eine West- und eine Ostschiene, diskutierten auf Hanselmanns
Anregung hin die Dekane – bzw. pro Dekanat mindestens zwei
Pfarrer mit unterschiedlichen theologischen Positionen – über
strittige Themen. Hermann von Loewenich beteiligte sich hier
offensichtlich mit großem Engagement; seine Thesen zum Thema Evangelisation waren beispielsweise Diskussionsgrundlage
bei einem Treffen im März 1976.[474] Dass Hanselmanns vermit-
telndes Wirken im Dekanat Kulmbach geschätzt wurde, zeigte
sich auch daran, dass der Dekanatsausschuss im Februar 1975
einstimmig vorschlug, den Kreisdekan in den Wahlvorschlag
für die Bischofswahl aufzunehmen.[475] Als die Synode dann unter Bischof Hanselmann die Annahme der Leuenberger Konkordie beschloss und die Frauenordination auf den Weg brachte,
war das – wie auch eine entsprechende Eingabe zeigt[476] – ganz
im Sinn der Kulmbacher und ihres Dekans.

5.4 »Weise mir, Herr, deinen Weg«: Abschied aus Kulmbach

»Weise mir, Herr, deinen Weg«: Dieser Psalmvers war Jahreslosung für 1976. Hermann von Loewenich wählte ihn als Leitvers
für seine Abschiedspredigt in Kulmbach am 16. Mai desselben
Jahres. Einleitend legte er dar, wie ihn die Losung in den ersten Januartagen »in einer seltsamen Weise sehr persönlich angesprochen« habe: »Damals stand ich vor der Entscheidung, ob
ich dem an mich ergangenen Ruf nach Nürnberg folgen sollte.

---

474 Vgl. Nachrichten (1975/18), 343–346.
475 Vgl. Dekanatsausschuss, 4.2.1975, an K. Burkhardt. In: LAELKB, BD
   Kulmbach, Az. 14/12 (Dekanatsauschuss bis 1980). Einem Zeitungsbericht zufolge wurde bereits bei der Bischofswahl 1975 der Name von
   Loewenichs ins Spiel gebracht: Bayerische Rundschau (28.11.1974), 6.
476 Vgl. Resolution zur Leuenberger Konkordie, 8.10.1972, in: LAELKB,
   BD Kulmbach, Az. 25/2 (Rundschreiben 1958–73).

Die Frage bewegte mich, welchen Weg Gott mich weist. Nun gehe ich in acht Tagen den Weg in meine Heimatstadt Nürnberg zurück. Ich hoffe, daß es für mich ein Weg Gottes ist. Ich spüre an dieser Weggabelung, wie sehr ich auf Gottes Geleit angewiesen bin.«[477]

Eine überraschende Wendung war die Berufung zum Nürnberger Dekan für von Loewenich wohl nicht, die Rückkehr in die Heimatstadt war offensichtlich schon länger im Blick gewesen. Der Terminus »Zwischenstation« als Bezeichnung der Kulmbacher Jahre stand wiederholt im Raum. Mit ihm war auch der Abschiedsgruß im Kulmbacher Kirchenboten überschrieben. Den Worten von Amtsbruder Heinrich Herrmanns, später Landesbischof in Schaumburg-Lippe, konnte man hier – neben aller Würdigung – auch leise Kritik an dem landeskirchenweit orientierten Wirken von Loewenichs entnehmen: »Es waren nicht wenige, die es bedauerten, daß Arbeitskraft und Talent unseres Dekans oft in übergroßem Maß von der Landeskirche beansprucht wurden. Alle Hochachtung für einen Mann, der durch höchste Anforderungen an sich selbst dennoch danach trachtete, als Pfarrer und Dekan seine Aufgaben soweit wie möglich auszufüllen.«[478]

Kulmbach – lediglich eine Treppenstufe auf der Karriereleiter? Von Loewenich betonte, dass er selbst seinen Dienst in Oberfranken nicht als Übergangslösung empfunden habe: »Ich habe versucht, mich ganz der Aufgabe in Kulmbach zu stellen. Trotz aller Arbeitsfülle und Belastungen, die mit der Funktion des Dekans verbunden sind, habe ich diese Aufgabe gerne wahrgenommen. Sie hat mich auch persönlich bereichert.«[479] Es habe zwar einige »nicht leichte Konflikte« gegeben, man habe sich aber insgesamt »trotz einiger Schmerzen und Wun-

---

477 Abschiedspredigt zu Ps 86,11, am 16.5.1976, in: LAELKB, DSS P Loewenich, Hermann von Loewenich.
478 Evangelisch in Kulmbach (April 1976), 2.
479 Bericht Dekanatssynode 30.4.1976, in: LAELKB, BD Kulmbach, Az. 14/11 (Dekanatssynoden 1975–82). A.a.O. nachfolgende Zitate.

den [...] in diesen kritischen Jahren nicht auseinanderdividie-
ren« lassen, sondern einen brüderlichen, partnerschaftlichen
Umgang gepflegt, und in der kirchlichen Arbeit sei einiges gelungen. Man solle seinen Wechsel nun nicht dramatisieren: »Es
ist schön, eine Zeitlang an einem bestimmten Platz für Gottes
Reich etwas tun zu dürfen. Dann kommt eine Wachablösung,
wie es sie auch in der Politik gibt. Aber Gottes Sache geht weiter.
Dessen dürfen wir gewiß sein. Er braucht Sie hier an dieser Stelle, und ich hoffe, daß er mich auch in Nürnberg brauchen kann.«
  Die Kulmbacher bereiteten dem scheidenden Geistlichen
einen herzlichen Abschied. Von Loewenich erntete noch einmal große Anerkennung, sowohl in persönlichen Briefen als
auch in offiziellen Reden. Harald Zapf, der für das Präsidium
der Dekanatssynode sprach, betonte, dass die programmati-
sche Rede von Loewenichs auf der ersten Dekanatssynode 1971
prophetischen Charakter besessen habe: »Alle damals aufge-
zeigten Perspektiven sind nicht nur in Kulmbach, sondern darüber hinaus bis auf Landesebene verwirklicht worden«, von
Loewenich habe »die ganze Weite kirchlicher Arbeit aufgezeigt und praktiziert«. Mit ihm sei in der Dekanatssynode »lebendige Gemeinde gewachsen«[480], er habe sich als »sehr guter
Prediger«, verantwortungsvoller Bauherr, »Anwalt seiner Pfarrer, Sprecher für alle Berufe und Berufsgruppen« erwiesen.
Das Pfarrkapitel packte seine Abschiedsworte in die Form einer Fußballreportage:[481] Senior Rolf Fuchs charakterisierte von
Loewenichs Leitungsstil, seinen hohen Anspruch, seine An-
griffslust und seinen Teamgeist, indem er den »Mannschafts-
kapitän« mit den Worten beschrieb: »In der Abwehr ein ei-
serner Riegel, kompromißlos und kopfballstark, nie ein Duell
scheuend; er zeigte sehr viel Energie, Eigentore schoß er nie.«
Angriff und Aufbauspiel seien seine Stärken gewesen, er habe
ein Mittelfeldregiment »ohne gleichen« geführt – und wenn er

---

480 Bayerische Rundschau (4.5.1976), 5. A. a. O. folgende Zitate.
481 Bayerische Rundschau (18.5.1976), 6.

Vorlagen gab, bedurfte es schon enormer Anstrengungen seiner Mitspieler, den Ball zu erreichen.

Oberbürgermeister Stammberger verhehlte in seinem Grußwort nicht, dass in der Wirkungszeit von Loewenichs »die Wogen auch einmal hoch schlugen«; er bescheinigte dem Dekan aber, »im christlichen Geist und mit persönlicher Achtung« agiert zu haben, und resümierte mit einer gewissen Deutungsoffenheit: »Die Handschrift Ihrer starken Persönlichkeit wird weiterhin in dieser Stadt zu spüren sein.«[482]

Was seinen künftigen Aufgabenbereich anging, äußerte Hermann von Loewenich in privaten Schreiben neben Vorfreude auch Bedenken; es sei schließlich »kein leichtes Amt«, das er antrete: »Dabei denke ich weniger an die lange Strukturdebatte über das Dekanat und die Prodekanatsbezirke als an den Auftrag, das Evangelium in den Lebensbedingungen der Großstadt zu bezeugen und die Amtsbrüder dabei zu ermutigen und zu beraten. Die evangelische Tradition dieser alten Reichsstadt ist sicher auch heute noch nicht abgebrochen. Das ist eine Hilfe. Aber entscheidend wird es darauf ankommen, daß die vom urbanen Lebensgefühl geprägte mittlere und jüngere Generation diese Tradition aufnimmt und in ihrer Weise weiterträgt.«[483] Kirche in der Großstadt – das sollte nun sein Thema werden.

---

[482] A. a. O.
[483] Von Loewenich an H. Dietzfelbinger, 3.2.1976, in: LAELKB, NL Loewenich, Hermann von, vl. Nr. 50.

6. »Kirche in der Großstadt«: Nürnberger Jahre (1976–94)

Es war eine innige Beziehung, die Hermann von Loewenich zu Nürnberg pflegte: Nürnberg, das war die Stadt, in der er geboren und aufgewachsen war und deren Vergangenheit in der NS-Zeit ihn ein Leben lang umtreiben sollte. Das protestantische Erbe der Stadt hielt er hoch, in seiner Person schien er wesentliche Facetten davon zu verkörpern: Da war einerseits das betont lutherisch-konfessionelle Element, das auch er immer wieder zeigte, da war andererseits die liberale Tradition eines Friedrich Rittelmeyer und eines Christian Geyer, nach dem ihm seine Eltern seinen zweiten Vornamen gegeben hatten. Und dann war da der Ruf Nürnbergs als einer Stadt, von der wesentliche Impulse für den kirchlichen Aufbruch in den 1960er und 1970er Jahren ausgegangen waren, sei es durch das Studienzentrum Heilig Geist, die Jugendgottesdienste in der Meistersingerhalle, durch die Gründung des AEE oder durch die enge Kooperation mit der Gemeindeakademie Rummelsberg.

Es gibt einen Vortrag Hermann von Loewenichs aus dem Jahr 1983, in dem er Nürnberg unter fünf Aspekten würdigt:[484] als Stadt der Reformation, als protestantische, ökumenische, fränkische und humane Stadt. Was hier teils explizit, teils zwischen den Zeilen über Nürnberg und Franken zu lesen ist, klingt wie eine Liebeserklärung – man könnte aber auch meinen: fast wie eine Selbstbeschreibung von Loewenichs, etwa wenn er erklärt: »Selbstverständlich stehen wir [die Franken; Anm. d. Verf.] sowohl unserem Staat als auch unserer Kirche

---

484 Generalversammlung des Evangelischen Bundes, Nürnberg, 23.9.1983, in: LAELKB, NL Loewenich, Hermann von, vl. Nr. 90. Daraus nachfolgende Zitate.

loyal gegenüber, wobei es unterschiedliche Herztöne gibt.« Oder: »Der Franke sucht die Verbindung, die Vermittlung, den Dialog, aber dem Extremen ist er abhold. Bei aller Weltoffenheit ist er binnenländisch geblieben, ein Stück Provinz, handfest, nüchtern, den realen Dingen des Lebens zugetan. Und ebenso steht es auch mit seiner Frömmigkeit. Sie ist nüchtern, traditionsbewußt, mißtrauisch gegen das Exaltierte. Aber sie geht auch neue Wege mit, wenn man sie verständnisvoll motiviert und Überforderungen vermeidet.«

Es waren achtzehn Jahre, in denen Hermann von Loewenich als Stadtdekan, dann als Kreisdekan in Nürnberg wirkte. Er spielte in seiner Heimatstadt, so Johannes Friedrich, »eine außerordentlich große Rolle. Jedermann in der Stadt kannte ihn.«[485] Entscheidende Ereignisse fielen in diese Jahre: Der Kirchentag 1979, das fröhliche Fest des Glaubens, das für ein selbstbewusstes Miteinander von Christengemeinde und Bürgergemeinde stand, war ein Höhepunkt in von Loewenichs Berufsleben. Die Auseinandersetzungen um die Massenverhaftungen im Nürnberger Jugendzentrum, genannt KOMM, im Jahr 1981 hingegen brachten einen Wendepunkt im Verhältnis von Loewenichs zu Justiz und Politik, sie lassen sich in gewisser Weise als wegweisend für eine Neubestimmung im Verhältnis zwischen Landeskirche und Staat sehen. Die sogenannte »KOMM-Affäre« forderte von Loewenich dazu heraus, auf eine Art und Weise Freimut zu zeigen, für die er in seiner Stadt auch scharfe Kritik erntete, was ihm sichtlich zu schaffen machte.

In der Lorenzkirche wurde von Loewenich 1994 schließlich in das Amt des Landesbischofs eingeführt; der Wechsel nach München stand an. Die Presse sprach den frischgebackenen Landesbischof damals gerne auf seine Heimatverbundenheit an, er wurde wiederholt damit konfrontiert, dass er jahrelang mit einer gewissen Oberbayern-Skepsis und Distanz zum Lan-

---

485 J. FRIEDRICH: Würdigung und Traueransprache H. von Loewenich, in: Büro der Regionalbischöfe Nürnberg, Amtseinführung v. Loewenich 1985 sowie Trauerfeier.

Landeskirchenamt kokettiert habe – die Haltung der Familie von Loewenich »München, nein danke«[486] wurde hier tradiert. Auch wenn sich von Loewenich spätestens 1994 gegen die Behauptung verwahrte, von ihm stamme der Satz, das Beste an München sei die Autobahn nach Nürnberg: Abwegig will diese Zuordnung angesichts seiner Verbundenheit mit der Heimatstadt nicht erscheinen.

6.1 »Suchet der Stadt Bestes«: Dekan in Nürnberg (1976–85)

Als Hermann von Loewenich das Amt des Nürnberger Stadtdekans antrat, war er 44 Jahre alt. Sein Vorgänger Fritz Kelber hatte das Amt von 1958 bis 1975 innegehabt, ein Zeitraum, in dem sich die kirchliche Landschaft in Nürnberg stark verändert hatte: Zahlreiche neue Kirchenbauten, vor allem an den Rändern der fränkischen Metropole, waren entstanden, zudem waren mehrere diakonische Einrichtungen, Gemeindehäuser und Kindergärten errichtet worden; durch Eingemeindungen war die Zahl der Einwohner Nürnbergs im Jahr 1972 auf 500.000 angewachsen. 1970 waren die drei Prodekanate Mitte-Nord, Ost und West eingerichtet worden, Strukturdebatten hatten die Nürnberger Geistlichen in hohem Maß beschäftigt. Es sei nun, so Kelber an von Loewenich vor dessen Amtsantritt, eine wesentliche Aufgabe, »dafür zu sorgen, daß das etwas künstlich aufgeblasene ›Prodekanatsbewußtsein‹ mit dem Gesamtbewußtsein, für Nürnberg und Gottes Reich in Nürnberg verantwortlich zu sein, zusammengeht«[487]. Dass auch Hermann

---

486 So das Votum des »Familienrats« 1980, als an von Loewenich offensichtlich eine Berufung in ein kirchenleitendes Amt in München herangetragen wurde; von Loewenich lehnte ab und berichtete später in Interviews darüber. Vgl. Dekanatsausschuss-Sitzung, 18.4.1980, in: Dekanat Nürnberg, Dekanatsausschuss (1977–83).
487 Kelber an von Loewenich, 10.1.1976, in: LAELKB, NL Loewenich,

von Loewenich seine Aufgabe weniger im Strukturellen als im Inhaltlichen sah, äußerte er gegenüber Oberkirchenrat Georg Lanzenstiel mit den Worten: »Mein Thema wird ja sein, wie Gott im urbanen Raum erfahren und bezeugt werden kann.«[488]

Diese Schwerpunktsetzung erschien umso dringlicher, als die kirchliche Landschaft in Nürnberg ebenso wie andernorts von einem Traditionsabbruch betroffen war; auch hier verlor die Volkskirche zusehends an Selbstverständlichkeit. Rund 10.000 Gemeindeglieder traten zwischen 1973 und 1983 in Nürnberg aus der Kirche aus, die Zahl der Gottesdienstbesucher sank, der Generationenkonflikt, der mit einer starken Institutionenskepsis einherging, machte sich ebenso bemerkbar wie ein zunehmender Wertepluralismus und ein wachsender Anteil Andersgläubiger: »Der urban geprägten Welt ist insgesamt der Konsens verlorengegangen«[489], kommentierte von Loewenich. Gesellschaftliche Umbrüche, eine hohe Arbeitslosigkeit und ein zunehmender Säkularismus und Individualismus bildeten den Horizont, vor dem sich die Kirche behaupten sollte: »Aber haben wir die geistliche Kraft, um neu zu Gotteserfahrungen im Kontext der Stadt hinzuführen? Setzen wir für diese Aufgabe genügend geistige und auch personelle Kräfte ein?« Das waren die Fragen, die Hermann von Loewenich in seiner Nürnberger Zeit umtrieben und die er positiv zu beantworten suchte, gerade auch in Verantwortung für das Gemeinwesen: »Wir sind als Kirche nicht für uns da. Wir haben einen Auftrag auch für diese Stadt. Helfen wir mit, daß das Evangelium das Gesicht unserer Stadt auch weiterhin prägen kann.«[490]

Hermann von, vl. Nr. 50.

488 Von Loewenich an Lanzenstiel, 2.2.1976. A. a. O.

489 »Schwerpunkte einer missionarisch-diakonischen Kirche in der Stadt am Beispiel Nürnberg«; Bericht vor der Landessynode in Nürnberg (25.4.1983). In: Dekanat Nürnberg, Dekanatsausschuss (1977–83). A. a. O. nachfolgendes Zitat.

490 Ansprache 31.10.1977 (St. Sebald u. St. Lorenz), in: Dekanat Nürnberg, Berichte/Referate H. von Loewenich.

Hermann von Loewenich war mit großer Zustimmung in das Amt gewählt worden. Fritz Kelber sah darin »vielleicht ein Zeichen dafür, daß die Nürnberger eben doch jemand haben wollen, der ihnen hilft [...], den Hauch von Liberalität zu wahren, den diese Stadt besitzt und braucht, wenn sie ihrer Vergangenheit treu bleibt«.[491] Wie verschiedene Glückwunschschreiben von Amtsbrüdern, Freunden und Bekannten belegen, erschien vielen das Amt des Nürnberger Dekans für den beruflichen Werdegang von Loewenichs konsequent. So schrieb der ehemalige Oberkirchenrat Heinrich Riedel, der von Loewenich seit dessen Kindheit kannte: »Wenn man als früherer Personalreferent noch im geheimen über die Vorgänge in der Landeskirche nachdenkt, so hatte ich mir schon seit längerer Zeit auch diesen Weg für Sie gedacht.«[492] Andere lassen in ihren Schreiben durchscheinen, dass sie sich auch eine in der Kirchenhierarchie höher angesiedelte Stelle für von Loewenich hätten vorstellen können bzw. diese weiter im Blick hatten. So schrieb eine Synodale, Mitglied der Gruppe »Offene Kirche«: »Oberkirchenrat werden Sie immer noch, aber nicht schon jetzt für den Rest Ihrer Berufstätigkeit. Jedes Amt verschleißt, und ein neues Amt wieder zu beginnen, gibt auch neue Kraft und neuen Auftrieb.« Sie habe, so diese Gratulantin, das Gefühl, »durch die großen Lücken, die der letzte Krieg gerissen hat, sind oft Menschen zu früh in eine Spitzenstelle aufgerückt und zu früh verbraucht worden«.[493]

Familie von Loewenich zog ins Nürnberger Dekanat in der Burgstraße 6. Büroräume und Amtszimmer befanden sich im Erdgeschoss, die Wohnräume befanden sich direkt darüber. Fritz Kelber beschreibt den Charme des Hauses mit den Worten: »Ich freue mich, daß Ihr auch unsere Nachfolger im hohepriesterlichen Palast werdet. Ihr werdet sehen: Es läßt sich in

---

491 Kelber an von Loewenich, 10.1.1976, in: LAELKB, NL Loewenich, Hermann von, vl. Nr. 50.
492 Riedel an von Loewenich, 3.2.1976. A.a.O.
493 Schreiben an von Loewenich, 23.1.1976. A.a.O.

der Burgstraße 6 gut leben, und die paar Nachteile des uralten Hauses werden durch den Vorteil der Lage, der Stille mitten in der Stadt und eben auch die Geschichte des Hauses mehr als aufgewogen.«[494] Als Stadtdekan war von Loewenich Hauptprediger in St. Sebald. Seine Gemeindekirche war St. Egidien, die von Loewenich aus seiner Zeit als Studentenpfarrer gut vertraut war. Prodekane waren zu Dienstbeginn Herbert Bauer (Mitte-Nord), Friedrich Wolf (Nürnberg-Ost) und Reinhard Dobbert (Nürnberg-West), der 1985 auch sein Nachfolger auf der Stelle des Nürnberger Dekans werden sollte. Das gemeinsame Vorgehen und die Stellungnahmen in Konfliktfällen zeugen von einem konstruktiven Miteinander der vier Dekane.

Die Einführung Hermann von Loewenichs fand am Pfingstsonntag statt – ein Termin, den Hermann von Loewenich als Ermutigung empfand: »Pfingsten gab den richtigen Ton für den Anfang.«[495] Seine Predigt leitete er mit den Worten ein: »Mit einem neuen Dekan kommt kein neues Pfingsten. Darin werden Sie mir zustimmen, wie immer Ihre Erwartungen an mich aussehen. Ich bin bei allem Anfang in dieser Stadt auf das Empfangen angewiesen – so wie Sie alle. An Pfingsten ist mir noch deutlicher als sonst bewußt, daß wir in der Kirche nicht als Macher schalten und walten können. Wir sind nicht Manager des Geistes Gottes. Aber wir leben von seiner Verheißung.«[496] Diese Verheißung, dass Christen der Geist Gottes zugesagt sei, ermutige ihn gerade jetzt, in einer Zeit, in der in Gesellschaft und Kirche eine gewisse Ermüdung zu spüren sei: »Nach Jahren, die unsere Phantasie durch manche Vision beflügelt oder auch beunruhigt haben, sind wir innerlich erschöpft. Die Liste unserer Verlegenheiten ist lang. Überzeugende Lösungen fallen uns nicht ein. Wir fühlen uns in mancher Hinsicht ratlos.« Alle Selbstkritik dürfe aber das Vertrauen in Gottes Zusage nicht

494 Kelber an von Loewenich, 10.1.1976. A. a. O.
495 Von Loewenich an Dekan G. Bauer (Schwabach), 10.6.1976. A. a. O.
496 Predigt zu Röm 8, 1f., 5–9 (6.6.1976). LAELKB, DSS P Loewenich, Hermann von. Folgende Zitate a. a. O.

überschatten: Wer aus Gottes Geist heraus lebe, werde frei für den Dienst in seinem Namen. Die »Tendenz des Geistes«, so von Loewenich, sei »Leben und Frieden«: »Ihr wollen wir uns als Kirche dieser Stadt verschreiben, gerade auch mit unserem alltäglichen Dienst.«

Der »alltägliche Dienst« Hermann von Loewenichs hatte in seinen Jahren als Nürnberger Stadtdekan die unterschiedlichsten Facetten: Er umfasste die traditionelle kirchliche Gemeindearbeit ebenso wie den Anstoß innovativer Projekte. Er beinhaltete den Neubau der Wilhelm-Löhe-Schule auf der Deutschherrnwiese – »ein Jahrhundertbau«[497] – ebenso wie den Vorsitz in der Stadtmission und in weiteren Gremien[498] sowie Verwaltungsreformen, in deren Bewältigung von Loewenich laut einer Beurteilung von 1981 seine »ausgesprochene Managementbegabung und [sein] Organisationstalent«[499] unter Beweis stellen konnte. Die Nürnberger Jahre waren geprägt von Phasen enger Zusammenarbeit mit Vertretern aus Gesellschaft und Politik ebenso wie von heftigen Auseinandersetzungen, teils in eigener Sache, teils, was Geistliche seines Dekanats betraf. Über allem stand für Hermann von Loewenich als Leitmotiv: »Kirche in der Großstadt«: »Von diesem Thema her sah ich mich in die Spannung zwischen Glaube und Empirie, zwischen Hoffnung und Wirklichkeit hineingestellt.«[500]

Das Gebilde dieser »Kirche in der Großstadt« war ein vielschichtiges Konstrukt: In von Loewenichs Dekanat waren zum Zeitpunkt seines Amtsbeginns 46 Kirchengemeinden zusam-

---

497 Ansprache Dekanatssynode, 28.1.1983, in: Dekanat Nürnberg, Dekanatssynode (1977–83).

498 Von Loewenich war zudem Kuratoriumsmitglied der EAT, im Verwaltungsrat der Rummelsberger Anstalten und im Aufsichtsrat des Evangelischen Siedlungswerks (ESW).

499 Beurteilung 1981, in: Landeskirchenamt, Personalakte H. v. Loewenich.

500 »Impulse, die mir wichtig waren«. Abschlussbericht Dekanatssynode 25.1.1985. Dekanat Nürnberg, Berichte/Referate H. von Loewenich.

mengeschlossen, die »z. T. ein starkes Selbstbewusstsein« be-
saßen, »geprägt von starken Pfarrerspersönlichkeiten der Vergangenheit«[501]. Von Loewenich griff hier wiederholt auf die
»fünf Ringe« zurück, mit denen der Theologe und Publizist
Martin Lagois die kirchliche Landschaft Nürnbergs dargestellt
hatte:[502] Den ersten, den innersten Ring stellten die vier Alt-
stadtkirchen dar, den zweiten Ring die um den Stadtkern ge-
lagerten Gemeinden, die vor allem im Zug der Industrialisie-
rung entstanden waren. Die weiter vom Zentrum entfernten
Gemeinden, vor allem die Siedlungen der 1920er Jahre und
die alten Vorstädte, bildeten den dritten Ring, die jungen Gemeinden in Langwasser gemeinsam mit den traditionsreichen
Gemeinden des Pegnitztales den vierten. Der fünfte Ring bestand aus den in Nürnberg angesiedelten Werken und Diensten mit überregionalen Funktionen – dem Amt für Gemeindedienst oder dem »Amt für Industrie- und Sozialarbeit«, mit dem
von Loewenich schon als Dekan, in besonderer Weise dann als
Kreisdekan eng kooperierte.

Auf verschiedene Weise arbeitete Hermann von Loewenich
daran, dass im Zusammenspiel dieser fünf Ringe die Kirche im
Großraum Nürnberg präsent blieb oder neu sichtbar wurde.
Während der Jahre, in denen er Dekan in Nürnberg war, wirkte
von Loewenich auch an der Veröffentlichung des VELKD-Pa-
piers »Zur Entwicklung von Kirchenmitgliedschaft. Aspekte
einer missionarischen Doppelstrategie« (1983) mit. Das, was in
Nürnberg wie andernorts an sinkenden Kirchenmitgliederzah-
len, Traditionsabbruch und einer sich weiter differenzierenden
Gesellschaft zu beobachten war, bildet den Hintergrund für
die sogenannte »missionarische Doppelstrategie« mit den zentralen Begriffen »Öffnen« und »Verdichten«: »Sie erinnern an

---

501 Bericht über das kirchliche Leben in Nürnberg und die Aufgaben der
    evang.-luth. Dekanatssynode Nürnberg, 6.3.1977. Dekanat Nürnberg,
    Dekanatssynode (1977–83).
502 Einheit und Vielfalt im Evangelischen Nürnberger Kirchenwesen (un-
    datiert). In: Dekanat Nürnberg, Berichte/Referate H. von Loewenich.

einen Zwei-Takt-Motor, bei dem im Spiel von Verdichtung und
Öffnung als zwei Takten Bewegung entsteht und Energie frei
wird.«[503] Hermann von Loewenich erklärte diese Strategie einmal mit den Worten: »Sie ist für mich kein statisches Modell,
sondern ein Konzept, das uns hilft, in dieser spannungsvollen
Zeit unterwegs zu bleiben. Es nützt die Chancen, die die Volkskirche heute besitzt. Es baut heute zugleich schon erste Stellun-
gen einer Kirche der Zukunft. Verdichtung heißt für mich, daß
sich auf neue Weise Glaubenserfahrungen mit den Alltagser-
fahrungen des zu Ende gehenden 20. Jahrhunderts durchdrin-
gen. Verdichtung bedeutet, daß ein Netz verbindlich gelebten
Christseins unterschiedlicher Prägungen entsteht. [...] Öffnung
heißt für mich, für die da zu sein, die nicht den Anschluß an die
traditionelle Frömmigkeit, an das parochiale Kirchenleben aus
den unterschiedlichsten Gründen finden. [...] Öffnung heißt
für mich, daß wir das gesellschaftliche Wertbewußtsein und
die öffentlichen Überzeugungen nicht kampflos anderen Kräften überlassen.«[504]

Für das »Öffnen« hin zur »Bürgergemeinde«, hin zu den
Menschen, die sich von der Kirche entfernten, spielte für von
Loewenich eine entscheidende Rolle, dass die Haupt- und Ehrenamtlichen unermüdlich das Gespräch mit den Menschen
suchen sollten. Immer wieder ermunterte er dazu, die Beziehung zu den Gemeindegliedern auf der persönlichen Ebene
zu pflegen, »solcher Kontakt ist das A und O, wenn man Gemeinde Jesu Christi als ein personales Geschehen versteht«[505].
Kirche nah beim Menschen – dieses Anliegen zog sich bei von
Loewenich durch bis zu seinem umstrittenen Vorschlag in der

---

503 Zur Entwicklung von Kirchenmitgliedschaft. Aspekte einer missionarischen Doppelstrategie. Texte aus der VELKD (21/1983), 5.
504 Vom gelobten Land in die Wüste? Gedanken zum Weg der bayerischen Landeskirche durch die Nachkriegszeit (1985), 13f. In: Sammlung Schanz.
505 Bericht Dekanatssynode, 6.7.1984, in: Dekanat Nürnberg, Dekanatssynode (1977–83).

Bischofszeit, jedes Gemeindeglied habe Anrecht auf drei qualifizierte Kontakte im Jahr.

Eine Kirche, die sich öffnet, die hinein in die Gesellschaft
spricht: Bei diesem Anliegen spielte der »erste Ring« eine besondere Rolle: Hier, in den vier großen Kirchen der Altstadt,
wurde auf besondere Weise für den Glauben geworben. Hier
waren die zahlreichen Gottesdienste und Veranstaltungen
mit Breitenwirkung, hier war die »Musica sacra« in besonderer
Weise beheimatet, für die sich von Loewenich auch als Vorsitzender der »Internationalen Orgelwoche Nürnberg« (ION) engagierte. Begleitet von Georg Kugler, wurde in diesen Jahren
intensiv an einer Profilierung der Innenstadtgemeinden gear-
beitet. In den oft umstrittenen Kommentargottesdiensten in
der Lorenzkirche wurden aktuelle Ereignisse diskutiert, St. Sebald zeigte in besonderer Weise die Öffnung hin zur Ökumene
und bot die meditative »Bedenkzeit« an. St. Egidien bot Raum
für Kunstausstellungen und versuchte in besonderem Maße,
sich als Familienkirche zu etablieren. In St. Jakob, der ehemaligen Wirkungsstätte Wilhelm von Loewenichs, zogen die meditativen Angebote der »Communität Casteller Ring« seit 1982
auch Menschen außerhalb der »Kerngemeinde« an, ebenso wie
es die 1979 eingerichtete ökumenische Seelsorgestelle »City-
Dienst« am Hauptbahnhof tat. In den Türmen der Stadtmauer waren die offenen Jugendtreffs beheimatet; 1981 wurde der
»Verein für volksmissionarische Dienste an St. Lorenz« gegründet, im Januar 1981 wurde der »Lorenzer Laden« aus der Taufe
gehoben. Der Sebalder Pfarrer Eberhard Bibelriether und sein
Lorenzer Kollege Herbert Bauer entwickelten in diesen Jahren
das Nürnberger Citykirchen-Konzept, das auch außerhalb Bayerns breite Beachtung fand. Wesentlich für das Gesicht der Kirche in der Innenstadt war auch die Arbeit im Studienzentrum
Heilig Geist, an dessen Konzeption von Loewenich einst als
Studentenpfarrer mitgearbeitet hatte.

Zahlreiche Straßenaktionen fanden in diesen Jahren in
Nürnberg statt, die Fußgängerzone wurde als Ort kirchlicher

Präsenz neu erschlossen. Es gab Straßentheater und -musik, organisiert vom Lorenzer Laden, Haupt- und Ehrenamtliche aus den Gemeinden kamen mit Passanten ins Gespräch. Besonders im Jahr 1980, das zum »missionarischen Jahr« ausgerufen worden war, wurde mit verschiedenen Aktionen versucht, Menschen neu für die Kirche zu gewinnen. Von Loewenich stand dabei auch stark unter dem Eindruck einer Studienreise in die USA im Mai desselben Jahres, bei der ihn das Engagement der dortigen Christen in ihren Gemeinden begeistert hatte. Er ermunterte dazu, sich hier ein Vorbild zu nehmen: »Wir reden zuviel von Mängeln, von den Problemen, von den Defiziten und wir reden zu wenig von den Talenten, die wir für Gott einsetzen können. Wir sind durch die Kirchensteuer allzusehr zu einer Dienstleistungs-Kirche geworden. Wir sollten es neu wagen, die Menschen verstärkt anzusprechen, sie um ihre Mitarbeit und ihren Einsatz zu bitten und sie dazu einzuladen, Glied der Kirche zu sein, das heißt beteiligt zu sein auf die verschiedenste abgestufte Weise.«[506]

Die Öffentlichkeitsarbeit war in diesen Jahren breit aufgestellt, das Glaubensmagazin »Allmächd« stieß auf positive Resonanz. Auch gab es in den Dekansjahren von Loewenichs wiederholt die Gelegenheit, dass sich die Kirche präsentieren und ihre Bedeutung für die Gesellschaft in Vergangenheit, Gegenwart und Zukunft zeigen konnte – und das nutzte sie auch: Da war der Nürnberger Kirchentag 1979 – »ein Meilenstein in der Nürnberger Kirchengeschichte«[507] –, da war das 450. Jubiläum der Unterzeichnung der Confessio Augustana im Jahr 1980. 1983 wurde das Lutherjahr gefeiert, unter anderem mit einer Ausstellung im Germanischen Nationalmuseum, der Gesprächsreihe »Martin Luther – dort und hier, damals und heute«, dem Kirchenbautag, der Generalversammlung des Evangelischen Bundes und einem breit gestreuten Flugblatt zu Luthers 500. Ge-

---

506 Bericht Dekanatssynode, 16.5.1980. A.a.O.
507 Bericht Dekanatssynode, 28.1.1983. A.a.O.

burtstag. Nicht nur anlässlich dieses Jubiläums setzte sich von
Loewenich intensiv mit Martin Luther auseinander. Es gibt aus
den verschiedenen Stationen seines Berufslebens immer wieder eindrückliche Texte, die sich der Auseinandersetzung mit
dem Reformator widmen. Von Loewenich konnte deutliche
Kritik an Luther äußern, etwa was die antisemitischen Schrif-
ten Luthers oder dessen Papstkritik noch am Sterbebett betraf,
er griff auch Schattenseiten der Luther-Rezeption wiederholt
auf. Dennoch: Man spürte Hermann von Loewenich zeitlebens eine große Verbundenheit zu Luther ab, gerade, wenn er
ihn in aller seiner Widersprüchlichkeit beschreibt: »Er konnte
hart und zart sein, grob und einfühlsam, ängstlich und kühn,
abstoßend und anziehend. Im Druck der Angriffe konnte er vor
Zorn explodieren. In Erschöpfungszuständen hatte er mit De-
pressionen zu kämpfen. [...] Aber zugleich finden wir bei ihm
Töne von einer großartigen Wärme und Herzlichkeit, Worte
echter Zuneigung zu seiner Frau, eine Sprache voll plastischer
und schöpferischer Bildkraft, nicht zuletzt die Fähigkeit, ganz
ehrlich zu sein gegen sich selbst bis in die letzten Winkel seines Herzens hinein. Gegen die dunklen Gedanken hilft ihm
die Musik. Weil er den Teufel als einen ›traurigen, sauren Geist‹
kennengelernt hat, ›der nicht leiden kann, daß ein Herz fröhlich sei‹, empfiehlt er Kartenspiel, Musik und Geselligkeit als
Gottesgaben.«[508] Luther – für von Loewenich auch ein Vorbild
an Freimut, an Haltung: »Luther konnte ›Ich‹ sagen.«[509]

Gerade angesichts der Erosionsbewegungen im kirchlichen
Leben sah von Loewenich in Festtagen, die sich dem reichen
Schatz der kirchengeschichtlichen Tradition Nürnbergs wid-
meten, eine Quelle der Kraft, um Anstehendes zu bewältigen:

---

508 VON LOEWENICH: »Authentisch leben – im Frieden sterben. Mar-
    tin Luther als Leitfigur für unsere Zeit«. Gottesdienst anlässlich des
    Gedenktages zum 450jährigen Todestag Martin Luthers 18.2.1996
    München St. Matthäus. LAELKB, NL Loewenich, Hermann von,
    vl. Nr. 86.
509 Vgl. dazu den Bischofsbericht VLS 1994/II, 25.

Evangelisch sein in Nürnberg: »D. h. also wahrhaftig nicht bloß von der großen Vergangenheit zu träumen. Es gibt viel zu tun in der Zukunft. Unser reformatorisches Erbe ist Hilfe, diese Zukunftsaufgaben in der richtigen Haltung anzupacken.«[510] Eine solche Haltung sollte auch den Mut zu Visionen jenseits der Macht des Faktischen beinhalten: Hermann von Loewenich ermutigte immer wieder zu neuen Ideen – auf der Dekanatssynode zum Thema »Gemeindeaufbau im mittleren Ring« etwa lud er dezidiert zum »Träumen« ein.[511]

Was Jahrestage betraf, die der Geschichte Nürnbergs in der NS-Zeit gedachten, merkt man den Reden von Loewenichs seine persönliche Betroffenheit an, so etwa bei seiner Besinnung zum 40. Jahrestag der »Reichskristallnacht« am 9. November 1978. In seiner Ansprache erzählte von Loewenich, wie seine Mutter einst einem Juden geholfen habe,[512] und wie er, der Bub, wie so viele andere von der NS-Propaganda fasziniert gewesen sei: »Müßte die Folgerung aus jener beschämenden Erfahrung nicht darin bestehen, daß wir ganz anders, als es heute üblich ist, den Mut stärken, gegen den Strom zu schwimmen, wenn es denn sein muß, den Mut, Unrecht beim Namen zu nennen, sich für andere zu exponieren, auch wenn es mit Risiken verbunden ist.«[513] Dass es unbequem sein konnte, »Unrecht« zu benennen, erfuhr von Loewenich vor allem in den Auseinandersetzungen um das »KOMM« 1981. Er charakterisierte auch aus dieser Erfahrung heraus die anzustrebende Haltung der Kirche mit den Worten: Zwar sei es ihre Aufgabe, im Gespräch mit der Politik »der Stadt Bestes zu suchen« (Jer 29,7) – dies dürfe die Christen jedoch nicht an notwendigen Auseinandersetzungen

---

510 Ansprache 31.10.1977 (St. Sebald und St. Lorenz), in: Dekanat Nürnberg, Berichte/Referate H. von Loewenich.
511 Bericht Dekanatssynode, 6.7.1984, in: Dekanat Nürnberg, Dekanatssynode (1977-83).
512 Vgl. Kapitel 1.3.
513 9.11.1978, Studienzentrum Heilig Geist, in: Dekanat Nürnberg, Berichte/Referate H. von Loewenich.

hindern: »Der Stadt Bestes suchen wir nicht durch vorbehalt-
lose Zustimmung, sondern in kritischer Solidarität zu denen,
denen die politische und gesellschaftliche Verantwortung anvertraut ist.«[514] Zu den genannten Verantwortungsträgern hielt
von Loewenich auf verschiedene Weise Kontakt. Mitunter
konnte er dabei auch an Verbindungen aus früheren Jahren an-
knüpfen, so etwa bei dem CSU-Politiker Wilhelm Vorndran,
den er noch aus seiner Zeit in der Erlanger CSU kannte. Es gab
Gesprächskreise mit Politikern und gemeinsame Veranstaltungen, von Loewenich hielt über persönliche Briefe Kontakt zu
führenden Vertretern der Stadt; es gab Zusammenkünfte mit
Arbeitgebern und Arbeitnehmern, auch in Form von Betriebsbesichtigungen.

Nicht immer war das Verhältnis zu den politischen Mandatsträgern spannungsfrei. Auseinandersetzungen gab es etwa
dann, wenn von Loewenich parteipolitische Instrumentalisie-
rungen der Kirche vermutete: Dies war beispielsweise der Fall,
als zwei CSU-Politiker, beide zugleich Mitglieder in kirchenleitenden Gremien, sich im Februar 1978 in einem Schreiben an
alle Kirchenvorsteher und Ersatzleute des Dekanats Nürnberg
mit ihren Wahlempfehlungen wandten. Die Geistlichen erhielten ein solches Schreiben offensichtlich nicht. Hier fanden
Hermann von Loewenich und die drei Nürnberger Prodekane
deutliche Worte: »Sie berufen sich auf Ihre Mitgliedschaft in
kirchenleitenden Organen. Insofern hat Ihr Schreiben so etwas
wie ›kirchenoffiziösen Charakter‹. Es kann aber nicht die Aufgabe der Kirche und ihrer Organe sein, Wahlempfehlungen aus-
zusprechen. Wir müssen Ihnen daher widersprechen, wenn Sie
als Mitglieder der Synode oder der Kirchenleitung der VELKD
die Empfehlung aussprechen: ›So wählen Sie richtig!‹ Wir empfinden das als Politisierung der Kirche.«[515]

---

514 »Impulse, die mir wichtig waren«. Abschlussbericht Dekanatssynode,
    25.1.1985. A.a.O.
515 Schreiben vom 22.2.1978, in: Dekanat Nürnberg, Dekanat/Prodeka-
    nat/Pfarrkonferenzen.

Hermann von Loewenich reagierte empfindlich, wenn ihm – und sei es auch nur zwischen den Zeilen – vorgeworfen wurde, eine radikale (kirchen-)politische Richtung zu vertreten. Dies zeigte sich exemplarisch im Juli 1977, als Martin Lagois einen Artikel über kirchliche Gruppierungen mit Fokus auf die neugegründete »Arbeitsgemeinschaft Lebendige Kirche« veröffentlichte, die auch im Blick auf die anstehenden Synodalwahlen 1978 als eine Gegenbewegung zum AEE zu verstehen war.[516] Über den AEE schrieb Lagois dabei, dass er »in der Zeit der APO entstanden ist und entscheidend von dem damaligen Studentenpfarrer Hermann von Loewenich geprägt worden ist. Ehe er Dekan in Nürnberg wurde, wählte man Pfarrer Wilhelm Scheuerpflug von der Nürnberger Stiftungsfachhochschule als Sprecher dieser Gruppe.« Von Loewenich daraufhin an Lagois: »Das klingt so, als würde nun ein APO Dekan an der Spitze des Nürnberger Dekanatsbezirks stehen, der zielbewußt und rechtzeitig nur seine entsprechende Funktion im AEE niedergelegt habe.«[517] Auch brachte von Loewenich auf, dass Lagois die Meinung der »Arbeitsgemeinschaft Lebendige Kirche« wiedergab, die Kirchenleitung habe »jahrelang eine mehr untergrundige Fehlentwicklung in der Bayerischen Landeskirche [...] treiben lassen – oder gar durch systematische Besetzung von Leitungsstellen gefördert«[518]. Von Loewenich abschließend: »Entschieden wehre ich mich dagegen, bei den aufreibenden und zeitraubenden Aufgaben, die ich übernommen habe, noch zusätzlich mit derartigen Dingen belastet zu werden. Wenn jetzt eine Konfrontation in der Landeskirche gesucht wird, dann soll rechtzeitig feststehen, wer dafür die Verantwortung trägt.«[519]

---

516 M. Lagois: Die Kirche mit der Bibel erneuern, »NZ am Wochenende« (9.7.1977). Ebd. nachfolgendes Zitat.

517 Von Loewenich an Lagois, 11.7.1977, in: LAELKB, NL Loewenich, Hermann von, vl. Nr. 28.

518 M. Lagois: Die Kirche mit der Bibel erneuern, »NZ am Wochenende« (9.7.1977).

519 Von Loewenich an Lagois, 11.7.1977, in: LAELKB, NL Loewenich, Hermann von, vl. Nr. 28.

Es war nicht die einzige Angelegenheit, in der von Loewenich mit Medienvertretern aneinandergeriet: Er wusste um deren Bedeutung, er engagierte sich für die Zusammenarbeit und
die Berichterstattung über kirchliche Ereignisse – und er meldete sich zu Wort, wenn dies in seinen Augen nicht angemessen geschah. Dies war beispielsweise im Jahr 1977 der Fall, als es
einmal mehr um das Antirassismus-Programm des »Ökumenischen Rats der Kirchen« (ÖRK) ging – jahrelang ein heißes
Eisen: 1968 hatte die Vollversammlung des ÖRK in Uppsala
das ›Programm zur Bekämpfung des Rassismus‹ beschlossen.
Innerhalb dieses Programms wurde ein Sonderfonds eingerichtet. Die Gelder sollten Organisationen zugutekommen, die in
diesem Sinn agierten, darunter konnten auch politische Bewegungen fallen. Während die »Vereinigung Bayerischer Vikare«
(VBV), auch mit Rückendeckung des AEE, das Antirassismus-
Programm unterstützt hatte,[520] hatten sich Landeskirchenrat
und Dekanekonferenz ebenso wie die VELKD ablehnend geäußert mit der Begründung, dass die Kirche ihren Auftrag verfeh-
le, wenn sie Gruppen unterstütze, bei denen zumindest fraglich
sei, ob sie nicht doch direkt oder indirekt Gewalt zur Verfolgung
ihrer Ziele anwendeten. Im August 1977 machte nun der Nürnberger »Wochenspiegel« mit einem Foto afrikanischer Guerilla-
kämpfer und der Titelzeile »Und dafür sollen wir auch noch
spenden?« auf.[521] Zwar wurde lobend erwähnt, dass die bayerische Landeskirche den Fonds nicht unterstützte; allerdings
standen der Name von Loewenichs und Kirchgeldforderungen
in Nürnberg textlich sehr nah beim Antirassismus-Programm,
während Walter Künneth und Kurt Heimbucher, Vertreter der
evangelikalen Bewegung, als diejenigen benannt wurden, die
dafür kämpften, »daß sich die Kirche wieder auf ihren christlichen Auftrag besinnt und ihre Hände von der Politik läßt«. Mit
Kopie an alle Nürnberger Kirchengemeinden wandte sich von

---

520 Vgl. dazu HAGER, Jahrzehnt, 213–227.
521 Wochenspiegel (22.8.1977). Ebd. nachfolgendes Zitat.

Loewenich daraufhin an den für das Blatt verantwortlichen Tycoon-Verlag – die Berichterstattung sei unfair, tendenziös und
unsachgemäß; die bayerische Landeskirche trete für gewaltfreie
Lösungen in Südafrika ein, zudem sei das Kirchgeld in Nürnberg allein örtlichen diakonischen Zwecken gewidmet: »Als
Verantwortlicher für den Nürnberger Dekanatsbezirk werde
ich es nicht hinnehmen, daß das Vertrauen in die Kirche durch
derartige Veröffentlichungen in Werbezeitschriften eines Un-
ternehmens untergraben wird.«[522]

Was Pfarrer seines Dekanats betraf, die wegen bestimmter
Äußerungen und Positionierungen ins Zentrum der öffentlichen Kritik gerieten, verhielt sich von Loewenich offensichtlich
weitgehend loyal. Dr. Johannes Friedrich erlebte als Nürnberger
Studentenpfarrer in den Jahren 1979 bis 1985 wiederholt, dass
von Loewenich bei Beschwerden aufgrund von ESG-Aktionen
zuerst zu ihm gekommen sei und ihn gefragt habe: »Wie war
denn das? Bin ich zu weit gegangen? Dann haben wir darüber
geredet, und dann haben wir in der Regel auch eine beschüt-
zende Stellungnahme für mich abgegeben.«[523] Ohne vorherige
Gespräche mit ihm als dem betroffenen Geistlichen, erinnert
sich Johannes Friedrich, gab von Loewenich keine öffentlichen
Stellungnahmen ab – möglicherweise war dies auch eine Konsequenz aus einem Vorfall zu Beginn von Loewenichs Zeit in
Nürnberg, bei dem der Dekan anders agiert hatte und daraufhin
Kritik vom Pfarrkapitel geerntet hatte. Auslöser waren die Lorenzer »Evangelischen Kommentare« vom 25. September 1977,
die die Haltung von Christen zur Todesstrafe thematisierten.
Die Kollekte in diesem Gottesdienst wurde der »seelsorgerlichen Arbeit an Baader-Meinhof-Häftlingen«[524] gewidmet – mitten in der Krise des »Deutschen Herbstes«, als die Entführung
von Arbeitgeberpräsident Hanns Martin Schleyer vom 5. Sep-

---

522 Von Loewenich an Tycoon-Verlag, 16.9.1977. In: LAELKB, NL Loewe-
    nich, Hermann von, vl. Nr. 28.
523 Interview J. Friedrich.
524 Vgl. Nürnberger Nachrichten (26.9.1977), 12.

tember die Bundesrepublik in Atem hielt. Verantwortlich für diese Kollektenidee war anscheinend Rainer Mischke, der damals die dritte Pfarrstelle in Lorenz innehatte.[525] Der Gottesdienst sorgte für enormes Aufsehen: Die Zeitungen berichteten ausführlich, es folgten heftige Reaktionen. Der Nürnberger CSU-Bundestagsabgeordnete und Synodale Peter W. Höffkes wandte sich bezüglich der »Entgleisung« in einem offenen Brief an den Nürnberger Kreisdekan Johannes Viebig. Zwar sei, so Viebig in seiner Antwort, der Kollektenzweck von den Veranstaltern als Konsequenz aus den Überlegungen zur Todesstrafe gesehen worden: »Wenn die Kirche nicht für die Todesstrafe ist, dann ist ihre Aufgabe die Seelsorge. Allerdings wurde verkannt, daß Seelsorge nicht eine Sache einseitiger Demonstration ist.«[526] Auch er, so Viebig, könne die Zweckbestimmung der Kollekte nicht billigen: »Der Kirchenvorstand von St. Lorenz und auch der Landeskirchenrat werden sich mit dieser Entgleisung befassen und die notwendigen Konsequenzen ziehen.« Hermann von Loewenich leitete dieses Schreiben Viebigs einen Tag später an alle Geistlichen im Dekanatsbezirk weiter, ebenso eine ähnlich geartete Stellungnahme des Dekanatsausschusses vom 27. September, die bereits an die Presse gegangen war. Von Loewenich bat in seinem Anschreiben darum, »diese Informationen in möglichst großer Breite weiterzugeben«: »Gerade angesichts eines offenkundigen Fehlers sollten wir uns um eine geistliche Haltung bemühen und auch die neutestamentliche Mahnung Galater 6 nicht außer Acht lassen. Bitte helfen Sie auch mit, daß sich unsere Gemeinden nicht auseinandertreiben lassen. Das würde den seelischen Schaden, den der Terrorismus anrichtet, noch vergrößern.«[527]

---

525 Vgl. zum Jubiläum »25 Jahre Kommentargottesdienste«: Sonntagsblatt (16.10.1994), 17.
526 Viebig an Höffkes, 27.9.1977. In: Dekanat Nürnberg, Dekanat/Prodekanat/Pfarrkonferenzen. Vgl. Nürnberger Nachrichten (28.9.1977).
527 Schreiben vom 28.9.1977, in: Dekanat Nürnberg, Dekanat/Prodekanat/Pfarrkonferenzen.

Bei der nächsten Hauptkonferenz des Pfarrkapitels wurde das Vorgehen von Loewenichs und der kirchenleitenden Gremien thematisiert. Tenor der Pfarrer war, dass die Kollektenbestimmung zwar »falsch« gewesen sei.[528] Das Verhalten der vorgesetzten Stellen nach dem Vorfall wurde jedoch von vielen kritisiert. »Die Pfarrerschaft wendete sich dagegen, dass ihr Dekan den verantwortlichen Lorenzer Pfarrer öffentlich kritisierte, ohne vorher mit ihm gesprochen zu haben«[529], so Johannes Friedrich. Mischke selbst bedauerte die Zweckbestimmung, die offensichtlich auch von anderen Verantwortlichen kurz vor dem Gottesdienst befürwortet worden war,[530] wies aber noch einmal auf den Kontext des Gottesdienstthemas hin. Laut Protokoll schloss von Loewenich die Diskussion mit den Bemerkungen: »1) Es ist gut, daß Pfr. Mischke seine Handlungsweise bedauere. 2) Es ist zu fragen, was passiert wäre, hätte die Kirche nicht sofort reagiert. 3) Die Liebe, die aus dem Evangelium kommt, darf nicht nur die Pfarrer und die Solidarität der Amtsbrüder im Auge haben, sie muß auch auf die blicken, die sich durch eine solche Handlung ärgern an der Kirche. 4) Das Kapitel soll sich durch diese Vorgänge nicht auseinandertreiben lassen.«[531] Die Worte von Loewenichs lassen durchscheinen, dass dem Dekan viel daran gelegen war, die »Harmonie« wieder herzustellen. Das allerdings schien zu dauern. Wochen später stellte von Loewenich in seiner Ansprache anlässlich des Reformationstages fest: »Wir haben auch in Nürnberg in den letzten Wochen gespürt, daß Menschen in ihrem Vertrauen zur evangelischen Kirche unsicher geworden sind, weil sie diese Kirche im Zwielicht sahen. [...] Ich frage heute auf dem Hin-

---

528 Vgl. Protokoll Hauptkonferenz 10.10.1977. A. a. O.
529 J. FRIEDRICH: Würdigung und Traueransprache H. von Loewenich, in: Büro der Regionalbischöfe Nürnberg, Amtseinführung v. Loewenich 1985 sowie Trauerfeier.
530 Vgl. Nürnberger Nachrichten (28.9.1977).
531 Protokoll Hauptkonferenz 10.10.1977, in: Dekanat Nürnberg, Dekanat/Prodekanat/Pfarrkonferenzen.

tergrund dieses Vorgangs nach der inneren Verfassung unserer Kirche: Wie stabil ist sie eigentlich in unserer Stadt? Wie krisenfest ist sie, wenn sie ein derartiger Vorgang so bewegt?« Von Loewenich bat darum, der Kirche »auch in unübersichtlichen Situationen die Treue zu halten und ihr nicht das Vertrauen zu entziehen«.[532]

Auch wenn die »Öffnung« der Kirche breiten Raum in von Loewenichs Nürnberger Dekansjahren einnahm, bemühte er sich auch immer wieder um das, was die VELKD-Doppelstrategie unter »Verdichten« verstand. Manche der Anregungen von Loewenichs erscheinen dabei wie Vorboten dessen, was in der bayerischen Landeskirche, auch unter seiner Federführung, später in großen Projekten angegangen wurde. Von Loewenich betonte immer wieder die Bedeutung der Ehrenamtlichen für das Gemeindeleben vor Ort, er regte zu Kreativität und Sorgfalt bei der Gottesdienstgestaltung an, er ermunterte zu Glaubenskursen und plädierte dafür, kirchliche »Nester« in Gegenden zu errichten, in denen Kirche wenig präsent war. Von den Geistlichen wünschte er sich eine Identifikation mit der Kirche – und er sprach sich für Leitbilddebatten vor Ort aus, gerade in großen Gemeinden: »Haben sie ein gemeinsames Konzept? Oder lassen sie eben die Vielfalt laufen, weil jeder der Pfarrer andere Akzente setzt, weil viele Richtungen und viele Bedürfnisse in der Gemeinde vorhanden sind. [...] Große Gemeinden müssen offen und vielfältig sein. Aber ich plädiere doch für ein erkennbares Profil. Es ist wie mit einer Wohnung. Eine Wohnung kann sehr unterschiedlich eingerichtet sein. Sie wirkt dennoch wohnlich und gastlich, wenn sie nur eine erkennbare Handschrift zeigt.«[533] Wie die »Wohnung« der Kirche in der Großstadt aussehen könnte, beschrieb von Loewenich so: »Ich meine eine Kirche, in der die vielen Gemeindeglieder nicht Gäste und

---

532 Ansprache Reformationsfeier 31.10.1977 (St. Sebald u. St. Lorenz), in: Dekanat Nürnberg, Berichte/Referate H. von Loewenich.

533 Bericht Dekanatssynode »Gemeindeaufbau im mittleren Ring«, 6.7.1984. A.a.O. Ebd. nachfolgendes Zitat.

Fremdlinge, sondern Mitbürger und Hausgenossen sind; eine Kirche, in der man sich wohlfühlt, in der man mitbeteiligt ist, mitspricht, mitsorgen kann, in der Platz ist gerade auch für die, die von Haus aus ›ferne‹ sind.«

Dass in das erste Amtsjahr von Loewenichs in Nürnberg – ähnlich wie seinerzeit in Kulmbach – eine entscheidende Strukturveränderung fiel, kam diesem Bild einer Kirche mit hoher Beteiligung ihrer Mitglieder entgegen: Am 6. März 1977 fand in Nürnberg die konstituierende Sitzung der Dekanatssynode statt. Zuvor war die Gesamtkirchenverwaltung für die übergemeindlichen Belange in finanzieller, personeller und baulicher Hinsicht verantwortlich gewesen, Fragen und Perspektiven des geistlichen Lebens hatten ein Beratungsausschuss der Gesamtkirchenverwaltung sowie die Bezirkssynode bzw. die einzelnen Prodekanatssynoden erörtert. Mit der Dekanatssynode war nun ein Gremium geschaffen, das die vorher auf verschiedene Einrichtungen verteilten Aufgaben bündeln sollte. Hermann von Loewenich begrüßte die neue Struktur: Die Dekanatssynode sei das synodale Element, das bisher im Dekanat Nürnberg gefehlt habe, und eine wichtige Voraussetzung dafür, im Raum Nürnberg stärker als bisher als Kirche gemeinsam aufzutreten und zu agieren: »Viele Aufgaben lassen sich nur gemeinsam auf Dekanatsebene lösen, oder wir blieben den Menschen in diesem Raum etwas schuldig.«[534] Sicherlich erleichterte es die Zusammenarbeit von Loewenichs mit den Mitgliedern des Dekanatsausschusses, dass er hier wieder auf bestehende Kontakte, auch aus dem AEE, bauen konnte. So saßen in dem Gremium unter anderem AEE-Mitglied und Synodale Herta Atzkern sowie Marga Beckstein, ebenfalls Landessynodale und AEElerin, die von Loewenich noch aus seiner Zeit als Studentenpfarrer kannte.

---

534 Bericht über das kirchliche Leben in Nürnberg und die Aufgaben der evang.-luth. Dekanatssynode Nürnberg (6.3.1977). In: Dekanat Nürnberg, Dekanatssynode (1977–83).

Eine der Fragen, die nur auf Dekanatsebene gelöst werden konnten, war die Diskussion um den Anfang der 1980er Jahre neu anstehenden Landesstellenplan. Nachdem der Landeskirche aus finanziellen Gründen die Einrichtung neuer Stellen nicht möglich war, standen Umverteilungen an, die auch das Dekanat Nürnberg betrafen: Hier, so die Vorüberlegungen der Kirchenleitung, sollten insgesamt 19 Prozent der Stellen gestrichen werden. Für Hermann von Loewenich waren diese Überlegungen Anlass für scharfe Worte, die er auf der Dekanatssynode gegenüber der Kirchenleitung fand: »19 Prozent wegzurationalisieren, das erinnert an ›Adler-Triumph‹, das erinnert an Rationalisierungen bei der Gebietsreform. Aber es erinnert mich nicht mehr an Kirche. Ich frage mich, welches ›Fachverständnis‹ von Kirche hinter solchen Vorschlägen von Fachabteilungen steht. Die Bitterkeit verstärkt sich, wenn einem solche Amputationsabsichten am Leib einer Stadtkirche auf dem Weg bürokratischer Planungspapiere so sachlich und emotionslos mitgeteilt werden, als ginge es hier eben um beliebig verschiebbares Material.«[535] Offensichtlich, so von Loewenich, spielten Zukunftsperspektiven, spielten theologische und konzeptionelle Fragen bei diesen Personalüberlegungen keine Rolle: »Einerseits mutet uns die landeskirchliche Planung ganz erhebliche Kürzungen zu. Sie würden die Handlungsmöglichkeiten in unserem Dekanatsbezirk an einigen Stellen empfindlich einschränken. Andererseits sind wir vom Landeskirchenrat aufgefordert worden, an einem ökumenischen Studienprojekt ›Kirche in der Großstadt‹ zusammen mit München mitzuarbeiten. [...] Laufen in den landeskirchlichen Arbeiten Konzeption und Technokratie, Geist und bürokratische Planung auseinander?«[536] Die Nürnberger stellten eine Reduzierung des

---

535 Personalplanung in Nürnberg. Zusammenfassende Würdigung der Vorschläge der Fachabteilungen des Landeskirchenamtes. H. von Loewenich (7.10.1981). In: Dekanat Nürnberg, Dekanatsausschuss (1977–83).
536 Bericht Dekanatssynode 29.1.1982. In: Dekanat Nürnberg, Dekanats-

Stellenvolumens um zehn Prozent zur Diskussion – und setzten diese Überlegung durch: Die Vorschläge des Dekanatsausschusses wurden als Übergangslösung zur Erprobung bis 1985
gebilligt.

Gelegenheit, bei den Synodalen um Verständnis für die
Situation in der Großstadt zu werben, hatten die Nürnberger dabei in besonderer Weise: Im April 1983 tagte in Nürnberg die Landessynode – und Thema war »Schwerpunkte einer
missionarisch-diakonischen Kirche in der Stadt«. Von Loewenich ging in seiner Ansprache vor der Synode auf die kirchlichen Erosionsbewegungen vor Ort ein, betonte aber auch die
reiche Tradition gerade dieser Stadt. Man lebe in einer Über-
gangssituation – die Frage sei, wie man damit umgehen wolle: durch eine pragmatische Bestandsverwaltung, durch Flucht
in »simplifizierende Formeln«, durch den Weg in eine »reakti-
ve Resignation«?[537] Nichts davon, so von Loewenich, sei über-
zeugend, es sei vielmehr an der Zeit, eine kirchliche Strategie
zu entwerfen: »Wir brauchen in der Großstadt diese Schwer-
punktbildung. Wir müssen in ihr mit unseren Anstellungs-
und Organisationsformen flexibler werden. Wir brauchen eine
Perspektive, die innere Kräfte freisetzt und Hoffnung mobilisieren kann.« Die missionarisch-diakonische Kirche sei eine
solche Perspektive: »Sie muß damit ernst machen, daß Gottes
Volk in der Stadt größer ist als das Kirchenvolk, das sich in den
Veranstaltungen und auch in den Gottesdiensten einer Kirchengemeinde sammelt. Einer solchen Kirche sollte man die
Leidenschaft für die abspüren, die es schwer haben, von sich
aus zu Gott, zum Glauben zu finden. Ihr Atem sollte die Liebe
Jesu sein, der spricht: ›Ich bin unter euch wie ein Diener!‹« Anhand der VELKD-Doppelstrategie konkretisierte von Loewe-

---

synode (1977–83).

537 Schwerpunkte einer missionarisch-diakonischen Kirche in der Stadt
am Beispiel Nürnberg. Bericht von Hermann von Loewenich vor der
Landessynode in Nürnberg (25.4.1983). In: Dekanat Nürnberg, Berich-
te/Referate H. von Loewenich. Ebd. nachfolgende Zitate.

nich, wie eine solche Strategie für Nürnberg aussehen könnte. Dabei plädierte er dafür, Großstadt nicht auf das biblische Bild der Stadt Babel festzulegen, sondern als Vergleichspunkt lieber Ninive heranzuziehen – eine Stadt, »die umkehrt«. Die Ansprache von Loewenichs endet mit den Worten: »Eine missionarische Kirche wollen wir in dieser Stadt sein, die sich herauswagt aus dem Schutz der eigenen Räume. Eine diakonische Kirche wollen wir sein, die auf jede Herrschaftsattitüde verzichtet und sich dem Dienen verschreibt. Kirche für die Menschen in der Stadt wollen wir sein: für den einzelnen wie für die Stadt als Lebenszusammenhang. Es lohnt sich, liebe Freunde, die urbane Herausforderung des Christentums anzunehmen.« Zwar habe, so von Loewenich später rückblickend, die Synodaltagung in Nürnberg keine konkreten Ergebnisse gebracht: »Aber ein verbessertes und vertieftes Verständnis für die städtische Situation wiegt mehr als die eine oder andere Stelle, die bei einem solchen Anlaß herausgeholt werden kann. Nur auf Grund einer solchen erweiterten Perspektive der synodalen Mitglieder werden wir in Zukunft mit Blick auf die Personalplanung mit unseren Vorstellungen auf ein gewisses Verständnis stoßen können.«[538]

Wurde Hermann von Loewenich später nach herausragenden Erfahrungen seiner Nürnberger Jahre gefragt, nannte er stets zwei Ereignisse: Die Auseinandersetzung um das »Kommunale Jugendzentrum« im Jahr 1981 ließ von Loewenich das Verhältnis zwischen Kirche und politischen Verantwortungsträgern neu buchstabieren. Der Nürnberger Kirchentag 1979 hingegen bildete für ihn »unübertroffen« ab, »was die Atmosphäre betrifft, was das Ineinander von Kirchentagsgeschehen und Stadt angeht«.[539]

---

538 Kurzbericht Dekanatssynode (22.7.1983). Dekanat Nürnberg, Dekanatssynode (1977–83).
539 Sonntagsblatt, 26.6.1994 (Nr. 26), VII.

6.1.1 »Zur Hoffnung berufen«: Der Nürnberger Kirchentag 1979

Als »Kirchentag der Jugend und der Massen, als Ausweis neuer Religiosität und Weltlichkeit zugleich, wird der 18. Evangelische Kirchentag in Nürnberg in die Geschichte der protestantischen Laientreffen eingehen«[540]: So berichtete die Wochenzeitung Die Zeit und titelte: »Eine neue Frömmigkeit der Jugend«. Zeilen wie diese lassen kaum erahnen, welche Spannungen im Vorfeld und auch im Nachklang das Nürnberger Großereignis mit sich brachte – Spannungen, die auf den verschiedenen Ebenen der bayerischen Landeskirche ausgehalten und -getragen werden mussten. Auch Hermann von Loewenich war in diese Auseinandersetzungen involviert. Er hatte, was den Kirchentag anging, als Nürnberger Stadtdekan eine entscheidende Rolle. Das anstehende Großereignis hatte offensichtlich auch bei seiner Berufung nach Nürnberg eine Rolle gespielt.[541] Von Loewenich habe unermüdlich in den Gemeinden um Mitarbeit und um Bereitstellung von Privatquartieren geworben, erinnerte sich Karl-Friedrich Ruf, damals Pfarrer an der Nürnberger Nikodemuskirche; der Dekan sei »in dieser stressigen Zeit der Vorbereitungen einmal vor Erschöpfung am Schreibtisch eingeschlafen«[542]. Seit Januar 1978 arbeitete eine Regionale Arbeitsstelle für den Kirchentag unter Leitung von Pfarrer Bernd Seufert in Nürnberg. Eine weitere regionale Stelle gab es in Hohenbrunn für den südbayerischen Bereich. Hermann von Loewenich sah im Nürnberger Kirchentag eine langfristige Aufgabe für die bayerische Landeskirche: Der Kirchentag sei mehr als eine »viertägige Monsterschau«, er sei »eine Chance, die Arbeit in den Gemeinden, den Gruppen und Bildungseinrich-

---

540 Die Zeit (22.6.1979).
541 Vgl. Bericht »Auf dem Weg zum Kirchentag 1979«, Dekanatssynode, 8.7.1977, in: Dekanat Nürnberg, Dekanatssynode (1977–83).
542 Ruf, In memoriam Altlandesbischof D. Hermann von Loewenich, in: Citykirche (März 2009), 14.

tungen auf die Losung und auf die Thematik des Kirchentages einzurichten«[543]: »Das schönste Ergebnis wäre, wenn in diesem geistlichen Prozess auf den Kirchentag hin, aber nicht nur auf diese 4 Tage hin, sondern in der Breite unserer Landeskirche neue Hoffnung unter uns wüchse und die Gewißheit unserer Berufung zu dieser Hoffnung.« Gerade in der Organisation und in den Kommentaren von Loewenichs zum Kirchentag 1979 sollte sich einiges andeuten, was sich in späteren Berufsjahren noch ausgeprägter zeigen sollte: Der Nürnberger Dekan trat selbstbewusst auf, zeigte aber auch zunehmend – etwa im Umgang mit evangelikalen Bewegungen – eine vermittelnde Rolle. Er warb um das Engagement der Basis und traute den Christen vor Ort etwas zu. Von Loewenich trat für neue Formen der Spiritualität ein, und er betonte, wie wichtig für die bayerische Landeskirche die Aufarbeitung ihrer Vergangenheit in der NS-Zeit sei.

Der Nürnberger Kirchentag fand genau ein Jahrzehnt nach dem Kirchentag in Stuttgart 1969 statt – das hatte Konsequenzen, gerade für die Vorbereitungsphase: In Stuttgart hatte es auf dem »turbulentesten aller bisherigen Kirchentage«[544] heftige Kontroversen gegeben; in der Arbeitsgruppe »Streit um Jesus« war es zu einem harten Schlagabtausch zwischen evangelikaler und sogenannter moderner Theologie gekommen. Der Graben zwischen den progressiv Denkenden, zu denen auch die Kirchentagsleitung zählte, und Mitgliedern Bekennender Gemeinschaften schien nach den Turbulenzen in Württemberg unüberbrückbar. Viele Evangelikale, auch in Bayern, fühlten sich nicht mehr vom Kirchentag repräsentiert; die »Bekenntnisbewegung ›Kein anderes Evangelium‹« rief die »Gemeindetage unter dem Wort« ins Leben. Auf einmal war die Zukunft des Kirchentags überhaupt infrage gestellt; dazu kam, dass der zweijährige Rhythmus unterbrochen wurde: 1971 fand in Augs-

---

543 VLS 1978/I, 62. Ebd. nachfolgendes Zitat.
544 RUNGE/KÄSSMANN, Kirche in Bewegung, 112.

burg das Ökumenische Pfingsttreffen statt, das die teils hoch-
gesteckten Erwartungen an einen Aufbruch in der Ökumene in
diesem Maß nicht erfüllen konnte. Die folgenden Kirchentage
in den 1970er Jahren wurden zu Bewährungsproben für die Zusammenarbeit der Kirchentagsleitung mit den Bekennenden
Gemeinschaften, die ihre Mitglieder teilweise zum Boykott der
Veranstaltung aufriefen.

Vor dieser Kulisse liefen in Bayern die Vorbereitungen für
den Nürnberger Kirchentag an. Die Kontroversen zeichneten
sich schon im Vorfeld ab: Auf der Herbstsynode 1976 in Erlangen, als die Synodalen über die Einladung zum Kirchentag in
Nürnberg abstimmen sollten, wurden gerade vonseiten der
Evangelikalen Bedenken laut. Den positiven Beschluss verband
die Synode mit der ausdrücklichen Bitte, dass sich alle kirchlichen Gruppierungen an Vorbereitung und Gestaltung des Kirchentages beteiligen sollten; zudem wurde die Erwartung ausgesprochen, »daß Themen und Gestaltung des Kirchentages
1979 zwischen den Organen des Deutschen Evangelischen Kirchentages und der Evangelisch-Lutherischen Kirche in Bayern
einvernehmlich festgelegt werden«[545]. Tatsächlich war dies ein
wesentlicher Punkt, der wiederholt zu Konflikten führen sollte:
Das Selbstbewusstsein des Kirchentags stand dem Bemühen
der bayerischen Kirchenleitung um Vermittlung zwischen den
verschiedenen theologischen Richtungen entgegen; dies zeigte
sich bereits bei der nicht einfachen Festlegung der Kirchentags-
losung.[546] Die schließlich beschlossene Losung »Zur Hoffnung
berufen« besitze, so von Loewenich bei der Frühjahrssynode
1978 hoffnungsvoll, »nach meiner Sicht der Dinge sicher auch
die Integrationskraft, die verschiedenen Gruppierungen unserer Kirche zu sammeln«[547].

---

545 VLS 1976/II, 102.
546 Vgl. dazu VLS 1978/I, 60, sowie Nürnberger Gemeindeblatt
    (19.2.1978), 20.
547 VLS 1978/I, 61.

Dass diese Integration schwierig war, spürte besonders auch Landesbischof Hanselmann: Er führte zahlreiche Gespräche mit Vertretern der Bekennenden Gemeinschaften, deren Hauptkritikpunkte am Kirchentag der »Markt der Möglichkeiten«, die liberale Linie des Kirchentagspräsidiums sowie die Einladung einzelne Redner waren, unter ihnen etwa Walter Hollenweger, Vertreter der interkulturellen Theologie. Im Juli 1978 lud Hanselmann zu einer Art Gipfeltreffen nach München ein. Es kamen führende Köpfe der Bekennenden Gemeinschaften ebenso wie Vertreter des Kirchentagspräsidiums und der Landeskirchenleitung. Der Gesprächsverlauf war dramatisch. Dennoch konnte man sich schließlich auf einen Satz einigen, der, so Hanselmann, »doch hoffen« ließ: »Die Gesprächspartner waren sich darin einig, daß sie aus ihrer gemeinsamen Verantwortung für die Einheit der Kirche nicht entlassen werden können. Die Kontakte sollen fortgesetzt werden.«[548] Allerdings kam es noch einmal unmittelbar vor Beginn des Kirchentages zu einem Eklat, als bekannt wurde, dass Dorothee Sölle in Nürnberg ein Referat halten und der ökumenische Arbeitskreis »Homosexualität und Kirche« (HuK) auf dem Markt der Möglichkeiten präsent sein würde. Auch die Einladung des Sexualwissenschaftlers und ehemaligen Mitarbeiters am Studienzentrum Josefstal Helmut Kentler sorgte für Aufruhr. Der Landeskirchenrat erklärte am 8. Mai 1979, dass er die Teilnahme Sölles und Kentlers am Kirchentag für eine »starke Belastung des Verhältnisses der Landeskirche zum Deutschen Evangelischen Kirchentag und für eine Gefährdung der geplanten Durchführung desselben in Nürnberg« halte – er bitte »dringend, von der Beteiligung der beiden genannten Personen abzusehen«[549]. Das Votum wurde von nicht wenigen Engagierten als »Dolchstoß 5 Min. vor 12«[550]

---

548 HANSELMANN, Ja, 160.
549 A.a.O., 161.
550 Austausch über den Kirchentag, 19.6.1979, Gemeindesaal Egidien-
    platz; Pfarrer und Pfarrfrauen aus 42 von 46 Nürnberger Kirchenge-
    meinden sowie Vertreter kirchlicher Dienste und Werke, Regionale

gesehen. Das Kirchentagspräsidium in Fulda ließ sich von der landeskirchlichen Intervention nicht umstimmen und hielt an den umstrittenen Gästen fest. Von Loewenich, so die Erinnerung Bernd Seuferts, habe bei aller Vorsicht angesichts des »verminten landeskirchlichen Geländes« weiterhin deutlich zu dem »offenen und kritischen Konzept des Kirchentags« gestanden. Bischof Hanselmann ereilte kurz vor dem Kirchentag ein Kreislaufzusammenbruch, der eine mehrwöchige Auszeit nach sich zog. Er konnte nicht am Kirchentag teilnehmen.

Zwischen den einzelnen Gruppierungen war die Stimmung unmittelbar vor Beginn des Großereignisses äußerst angespannt. Der Gnadauer Verband stellte seinen Anhängern frei, zum Kirchentag zu gehen, wollte aber als Gruppe dort nicht in Erscheinung treten. Die »Bekenntnisbewegung ›Kein anderes Evangelium‹« sprach gegenüber ihren Mitgliedern eine Ablehnung des Kirchentages aus. Ihr Sprecher, der emeritierte Erlanger Ethikprofessor Walter Künneth, äußerte sich in der Kirchentagsbeilage der Lokalpresse zu der Frontenbildung angesichts des Kirchentags mit den Worten: »Sie besteht weniger zwischen ›evangelikal‹ und ›progressiv‹, sondern vielmehr zwischen dem Ernstnehmen von ›Schrift und Bekenntnis‹ auf der einen Seite und ihrer Unverbindlichkeit, Nivellierung und Umdeutung auf der anderen Seite.«[551] Künneth befürchtete einen »Brei eines grenzenlosen subjektiven Lehrpluralismus« und resümierte: »Die verantwortliche Kirchentagsleitung, die an der Herausstellung der verbindlichen biblisch-christlichen Wahrheit nicht interessiert ist, hat selbst wesentlich dazu beigetragen, daß ein Brückenschlag unter diesen Vorbedingungen nicht zu verwirklichen sein wird.« Hermann von Loewenich hingegen gab sich – zumindest nach außen hin – gelassen und

---

Arbeitsstelle Kirchentag Nürnberg, in: LAELKB, Z 130 (18. DEK Nürnberg 1979).

551 Nürnberger Zeitung, Sonderbeilage Kirchentag (13.6.1979). Ebd. nachfolgende Zitate.

optimistisch: Er freue sich auf ein »Fest des Glaubens«[552], gab er bekannt. Zudem erwarte er, dass seine Heimatstadt diesem Fest ein unvergleichliches Gepräge geben werde: »Nürnberg wird wie kaum eine Stadt zuvor das Gesicht des Kirchentags mitbestimmen. Das ist eine Chance für unsere Stadt, die sich so schnell nicht wiederholt.«

Diese Prophezeiung von Loewenichs ging in Erfüllung – die Stadt Nürnberg, die Verantwortlichen und viele Christen vor Ort ergriffen die Chance mit beiden Händen: Der Nürnberger Kirchentag vom 13. bis 17. Juni 1979 wurde als fröhliches Fest, als Fest der Jugend wahrgenommen. Ein Kinderkirchentag mit 13.000 jungen Teilnehmern im Vorfeld, ein mitreißender Abend der Begegnung in der Nürnberger Altstadt, Prominenz aus Kirche und Gesellschaft, fränkische Gastfreundschaft, Ortsgemeinden als Mitgestalter und auffallend viele junge Menschen – das waren einige der Facetten, mit denen das Nürnberger Großereignis in die Kirchentagsgeschichte eingehen sollte. »Ein Kirchentag, der wenig politische Impulse versuchte, um so mehr aber auf den inwendigen Menschen zielte und durch meditatives Feiern ermutigte«, so empfand es Sonntagsblatt-Redakteur Helmut Winter.[553] Es war ein Fest der Superlative, auch, was die Zahl der rund 80.000 Dauerteilnehmer betraf. Freilich hatten die Rekordzahlen auch Schattenseiten, die sich im Ärger über hoffnungslos überfüllte Veranstaltungen, mangelnde Flexibilität angesichts des Massenandrangs und Pannen bei der Quartiervergabe zeigten.

Vor allem der »Abend der Begegnung« und das »Feierabendmahl« prägten das Bild des Nürnberger Kirchentags und zeitigten auf besondere Weise Nachhaltigkeit.[554] Beide Projekte wurden von der Beteiligung der gastgebenden Landeskirche, den Gemeinden vor Ort getragen. Hier, so Bernd Seufert, sei

---

552 A.a.O. Ebd. nachfolgendes Zitat.
553 Sonntagsblatt-Extra Kirchentag (4), in: Sonntagsblatt-Redaktion Nürnberg.
554 Vgl. zum Feierabendmahl auch SEITZ, Kirchliches Leben, 458f.

vieles von dem Wirklichkeit geworden, was Hermann von Loewenich sich vom Kirchentag erwartet und was seiner Vision von Kirche entsprochen habe. Sowohl vonseiten des Kirchentagspräsidiums als auch landeskirchenintern hatte es Bedenken gegenüber diesen für die Gemeinden »anspruchsvollen Mammutprojekten« gegeben, es sei, so Seufert, neu gewesen, »dass die Gemeinden von Quartierbeschaffern und nützlichen Helfern zu Mitgestaltern des Kirchentags wurden«: »Ohne die Führungskraft und Durchsetzungsfähigkeit von Hermann von Loewenich wären beide Projekte so nicht gelungen. Er hat damit denjenigen die Räume geöffnet, die mit ihren Ideen die Projekte mit Leben gefüllt haben.«[555]

Das Feierabendmahl, eingebettet in das »Forum Abendmahl«, war zentraler Programmpunkt des Kirchentags am Freitag. Es wurde von einem Projektausschuss des Kirchentags vorbereitet und durchgeführt. Die Mitglieder aus Bayern, vor allem aus dem Nürnberger Raum, waren von Loewenich zum Teil seit Jahren verbunden, unter ihnen Friedrich Walz, Dr. Herbert Lindner, Bernd Seufert, Franz Soellner, Friedrich Eras, Walter Hoffmann sowie Georg Kugler, Leiter der Gemeindeakademie Rummelsberg und Vorsitzender des Projektausschusses. Kuglers Name blieb in besonderer Weise mit dem Format der Mahlfeier verbunden. Im Vorfeld, so Seufert, habe es Bedenken der Kirchentagsgremien bezüglich einer »Verkirchlichung« gegeben. Von Loewenich habe aber erfolgreiche Überzeugungsarbeit geleistet, »sich auf ein so noch nie dagewesenes spirituelles Projekt einzulassen«. Insgesamt neunzig Gemeinden aus dem Nürnberger Raum luden zum Mahl ein, bei dem auf verschiedene Art und Weise Zeichen der Gastfreundschaft und des Miteinander-Feierns mit liturgischen Elementen des Abendmahls ins Wechselspiel gebracht wurden. Die Gemeinden hatten sich, unterstützt von Arbeitshilfen und Gemeindeberatung, teils

---

555 Mitteilung B. Seufert, März 2016. Von ihm auch nachfolgende Informationen.

monatelang auf das Ereignis vorbereitet. Kugler begeisterte mit einem Referat beim »Forum Abendmahl«, in dem er dazu aufrief, diese neue Art des Feierns mitzunehmen in die Heimatgemeinden. Kugler träumte laut: »In meiner Kirche der Hoffnung wird Beat und Bach gespielt, gehen Rote und Schwarze, Evangelische und Katholische miteinander zum Abendmahl. Jesus Christus ist kein Grenzpfahl oder gar das Totenzeichen einer Gruppe, sondern für uns alle gestorben.«[556] Während von Loewenich die Abendmahlsfeiern als »stärkste[n] geistliche[n] Anstoß«[557] des Kirchentags bezeichnete und »beckmesserische Kritik, die auch geistlich verletzend sein kann«, als unangebracht bemängelte, kritisierten andere, teils prominente Stimmen manche am Kirchentag praktizierten Abendmahlsfeiern als unbiblisch und fragwürdig;[558] ein ehemaliger bayerischer Dekan wollte ein Lehrzuchtverfahren anstrengen.[559]

Neue Gottesdienstformen, musikalische Impulse, meditative Angebote: Sie waren prägend für den Nürnberger Kirchentag. Dennoch fehlte es nicht an gesellschaftspolitischen Auseinandersetzungen: Es wurde über alternative Lebensformen und Europa diskutiert, es wurden kontroverse Themen verhandelt, und es waren umstrittene Referenten zu Gast. Der Wirbel, den die Einladung Dorothee Sölles verursacht hatte, stellte sich als weitgehend unberechtigt heraus: Ihre eher meditativen Ausführungen über die »Kraft zu lieben und zu leiden«, gehalten vor 5.000 Menschen, waren offensichtlich kaum dazu angetan, Andersdenkende zu erregen. »Die Kritik des Landeskirchenrates an einzelnen Referenten und Veranstaltungen des Kirchentages war überflüssig. Frau Sölle erwies sich als völlig harmlos«, so ein Kommentar.[560] Weniger harmlos verlief die

---

556 Zit. nach Sonntagsblatt-Extra Kirchentag (4), in: Sonntagsblatt-Redaktion Nürnberg.
557 VLS 1979/II, 29.
558 Vgl. a. a. O., 68.
559 Vgl. a. a. O., 69.
560 In: Austausch über den Kirchentag, 19.6.1979. In: LAELKB, Z 130

Diskussion um den Umgang mit gleichgeschlechtlichen Partnerschaften. Wie emotional aufgeladen die Stimmungslage angesichts dieses Themas war, zeigte sich an der schon im Vorfeld
umstrittenen Podiumsdiskussion »Homosexualität und Evangelium«, zu der über 4.000 Kirchentagsteilnehmer kamen.
Evangelische und katholische Theologen diskutierten mit Se-
xualwissenschaftlern und Beratern über das Thema – das Ziel,
hier auf sachliche Art und Weise Vorurteile abzubauen, scheint
allerdings kaum erreicht worden zu sein: »Von der ersten Minu-
te an verlief die Veranstaltung emotional aufgeladen und stark
kontrovers. Die Diskussionen mußten mehrfach unterbrochen
werden, weil es zu tumultartigen Szenen kam«[561], berichtete
das Sonntagsblatt und kommentierte: »Für Massenveranstal-
tungen ungeeignet«. Auch in der Landessynode wurde diese
Veranstaltung später noch einmal diskutiert; ein Synodaler berichtete, er habe noch nie »eine so wüste Versammlung erlebt
und erlitten«[562]. Von Loewenich warb um Verständnis dafür,
»daß ein Kirchentag auch mit einer solchen Minderheit anders
umzugehen versucht, als das heute in der Gesellschaft mit Minderheiten geschieht«[563]. Er verband dieses Plädoyer mit der Bitte
an die bayerische Landeskirche, »sich dieser Thematik entschieden und behutsam anzunehmen«. Laut Aussage von Zeitzeugen zeigte von Loewenich auch in späteren Jahren wiederholt
Offenheit Pfarrerinnen und Pfarrern gegenüber, die in gleichgeschlechtlichen Partnerschaften lebten. »Es kam ihm vor allem
darauf an, dass Menschen ihre Beziehungen verantwortungs-
bewusst lebten«, beschrieb Dr. Iris Geyer, von Loewenichs Referentin im Bischofsbüro, seine Haltung.[564] Willi Stöhr, ebenfalls Referent in von Loewenichs Bischofsbüro, erinnert sich

---

(18. DEK Nürnberg 1979).
561 Sonntagsblatt-Extra Kirchentag (4), in: Sonntagsblatt-Redaktion
   Nürnberg. Ebd. nachfolgendes Zitat.
562 VLS 1979/II, 67.
563 A.a.O., 69. Ebd. nachfolgendes Zitat.
564 Interview I. Geyer.

an diesbezügliche kontroverse Gespräche von Loewenichs mit Vertretern des »Arbeitskreises Bekennender Christen« (ABC); auf emotionaler Ebene habe von Loewenich Verständnis für deren Haltung aufbringen können, nicht aber hinsichtlich der theologischen Argumentation.[565]

Auch die Veranstaltung zur Auseinandersetzung der Erlanger Fakultät mit ihrer Vergangenheit in der NS-Zeit hatte bereits im Vorfeld für Aufsehen gesorgt. Diskutiert wurden hier vor allem das zu diesem Zeitpunkt noch wenig bekannte »Erlanger Gutachten« zur Einführung des Arierparagraphen und damit auch Theologie und Wirken Werner Elerts und Paul Althaus'. Vor allem was die Rezeption des Letztgenannten betraf, bedeutete der Kirchentag einen gewissen Einschnitt, war Althaus doch bis dato mitunter »fast wie ein Heiliger verehrt«[566] worden. Von Loewenich stellte, auf diese Veranstaltung zurückblickend, auf der Synode die Frage, »wie wir in unserer Landeskirche mit den Erfahrungen der Weimarer Zeit und des Dritten Reiches eigentlich umgehen«[567]: »Mir scheint, daß wir hier auch noch einen Nachholbedarf haben. Wir sollen ohne Glorifizierung, ohne Rechtfertigungszwang und ohne ein Tribunal der Söhne über die Väter halten zu wollen, offen über diese Erfahrungen sprechen und sie für unsere Zeit und den Umgang mit Politik und Gesellschaft nutzbar machen.« Der Umgang mit Vergangenheit und Schuld kam auch bei anderen Veranstaltungen zur Sprache: Es gab Begegnungen im Rahmen der Arbeitsgemeinschaft »Juden und Christen«, es wurden wiederholt die historischen Schattenseiten des Veranstaltungsorts selbst thematisiert: Nürnberg als Stadt der Reichsparteitage wurde in Beziehung gesetzt zum Kirchentag und seiner Intention. Oberkirchenrat Hugo Maser, der in Vertretung Hansel-

---

565 Interview W. Stöhr.
566 D. GANEK: Kein »lupenreiner Antisemit«, in: http://www.sonntags-blatt.de/news/aktuell/2013_06_25_01.htm.
567 VLS 1979/II, 30.

manns die Eröffnungspredigt auf dem Nürnberger Hauptmarkt hielt, erinnerte daran, dass genau hier nur wenige Jahrzehnte zuvor die »braunen Kolonnen« marschiert seien, »in kurzer Zeit Sehnsucht in Ideologie, Begeisterung in gleichgeschaltete Uniformität und in Terror verkehrend«. Man müsse sich die Frage gefallen lassen, »ob unsere Losung nicht als schmerzstillendes Narkotikum, als Opium des Volkes, den Sinn umnebeln und täuschen kann«[568]. Hermann von Loewenich versuchte auf seine Weise immer wieder, Licht und Schatten der Nürnberger Geschichte zu thematisieren; so sagte er in seiner Ansprache zur Ausstellungseröffnung »Reformation in Nürnberg – Umbruch und Bewahrung« im Germanischen Nationalmuseum, »das dunkle Geschichtskapitel, das den Namen unserer Stadt in Mißkredit gebracht hat«, stehe zweifelsohne im Vordergrund des Interesses, es dürfe aber nicht vergessen werden, dass die Geschichte dieser Stadt »vielfältiger gegenwärtig«[569] sei.

Am Ende des Kirchentags zog die bayerische Kirchenleitung ein weithin positives Fazit: »Wir haben es nicht bereut, den Kirchentag nach Bayern eingeladen zu haben«[570], so Oberkirchenrat Hugo Maser – auch wenn die bayerische Landeskirchenleitung in einigen Fragen anders gedacht habe als die Kirchentagsleitung. Dass der Landeskirchenrat mehrfach interveniert hatte, was Referenten und Themen anging, wurde von anderen hingegen als äußerst problematisch empfunden.[571] Über die inhaltliche Linie des Kirchentags gab es auch in der Synode noch einigen Diskussionsbedarf, gerade von Seiten der Vertreter Bekennender Gemeinschaften. Hermann von Loewenich bewertete die ablehnenden Stimmen als Ausnahmen und

---

568 Sonntagsblatt-Extra Kirchentag (1), in: Sonntagsblatt-Redaktion Nürnberg.
569 A. a. O.
570 Sonntagsblatt-Extra Kirchentag (4), in: Sonntagsblatt-Redaktion Nürnberg.
571 Austausch über den Kirchentag, 19.6.1979, in: LAELKB, Z 130 (18. DEK Nürnberg 1979).

wies stattdessen selbstbewusst darauf hin, dass der Kirchentag ein »überwältigend positives Echo«[572] in der breiten Öffentlichkeit gefunden habe: »Wir haben allen Anlaß, Gott für diese Juni-Tage in Nürnberg zu danken, die auch viele von uns innerlich beflügelt, gestärkt und belebt haben.«[573]

Hermann von Loewenich zeigte auch nach 1979 großes Engagement für den Kirchentag und brachte sich an verschiedenen Stellen ein. Offensichtlich war er auch zeitweise für eine leitende Position im Kirchentagspräsidium im Gespräch. Wie stark sich von Loewenich speziell mit dem Kirchentag in seiner Heimatstadt identifizierte, zeigte sich noch einmal anlässlich seines 70. Geburtstages im Jahr 2001. Hier formulierte er öffentlich den Wunsch: »Alle sollen mithelfen, dass ich noch in diesem Jahrzehnt wieder einmal einen Deutschen Evangelischen Kirchentag in Nürnberg erlebe.«[574] Die Landeskirche hatte für Nürnberg eine Bewerbung beschlossen, der allerdings kein Erfolg beschieden war.

6.1.2 »Unbequeme Positionen«: Die Affäre um das »KOMM« 1981

»Unserer Kirche hat man den Vorwurf gemacht, daß sie im Dritten Reich etwa in der Frage der Nürnberger Gesetze zuviel geschwiegen habe. Ich bin in dieser Angelegenheit nicht der Richter unserer Väter. Aber ich habe für mich persönlich daraus die Lehre gezogen, daß ich als Pfarrer in meiner öffentlichen Verantwortung lieber einmal zu früh rede als zu spät, daß ich lieber einmal mehr rede, wo ich es für nötig halte, als ängstlich zu schweigen. Wer mich deshalb tadeln mag, der mag das tun. Aber er muß sich dann auch selbst die Frage gefallen lassen, was

---

572 VLS 1979/II, 28.
573 Ebd.
574 EPD-Meldung (26.10.01). Nachfolgende Information a.a.O.

denn die geschichtlichen Erfahrungen aus der Zeit vor 40 und 50 Jahren für ihn heute in seiner Verantwortung bedeuten.«[575]

Als Hermann von Loewenich mit diesen Worten im Mai 1981 vor die Nürnberger Dekanatssynode trat, stand er unter öffentlichem Rechtfertigungsdruck: Wenige Wochen zuvor, Anfang März 1981, hatte die bayerische Justiz nach einer nächtlichen Demonstration Jugendlicher und Randalen in der Nürnberger Innenstadt die »größte Massenverhaftung seit dem Ende des Dritten Reiches«[576] veranlasst. Dieses Vorgehen hatte bundesweit Schlagzeilen gemacht und zahlreiche Kritiker auf den Plan gerufen – unter ihnen auch Hermann von Loewenich und weitere Nürnberger Geistliche, deren öffentliche Stellungnahme zur KOMM-Affäre ein langanhaltendes Echo fand und zu einem nur mühsam zu kittenden Bruch der Kirchenvertreter mit der Nürnberger Polizei und den Justizbehörden führen sollte. Für Hermann von Loewenich wurde die KOMM-Affäre zu einem Schlüsselerlebnis, er sprach später wiederholt von prägenden wie belastenden Zeiten für sich und seine Familie und äußerte Dankbarkeit darüber, dass angesichts einiger Drohungen gegen ihn diese Monate ohne größeren Schaden vorübergegangen seien. Nicht wenigen jungen Theologen wurde der Nürnberger Dekan durch die Auseinandersetzungen um das KOMM bekannt; seine Äußerungen wurden etwa im Nürnberger Predigerseminar besprochen. Auch über den kirchlichen Kontext hinaus sollte der Name Hermann von Loewenich untrennbar mit der turbulenten Geschichte des Nürnberger Jugendzentrums im März 1981 verbunden bleiben.

Schauplatz des Geschehens war das Nürnberger »KOMM«, das selbstverwaltete »Kommunale Jugendzentrum« in der Königstraße, in unmittelbarer Nähe des Hauptbahnhofs. Der Nürnberger Schul- und Kulturreferent Hermann Glaser hat-

---

575 Dekanatssynode, 15.5.1981, in: LAELKB, NL Loewenich, Hermann von, vl. Nr. 40.
576 Der Spiegel (16.3.1981), 17.

te für das 1910 errichtete Künstlerhaus, das im Krieg zerstört worden war und nach Zwischennutzungen zu verfallen drohte, das Konzept eines städtisch finanzierten, selbstverwalteten Zentrums entwickelt; das sogenannte »KOMM« startete im Juli 1973 mit einem ersten Probelauf. Träger der Einrichtung war das Kulturreferat bzw. die Stadt Nürnberg mit einer SPD/FDP-Stadtratsmehrheit. Oberstes Ziel des KOMM war laut Selbstbeschreibung der Einrichtung die »Selbstverwaltung als Baustein zur Demokratisierung des Alltags«[577]. Zahlreiche Gruppen hatten im KOMM ihren Platz: Es gab politische Zusammenschlüsse wie den der AKW-Gegner, es gab einen »Dritte-Welt-Laden« und eine Mediengruppe, künstlerische Gruppierungen und feste Jugendgruppen sowie ein breitgefächertes Freizeitangebot. Das KOMM war in Nürnberg höchst umstritten: Die CSU betitelte das Jugendzentrum als »rote Kaderschmiede«[578], und auch Hermann von Loewenich gestand: »Ich habe kritische Fragen [...] an die Art und Weise, wie das sicher notwendige offene Jugendzentrum der Stadt – das KOMM – geführt wird.«[579]

Über das, was sich im und um das KOMM in der Nacht vom 5. auf den 6. März 1981 abspielte, gibt es unterschiedliche Berichte. Folgendes scheint gesichert:[580] Am Abend des 5. März wurde im KOMM ein Film über Hausbesetzer in Holland gezeigt. Zwischen 200 und 300 Besucher kamen zu der Vorführung mit anschließender Diskussion. Gewalt wurde dabei von der Mehrheit der Gäste abgelehnt. Allerdings war die Stimmung angesichts einiger Konfrontationen im Vorfeld aufgeladen – es hatte auch in Nürnberg Hausbesetzungen, Räumungen und Demonstrationen gegeben. Im Anschluss an den Filmabend brachen KOMM-Besucher spontan zu einer Demonstration durch die Nürnberger Innenstadt auf. Dabei wurden einige

---

577 GLASER, Massenverhaftung, 286.
578 A.a.O., Klappentext innen.
579 Schreiben von Loewenichs, 13.3.1981; zit. nach a.a.O., 179.
580 Hier folge ich v.a. GLASER, Massenverhaftung, 20f., sowie KNÖPFLE, Zeichen, 252f.

Autoantennen geknickt sowie einige Schaufenster von Bankfi-
lialen und Kaufhäusern zertrümmert. Der Sachschaden belief
sich auf eine Summe von etwa 20.000 Mark. Vorsorglich hatte die Polizei vor der Veranstaltung Kräfte in Bereitschaft gehalten, diese aber dann wieder abgezogen. Nachdem im Zuge
der Demonstration an einem Funkstreifenwagen randaliert
worden war, stießen weitere Streifenwägen dazu, die den De-
monstrationszug begleiteten, die Sachbeschädigungen jedoch
offensichtlich nur dokumentierten, ohne einzugreifen. Nach
den Ausschreitungen in der Innenstadt ging der Großteil der
Demonstranten wieder in das KOMM zurück. Dort hatten sich
inzwischen auch andere Besucher eingefunden, die zum Teil
von der Demonstration nichts mitbekommen hatten. Gegen 23
Uhr umstellte die Polizei das KOMM: Auf Anordnung des Poli-
zeipräsidiums durfte niemand mehr das Gebäude betreten oder
verlassen. Als in den frühen Morgenstunden die ersten KOMM-
Gäste aus dem Haus traten, vertrauten sie der Zusage der Polizei, dass sie nach einer erkennungsdienstlichen Behandlung
nach Hause gehen dürften. Entgegen dieser Zusicherung wurden sie jedoch festgenommen. 141 der 168 Personen erhielten
hektographierte Haftbefehle wegen Landfriedensbruches. Als
Haftgründe wurden Flucht- und Verdunkelungsgefahr angegeben. Unter den Verhafteten befanden sich zahlreiche junge
Menschen, die sich während der Demonstration nachweislich
im KOMM aufgehalten hatten und in keinerlei Verbindung zu
den Ausschreitungen standen; auch Kinder aus angesehenen
Nürnberger Familien waren betroffen. Die Verständigung der
Angehörigen erfolgte offensichtlich schleppend. Unter unge-
klärten Bedingungen blieben die jungen Menschen zum Teil
mehrere Tage, teils zwei Wochen in Haft, sie waren auf zwölf
bayerische Haftanstalten verteilt worden.

Die Nürnberger Ereignisse schlugen – »nach zwei Tagen
verblüfften Schweigens«[581] – hohe Wellen. Hermann von Loe-

---

581 VON LOEWENICH: Kirchliches Handeln in unserer Stadt – Erfahrun-

wenich: »Vor allem die Vertreter der SPD [...] und die Sprecher der Jugendszene vermuteten im Vorgehen der Polizei und der Justiz einen Schlag gegen die liberale Jugendpolitik der Stadt Nürnberg und speziell gegen das KOMM, das als städtisch finanziertes Zentrum der Drogen- und Anarchoszene verteufelt wird.«[582] Der Justiz wurde vorgeworfen, durch die Massenverhaftung das Gebot der Verhältnismäßigkeit verletzt zu haben: »Bricht Bayern das Recht?«[583] titelte das Nachrichtenmagazin Der Spiegel und betonte, die Aktion sei mit Billigung von Franz Josef Strauß geschehen. Eine Woche nach den Verhaftungen kam es bundesweit zu Demonstrationen von Hausbesetzern und ihren Sympathisanten, um gegen die Nürnberger Vorgänge zu protestieren; es gab Überfälle, neue Hausbesetzungen und Drohungen.

Die Nürnberger Geistlichen waren rasch in das Geschehen einbezogen. Prodekan Herbert Bauer berichtete: »Als die ersten Hinweise auf die Verhaftungen bekannt wurden, meldeten sich auch Gemeindeglieder und drückten Ratlosigkeit aus. Einige fragten nach Recht und Ordnung, andere berichteten aufgeschreckt und irritiert von jungen Verwandten, die inhaftiert worden waren. Die jungen Leute aus der Gemeinde, die neben der Lorenzkirche den ›Lorenzer Laden‹ als Begegnungs- und Treffpunktstätte betreiben, kamen ihrerseits intensiv ins Gespräch mit unmittelbar, meist jugendlichen Betroffenen.«[584] Ihm und seinen Amtsbrüdern, so Bauer, sei rasch klar gewesen, was die Aufgabe der Lorenzkirchen-Gemeinde sei: »Im Glauben dem Unheil wehren, das sich in der Stadt ausbreitet«. Der Kommentargottesdienst wurde kurzfristig aktualisiert und dem Thema der Sicherung des inneren Friedens in Nürnberg gewidmet; zudem plante man einen Gebetsgottesdienst, war

gen und Reflexionen (vermutl. Herbst 1981), in: LAELKB, NL Loewenich, Hermann von, vl. Nr. 40.

582 A.a.O.

583 Der Spiegel (16.3.1981).

584 BAUER, Kirche, 189. A.a.O. nachfolgende Zitate.

sich allerdings anfangs nicht sicher, wann dieser stattfinden sollte. Die Suche nach einem geeigneten Zeitpunkt, so Bauer, habe »etwas Kopfzerbrechen verursacht«. Wie sich herausstellen sollte, war solches Kopfzerbrechen berechtigt gewesen: Der schließlich gewählte Termin, der Abend des 10. März, sollte später für heftige Diskussionen sorgen. Die SPD hatte für diesen Tag eine Protestkundgebung vor der Lorenzkirche organisiert und Hermann von Loewenich angefragt, daran teilzunehmen. Von Loewenich entschied sich aus taktischen Gründen dagegen: »Um nicht von vornherein auf das parteipolitische Gleis geschoben zu werden, lehnte ich ab. Zugleich aber war mir klar, daß die Kirche in dieser hektischen Situation nicht auf Tauchstation gehen dürfte.«[585] Die Geistlichen beschlossen daher, im Anschluss an die Kundgebung zum Gebetsgottesdienst einzuladen, sich selbst jedoch nicht an der Kundgebung zu beteiligen.

Mehrere tausend Menschen versammelten sich an dem verregneten Märzabend vor der Lorenzkirche. Unter den Rednern war mit dem Reichelsdorfer Pfarrer Dr. Friedrich Rießbeck auch ein Geistlicher vertreten; dieser sprach allerdings, wie Hermann von Loewenich betonte, »nicht im Auftrag der Kirche, sondern in eigener Verantwortung«[586]. Ob Außenstehende dies allerdings in dieser Differenziertheit wahrnehmen konnten, darf bezweifelt werden. Weitere Missverständnisse folgten: So warf das Läuten der Lorenzer Glocken um 18 Uhr und damit noch während der Kundgebung Fragen auf. Es war das traditionelle »Garaus-Läuten« der Abendglocke, das nach mittelalterlicher Sitte das Ende des Markttages markierte; man hatte schlichtweg vergessen, die Automatik für den Abend der Kundgebung auszuschalten. Wer dies allerdings nicht wusste, so Prodekan Bauer, musste sich zwangsläufig fragen: »Für wen

---

585 VON LOEWENICH: Kirchliches Handeln in unserer Stadt – Erfahrungen und Reflexionen (vermutl. Herbst 1981), in: LAELKB, NL Loewenich, Hermann von, vl. Nr. 40.
586 Schreiben von Loewenichs, 13.3.1981; zit. nach GLASER, Massenverhaftung, 178.

oder gegen wen läutete nun die Lorenzkirche?«[587] Auch hier musste Hermann von Loewenich klarstellen: »Wir haben die Glocken von St. Lorenz wahrhaftig nicht für eine Parteikundgebung zur Verfügung gestellt.«[588]

Nach der gewaltfreien Kundgebung vor der Kirche formierte sich ein Teil der Versammelten zu einem Schweigemarsch in Richtung Justizgebäude; rund 800 Menschen folgten der Einladung in die Lorenzkirche. Die vorformulierten Gebetstexte sind erhalten: Sie bitten um Gewaltlosigkeit, gedenken der verhafteten Jugendlichen und ihrer Familien ebenso wie der Polizisten (»laß sie, auch wenn sie Gewalt anwenden müssen, maßvoll sein und den Menschen im Blick behalten«), gedenken auch der Juristen und Politiker (»laß sie in ihren Worten und Programmen Ziele verfolgen, die junge Menschen übernehmen können«). Dass man sich bemüht habe, alle von der KOMM-Affäre Betroffenen zu berücksichtigen, sei, so von Loewenich später konsterniert, »typischerweise kaum wahrgenommen«[589] worden. Freilich verhehlten Diktion und Schwerpunkt dieser Texte den Standpunkt der Geistlichen nicht: Man zeigte sich »betroffen«[590] über das Eingreifen der Polizei, befürchtete »schlimmere psychische Schäden« bei den verhafteten Jugendlichen und bat für sie und andere: »Laß sie durch negative Erfahrungen nicht entmutigt werden, in diesem Staat Verantwortung mit zu übernehmen.« Vermittelnd wirken hingegen Passagen wie: »Laß uns im anderen, ob er Jeans, Uniform oder Nerz trägt, den Bruder und die Schwester sehen, die du wie uns zu deinem Reich berufen hast.« Die Lorenzkirche, so Herbert Bauer, sei in diesen Tagen nicht nur Fassade geblieben, sie habe

---

587 BAUER, Kirche, 190.
588 Schreiben von Loewenichs, 13. 3.1981; zit. nach GLASER, Massenverhaftung, 179.
589 VON LOEWENICH: Kirchliches Handeln in unserer Stadt – Erfahrungen und Reflexionen (vermutl. Herbst 1981), in: LAELKB, NL Loewenich, Hermann von, vl. Nr. 40.
590 Folgende Zitate nach Bauer, Kirche, 191–193.

mit ihrer Ausstrahlungskraft den Bürgern gedient: »Ich war vom Geschehen in der Lorenzkirche überwältigt und habe die Überwältigung auch in den Gesichtern derer gesehen, welche eine Kirche zum Beten sichtlich schon lange nicht mehr betreten hatten. Sie konnten sich hier auf das beziehen, was der christlichen Gemeinde täglich aufgetragen ist.«

Dass zahlreiche Nürnberger das anders sahen als Prodekan Bauer und Dekan von Loewenich, sollte sich schnell und in unerwarteter Heftigkeit zeigen – das Verhalten der Kirchenvertreter polarisierte Stadt und Kirchengemeinde. Dabei verursachte am meisten Wirbel ein Schriftstück, das auf der Kundgebung verteilt wurde und bereits am Morgen des 10. März in den Lokalzeitungen zu lesen war: die sogenannte »Erklärung des Evang.-Luth. Dekanats Nürnberg«, datiert vom 9. März.[591] Verfasst und unterzeichnet hatten sie Hermann von Loewenich, die drei Prodekane Herbert Bauer, Dr. Wolfgang Dietzfelbinger und Reinhard Dobbert sowie der Dekanatsjugendpfarrer Hans-Jochen Böhme. Um die zahlreichen Reaktionen, die die Stellungnahme hervorrief, nachvollziehen zu können, wird diese im Folgenden vollständig wiedergegeben:

> »In den Auseinandersetzungen dieser Tage sehen wir den Auftrag der Kirche vorrangig darin, dem Frieden in unserer Stadt zu dienen, für das Recht einzutreten und den betroffenen Menschen nahe zu sein. Wir verurteilen jede Gewaltanwendung gegen Personen und Sachen eindeutig als Unrecht. Wir bejahen den Auftrag des Staates, das Gesetz zur Geltung zu bringen.
>
> 1. Umso betroffener sind wir über die Art und Weise, wie das geltende Recht bei der pauschalen Verhaftung von 141 vorwiegend jugendlichen Personen gehandhabt worden ist. Wir stehen unter dem Eindruck, daß bei dieser Massenverhaftung nicht mehr der einzelne in seinem

---

591 Abgedruckt in GLASER, Massenverhaftung, 177f.

Rechtsanspruch und in seiner Würde ernst genommen worden ist. Das hat für das Rechtsbewußtsein junger Menschen verheerende Folgen. Der Eindruck drängt sich auf, daß bei diesem Vorgehen auch politische Ziele eine Rolle spielen, die außerhalb der Zielsetzung des Rechts liegen. Es wirkt zutiefst unglaubwürdig, daß alle Festgenommenen ohne den Versuch einer Differenzierung in Untersuchungshaft genommen worden sind. Im Umgang mit den Eltern der Inhaftierten kam es zu beklemmenden Vorgängen, die mit den Grundsätzen der bayerischen Verfassung über die Rolle der Eltern schlechterdings nicht zu vereinbaren sind.

2. In unserer Stadt gab es bisher ein geduldiges Bemühen um einen Dialog auch mit dem kritischen Teil der Jugend. Nun ist dem Gespräch über den Wert unserer freiheitlich-demokratischen Grundordnung in den Augen der Jugendlichen ein schwerer Stoß versetzt worden. Das wird sich in ungezählten Elternhäusern und Schulklassen auswirken. Wir teilen als Kirche die Sorge über die Verschiebung des Unrechtbewußtseins in Teilen der Jugend. Aktionen, in denen das Recht mit unverständlicher Härte und ohne menschliche Einfühlung praktiziert wird, lösen aber noch mehr Blockaden aus.

3. Wir wissen, daß Unbeteiligte in Haft gehalten werden. Wir bitten die staatlichen Organe dringend darum, unverzüglich zwischen Beteiligten und Unbeteiligten zu unterscheiden und in der Haftfrage im Zweifel zugunsten der Jugendlichen zu entscheiden. Den betroffenen Eltern bieten wir unsere seelsorgerliche Begleitung an. Unsere Sorge gilt ebenso den Polizeibeamten, die durch die Eskalation der letzten Wochen über das Maß hinaus beansprucht sind. Wir haben für die jungen Menschen wie für die Verantwortlichen in den Gottesdiensten am Sonntag gebetet und schließen sie auch weiterhin in unser Gebet ein.

Wir bitten Junge und Erwachsene, trotz allem gerade jetzt das Gespräch zu versuchen. Wir bitten alle Bürger unserer Stadt um ein Gespräch ohne Emotionen und um ein Nachdenken über die Gründe, die zu dieser Entwicklung geführt haben. Unsere Kirche bietet sich als Gesprächspartner an.«

Es sei ein kirchliches »Wort zur Situation« gewesen, erklärte von Loewenich später – und damit eben gerade keine Denkschrift, die abwäge, Pro- und Kontra-Argumente vorbringe und Grundlegendes ausführe. Eine solche »Form des Redens«, wie die am 9. März gewählte, wirke nun einmal per se zugespitzter: »Sie ist riskanter und dabei auch mißverständlicher.«[592] Die Reaktionen, die der Erklärung folgten, zeigen dies: Es gab wochenlang Zuschriften jeglicher Couleur, darunter auch anonyme Schreiben bis hin zu Morddrohungen gegen einzelne Pfarrer. Es kam zu zahlreichen Gesprächen und kontroversen Diskussionen auch in den einzelnen Gemeinden und in den Gremien auf Dekanatsebene. Von Loewenich dazu: »Wir wußten, daß wir ein heißes Eisen anfaßten. Wir meinten freilich, mit unserem Eintreten für das Recht des Einzelnen auf eine breitere Resonanz zu stoßen. Aber Beifall hin und her: Im Friedensauftrag der Kirche können unbequeme Positionen nicht einfach ausgeklammert werden. [...] Der Friedensauftrag verweist auf einen Platz zwischen den Stühlen.«[593] Auch tendenziell kirchenkritische Medien wie das Nachrichtenmagazin Der Spiegel zollten den Nürnberger Kirchenvertretern Respekt und berichteten anerkennend über deren Verhalten. Auf der anderen Seite, so von Loewenich, gab es »Äußerungen heftigster Empörung. Sie gipfelten in dem Vorwurf, daß wir den staatlichen Organen in

---

592 Bericht Dekanatssynode, 15.5.1981, in: LAELKB, NL Loewenich, Hermann von, vl. Nr. 40.
593 H. VON LOEWENICH: Kirchliches Handeln in unserer Stadt – Erfahrungen und Reflexionen (vermutl. Herbst 1981), a.a.O. Ebd. nachfolgendes Zitat.

den Rücken gefallen seien, dem Rechtsstaat geschadet, Sympathie für Gewalttäter bekundet hätten und unserer linken politischen Einstellung gefolgt wären.«

Auf die Reaktionen der ersten Tage antwortete von Loewenich am 13. März mit einem Brief, den er den Verfassern der namentlich gekennzeichneten Briefe zusandte.[594] Anhand dieses Schreibens lassen sich im Wesentlichen drei Vorwürfe seiner Kritiker ausmachen: Beanstandet wurden zum einen das zeitliche Zusammenfallen von SPD-Kundgebung und Fürbittengottesdienst sowie das bereits erwähnte Glockengeläut; die Kirche habe damit zugunsten der Sozialdemokraten Partei ergriffen. Von Loewenich hielt dagegen, dass es sich bei dem Gottesdienst um eine »eigene Veranstaltung der Kirche« gehandelt habe: »Mit der Fürbitte hat unsere Kirche das getan, was ihre Pflicht war«; es sei dabei für alle Beteiligten der KOMM-Affäre, auch für die Polizisten, gebetet worden. Ein weiterer Vorwurf lautete, dass die Kirche mit jugendlichen Gewalttätern sympathisiere, diese gar unterstütze. Von Loewenich distanzierte sich von jeglicher Gewaltanwendung: »Wir sind gegen Steine und Eisenstangen, gegen zerschlagene Schaufenster und demolierte Autos. Wir sind dafür, daß der Staat seine Gesetze zur Geltung bringt. Doch treten wir ebenso dafür ein, daß er selbst diese Gesetze peinlich ernst nimmt.« Mit Sympathie für »nächtliche Krawalle, für jugendlichen Radau oder gar für Berufsdemonstranten« habe die Stellungnahme nichts zu tun, so der Dekan: »Ich selbst habe oft genug an den nächtlichen Ruhestörungen in der Innenstadt zu leiden.« In einer späteren Stellungnahme drückte von Loewenich noch deutlicher sein Bedauern darüber aus, »daß es uns dabei nicht gelungen ist, uns deutlich genug gegen das Mißverständnis abzugrenzen, als würden wir der Polizei oder der Justiz in den Rücken fallen«.[595] Schließlich wurde

---

594 Abgedruckt in GLASER, Massenverhaftung, 178–180. Daraus nachfolgende Zitate.
595 Bericht von Loewenichs, Dekanatssynode, 15.5.1981, in: LAELKB, NL Loewenich, Hermann von, vl. Nr. 40.

wiederholt gefragt, inwieweit die Kirche sich hier – einmal mehr! – in Angelegenheiten einmische, die nicht in ihren Kompetenzbereich fielen. Von Loewenich dazu: »Wir haben im Namen Jesu für die einzutreten, die zu Unrecht beschuldigt oder inhaftiert werden. [...] Es geht um die Wahrung des Rechts durch den Staat. Rechtsbruch und Verunsicherung des Rechts kann nicht dadurch beantwortet werden, daß man selbst das Recht nicht mehr so ganz wörtlich nimmt.«[596] Die Frage sei nicht, so von Loewenich später vor der Dekanatssynode, »*ob* überhaupt der Auftrag der Kirche in den politischen Raum hineinweist, sondern *wie* er dort sachgerecht wahrgenommen wird. Wir haben mit unserer Erklärung zum Ausdruck gebracht, daß wir den Auftrag der Kirche darin sehen, dem Frieden in dieser Stadt zu dienen, für das Recht einzutreten und den betroffenen Menschen nahe zu sein.«[597]

Die Landessynode verabschiedete auf ihrer Tagung vom 22. bis 27. März in Dinkelsbühl eine Stellungnahme zu den Nürnberger Vorgängen. Die Atmosphäre war angespannt, waren doch unter den Synodalen sowohl Justizminister Karl Hillermeier, der für das Eingreifen der Justiz in der KOMM-Affäre stand, als auch Hermann von Loewenich und der Sebalder Pfarrer Eberhard Bibelriether. Zum Bedauern der »Offenen Kirche« wurde keine Plenardebatte über die KOMM-Affäre geführt, die Angelegenheit wurde in Arbeitskreisen in geschlossenen Sitzungen behandelt.[598] Nach einem persönlichen Gespräch, zu dem Landesbischof Hanselmann die direkt betroffenen Synodalen gebeten hatte,[599] wurde ein Sonderausschuss – unter den Ausschussmitgliedern auch Hermann von Loewenich – gebildet, der eine Erklärung formulierte, die die Synode ver-

---

596 In: GLASER, Massenverhaftung, 179.
597 Bericht von Loewenichs, Dekanatssynode, 15.5.1981, in: LAELKB, NL Loewenich, Hermann von, vl. Nr. 40.
598 Der »Arbeitskreis Synode« hingegen hatte gebeten, keine Debatte zu führen. Vgl. VLS 1981/I, 46.
599 Vgl. dazu HANSELMANN, Ja, 123f.

abschiedete.[600] Der Ton dieser Erklärung ist vermittelnd; was das Verhalten der Nürnberger Geistlichen und ihre »Stellungnahme« betrifft, heißt es lediglich: »Auch Repräsentanten des kirchlichen Lebens haben von ihrem Recht Gebrauch gemacht, zu aktuellen gesellschaftspolitischen Fragen Stellung zu nehmen.« Man habe aber »vollstes Verständnis für die schwierigen Aufgaben, die der Polizei und der Justiz übertragen sind. Die Ausgewogenheit von Ordnung und Freiheit bildet die Grundlage des Rechtsstaates. Wir bitten vor allem die Jugend um Verständnis für diesen Zusammenhang und verbinden damit den Wunsch, daß sie sich nicht von Rechtsbrechern und Gewalttätern verführen lassen möge.« Die Unruhen in Nürnberg seien exemplarisch zu sehen dafür, dass ein »Teil der jungen Generation mit manchen Erscheinungen unseres staatlichen und gesellschaftlichen Lebens nicht zufrieden ist.« Hier müsse das Gespräch zwischen den Generationen gesucht werden, auch vonseiten der Kirche. Von Loewenich beurteilte die Erklärung später als »ein doch recht formales Wort« der Synode und bemängelte die dort herrschende Diskussionskultur – für eine »wirklich gründliche Aufarbeitung« seien die kirchlichen Organe wohl noch »wenig geübt«[601].

Kritische, teils diskreditierende Reaktionen auf die »Erklärung des Evang.-Luth. Dekanats Nürnberg« kamen aus allen Bevölkerungsschichten. Besonders heftig aber trafen von Loewenich Rückmeldungen aus den Kreisen der Justiz. Hier kam es zu einer teils öffentlich ausgetragenen Kontroverse, in die auch die Landeskirchenleitung involviert war; entsprechende Briefwechsel zwischen von Loewenich, Vertretern des Landeskirchenrats und den Kritikern zeugen von den Auseinandersetzungen.[602]

---

600 VLS 1981/I, 87.
601 VON LOEWENICH: Kirchliches Handeln in unserer Stadt – Erfahrungen und Reflexionen (vermutl. Herbst 1981), in: LAELKB, NL Loewenich, Hermann von, vl. Nr. 40.
602 Vgl. die Unterlagen a. a. O.

Gravierend war in den Augen der Justiz, dass von Loewe-
nich mit »leichtfertige[n] falsche[n] Beschuldigungen«[603] das
Ansehen der Behörden beschädigt habe und seine Vorwürfe
nicht öffentlich zurücknehmen wolle. So warf ein hochrangiger
Nürnberger Justizvertreter dem Dekan vor: »Das Schlimmste
Ihrer Erklärung vom 9.3.1981 war – dies konnten und mußten
Sie voraussehen –, daß diese Erklärung nicht zwischen Tatsachen und Rechtsansichten und Meinungen unterschieden
hat. In den von Ihnen verbreiteten Vorwürfen sind sowohl
Tatsachen wie Rechtsansichten gelegen. Diese Tatsachen und
Rechtsansichten waren falsch! Sie waren aber ein willkomme-
ner Anlaß zu einer bundesweiten Herabsetzung des Ansehens
der tätig gewordenen Ermittlungsrichter und damit der Justiz
überhaupt.«[604] Die Geistlichen hätten »die Pflicht grob verletzt
[...], die Wahrheit zu ergründen«, und mit ihren Worten Jugendliche darin bestärkt, »ihr verantwortungsloses und krimi-
nelles Verhalten gegenüber der Gesellschaft fortzusetzen«.

Andere Briefe in ähnlichem Tonfall sind erhalten; zum Teil
wurden auch Schattengefechte ausgetragen.[605] Episoden und
Einschätzungen Hermann von Loewenichs aus der Vergangenheit werden zitiert, sei es sein antikommunistisches Engagement in der Jugend, sei es dann wieder sein Ruf als »roter
Pfarrer« an der ESG Nürnberg in den 1960er Jahren. Die Evangelische Studentengemeinde und Studentenpfarrer Dr. Johannes Friedrich wurden gerügt, die Kommentargottesdienste in
der Lorenzkirche »Unfug« genannt. Beanstandungen gab es
zudem bezüglich der Stellenbesetzungs-Politik an der Nürnberger Löheschule, das Evangelische Jugendwerk wurde wegen
seiner Werbung für den Zivildienst getadelt, kurz: Aus der Kritik an der Stellungnahme des Dekanats zum KOMM wurde ein
Rundumschlag.

---

603 H. S. an von Loewenich, 16.4.1981. A. a. O.
604 G. P. an H. von Loewenich, 2.6.1981. A. a. O. Ebd. nachfolgendes Zitat.
605 Vgl. dazu die Unterlagen a. a. O.

Konfrontiert mit all diesen Klagen, versuchte der Landeskirchenrat die Wogen zu glätten und die verhärteten Fronten
wieder aufzubrechen. Dabei wurde durchaus auch Befremden geäußert, was das Vorgehen der Justiz anging. So schrieb
Oberkirchenrat Dr. Gerhard Grethlein an den Nürnberger Fi-
nanzpräsidenten: »Ich darf Ihnen gestehen, daß ich bei den
ersten Meldungen über die 141 Verhaftungen, gerade auch als
ehemaliger Oberstaatsanwalt, vor allem aber als Begründer
des Kommentars zum Jugendgerichtsgesetz der Bundesrepublik Deutschland, tief erschrocken bin.«[606] Prinzipiell wurde
das Recht Hermann von Loewenichs auf eine eigene Stellungnahme verteidigt, auch wenn man ihm durchaus »Fragen zur
Formulierung«[607] stellen dürfe.

Der Landeskirchenrat selbst geriet zeitgleich wegen seines
Verhaltens in einer anderen Angelegenheit in das Kreuzfeuer
der Kritik: Wenige Monate vor der KOMM-Affäre, am 20. September 1980, hatte in Nürnberg eine Wahlkundgebung der
NPD stattgefunden; ihr Motto: »Deutschland den Deutschen«.
Vergeblich hatten verschiedene Gruppierungen – unter anderem der DGB, der kommunale Ausländerbeirat sowie die katholische Stadtkirche und das evangelische Dekanat – das Ord-
nungsamt aufgefordert, die Kundgebung zu verbieten. Bei der
daraufhin organisierten Gegendemonstration ging die Polizei
offensichtlich mit Härte gegen die Gegendemonstranten, weniger aber gegen die Neonazis vor; dies war der Grund dafür, dass
die Nürnberger ESG einen offenen Brief an Mittelfrankens Po-
lizeipräsidenten Helmut Kraus richtete und darin unter anderem schrieb: »Mit Befremden mußten wir feststellen, daß Ihre
Beamten durch martialisches Auftreten unter uns NPD-Geg-
nern ein Klima der Angst erzeugten, indem polizeiliche Greif-
trupps aus der Menge der Gegendemonstranten Teilnehmer

---

606 Schreiben vom 23.4.1981, a.a.O.
607 Grethlein an den Leitenden Oberstaatsanwalt a.D. H. Sachs, 4.6.1981.
      A.a.O.

regelrecht herauspflückten, teilweise mit brutaler Gewalt.«[608]
Zu den Unterzeichnern zählte neben zwei Studenten auch
Studentenpfarrer Johannes Friedrich. Polizeipräsident Kraus
erstattete Anzeige wegen Beleidigung, zog diese aber wieder
zurück; ein Grund dafür waren offensichtlich Schlichtungsver-
suche vonseiten des Landeskirchenrats. Dieser hatte eine Verlautbarung veröffentlicht, »daß es im Interesse der Evangelisch-
Lutherischen Kirche in Bayern, der Polizei, der Justiz und ihres
gegenseitigen Verhältnisses zueinander ist, wenn der Konflikt
zwischen der ESG Nürnberg und dem Polizeipräsidium Nürnberg außergerichtlich geklärt werden kann. Die Evangelisch-
Lutherische Kirche in Bayern erklärt sich als dritte, mit dem
Konflikt nicht befasste Partei hiermit rechtsverbindlich bereit,
alle im Zusammenhang mit dem Strafantrag und seiner Rück-
nahme verbundenen Kosten zu übernehmen, um so den beiden Konfliktparteien eine außergerichtliche Lösung des Konflikts zu erleichtern.«[609] Der Verlautbarung waren langwierige
Verhandlungen vorausgegangen; vor allem der Oberlandesge-
richtspräsident i. R. und Synodale Dr. Maximilian Nüchterlein
hatte hier vermittelt. Grethlein kommentierte: »Bei der Ge-
samtlage in Nürnberg, der Art der Presseberichterstattung, hätte eine Verurteilung des Pfarrers und der zwei ESG-Studenten
nicht nur für die Kirche negative Auswirkungen gehabt. Justiz
und Polizei wären aber ganz schlecht dagestanden, wenn das
Verfahren zu einem Freispruch geführt hätte.«[610] Die öffentliche Wahrnehmung ging hier jedoch oft in eine andere Richtung
und hatte vor allem die Kostenübernahme der Anwaltsgebüh-
ren durch die Kirche im Blick: »Darf die Kirchensteuer, die ja
auch von politisch Andersdenkenden bezahlt wird, derart ver-
geudet werden?«[611]

---

608 Zit. nach R. KIRBACH: Ins Gesicht geschlagen, in: Die Zeit (17.4.1981).
609 Zit. nach: Grethlein an Korn, 23.4.1981. LAELKB, NL Loewenich, Her-
    mann von, vl. Nr. 40.
610 A.a.O.
611 Schreiben O. Korn, 15.4.1981, in: LAELKB, a.a.O.

Am 2. Juni 1981 kam es bezüglich der KOMM-Affäre zu einem Gespräch zwischen dem Landeskirchenrat und dem Bayerischen Richterverein. Aus dem Kommuniqué lässt sich eine entgegenkommende Haltung vonseiten der Kirche erkennen, etwa, wenn es heißt: »Hinsichtlich der da und dort hervorgetretenen Kritik an Justizbehörden auch aus kirchlichen Kreisen bat der Bischof, sich nicht von einigen Außenseitern irritieren zu lassen; solche Wortmeldungen seien keineswegs als Stimme der Kirche zu verstehen.«[612] Zudem, so die Vertreter der Kirchenleitung, müsse man zugeben, »daß in den letzten Jahren im Bemühen um Minderheiten in der Tat einzelne unkritische Solidarisierungen [von Pfarrern; Anm. d. Verf.] stattgefunden hätten«. Die Berichterstattung über das Treffen erweckte den Eindruck, dass die Kirchenleitung sich von der Stellungnahme der Nürnberger Dekane distanzierte und Dekan von Loewenich zu den oben genannten »Außenseitern« und Querulanten unter den Geistlichen rechnete. Dies sorgte bei einigen Pfarrern für Irritation und Ärger.[613]

Weitere Gespräche sollten in Nürnberg für Entspannung sorgen: Kreisdekan Johannes Viebig traf sich Anfang Juli mit lokalen Vertretern der Justiz in Nürnberg – hier war von Letzteren offensichtlich gewünscht worden, dass die Unterzeichner der Erklärung vom 9. März nicht zu der Zusammenkunft eingeladen wurden;[614] diese durften erst bei einem zweiten Gespräch im Büro des Kreisdekans teilnehmen. Die katholische Kirche in Nürnberg hatte sich nicht öffentlich zu der KOMM-Affäre geäußert. Hermann von Loewenich kommentierte, die Katholiken hätten sich hier dem »uns allen wohlbekannten Konzept der

---

612 Kommunique, 2.6.1981. A.a.O. Ebd. nachfolgendes Zitat.
613 Vgl. Th. Glaser an J. Friedrich, 22.6.1981, in: LAELKB, NL Loewenich, Hermann von, vl. Nr. 40.
614 Vgl. Süddeutsche Zeitung (7.7.1981), 13. In diesen Tagen fand auch der Jahresempfang des Kirchenkreises statt, zu dem einige leitende Juristen »im Blick auf die letzten Vorkommnisse« nicht gekommen waren (vgl. M. Nüchterlein an K. Burkhardt, 5.7.1981). A.a.O.

Ausgewogenheit« gemäß verhalten, das es vermeide, irgendwo Anstoß zu erregen.[615] Die Vertreter des »Bundes der Deutschen Katholischen Jugend« (BDKJ), die Erlanger Katholische Jugend und Vertreter der Katholischen Studentengemeinde meldeten allerdings mit Stellungnahmen und offenen Briefen Kritik am Vorgehen der bayerischen Justiz an.[616]

Für Hermann von Loewenich war nun – auch auf Anraten der Kirchenleitung – Zurückhaltung geboten. Dies zeigte sich auch bezüglich einer angedachten »symbolischen Nachtwache« für die Betroffenen der Massenverhaftung Anfang Juli, die evangelische Geistliche gemeinsam mit Sozialarbeitern geplant hatten. Nach Gesprächen mit Vertretern der Kirchenleitung und einer langen Diskussion wurde die Aktion kurzerhand abgesagt. Begründet wurde dies mit der »Solidarität mit jenen Geistlichen [...], die seit ihrem Eintreten für den Rechtsstaat ›unter starken Druck‹ geraten seien«: »Wir haben eingesehen, daß gerade der Dekan und sein Prodekan durch unqualifizierte Angriffe Andersdenkender bis an die Grenzen der Belastbarkeit gefordert wurden.«[617] Es sei ein »spürbarer Druck aus Kreisen der Landeskirche, aber auch der politisch Verantwortlichen sowie der Justizbehörden erkennbar geworden«, unter dem von Loewenich und Prodekan Bauer stünden. Zurückhaltung sollten von Loewenich und seine Kollegen auch üben, als Kulturreferent Glaser seinen Dokumentationsband »Die Nürnberger Massenverhaftung« konzipierte. Entgegen der Empfehlung des Landeskirchenrats, dass kein kirchlicher Amtsträger einen Beitrag beisteuern möge,[618] finden sich allerdings entsprechende Texte in dem im August 1981 veröffentlichten Band.

---

615 VON LOEWENICH: Kirchliches Handeln in unserer Stadt – Erfahrungen und Reflexionen (vermutl. Herbst 1981). A. a. O.

616 Abgedruckt in: GLASER, Massenverhaftung, 194–197.

617 Zit. nach »Keine ›Nachtwache‹ in Nürnberg«, Süddeutsche Zeitung (7.7.1981), 13. A. a. O. nachfolgendes Zitat.

618 Gesprächsnotiz, Landeskirchenrat, 29.4.1981, in: LAELKB, NL Loewenich, Hermann von, vl. Nr. 40.

Einen Eindruck von der im Sommer 1981 noch immer aufgeladenen Stimmung mag folgender Vorfall geben: Im August 1981 wurde nachts das Hauptportal der Lorenzkirche sowie das darüber liegende Tympanon mit Farbbeuteln beworfen; es entstand ein Schaden von über 50.000 Mark. Im Zeitungsbericht über den Anschlag äußerten Geistliche und Kirchenvorstand ihre Betroffenheit. Prompt ging ein anonymer Brief im Dekanat ein, in dem über der Kopie des Zeitungsberichts die Frage stand: »Warum sind Sie betroffen, Sie gaben doch im März den Segen der Kirche für die Randalierer?«[619]

Bevor im Herbst 1981 der Prozess gegen zehn der 66 Angeklagten begann,[620] ließen es sich Nürnberger Geistliche nicht nehmen, in ihren Ansprachen zum Reformationsfest auf das Vorhalten der Justiz einzugehen; Hermann von Loewenichs Deutung der Buße beispielsweise lässt sich durchaus als Wink an die Justiz verstehen, wenn er sagt: »Umkehr heißt auch nicht nur recht haben.«[621] Das war es wohl auch, was von Loewenich an der KOMM-Affäre am meisten bewegte: »Einsicht, daß man etwas falsch gemacht haben könnte, wird bis heute nicht artikuliert.«[622] Im November 1981 wurde die Hauptverhandlung eröffnet; sie wurde noch im selben Monat ausgesetzt. Wenige Wochen später wurden die Eröffnungsbeschlüsse der beiden beteiligten Strafkammern und der Jugendkammer des Landgerichts Nürnberg aufgehoben, die Angeklagten galten als unschuldig; der Prozess wurde eingestellt.

Im Frühjahr 1982 kam es für den Nürnberger Dekan noch einmal zu einem Nachspiel in der KOMM-Affäre: Bei einem Empfang bezeichnete Hermann von Loewenich in einem von

---

619 Enthalten a.a.O.

620 Vgl. EHRIG/KEMPF/MAEFFERT, KOMM.

621 Vgl. »Reformation, Friede, Rüstung, Ökumene«, in: Nürnberger Zeitung (2.11.1981).

622 VON LOEWENICH: Kirchliches Handeln in unserer Stadt – Erfahrungen und Reflexionen (vermutl. Herbst 1981), in: LAELKB, NL Loewenich, Hermann von, vl. Nr. 40.

ihm als zwanglos empfundenen Gespräch Juristen gegenüber die KOMM-Affäre als Skandal. Daraufhin kam es mit einem Rechtsanwalt zu einem Geplänkel, über dessen Inhalt verschiedene Versionen kursierten. Auch diese Angelegenheit wurde schließlich auf höchster Ebene, zwischen Landeskirchenrat und Generalstaatsanwaltschaft, verhandelt – symptomatisch für die Verletzungen und Empfindlichkeiten auf beiden Seiten.[623] Ein Jahr nach der KOMM-Affäre, am 7. März 1982, bilanzierte Hermann von Loewenich bei seiner Fastenpredigt in der Sebalduskirche: »Noch immer fällt es uns schwer, über Recht und Unrecht in diesem Zusammenhang unbefangen miteinander zu reden. Aber wie soll die Wunde heilen, wenn wir nicht aufarbeiten, was zwischen uns steht? Wie kann unser aller Rechtsgefühl aus diesen Vorgängen lernen? Und lernen müssen wir doch alle, gleichviel ob wir damals mehr auf der Seite der Staatsgewalt oder der Inhaftierten gestanden haben.«[624]

Für Hermann von Loewenich war die KOMM-Affäre ein Schlüsselerlebnis. Er stellte sie später in eine Reihe mit Ereignissen wie die Diskussionen um die Ostverträge 1972 oder den Kulmbacher Krankenhausstreit. Die Ereignisse vom März 1981 wirkten sich zum einen auf sein eigenes Selbstverständnis und seine Rolle im kirchlichen Gefüge aus. »Ich bin so frei«, steht auf handschriftlichen Notizen dieser Tage:[625] »frei im Handeln«. Darunter hatte von Loewenich »Dekan in Nbg.« notiert und: »Gestaltung vor Ort« – ganz offensichtlich im Kontrast zur Politik im Münchner Landeskirchenamt. Und hinter einem weiteren »Ich bin so frei« ist die Zahl »50«, das damalige Alter von Loewenichs, vermerkt, und der Stichpunkt: »Entschie-

---

623 Vgl. dazu die Unterlagen a.a.O.
624 Fastenpredigt, 7.3.1982, St. Sebald (Amos 5,1–17). A.a.O.
625 Notiz. AEE. Nbger. Massenverhaftung, 6.11.1981, überschrieben mit: »Wir sind so frei.« Vom Mut + von Zwängen in der Kirche. A.a.O. Die Notizen waren Grundlage für eine Ansprache bei der AEE-Tagung am 6./7.11.1981, vgl. die Einladung in: LAELKB, NL Loewenich, Hermann von, vl. Nr. 23.

dener, deutlicher, das, was ich für richtig halte, zu leben und zu sagen.«

Dass ihm seine Entschiedenheit in der KOMM-Affäre nicht nur Freunde in seiner Heimatstadt machte, traf ihn merklich. Eine Predigt vom 14. Februar 1982, der der 2. Korintherbrief zugrunde liegt, lässt seine Betroffenheit erahnen. Von Loewenich geht hier auf den »Pfahl im Fleisch« bei Paulus mit den Worten ein: »Ich kann das in meinem Leben nicht in der Erfahrung einer Krankheit festmachen. Mein Pfahl im Fleisch sitzt anderswo. Ich empfinde manche Vorurteile, denen ich begegne, manches Mißtrauen, manche üble Nachrede in dieser Stadt als einen solchen Pfahl im Fleisch. Manchmal möchte ich zornig werden und wie Paulus mit Ironie reagieren. Noch öfter möchte ich den Nachweis erbringen, daß ich gar nicht so bin, wie mich die Leute sehen. Ich möchte akzeptiert sein. Ich möchte auch im Vergleich mit der katholischen Schwesterkirche endlich wieder einmal etwas Ruhm und Lob einstecken. Ich möchte Gelegenheit haben, mich selbst zu rühmen.«[626]

Sein Konzept »Kirche für die Stadt« formulierte von Loewenich vor dem Hintergrund der KOMM-Affäre neu.[627] Vor allem stellte er nun Fragen, was die Vermittlerfunktion der Kirche und deren Unparteilichkeit betraf: »Die Zielsetzung einer möglichst breiten Integration aller gesellschaftlichen Gruppierungen durch die Kirche war in dieser Krisenzeit nicht mehr durchzuhalten. Einer weithin irritierten und verunsicherten Kerngemeinde, einer teilweise böse reagierenden schweigenden Mehrheit stand eine Gruppe sonst eher Distanzierter gegenüber, die auf einmal neues Vertrauen zur Kirche faßte.« Trotz Gesprächsbereitschaft nach allen Seiten hin, so von Loewenich, könne auch einmal eine deutliche Positionierung ge-

---

626 Predigt in St. Egidien, 14.2.1982. In: LAELKB, NL Loewenich, Hermann von, vl. Nr. 66.

627 Dazu und zu den nachfolgenden Zitaten: Von Loewenich: Kirchliches Handeln in unserer Stadt – Erfahrungen und Reflexionen (vermutl. Herbst 1981). LAELKB, NL Loewenich, Hermann von, vl. Nr. 40.

boten sein: »In der Situation des 5./6. März wurde uns deutlich, dass eine neutrale Ausgewogenheit schal und nichtssagend bleibt und dem Frieden gerade nicht dient. Die Kirche ist nicht Partei, aber sie muß deutlich reden, sie muß Position beziehen. Nur so hat sie etwas zu sagen, was Gehör findet.« Zu dieser Äußerung passt auch, dass von Loewenich nun das zuvor von ihm vertretene »Wächteramt« der Kirche durch den Terminus des Anwalts ersetzte.[628] Wenn die Kirche ihren Auftrag zum Brückenschlag ernst nehme, so von Loewenich, weiche sie notwendigerweise von der Mehrheitsposition ab: »Bei aller von mir bejahten Offenheit der Volkskirche frage ich mich, wie weit sich das Evangelium in solchen Krisensituationen in Strukturen einer Volkskirche durchsetzen kann, wie weit es von der Bevölkerung wahrgenommen wird. Doch muß es hier für eine Kirche des Evangeliums heißen: ›Hic Rhodos, hic salta!‹ Das Evangelium ist nun einmal etwas anderes als eine Stabilisierung der Wertvorstellungen der schweigenden Mehrheit.«[629] Von Loewenich weiter: »Die Tendenz unserer Kirchenleitungen geht dahin, die Volkskirche auf alle Fälle zu erhalten. [...] Aber die Frage stellt sich mir, wie weit die Integration der unterschiedlichen gesellschaftlichen Kräfte möglich ist. Lassen sich ungeschminkte Interessen des Besitzbürgertums in die Kirche integrieren? Rutschen wir damit nicht in eine Klassenkirche ab? Wenn die Volkskirche zum obersten Glaubensartikel wird, wie steht es dann in der Kirche eigentlich mit der Bekenntnis- und der Wahrheitsfrage?«

---

628 »Impulse, die mir wichtig waren«. Abschlussbericht Dekanatssynode 25.1.1985. Dekanat Nürnberg, Berichte/Referate H. von Loewenich. Das Bild einer Kirche, die das »Wächteramt im Staat« wahrzunehmen habe, hatte von Loewenich in der KOMM-Affäre unter Bezugnahme auf Walter Künneth verwendet. Künneth, der über die Stellungnahme des Dekanats zur KOMM-Affäre empört gewesen war, hatte sich offensichtlich dagegen verwahrt.

629 Vgl. dazu und zu den nachfolgenden Zitaten: VON LOEWENICH: Kirchliches Handeln in unserer Stadt – Erfahrungen und Reflexionen (vermutl. Herbst 1981). LAELKB, NL Loewenich, Hermann von, vl. Nr. 40.

6.2 »Ans Herz gewachsen«: Nürnberger Kreisdekan (1985–94)

»Nürnberg ist ein wichtiger Teil meiner neuen Aufgabe im Kirchenkreis. Ich bleibe mit Ihnen nicht nur menschlich, sondern auch durch mein Amt verbunden. Ich muß mir nicht aus dem Herzen reißen, was ich gegenüber dieser Stadt und ihren Kirchengemeinden an solcher Verbundenheit empfinde.«[630] Mit diesen Worten verabschiedete sich Hermann von Loewenich Ende Januar von der Nürnberger Dekanatssynode, um zum 1. März 1985 sein neues Amt als Nürnberger Kreisdekan anzutreten. Seit 1979 hatte von Loewenich bereits als Stellvertreter von Johannes Viebig fungiert. Viebig war von 1977 bis 1984 Oberkirchenrat im Kirchenkreis Nürnberg gewesen. Im Juli 1984 war die Entscheidung im Berufungsausschuss gefallen, dass von Loewenich Viebigs Nachfolger werden sollte. Sein Nachfolger als Nürnberger Dekan wurde Reinhard Dobbert, damals 59 Jahre alt, zuvor Prodekan in Nürnberg-West.

Im Reigen der vielen Abschiedsworte, die der scheidende Nürnberger Dekan hielt, rührt auf ihre ganz eigene Weise von Loewenichs Ansprache in der Löheschule, deren Bau und Begleitung er als wesentlich für seine Amtszeit ansah. Von Loewenich legte für die Schülerinnen und Schüler die Geschichte vom Fischzug des Petrus aus und fokussierte auf dessen Sehnsucht danach, Jesus vertrauen zu dürfen. Mit dieser Sehnsucht, so von Loewenich, dürften alle Christen Jesus beim Wort nehmen: »Du hast mir das Leben und alles Gute zugesagt! Darauf lasse ich mich ein. Ich verlasse mich darauf, daß ich mit dir nicht als der Blamierte dastehe!«[631] Von Loewenich weiter: »Für

---

630 »Impulse, die mir wichtig waren«. Abschlussbericht Dekanatssynode 25.1.1985, in: Dekanat Nürnberg, Berichte/Referate H. von Loewenich.

631 Andacht Wilhelm-Löhe-Schule über Lukas 5,1–11 (Fischfang des Petrus), 30.1.1985, in: LAELKB, NL Loewenich, Hermann von, vl. Nr. 78. Ebd. nachfolgende Zitate.

mich ist das bei dem Wechsel, der mir bevorsteht, sehr wichtig. Denn Dekan zu sein in Nürnberg ist ein sehr schönes Amt.
Ich habe die Wilhelm-Löhe-Schule bauen dürfen. Ich habe den
Kirchentag mit organisiert. Ich habe vieles sehr selbständig gestalten dürfen. Und ich weiß nicht, wie das in Zukunft aussehen wird. Manche sagen zu mir: ›Du bist jetzt zwar befördert
zum Oberkirchenrat, aber zu bestellen hast du nicht mehr viel.
Im Landeskirchenrat wirst du einer von 17 sein.‹ Natürlich beschäftigt das mich. So versuche ich, mit Petrus zu sprechen: Auf
dein Wort hin gehe ich weiter. Ohne daß ich es weiß, wie es
im einzelnen sein wird. Aber ich möchte Vertrauen haben, daß
mich mein Herr auf keinen falschen Weg weist.«

Es klingt in diesen Worten an, was der Amtswechsel für von
Loewenich bedeuten würde: Als Kreisdekan würde er, was das
Leben der Kirche in der Stadt, was den direkten Kontakt zu den
Menschen betraf, weit weniger Einflussmöglichkeiten haben
als in seiner vorherigen Position. Er stand nun in der Verantwortung für den Kirchenkreis, war – mit deutlich geäußerten
zwiespältigen Gefühlen – als »einer von 17« Mitglied im Landeskirchenrat und wechselte in der Synode vom Platz des redefreu-
digen Synodalen hin in die Reihe der Oberkirchenräte, die hier
vor allem als Zuhörer fungierten. Auch aus dem Landessynodalausschuss schied er aus. Es gab für Hermann von Loewenich
als Mitglied der Kirchenleitung nun neue Gestaltungsmöglich-
keiten, die er auch nutzte. Dennoch haftet den Jahren 1985 bis
1994 in Relation zu anderen Stationen seines Lebens etwas Zu-
rückhaltendes an. Auch wenn von Loewenich in diesen Jahren
durchaus Schwerpunkte mit Außenwirkung setzte, etwa, was
die Zusammenarbeit mit der Wirtschaft oder sein Engagement
in Sachen Kirchenasyl betraf: In seiner Zeit als Kreisdekan betonte er vor allem die spirituelle Dimension des Glaubens und
bezeichnete sie als entscheidend für die Zukunftsfähigkeit der
Kirche. Der Reformer der 1970er Jahre hätte hier wohl andere
Prioritäten gesetzt.

Hermann von Loewenich wurde am 3. März 1985 in der Lorenzkirche in sein neues Amt eingeführt. Seiner Predigt lag ein Vers aus dem Epheserbrief zugrunde: »Laßt uns wahrhaftig sein in der Liebe und wachsen in allen Stücken zu dem hin, der das Haupt ist, Christus.«[632] Drei Impulse zog von Loewenich aus diesem Vers, »Kursbestimmungen«, wie er es nannte, und man erkennt in ihnen Charakteristika seiner Theologie und seines Auftretens.

Da war zunächst die Wahrheit, der Christen verpflichtet seien: »Wir haben in der Kirche nicht zu fragen: Was kommt an? Was paßt in die Landschaft? Was ist vermittelbar? Wir sollen uns bei der Wahrheit behaften lassen. Wir sind exklusiv ihr verpflichtet. Sie ist im Grunde das einzige Privileg, das die Kirche auf Dauer und in jeder Gesellschaftsform besitzt.« Daher, so von Loewenich: »Helfen wir uns gegenseitig, entschlossen und konzentriert bei dem von Gott verliehenen Vorrecht zu bleiben, indem wir so deutlich wie möglich von dem her denken, urteilen und reden, in dem uns die Wahrheit Gottes begegnet.«

Die zweite »Kursbestimmung« sei es, diese Wahrheit in Liebe zu bezeugen. Hier zeigt sich von Loewenichs Leidenschaft für die Kirchendistanzierten, sein Ideal einer für alle offenen Kirche: »In Liebe können wir für die Wahrheit nur so eintreten, daß wir das Gespräch mit unseren Zeitgenossen suchen. Denn die Liebe meidet Einbahnstraßen. Wir haben Übersetzungsarbeit zu leisten. Das Evangelium soll dort hineinleuchten, wo man von Gott nichts mehr erwartet, damit viele neu aufhorchen und zu der Erfahrung kommen: Diesem Gott, der seine Wahrheit ganz in Liebe umgeschmolzen hat, kann ich dennoch trauen.«

Die dritte »Kursbestimmung« machte von Loewenich am Terminus »Wachstum« fest, die spirituelle Dimension kommt zum Tragen: »Wir brauchen Wachstum in den elementaren Le-

---

632 Predigt enthalten in: Büro der Regionalbischöfe Nürnberg, Amtseinführung v. Loewenich 1985 sowie Trauerfeier.

bensvollzügen des Glaubens. Wir brauchen lebendigere Gottesdienste, eine größere Tiefe des Gebets, einen vertrauteren
Umgang mit dem biblischen Wort. Wir spüren, daß wir fähiger
werden müssen, über unseren Glauben Rede und Antwort zu
stehen.« Von Loewenich endet mit den Worten: »Wir wachsen
so, daß wir aufhören, eine perfekte Kirche sein zu wollen, die
es allen recht machen möchte und vor lauter Ausgewogenheit
dann doch zu leicht befunden wird. Wir dürfen von der Vergebung unseres gekreuzigten Herrn leben. Er ist auch für seine
Kirche gestorben und auferstanden. Wenn wir mit ihm wie das
Weizenkorn in die Erde fallen und ersterben, dann bringen wir
Frucht.«

Die Einführung des neuen Kreisdekans nahm Oberkirchen-
rat Theodor Glaser vor, der den erkrankten Landesbischof Han-
selmann vertrat. Er legte ein Wort des Paulus aus dem zweiten
Korintherbrief aus: »In allem erweisen wir uns als Diener Gottes, als die Armen, aber die doch viele reich machen.«[633] Auch
Glaser ging mit feiner Ironie auf den nicht nur vorteilhaften
Amtswechsel von Loewenichs ein: »Ein Kreisdekan ist ja ein
armer Mann, verglichen zumal mit dem Dekan von Nürnberg.
Ich kann das nachfühlen, weil ich in München den nämlichen
Weg gegangen bin wie Sie hier.« Arm sei ein Kreisdekan, so
Glaser, in vielerlei Hinsicht: an finanziellen Mitteln, an Verwal-
tung, an Zeit, arm auch, »so meinen manche sagen zu müssen, an
einem ordentlichen, aussagekräftigen Titel.« Aber, so Glaser,
die so charakterisierte Armut eines Kreisdekans sei nichts Neues, sie habe sich bewährt, habe Tradition: »Gerade in dieser Armut liegt seine Stärke. Arm an äußerer Macht, darf er doch reich
und bereichernd sein an innerer geschenkter Vollmacht.«

Hermann von Loewenich war nun für dreizehn Dekanate
zuständig, die drei Nürnberger Prodekanatsbezirke eingeschlossen. Sein Verantwortungsbereich reichte von Pappenheim im
Süden bis Neustadt/Aisch im Nordwesten und Gräfenberg im

---

633 Enthalten a.a.O.

Nordosten; 400 Pfarrerinnen und Pfarrer gehörten zu seinem Kirchenkreis. Die Familie von Loewenich zog von der Burgstraße in die Pirckheimerstraße. Die Wohnung dort über den Amtsräumen, so von Loewenich kurz nach dem Umzug, gefalle ihnen, »sie ist sonnig und bietet den Blick in den schönen Garten«[634]. Zu den Mitarbeitern des Kreisdekans zählten zwei Sekretärinnen, ein Fahrer sowie ab 1990 der junge Pfarrer Andreas Grabenstein, der mit einer halben Stelle als Referent Hermann von Loewenichs fungierte; sein Büro war im Keller des Amtsgebäudes. Das Modell, dass einem Kreisdekan ein Referent zur Seite gestellt war, war damals noch relativ neu, sollte sich aber bald etablieren. Grabenstein, AEE-Mitglied, war über seinen Doktorvater Joachim Track in Kontakt mit von Loewenich gekommen und blieb bis 1995 auf dieser Stelle. Ab 1992 ergänzte Dr. Herbert Lindner, vorher Leiter der Gemeindeakademie Rummelsberg, mit dem Auftrag »Erprobung von Modellen der kirchlichen Institutionenberatung«, ebenfalls im Umfang einer halben Stelle, das Team um den Nürnberger Kreisdekan.

Zeitzeugen erinnern sich daran, dass von Loewenich Wert darauf gelegt habe, mit dem Titel »Kreisdekan« angesprochen zu werden. Er definierte sein Amt mit den Worten, »primär Kreisdekan im Kirchenkreis Nürnberg zu sein und nach unserer bayerischen Verfassung damit auch an bischöflichen Aufgaben teilzuhaben«[635]. Dass er Teil des Landeskirchenrats war, nannte er ausdrücklich an zweiter Stelle. In der Umbenennung der Kreisdekane in Regionalbischöfe kurz nach seinem Eintritt in den Ruhestand sah er »eine Linie ausgezogen, die auf dieses Miteinander von Landesbischof und Kreisdekanen hinweist«[636].

---

634 Brief v. Loewenichs vom 13.3.1985 an H. Willberg, a.a.O.

635 Selbstvorstellung von Loewenichs, in: VELKD-Generalsynode, Schleswig, 1985, 146.

636 Vgl. Ansprache Hesselbergkonferenz 1999. LAELKB, NL Loewenich, Hermann von, vl. Nr. 46.

»Weniger als Kirchenfürst, aber doch als einen, der Kirchenleitung ausstrahlte«, erlebte Hans Issler, ab 1985 Dekan in Weißenburg, den einstigen Kulmbacher Vorgesetzten in seiner neuen Rolle. Was die Pfarrer in seinem Kirchenkreis betrifft, werden positive Erlebnisse mit von Loewenich ebenso tradiert wie schwierige Begegnungen. Von Loewenich war präsent in seinem Kirchenkreis, er sprang immer wieder für Predigten ein und betonte: »Ich versuche im Landeskirchenamt, Anwalt der Gemeinden zu sein, in denen Sie Dienst tun, und auch Ihnen, wo es nötig ist, Wege zu ebnen.«[637] Von seinen Pfarrerinnen und Pfarrern erwartete er, dass sie berufliche Herausforderungen annahmen, auf die Menschen zugingen, dass sie ihre Frömmigkeit pflegten, aber auch differenziert und deutlich in der Öffentlichkeit Stellung zu gesellschaftspolitischen Themen bezogen – Hermann von Loewenich beklagte in diesen Jahren eine zunehmend unpolitische Predigt in der Landeskirche.[638]

Die Herzlichkeit und Zugewandtheit von Loewenichs war die eine Seite, es gab aber auch eine andere: »eine sehr strenge, förmliche Seite, er konnte auch laut und dröhnend werden«, so Gerhard Althaus, von 1988 bis 1998 Prodekan in Nürnberg und Pfarrer in St. Lorenz: »Dieses Abgrenzende hat sich vor allem gezeigt, wenn er das Gefühl hatte, sich schützen zu müssen. Es gab Situationen mit Pfarrern, mit Dekanen, wo er einfach die Form wahrte, sehr präsidial, sehr souverän, gelegentlich wurde er aber eben auch richtig ärgerlich.«[639] Einerseits zugewandt, reflektiert – dann auch wieder ungeduldig, aufbrausend, angespannt: Andreas Grabenstein konnte diese zwei Seiten auch im Tageslauf verorten. Vormittags sei ihm von Loewenich oft

---

637 Weihnachtsbrief 1993. LAELKB, NL Loewenich, Hermann von, vl. Nr. 24.

638 Vgl. dazu seine Ausführungen vom 10.7.1990 (Referat »Entschiedenes Reden«; Selbitz) zu den »Leitlinien zu politischen Stellungnahmen aus dem kirchlichen Bereich«, die der Landeskirchenrat 1987 herausgegeben hatte. In: LAELKB, NL Loewenich, Hermann von, vl. Nr. 48.

639 Interview G. Althaus.

spürbar belastet vorgekommen, wie unter Druck, den eigenen Ansprüchen an seinen Dienst gerecht zu werden. Am späten Nachmittag dann erlebte Grabenstein seinen Vorgesetzten als einen Menschen, der voller Interesse am Gegenüber und dessen Themen war, der sich Zeit nahm für den Gedankenaustausch und ihn, den jungen Pfarrer, als gleichberechtigten Gesprächspartner behandelte.

Was die Außenwirkung von Loewenichs anging, dominierte in diesen Jahren offensichtlich das Zupackende, dabei Sympathische. »Da muß der Loewe ran« empfand Sonntagsblatt-Redakteur Lutz Taubert als stehenden Begriff im Kirchenkreis Nürnberg und Zeichen größter Wertschätzung: »Wenn man einen Pfarrer ganz selbstverständlich ›den Loewen‹ nennt, womöglich sogar ›unseren Loewen‹ (und wenn man sich außerdem klarmacht, daß Spitznamen für Geistliche nicht gerade üblich sind), dann darf man daraus schon etwas ableiten: nämlich, daß die Leute ihren Loewen mögen [...] und daß man Respekt vor ihm hat.« Eine natürliche Autorität strahle der Kreisdekan aus, so Taubert weiter: »›Man spürt, wenn er da ist‹, sagen Pfarrer von ihm. Man hört es vor allem. Der Loewe spricht mit ungewöhnlich tiefer resonanzstarker Stimme, und selbst wenn er nur ein kurzes Lachen ausstößt oder eine Bemerkung in ein Gespräch einwirft, dann dringt sein tragender Baß ohne Mühe auch aus dem Geräuschpegel eines mittleren Kirchenkreisempfangs heraus.«[640]

Ein besonderes Verhältnis hatte Hermann von Loewenich zu den Dekanen und Prodekanen seines Kirchenkreises: Er duzte sich mit ihnen und schien in diesem Kreis die Aura der Distanz, die viele Menschen zeitlebens in der Begegnung mit ihm empfanden, zu überwinden. Gerhard Althaus erinnert sich daran, wie von Loewenich, den er seit der Windsbacher Zeit kannte, ihn bei seiner Einführung als Prodekan und Lorenzer

---

640 L. TAUBERT: Politischer Kopf, fränkische Bodenhaftung, in: Sonntagsblatt (10.7.1994).

Pfarrer am Schluss umarmt hatte – »das war höchst ungewöhnlich damals«[641]. Johannes Friedrich, 1991 bis 1999 Stadtdekan in
Nürnberg, denkt an einen Dekanekonvent, bei dem sich die Dekane mit einer Umarmung nachts voneinander verabschiedeten
und von Loewenich es ihnen hier gleichgetan habe. Eigentlich,
so Friedrich, habe der Kreisdekan sonst kaum jemanden so nah
an sich herankommen lassen. Die Dekanekonferenzen blieben
Andreas Grabenstein als »Sternstunden der Kollegialität« in der
Erinnerung, auf die auch er als Referent sich gefreut habe, auch
weil er das Gefühl hatte, dass man ihm, dem jungen Pfarrer, auf
Augenhöhe begegnet sei.

Es gab freilich auch in diesem Kreis unterschiedliche Positionen und dementsprechend Konflikte. Gerhard Althaus erinnert sich an eine Auseinandersetzung über Homosexualität,
bei der von Loewenich im Gegensatz zu einem Kollegen eine
offene Haltung vertreten habe. Auch hätten sich manche damit
schwergetan, dem bei vielen als »Macher« bekannten Kreisdekan seine Spiritualität zu glauben, die dieser offensichtlich gerade in diesen Jahren neu für sich entdeckte. Gerhard Althaus
denkt hier besonders an eine Begebenheit: »In einer Gesprächs-
runde der Dekane ging es einmal um unterschiedliche Fröm-
migkeitsstile, und Hermann von Loewenich sagte sinngemäß,
dass wohl jeder von uns die immer neue Übergabe des eigenen
Lebens an Jesus Christus versuchen und praktizieren würde.
Manchen, die von ihm das Bild des Pragmatikers hatten, ist es
schwergefallen, ihm diese Frömmigkeit abzunehmen.«[642]

Trotz mancher Differenzen deuten die erhaltenen Dokumente und auch die Erinnerungen von Zeitzeugen auf eine besondere Verbundenheit von Loewenichs zu seinen Dekanen
und Prodekanen hin. Dies zeigt sich etwa an den Beiträgen der
Dekane zu Festen ihres Kreisdekans oder in den Weihnachts-
briefen von Loewenichs an diesen Kreis: Es ist die Art und Wei-

---

641 Interview G. Althaus.
642 Ebd.

se, wie er über Trauerfälle in den Dekansfamilien schreibt, es sind die Zeilen, durch die hindurchscheint, wie von Loewenich in seiner – diesbezüglich stets zurückhaltenden Art – Anteil nahm an den Problemen Einzelner: »Manche persönlichen Sorgen in Eurem Kreis kennen Hiltrud und ich vermutlich nicht. Manche ahnen wir nur. Aber wir sind mit unserem Gebet und unseren guten Wünschen bei Euch.«[643] Auch von sich und seinem Ergehen konnte von Loewenich hier erzählen. So schreibt er im Dezember 1990: »Ihr habt bei unserer letzten Dekanskonferenz vielleicht gemerkt, daß es auch für mich in diesem Jahr ziemlich viel geworden ist. Das ist Grund zur Selbstprüfung. Nicht ganz ohne Sorge blicke ich auf die zeitliche Belastung des nächsten Jahres.« Von Loewenich zeigt sich dankbar: »Es ist in solchen Zeiten der Anspannung gut, sich in eine geschwisterliche Gemeinschaft eingefügt zu sehen, in der wir spüren, daß einer des anderen Lasten mitträgt.«[644]

Die Dekanekonvente waren ein Höhepunkt in der Gemeinschaft dieses Kreises, »Oasen«, wie Hans Issler sie nennt. Sie fanden wiederholt in Kirchberg in Tirol im dortigen »Haus Nürnberg« statt, einem schlichten Tagungshaus, in dem sich die Dekane selbst versorgten. Man wanderte, kehrte ein und arbeitete dann vom späten Nachmittag bis oft in die Nacht hinein thematisch. Das verband. Eine Episode, die etwas vom Geist dieser Zusammenkünfte zeigt, ist Hans Issler in Erinnerung geblieben: »Es fand gerade die Fußball-Europa- oder Weltmeisterschaft statt. Deutschland spielte gegen Holland. Zur gleichen Zeit sollten unsere Arbeitseinheiten beginnen. Wir saßen im Wirtshaus und schauten dem Spiel zu, da es im Tagungshaus keinen Fernseher gab. Das war eine peinliche Situation. Aber Hermann hat den ›Ungehorsam‹ geschluckt. Er war ja selber Fußballfan.«[645] Neben Kirchberg waren es auch andere Orte,

---

643 Weihnachtsbrief 1992, in: LAELKB, NL Loewenich, Hermann von, vl. Nr. 24.

644 Weihnachtsbrief 1990. A.a.O.

645 Interview H. Issler.

an denen die Dekane – auch in Begleitung ihrer Frauen – mit
von Loewenich ihre Konvente verbrachten; etwa 1991 in Groß-
Poserin zu Besuch bei der Partnerkirche in Mecklenburg oder
ein anderes Mal in Ungarn. Der Zusammenhalt der Nürnberger Dekane aus diesen Jahren sollte über den Ruhestand hinaus
Bestand haben; bis heute kommen die Dekane und ihre Frauen
zusammen, auch Hiltrud von Loewenich hat weiter Kontakt zu
diesem Kreis.

»Ich wünsche sehr, daß die Gemeinschaft von Frauen und
Männern, wie wir sie in unserem eigenen Kreis so schön erfahren, sich in unserer Kirche mehr und mehr verwirklichen
kann«[646], hatte von Loewenich 1987 in seinem Weihnachtsbrief an die Dekane des Kirchenkreises geschrieben. Tatsächlich spürte man ihm dieses Anliegen in diesen Jahren ab. Dabei
spielte der Einfluss seiner Frau eine nicht unerhebliche Rolle:
Hiltrud von Loewenich bekam bei ihrer zunächst ehrenamtlichen, ab 1991 mit einer halben Stelle hauptamtlichen Tätigkeit
im Bayerischen Mütterdienst Stein viel von den Anliegen un-
terschiedlichster Frauen im kirchlichen Kontext mit und gab
sie an ihren Mann weiter. Die diesbezügliche Kommunikation
des Ehepaares zeigt sich auch – explizit wie zwischen den Zeilen – in Schriftstücken des Kreisdekans: Von Loewenich greift
Ergebnisse von Treffen in Stein auf, er zeigt sich verständnisvoll und ermutigend, etwa was den Versorgungsanspruch von
Pfarrwitwen betraf. Auch hebt er die Unterstützung durch die
Pfarrfrauen hervor, so etwa 1991 in einem Weihnachtsbrief an
die Dekane, in dem er sich für das Miteinander bedankt: »In
diesen Dank und Gruß schließe ich auch Eure lieben Frau-
en mit ein. In unseren doch oft recht anstrengenden Ämtern
könnten wir ohne ihr Verständnis und ihre Begleitung kaum
bestehen.«[647] Auch in Predigten wurde deutlich, dass Hiltrud
von Loewenich ihren Mann sensibilisierte, was mögliche Emp-

---

646 Weihnachtsbrief 1987, in: LAELKB, NL Loewenich, Hermann von,
    vl. Nr. 24.
647 Weihnachtsbrief 1991. A.a.O.

findungen der Zuhörerinnen betraf. So sagte von Loewenich 1986 in einer Predigt: »Zur Demut meinte meine Frau in einem Predigtvorgespräch: ›Sag das bloß nicht in Richtung Frauen. Sie haben lange genug gehört, daß sie demütig sein sollen.‹ Nicht nur für Frauen, für alle, die gegen Benachteiligungen kämpfen, ist Demut zweifellos ein Reizwort.«[648] Das Ehepaar von Loewenich hielt auch gemeinsame Vorträge zum Thema Frauen in der Kirche.[649]

Ein wichtiges Thema dieser Jahre war der Umbruch, der sich damals in den Pfarrhäusern vollzog: Frauen, die einen Pfarrer geheiratet hatten, arbeiteten nicht mehr selbstverständlich in den Gemeinden ihrer Männer mit. Viele übten einen eigenen Beruf aus, was den Pfarrfrauen früher verwehrt geblieben war.[650] Bischof Hanselmann warnte in diesem Zusammenhang vor einem »Zwei-Klassen-System des Pfarrhauses«: »auf der einen Seite die Pfarrfrau, die nach wie vor primär für Familie und Gemeinde da ist und darum nichts dazuverdient – und zum anderen die Frau des Pfarrers, die berufstätig ist, darum verständlicherweise sehr viel weniger Zeit für die Gemeinde hat und entsprechend verdient«.[651] Auch Fragen der Altersvorsorge standen dabei zur Diskussion. Die Einführung der Frauenordination 1975 brachte weitere neue Rollenkonstellationen im Pfarrhaus hervor.

Hermann von Loewenich trat Zeit seines Amtslebens für die Gleichberechtigung der Frauen in der Kirche ein, er würdigte die Pionierinnen im Pfarrberuf in besonderer Weise, er schätzte die nachkommende Generation an Pfarrerinnen: »Nach meinen Erfahrungen mit den jungen Pfarrerinnen, die ich zu ordinieren habe, fällt es ihnen leichter, ganzheitlich und nicht nur mit dem

---

648 Predigt, 7.9.1986, St. Lorenz, 1. Petr 5,5c–11, in: LAELKB, NL Loewenich, Hermann von, vl. Nr. 66.
649 Etwa vor den Bad. und Württ. Prälaten, Sept. 1988. LAELKB, NL Loewenich, Hermann von, vl. Nr. 48.
650 Vgl. dazu JOST, 60 Jahre.
651 HANSELMANN, Ja, 302f.

Kopf den Glauben zu bezeugen. Sie nehmen stärker Beziehungen wahr als wir Männer, die wir mehr in Strukturen denken. Sie nehmen sich in Gremien mehr Zeit für das Persönliche und lassen auch Gefühle zu. All das kann uns Männer in der Kirche nur bereichern. All das kann dazu helfen, daß wir besser als bisher eine geschwisterliche Kirche sind. All das weitet auch unsere Spielräume als Männer aus, wenn wir uns solche neuen Erfahrungen in unseren Kirchen unbefangen selber zu eigen machen.«[652] Auf der anderen Seite signalisierte von Loewenich den ehrenamtlich in den Gemeinden tätigen Pfarrfrauen immer wieder Verständnis, Dankbarkeit und Wertschätzung, was ihren Dienst betraf. Gerade die Generation derer, die im Krieg in den Pfarrhäusern und Gemeinden gewirkt hatten, lag ihm merklich am Herzen; er führte hier auch immer wieder persönliche Erinnerungen an seine Mutter an. So sehr ihm – wie auch anderen Männern seiner Generation – die Gleichberechtigung der Geschlechter geboten und anzustreben schien, so sehr hatte ihn auch geprägt, dass er in einem traditionellen Pfarrhaus großgeworden war.

Im Herbst 1987 erhielt das Thema »Frauen in der Kirche« durch den Beschluss der Landessynode in Nördlingen einen besonderen Akzent: Mit einer Rede von Herta Atzkern wurde der Antrag der »Evangelischen Frauenarbeit in Bayern« eingebracht, einen »Arbeitsbereich Frauen«, zunächst auf Probe, einzurichten.[653] Zwei Referentinnen und ein Beirat wurden beauftragt, ein entsprechendes Konzept sowie Wahlen vorzubereiten. Ziel war ein »normales Miteinander von Frauen und Männern, eine Zusammenarbeit, kein Gegenüber auf den verschiedenen Ebenen für unsere Kirche«[654]. Aus dieser Gruppe ging der »Arbeitsbereich Frauen in der Kirche« (AFK) hervor, dessen Errichtung

---

652 Vortrag »Gemeinschaft von Frauen und Männern in der Kirche«, Regionaler Männertag im Kirchenkreis Nürnberg, 23.4.1989 (Fürth), in: LAELKB, NL Loewenich, Hermann von, vl. Nr. 48.
653 Vgl. dazu VORLÄNDER/DIESTEL, Frauen, 487f.
654 So die Synodale H. Atzkern, in: VLS 1987/II, 61.

die Synode im Herbst 1988 endgültig beschloss und der am 1. Oktober 1989 mit den Referentinnen Ulrike Gräßel, Brigitte Enzner-Probst und Sigrid Schneider-Grube seinen Dienst aufnahm.[655]

Besonderes Interesse zeigte Hermann von Loewenich in seinen Jahren als Kreisdekan – wie schon als Dekan in Kulmbach und Nürnberg – an den Beziehungen der Kirche zur Wirtschaft, zur Arbeitswelt. Werner Schanz, von 1979 bis 1997 Leiter des »Amtes für Industrie- und Sozialarbeit«, heute »Kirchlicher Dienst in der Arbeitswelt« (kda), empfand von Loewenich hier als engagierten Partner: »Er war überzeugt, dass die Kirche ihren Auftrag dort erfüllen muss, wo die Arbeitsbedingungen das menschliche Zusammenleben entscheidend bestimmen, etwa dort, wo die Arbeitszeitbedingungen nicht mehr zulassen, dass Familie oder Freizeit zu ihrem Recht kommen. Oder eine andere Frage war auch immer wieder die Frage nach einem gerechten Lohn – einem Lohn also, von dem man leben kann.«[656]

Von Loewenich war es ein Anliegen, dass sich die Kirche in diesen Fragen mit ihren Werten positionierte und dass Geistliche einen Bezug zur Arbeitswelt bekamen, der sich auch in Sprache und Ausdrucksformen im Gottesdienst niederschlagen sollte. Es gab zahlreiche Betriebsbesichtigungen, etwa in der Firma Leistritz, bei Siemens oder im Versandhaus Quelle; Berührungsängste auf beiden Seiten sollten abgebaut werden. Von Loewenich pflegte gute Beziehungen zur Gewerkschaft, Gespräche zwischen Nürnberger Kirchenvertretern und Vertretern des DGB fanden statt, allerdings: »Es brauchte in Nürnberg Zeit, um alte Gräben zu überbrücken«[657]; die Gewerkschaftsvertreter hätten ihm hierbei sehr geholfen. Das Selbstverständnis der Kirche in diesem Gefüge formulierte von Loewenich einmal mit den Worten: »Wir haben nicht das Mandat, in den

---

655 Vgl. dazu http://handlungsfelder.bayern-evangelisch.de/downloads/ ELKB-fgs-Chronik-1989–2014.pdf.
656 Interview W. Schanz.
657 VON LOEWENICH, Ansprache zur Jubiläumsfeier (11.11.1994), 4.

Auseinandersetzungen der Tarifpartner einseitig Partei zu ergreifen. Wo es aber nötig ist, menschliche Betroffenheit zu artikulieren, weil Arbeitsplätze gefährdet sind, da erheben heute auch Kirchenvorstände ihre Stimme.«[658]

Als Kreisdekan leitete Hermann von Loewenich den Gesprächskreis »Kirche und Wirtschaft«, den sein Vorgänger Johannes Viebig 1984 ins Leben gerufen hatte und der aufseiten der Wirtschaft vom Bildungswerk der Bayerischen Wirtschaft e. V. getragen wurde. Die Sitzungen, die an wechselnden Orten stattfanden, erinnert Werner Schanz als von einer zunehmend vertrauensvollen Atmosphäre geprägt: »Von Loewenich ermöglichte durch seine Art offene und spannende, auch kritische Gespräche.« Dabei wurden sozialpolitische und wirtschaftliche Fragen diskutiert, es ging um wirtschaftsethische Konzepte, da waren Anfragen der Werksleiter danach, ob manche biblisch-ethischen Vorstellungen von der Arbeitswelt nicht illusionär seien. Themen dieser Jahre waren unter anderem die Frage der Sonntagsarbeit, die Vereinbarkeit von Familie und Beruf, die drohenden Werksschließungen und der Frühruhestand.

Es gibt eine persönlich gehaltene Rede Hermann von Loewenichs vom November 1994, zu einem Zeitpunkt, als er gerade wenige Monate im Amt des Bischofs war. Das Amt für Industrie- und Sozialarbeit feierte sein 40-jähriges Jubiläum, und Hermann von Loewenich ging in seiner Ansprache darauf ein, wie sich sein eigener Bezug zu diesem Themenfeld über die Jahre hinweg entwickelte habe: Er spricht über die ersten Berührungspunkte mit Arbeitern in seiner Kindheit, die er, trotz seines gutbürgerlichen Elternhauses, über die Tätigkeit des Vaters als »Gäßlespfarrer« in St. Jakob gehabt habe. Er erinnert sich an seine Erfahrungen in der Kinderferienheimarbeit als Student, an die Kontakte mit dem ersten bayerischen Sozialpfarrer Hans Siebert – dem »Roten Siebert« – im Nürnberg der 1950er und

658 Rede zum Jahresempfang d. Kirchenkreises 1988. In: Büro der Regionalbischöfe Nürnberg, Jahresempfänge (1986–1988).

1960er Jahre, an die eigenen, oft umstrittenen Predigten zum
1. Mai. Das Anliegen des AEE, eine »Kirche für andere« zu sein,
habe er im Dienst des Amts für Industrie- und Sozialarbeit exemplarisch verwirklicht gesehen. So wie die Kirche an einem
Übergang stehe, ändere sich auch die Arbeitswelt fundamen-
tal; Aufgabe sei es, dabei auch künftig »eine Kirche für Zeitgenossen zu sein, Anwalt gerade auch derer, die keinen Einfluß
in der Öffentlichkeit und in den Medien haben. Die Fragen von
Technologie und Ethik, von Ökonomie und Ökologie bewegen und bedrängen uns nach wie vor. Was wird aus einer Gesellschaft, der die bezahlte Arbeit auszugehen droht? Wie ist
Wirtschaftswachstum zu beurteilen, das Arbeitsplätze immer
mehr wegrationalisiert? Wie sieht es aus mit der Zukunft unseres sozialen Sicherungssystems angesichts der Vergreisung
der Gesellschaft, und wäre es nicht richtig, statt Arbeitslosigkeit gemeinwirtschaftlich sinnvolle, aber unrentable Arbeit zu
bezahlen?«[659] Für den Umgang mit all diesen Fragen, so von
Loewenich, sei die Arbeit des »Amtes für Industrie- und Sozialarbeit« unabdingbar.

Es kam Hermann von Loewenich entgegen, dass Andreas
Grabenstein parallel zu seiner Referententätigkeit über Fragen
der Wirtschaftsethik promovierte; man sei sich einig gewesen,
so Grabenstein, dass Kirche hier profiliert Stellung beziehen
müsse. Eine solche praktische »Stellungnahme« war die Spen-
denaktion »1+1 – mit Arbeitslosen teilen«, die auf der Herbstsynode 1993 beschlossen wurde und bis heute vom »Kirchlichen
Dienst in der Arbeitswelt« koordiniert wird. Von Loewenich
widmete die Kollekte bei seinem Einführungsgottesdienst
ins Bischofsamt dieser Aktion, um »ein deutliches Zeichen zu
setzen, daß wir auch innerhalb unserer Gesellschaft auf Nöte
hinzuweisen haben«.[660] In seiner Bischofszeit setzte sich von
Loewenich wiederholt mit Fragen der Wirtschaftsethik ausein-

---

659 VON LOEWENICH, Ansprache zur Jubiläumsfeier (11.11.1994), 8.
660 Sonntagsblatt (17.7.1994).

ander, sorgte sich öffentlich »über eine einseitig ökonomisch ausgerichtete gesellschaftliche Entwicklung« und forderte eine »moralische Erneuerung der Sozialen Marktwirtschaft«[661].

Während die Gespräche mit der Arbeitswelt zu den Aufgaben zählten, die von Loewenich mit Leidenschaft wahrnahm, gab es andere Tätigkeiten, die ihn eher mit Unlust erfüllten. Zu ihnen zählten die Fahrten nach München, zu den Sitzungen des Landeskirchenrats. Immer wieder sind da Nebenbemerkungen von Loewenichs, in denen er sich eher außerhalb denn als Teil des Gremiums positioniert – etwa, wenn er in einem Brief an die Dekane seines Kirchenkreises schreibt, es sei sein besonderes Anliegen, »im Landeskirchenrat immer wieder auch die längerfristigen Perspektiven und die inhaltliche Arbeit anzumahnen«[662]. Wiederholt diagnostizierte von Loewenich ein Kommunikationsdefizit in der Landeskirche: »Es betrifft das Gespräch zwischen Pfarrerschaft und Landeskirchenrat, noch mehr vielleicht die anderen hauptamtlichen Mitarbeiter und Mitarbeiterinnen.«[663] Dass ihn seine Dekane scherzhaft als »Frankenbischof, autonom«[664] bezeichneten, spricht für sich.

Von Loewenich fiel wohl auch das Selbstverständnis des Gremiums als einer nach außen hin geschlossenen Einheit nicht gerade leicht, das ihm Oberkirchenrat Karl Heun zum Dienstantritt mit den Worten angekündigt hatte: »Kommen Sie mit Humor in das Kollegium und in dem vollen Bewußtsein, daß auch hier die Bäume nicht in den Himmel wachsen. Manchmal meint man, es mehr mit ›Latschenkiefern‹ zu tun zu haben, die am Boden entlang kriechen. Dennoch biete ich mich an, mit Ihnen den Garten Gottes ›fein lustig‹ zu bestellen, und hoffe auf die Toleranz, die gewähren läßt, auch wenn die eigene

661 VLS 1997/I, 18.
662 Weihnachtsbrief 1987, in: LAELKB, NL Loewenich, Hermann von, vl. Nr. 24.
663 Weihnachtsbrief 1991. A. a. O.
664 »Moritat« der »Dekanegeschwister« (s. u.), in: Sammlung v. Loewenich.

Überzeugung durch andere nicht voll abgedeckt wird.«[665] Gottfried Naether, von 1985 bis 1991 Kreisdekan im Kirchenkreis
Ansbach-Würzburg, formuliert dies mit den Worten: »Man
war nicht immer einer Meinung, aber verstand es, am Ende eine
Meinung zu zeigen.«[666]

Aus dem Jahr 1989 sind Verbesserungsvorschläge von Loewenichs für die Arbeit im Landeskirchenrat erhalten, mit denen
er »bestimmten Abnutzungserscheinungen in unserer Arbeit«
entgegenwirken wollte.[667] Von Loewenich wünschte sich mehr
Zeit für die Diskussion aktueller Herausforderungen, eine stärkere Position der Kreisdekane, vor allem, was Personalfragen
betraf, eine intensivere Vorbereitung von Begegnungen mit
Vertretern aus Politik und Gesellschaft und mehr Raum für
Fragen der Spiritualität – und deren Praxis im Landeskirchenrat: »Vielleicht ließe es sich einrichten, daß alle Mitglieder des
LKRs reihum an Andachten beteiligt würden. Wie wäre es mit
gemeinsamen Abendmahlsfeiern?«

Auch hätte sich Hermann von Loewenich noch häufiger
kirchliche Stellungnahmen zu aktuellen Themen gewünscht,
erinnert sich Andreas Grabenstein: »Das war ihm eben immer
ein ungemein wichtiges Anliegen: gesellschaftliche Präsenz,
gesellschaftliche Einmischung der Kirche.« Das kleine Wört-
chen »noch«, erinnert sich Grabenstein, habe von Loewenich an
kirchlichen Äußerungen oft verärgert, »noch« im Sinne einer
depressiv gefärbten Stimmung: noch habe die Kirche Einfluss,
noch würden Gottesdienste besucht – von Loewenich wollte
dem ein selbstbewusstes, zuversichtliches Auftreten entgegensetzen. In einer Ansprache vom Herbst 1984 und damit zu
einem Zeitpunkt, an dem sich von Loewenich auf sein Amt als

---

665 K. Heun an von Loewenich, 26.2.1985. Büro der Regionalbischöfe
   Nürnberg, Amtseinführung v. Loewenich 1985 sowie Trauerfeier.
666 Interview G. Naether.
667 Überlegungen zur gegenwärtigen Arbeitssituation im LKR, 4.12.1989,
   in: LAELKB, NL Loewenich, Hermann von, vl. Nr. 48. A. a. O. nachfolgende Zitate.

Kreisdekan vorbereitete, kommt dies exemplarisch zum Ausdruck: Von Loewenich benennt die Trauer angesichts verflogen-
er Träume, »die uns einmal in unserer theologischen Jugend
durchglühten«, will sich ihr aber nicht hingeben: »Die Resignation ist unsere Anfechtung. Es gibt in der Kirche viele in Resignation erloschene Augen, die konstatieren, was ›noch‹ ist und
was ›nicht mehr geht‹.«[668] Von Loewenich trieb es um, wie die
Kirche zukunftsfähig werden könne, er beschäftigte sich viel
mit kirchensoziologischen Studien, diskutierte und bearbeitete sie, sah aber auch ihre Grenzen: »Umfragen ersetzen nicht
die Erleuchtung von innen her. Gott erleuchtet die Augen eurer
Herzen! Das ist ein Gebet! In dieses Gebet müssen wir einstim-
men. Dieses Gebet sollte unser Nachdenken über den Weg der
Kirche in die Zukunft in diesen Tagen begleiten. Exegetisches
Wissen, eschatologisches Problembewußtsein ist eines. Lebendiges Hoffen ein anderes.«

Von Loewenich wollte in diesem Sinn die Zukunft der Kirche mitgestalten – und auch, wenn es die erwähnte Unlust gab:
Gestalten konnte er als Oberkirchenrat in besonderer Weise. So
gab es richtungsweisende Dokumente des Landeskirchenrats
aus diesen Jahren, die auch seine Handschrift trugen. Es fielen
in diese Zeit die Einrichtung der Stelle eines theologischen Planungsreferenten und der Beginn der Arbeit an den »Perspektiven und Schwerpunkten kirchlicher Arbeit in den nächsten
Jahren«[669], und es gab trotz unterschiedlicher Positionen im
Gremium konstruktive Zusammenarbeit, an der die vermittelnde Persönlichkeit Johannes Hanselmanns offensichtlich erheblichen Anteil hatte: »Ein sehr ausgleichender, Ruhe aus-
strahlender und alles im Gespräch erledigender Mann, der auf
Aggression wenig einging«[670], so erinnert sich Gottfried Naether an den Bischof. Hanselmann sei überlegen gewesen, so-

---

668 Predigt zu Eph 1,18. Pullach, 30.10.1984, in: LAELKB, NL Loewenich,
    Hermann von, vl. Nr. 66. A.a.O. nachfolgende Zitate.
669 Vgl. Kapitel 7.2.
670 Interview G. Naether.

wohl was sein Wissen betraf als auch seine Menschenführung; mit allen gut, mit niemandem enger befreundet, habe er ihn aber auch als einen im Grunde einsamen Mann erlebt. Auch Hermann von Loewenich schätzte Hanselmann seit der Zeit, als dieser 1974/75 Bayreuther Kreisdekan gewesen war. Mit Hanselmann, so von Loewenich einmal rückblickend, habe ihn das »gemeinsame Interesse an planvollem, konzeptionellem Handeln in der Kirche« verbunden, das Leitbild einer »sich missionarisch öffnenden Kirche«[671]. Es hatte von Loewenich sehr bewegt, dass Hanselmann, der ihn aufgrund einer schweren Erkrankung nicht in das Amt des Nürnberger Kreisdekans einführen konnte, ihm stattdessen einen langen Brief geschrieben hatte: »Einfühlung in die Situation und biblischer Zuspruch waren darin eng verwoben.«

Auch wenn von Loewenich sicher nie dezidiert ein »Mann des Ausgleichs« wie Johannes Hanselmann werden sollte: Als Nürnberger Kreisdekan präsentierte er sich zumindest bei innerkirchlichen Konflikten wiederholt als Vermittler und Moderator. Besonders deutlich wurde dies in den Auseinandersetzungen um die verschiedenen geistlichen Strömungen im Kirchenkreis, etwa den Konfrontationen zwischen volkskirchlich geprägten Christen und Vertretern charismatischer oder hochliturgischer Strömungen. Gesprächsbedarf gab es diesbezüglich etwa in den Gemeinden Erlangen-Bruck, Erlangen-Möhrendorf, mit Vertretern der Christlichen Gemeinschaft Fürth, den Puschendorfern und Mitgliedern der Hensoltshöher Gemeinschaft.

Andreas Grabenstein, der bei einigen dieser Gespräche mit dem Kreisdekan dabei war, erlebte von Loewenich hier als »harmonisierend, stark in der Moderatorenrolle«. In seiner Funktion als Kreisdekan habe er vor allem eines nicht gewollt: dass es zu Spaltungen in den Gemeinden kam. Pfarrerinnen und Pfar-

---

671 Ansprache von Loewenichs zur Buchpräsentation »Ja, mit Gottes Hilfe«, 25.5.2000, in: LAELKB, NL Loewenich, Hermann von, vl. Nr. 46. Ebd. nachfolgendes Zitat.

rer, die von Auseinandersetzungen mit Vertretern der »Geistlichen Gemeindeerneuerung« (GGE) betroffen waren, empfanden die Konflikte teils als gravierender, als es der nach außen
hin ausgleichende Kurs ihres Kreisdekans vermittelte. Ursula
Seitz, von 1982 bis 1987 Pfarrerin in Erlangen-Bruck, hatte miterlebt, wie ihre Gemeinde an dem lang anhaltenden Konflikt
zwischen Charismatikern und volkskirchlich Orientierten fast
zerbrochen wäre; die Kirchenleitung habe hier erst relativ spät
Handlungsbedarf gesehen.[672] Es war innerkirchlich äußerst
umstritten und etwa vom AEE scharf kritisiert worden,[673] dass
Hermann von Loewenich in Erlangen-Bruck Anfang der 1990er
Jahre die charismatische Elia-Gemeinde als eine neue Gemeinschaft innerhalb der evangelischen Landeskirche und des Erlanger Dekanats unterstützte und dass die Landeskirche hier eine
halbe Pfarrstelle finanzierte. Von Loewenich selbst bezeichnete die Elia-Gemeinde »als ein Projekt, das man verfolgen muß,
um zu sehen, wie weit solche neuen Formen christlicher Gemeinschaft, die sich in Verbindung zu unserer Kirche befindlich sehen, zu integrieren sind. Das bewegt sich sicher an der
Grenze, aber ich wollte es als Projekt ausprobieren, in welcher
Vielgestaltigkeit sich heute evangelisch-lutherische Kirche darstellen kann.«[674] Vermittelnd zeigte sich von Loewenich auch
bei den großen Gemeindekongressen der GGE und der Arbeitsgemeinschaft für Gemeindeaufbau, die in diesen Jahren in
Nürnberg stattfanden – vermittelnd, aber auch deutlich: Bei seinem Grußwort anlässlich eines Kongresses im November 1991
äußerte er unter anderem: »Als Kinder der Reformation versuchen wir selbstkritisch zu sein und uns unseren Defiziten zu

---

672 So Pfarrerin Ursula Seitz, die diesbezüglich auch in der Synode entsprechende Fragen an von Loewenich stellte. Vgl. VLS 1991/II, 93f.
    Seitz, zu diesem Zeitpunkt Pfarrerin in München, war von 1982 bis
    1987 auf der zweiten Pfarrstelle in Erlangen-Bruck.
673 Vgl. dazu auch die Beiträge in: B&K (3/93).
674 Friedensfähigkeit ist wichtig für Glaubwürdigkeit der Kirche, in:
    Kirche und Welt (9./10.7.1994).

stellen, bereit zur Umkehr zu sein. Nicht so gerne haben wir es, wenn andere uns voreilig das Totenglöcklein läuten.«[675] Zwar würdigte von Loewenich, dass »die Geistliche Gemeindeerneuerung ihren Platz und ihre Heimat in unserer Kirche sucht«, bemerkte aber auch: »Darum berührt es uns schmerzlich, wenn mit aktiven Gliedern aus unserer Kirche neue Freie Gemeinden neben der Kirche gegründet werden.«

Ausgleichend zeigte sich von Loewenich in der Kontroverse um die Nürnberger Kulturreferentin Dr. Karla Fohrbeck, die von 1990 bis 1996 dieses Amt innehatte. Die Wissenschaftlerin zeigte sich als überzeugte Anhängerin der charismatischen Szene und engagierte sich in der freikirchlichen Nürnberger Immanuel-Gemeinde; einige ihrer diesbezüglichen Äußerungen erregten Anfang der 1990er Jahre bundesweit Aufsehen.[676] In der öffentlichen Auseinandersetzung stellte sich Hermann von Loewenich vor Fohrbeck; Andreas Grabenstein erinnert sich zudem daran, dass der Kreisdekan die Idee Fohrbecks, das ehemalige Reichsparteitagsgelände in einen »Ort der Zeichensetzung« umzugestalten, bedenkenswert fand.[677] Auch wenn ihm charismatische Äußerungen wie die Karla Fohrbecks fern lagen, wollte er die Kulturreferentin mit Respekt behandelt wissen: »Wir haben Religions- und Gewissensfreiheit – man kann eine Frau, die in einer bestimmten Lebensphase diesen Weg geht, wegen ihrer religiösen Überzeugungen nicht öffentlich derartig anschießen.«[678]

Andreas Grabenstein erinnert sich, dass er mit Gleichgesinnten diskutiert habe, ob es nicht notwendig sei, angesichts derartiger Konflikte so etwas wie ein Konzil zu organisieren: »Ein evangelisches Konzil über das Verständnis von Schrift und Bekenntnis, um als evangelische Kirche deutlich Profil zu

---

675 Grußwort, 8.11.1991, in: LAELKB, NL Loewenich, Hermann von, vl. Nr. 16. A. a. O. nachfolgende Zitate.
676 Vgl. etwa http://www.spiegel.de/spiegel/print/d-13490914.html.
677 Vgl. Interview A. Grabenstein.
678 Zit. nach Sonntagsblatt (17.7.1994).

zeigen gegenüber charismatischen und fundamentalistischen Kreisen und eine Grenze zu ziehen gegenüber dem, was nicht mehr evangelisch ist.«[679] Von Loewenich sei gegenüber solchen Gedankenspielen skeptisch gewesen, möglicherweise, so Grabenstein, weil er im Herzen auch etwas Charismatisches gehabt habe, etwas, das nach einem geistlichen Aufbruch drängte: »Trotz allem hat ihn das vielleicht doch auch fasziniert, diese Form junger, lebendiger Erweckungsgemeinde, gerade auch im Gegenüber zu manchen alten, konservativen Pfarrern dieser Landeskirche.« Bemerkenswert fand Grabenstein, dass von Loewenich die diesen Konflikten zugrundeliegenden Inhalte als prinzipielle Themen erkannte und dann auch bearbeitete. Der Kreisdekan predigte in dieser Zeit wiederholt über biblische Modelle der Konfliktlösung, er initiierte entsprechende Gesprächskreise mit der »Geistlichen Gemeindeerneuerung«, er stellte sich den Fragen der Synode.[680] Die von Hermann von Loewenich erarbeiteten »Gesichtspunkte und Regeln für Kirchengemeinden mit unterschiedlichen Spiritualitäten« stießen auch über den Nürnberger Kirchenkreis hinaus auf Interesse.

Hermann von Loewenich war bewusst, dass die Konfliktbewältigung innerhalb der Kirche mit einer nicht zu unterschätzenden Außenwirkung verbunden war: »Denn wenn sie sich intern in ihren verschiedenen Positionen bis aufs Messer bekämpft, dann wirkt das beim Thema Versöhnung nach außen problematisch.«[681] Eine eindrückliche Ansprache in dieser Hinsicht ist eine Predigt von Loewenichs vom Herbst 1991 in der Kulmbacher Petrikirche zur Eröffnung der Synode.[682] Die Stimmung war damals höchst angespannt: Auf ihrer Frühjahrstagung 1991 in Rosenheim hatte die Synode sich zu der beabsichtigten Änderung des Paragraphen 218 äußern und ge-

---

679 Interview A. Grabenstein.
680 Vgl. VLS 1991/II, 93f.
681 Zit. nach: Sonntagsblatt (17.7. 1994).
682 Predigt, 24.11.1991, in: LAELKB, NL Loewenich, Hermann von, vl. Nr. 48.

meinsam mit den anderen kirchenleitenden Organen eine Erklärung zum Schwangerschaftsabbruch verabschieden wollen,
die Empfehlungen für staatliche Regelungen aussprechen und
konkrete Hilfestellungen für betroffene Frauen eröffnen sollte.[683] Als nach heftigem Ringen die »Rosenheimer Erklärung
der Landessynode zum Schutz des ungeborenen Lebens und zu
Fragen des Schwangerschaftsabbruchs« gegen das Votum eines
Drittels der Synodalen verabschiedet worden war, hatte ihr Johannes Hanselmann seine Zustimmung verweigert, da die Synode einen von ihm gemachten Änderungsvorschlag abgelehnt
hatte. Die »Rosenheimer Erklärung«, die eine Abtreibung prinzipiell als Unrecht und mit Schuld behaftet, in einer »aussichts-
losen Notlage« für nicht ausgeschlossen ansieht und die letzte
Entscheidung der Mutter »in Verantwortung vor Gott« zubil-
ligt, hatte für heftige Diskussionen gesorgt. Nun war die Frage, wie die Synodalen auf der Tagung in Kulmbach mit der Erklärung umgehen würden – würde es gar zu einer Spaltung der
Synode kommen? Hermann von Loewenich ging in seiner Predigt auf derartige Befürchtungen ein; dabei war es einmal mehr
der von ihm so geschätzte Begriff des guten Haushalters, den er
anhand des Gleichnisses vom klugen Verwalter (Lk 12,42–48)
von verschiedenen Seiten beleuchtete:[684] Verschiedene Güter,
so von Loewenich, seien uns von Gott anvertraut, unsere begrenzte Lebenszeit sei eine davon; sie gelte es »auszukaufen«.
Auch bei dieser Synode gehe es um etwas, das der Haushalterschaft der Synodalen anvertraut sei, und dies sei nicht nur der
kirchliche Haushalt: »In der Diskussion um die Rosenheimer
Erklärung steht mehr auf dem Spiel: Nicht weniger als der innere Zusammenhalt unserer Kirche. Auf ihn waren wir in Bayern
immer ein bißchen stolz. Haben wir im Blick, was uns mit ihm

---

683 Vgl. HANSELMANN, Ja, 137–149. Vgl. H. WINTER: Plötzlich sagte der
    Bischof: Nein!, in: http://www.sonntagsblatt-bayern.de/archivo1/13/
    woche4.htm.
684 Predigt, 24.11.1991, in: LAELKB, NL Loewenich, Hermann von, vl.
    Nr. 48.

als ein kostbares Erbe anvertraut ist? Werden wir uns ›als treue und kluge Haushalter‹ erweisen? Oder halten wir die Spannung nicht aus, in die wir hineingestellt sind? Fangen wir an, aufeinander einzuschlagen, so wie es der Haushalter im Gleichnis tut?« Geboten sei, so von Loewenich, »unter dem Evangelium zusammenzubleiben«: »Eine Leerformel sehe ich darin nicht. Das Evangelium ist uns als Haushaltern anvertraut. Sollte uns daraus nicht die Kraft zuwachsen, mit dem Konflikt unter uns verantwortlich umzugehen?« Von Loewenichs Wunsch sollte weitgehend in Erfüllung gehen. Mit dem sogenannten »Kulmbacher Brief«, den die vier kirchenleitenden Organe gemeinsam verantworteten, wurden die Übereinstimmungen, aber auch die Differenzen zu den einzelnen Punkten der »Rosenheimer Erklärung« dargestellt und die Gemeindeglieder darum gebeten, die unterschiedlichen Meinungen zu respektieren.[685]

Ein weiteres strittiges Thema dieser Jahre war die Haltung der Kirche zur geplanten Wiederaufarbeitungsanlage (WAA) Wackersdorf: Inwieweit durften und konnten Kirchengemeinden und kirchliche Mitarbeiter sich hier öffentlich positionieren? Landesbischof Hanselmann gab bei einer Pressekonferenz anlässlich der Herbstsynode 1985 die Weisung heraus, dass es rechtens sei, wenn kirchliche Mitarbeiter sich an Demonstrationen beteiligten. Eine Teilnahme an Sitzblockaden sei jedoch nicht zulässig, ebensowenig eine Beteiligung an Demonstrationen in Amtskleidung.[686] Von Loewenich sollte Jahre später dazu anmerken: »Zweifellos hat uns der Talar bei Demonstrationen unendlich geschadet«, er werde der Kirche »immer wieder neu serviert«[687].

Für den Mai 1986 initiierte der Landeskirchenrat eine Tagung in der Evangelischen Akademie Tutzing zur WAA. Besondere Brisanz gewann die Zusammenkunft durch die Re-

---

685 Vgl. HANSELMANN, Ja, 148.
686 Vgl. a.a.O., 101f.
687 Referat »Entschiedenes Reden«, 10.7.1990, Selbitz. In: LAELKB, NL Loewenich, Hermann von, vl. Nr. 48.

aktorkatastrophe von Tschernobyl im April 1986 sowie durch
ein Schreiben von Ministerpräsident Strauß, das Hanselmann
und den Kreisdekanen ebenso zuging wie den bayerischen Di-
özesanbischöfen, und in dem es unter anderem hieß: »Angesichts dieses beängstigenden Mißbrauchs in Kirche und Religi-
onen für demagogische Zwecke ist es eine besonders dringende
Aufgabe, der Verwirrung der Geister, dem diabolus in ecclesia,
entgegenzutreten und die Beziehungen zwischen Christentum
und Politik nicht nur in Worten zu beschreiben, sondern auch
in der Wirklichkeit zu klären.«[688] Diese Klärung vollbrachte der
Landeskirchenrat im Juni 1986 auf seine Weise: Angesichts der
vielen offenen Fragen riet er in einer Stellungnahme »mit Blick
auf die geplante WAA-Wackersdorf zu einer Phase des Inne-
haltens, Nachdenkens und Überprüfens, die nicht unter dem
Zeitdruck nahender Wahltermine stehen sollte«.[689] Es sind zu
dieser Stellungnahme die Vorüberlegungen von Loewenichs
erhalten.[690] Diktion und Argumentationsweise des Kreisdekans zeigen eine Betroffenheit, die in der später beschlossenen
Stellungnahme nicht mehr in allen Formulierungen in dieser
Deutlichkeit zum Tragen kam. Von Loewenich spricht vom
»existentiellen Schock von Tschernobyl«. Zwar bemüht er sich
um eine differenzierte Sicht der atomaren Energien: »Es ist
falsch, von der weiteren Anwendung der Kernenergie und dem
Bau der WAA das Fortbestehen unserer Zivilisation und Gesellschaft abhängig zu machen, ihr gewissermaßen Heilscha-
rakter zuzuerkennen und ihre Gegner als Unheilspropheten zu
diffamieren bzw. das kirchliche Engagement in diesem Bereich
zu verteufeln. Umgekehrt kann es nicht angehen die Befürworter dieser Technologie und der WAA zu verteufeln, als gäbe es
nicht argumentierbare Aspekte, die ernstzunehmende Befür-

---

688 Zit. nach HANSELMANN, Ja, 102.
689 Stellungnahme des Landeskirchenrates zum Fragenkreis WAA/Kern-
    energie. In: LAELKB, NL von Loewenich, Hermann, vl. Nr. 62.
690 Vorüberlegungen enthalten in: LAELKB, NL Loewenich, Hermann
    von, vl. Nr. 10. A. a. O. nachfolgende Zitate.

worter vor der durch Tschernobyl ausgelösten Diskussion vertreten haben. [...] Weder die Durchsetzung noch die Ablehnung
der Kernenergie hat Erlösungscharakter.« Allerdings, so von
Loewenich, entbinde die Einsicht in diese Ambivalenz nicht
davon, eine ethische Wertung vorzunehmen, und die falle eindeutig negativ aus: »Der Umgang mit der Kernenergie erlaubt
keine menschlichen Fehler. Er setzt den perfekten Menschen
voraus. Insofern überschreitet diese Technologie das menschliche Maß, ebenso wie das für die atomare Abschreckung im mi-
litärischen Bereich gilt.« Wieder bringt von Loewenich den Begriff des Haushalters ins Spiel: »Eine Bewußtseinsveränderung
ist unumgänglich. Positiver als das negativ besetzte Wort ›Spa-
ren‹ ist das alte biblische Wort vom ›Haushalten‹ mit den uns
anvertrauten Kräften. Es ist zu prüfen, ob der Begriff der Haushalterschaft in die sozialethische Diskussion über den Umgang
mit der Energie einzuführen ist.« Die Stellungnahme zur WAA
brachte dem Landeskirchenrat Kritik vonseiten der Politik ein.
Hermann von Loewenich selbst verstand sie als ein kirchliches
Wort, das die eigene Position gerade nicht habe absolut setzen,
sondern mit seiner Bitte um ein Moratorium Nachdenklichkeit
habe hervorrufen wollen.[691]

Bei gesellschaftspolitischen Themen, die ihm am Herzen
lagen, präsentierte sich von Loewenich nicht selten als unbequem, zuweilen undiplomatisch – »er hatte auch etwas Kanti-
ges, Sperriges«, formuliert es Andreas Grabenstein. Das war in
den Nürnberger Jahren – wie später auch in der Bischofszeit –
besonders eindrücklich beim Umgang mit Flüchtlingen, bei der
Auseinandersetzung mit Fremdenfeindlichkeit der Fall. Hier
zeigte sich von Loewenich entschieden: »Menschlichkeit kann
nicht zur Disposition gestellt werden.«[692] Von Loewenich hatte sich 1980 erstmals näher mit dieser Thematik befasst: »Zum

---

691 Referat »Entschiedenes Reden«, 10.7.1990, Selbitz. In: LAELKB,
    NL Loewenich, Hermann von, vl. Nr. 48.
692 A.a.O.

ersten Mal wurde ich direkt mit dem Problem der Asylanten konfrontiert. Ich wurde gebeten, für Flüchtlinge aus Eritrea zu intervenieren. Meine erste Reaktion war Abwehr, weil ich eben auch die Lawine von Problemen sehe, die mit den Ausländern in unserem Land auf uns zurollt. In der Gemeinschaft der Leiden Jesu aber erkenne ich im Fremdling den Christus incognito, der bei uns Aufnahme erbittet. Und ich kann es mir innerlich nicht mehr leisten, die weltweite Flüchtlingsnot einfach wegzuschieben und danach zu rufen, daß unser Land dagegen abgeschottet bleiben soll. Ich muß mich dieser Not stellen, auch wenn ich keine schlüssige Lösung und keinen Rat weiß. Vielleicht fängt die Gemeinschaft der Leiden schon damit an, daß wir uns eingestehen, wie stark uns die Angst beherrscht, wie sehr sie uns hindert, echte Hilfe zu leisten.«[693]

In den darauffolgenden Jahren engagierte sich von Loewenich auf unterschiedliche Weise in diesem Bereich; er wies in Predigten auf die Thematik hin, brachte die Asylproblematik beim Jahresempfang des Kirchenkreises ein, würdigte und unterstützte Gemeinden und Pfarrer, die sich um Flüchtlinge kümmerten und rief zu einer Kultur des Willkommens auf: »Wo Fremdenhaß laut wird, sollen wir Widerstand leisten. Wir dürfen nicht schweigen. Wer demütig ist vor Gott, gewinnt Mut dazu, auch wenn er sich zunächst gegen die Mehrheit stellen muß.«[694] Die Erfolge der Republikaner bei den Europawahlen 1989 beschäftigten von Loewenich, und er versuchte, rechtsgerichteten Tendenzen durch kirchliche Äußerungen und Aktivitäten entgegenzuwirken: »Positive Momente für eine politische Identitätsfindung anzubieten, scheint mir grundsätzlich wichtiger zu sein als die nur bloße Abgrenzung gegen populistische Schlagworte.«[695] Die ausländerfeindlichen Ausschreitungen zu

---

693 Predigt 3.8.1980 St. Sebald (Phil 3, 7–14). In: LAELKB, NL Loewenich, Hermann von, vl. Nr. 66.

694 Predigt 7.9.1986 Lorenzkirche (1 Petr 5,5c–11). A.a.O.

695 1.11.1989: Anregungen und Informationen für den Bericht vor der Landessynode, in: LAELKB, NL Loewenich, Hermann von, vl. Nr. 48.

Beginn der 1990er Jahre, die Anschläge von Rostock-Lichten-
hagen trieben von Loewenich um.

Wie später in seiner Zeit als Bischof sind auch aus den Jahren als Kreisdekan Unterlagen erhalten, die von Loewenichs
Einsatz für Asylbewerber belegen – etwa sein Duldungsantrag
für die kurdische Familie Demirkol im Dekanat Hersbruck, die
sich hatte taufen lassen und damit zur bayerischen Landeskirche zählte, wie von Loewenich gegenüber Innenminister Günther Beckstein betonte: »Ich sehe mich in meinem Glauben
stark berührt und in meiner geistlichen Verantwortung als Regionalbischof herausgefordert. Insofern rückt die Angelegenheit für mich in die Dimension eines Status Confessionis.«[696]
Dass von Loewenich sich gerade im Bereich Asylpolitik und der
Aufnahme von Fremden engagierte, hing, wie er selbst wiederholt ansprach, mit seiner eigenen Biographie, aber auch mit der
Geschichte der bayerischen Landeskirche in der NS-Zeit zusammen: »Ich habe heute die Sorge, in öffentlichen Dingen an
der falschen Zeit zu schweigen. Man mag das ein Trauma aus
der NS-Zeit nennen. Gerade wenn man miterlebt hat, wie verständlich manche kirchliche, patriotische oder bürgerliche Reaktion auf einzelne Entscheidungen oder Erfolge des NS-Regi-
mes war, gerade wenn man sich in das damalige Lebensgefühl
hineinversetzen kann, ist man aufs Höchste sensibilisiert. Vielleicht sind wir übersensibel. Mir scheint, daß in unserer Kirche
nicht zu viel, sondern zu wenig über die Jahre zwischen 1933
und 1945 geredet worden ist.«[697]

Deutlich in der Sache, aber behutsam gegenüber dem Politiker als Menschen: Das war die Haltung, die von Loewenich
in kritischen Fragen empfahl und auch selbst umzusetzen versuchte – ob ihm dies selbst im Einzelfall gelang, werden die

---

696 Von Loewenich an Beckstein, 6.4.1994, in: LAELKB, NL Loewenich,
   Hermann von, vl. Nr. 56.
697 Vom Gelobten Land in die Wüste? Gedanken zum Weg der bayerischen Landeskirche durch die Nachkriegszeit, 1985. Sammlung
   Schanz.

Betroffenen unterschiedlich interpretieren. Es war eine Gratwanderung für von Loewenich, hatte er doch bei aller Kritik an Sachentscheidungen vor Augen, dass die Kirche bei Verantwortungsträgern zunehmend an Relevanz verlor. Eine Äußerung vom Dezember 1987 zeigt dies anschaulich: »Daß sich Politiker, Polizeibeamte, Banker, Unternehmer usw., die sich als Christen verstehen, in ihrer Kirche zu Hause fühlen, können wir heute nicht mehr als selbstverständlich voraussetzen. Wir müssen ihnen immer wieder auch erkennbar signalisieren, daß sie seelsorgerlich angenommen sind, gerade in schwierigen Situationen wie zum Beispiel nach den Mordschüssen von Frankfurt oder einer Wahlniederlage. Wenn wir dies nicht unterlassen, haben wir umso mehr Freiheit, ohne Animositäten auch kritische Fragen zu stellen, wenn die Grenzen der Macht überschritten zu sein scheinen.«[698] Hintergrund dieser Äußerung war, dass am 2. November 1987 an der Startbahn West des Frankfurter Flughafens ein Mitglied einer militanten Gruppe auf Einsatzkräfte der hessischen Bereitschaftspolizei geschossen hatte; zwei Polizeibeamte starben. Prodekan Herbert Bauer hatte eine Trauerfeier für die ermordeten Polizisten in der Nürnberger Lorenzkirche abgelehnt und dies unter anderem mit den Worten begründet: »Dem Wunsch nach einem ökumenischen Gottesdienst mit außerordentlichem Öffentlichkeitscharakter konnte ich auch im Einvernehmen mit Stadtdekan Theo Kellerer so leider nicht entsprechen. Wir müßten sonst auf viele schlimme Ereignisse reagieren, die leider Gottes in zunehmender Häufigkeit irgendwo geschehen, und das wäre eine Überforderung unseres kirchlichen Auftrags.«[699] Die Feier wurde in die katholische Kirche St. Elisabeth verlegt; die Haltung Bauers sorgte für erhebliche Verstimmung. Von Loewenich bedauerte in einer öffentlichen Erklärung im Nachhinein diese Entscheidung,

---

698 Weihnachtsbrief 1987, in: LAELKB, NL Loewenich, Hermann von, vl. Nr. 24.
699 Zit. nach Nürnberger Nachrichten (11.11.1987), 13.

die unter Zeitdruck und ohne hinreichende Informationen zum Rahmen und der Teilnehmerzahl der Feier getroffen worden sei: »Die Ereignisse von Frankfurt bedürfen der intensiven seelsorgerlichen Bewältigung. Ein Gottesdienst in der außerordentlichen Öffentlichkeit der ersten Bürgerkirche Nürnbergs hätte dieser Bedeutung symbolisch entsprochen. Mit einem gewissen Recht wird von St. Lorenz allerdings immer wieder darauf hingewiesen, daß diese Kirche nicht allein die ganze Last solcher öffentlichen Seelsorge tragen könne.«[700]

Auch in seinen Jahren als Kreisdekan engagierte sich Hermann von Loewenich an teils prominenter Stelle über die bayerische Landeskirche hinaus: Als Mitglied in der Kirchenleitung der VELKD war er besonders gefordert, nachdem Johannes Hanselmann nach seiner Wahl zum Präsidenten des Lutherischen Weltbundes (LWB) 1987 aus diesem Gremium ausgeschieden war[701] – von Loewenich verband die geleistete Entlastung des Bischofs mit der Erwartung, dass dieser dafür mehr Zeit für Gespräche mit den Kreisdekanen haben möge.[702] Von Loewenich leitete den Gemeindeausschuss der VELKD, der sich in diesen Jahren mit »Argumenten für die Kirchenmitgliedschaft« sowie der Fortschreibung der »Missionarischen Doppelstrategie« beschäftigte; die Termini »Öffnen und Verdichten« tauchten auch in dieser Zeit immer wieder in von Loewenichs Ansprachen und Predigten auf. Auch engagierte sich von Loewenich im Kontaktausschuss zur VELK DDR, den lutherischen Kirchen in Ostdeutschland, die sich 1988 in den Bund der Evangelischen Kirchen in der DDR einbrachten.

Der Zusammenhalt von West- und Ostdeutschland war eines der großen Themen von Loewenichs. Er hatte sich seit seiner Zeit als Studentenpfarrer für Kontakte und Begegnun-

---

700 Nürnberger Nachrichten (12.11.1987), 12.
701 Weihnachtsbrief 1987 an die Dekane/Oberkirchenräte i. R., in: LAELKB, NL Loewenich, Hermann von, vl. Nr. 24.
702 Überlegungen zur gegenwärtigen Arbeitssituation im LKR (4.12.1989), in: LAELKB, NL Loewenich, Hermann von, vl. Nr. 48.

gen engagiert. Wie sehr ihn die friedliche Revolution und der Fall der Mauer bewegten, spürt man exemplarisch in seiner Silvesterpredigt 1989 in der Lorenzkirche:[703] »Niemand wird hoffentlich aus diesem Jahr unverändert herausgehen. Ich fände es schlimm, wenn jemand heute zu mir sagte: ›Sie sind ganz der Alte geblieben‹.« 1989 gebe auf besondere Weise Anlass, im Glauben an Christus dazuzulernen: »Es bleibt ein Wunder, daß sich diese deutsche Revolution ohne Blutvergießen und ohne Gewalt vollzogen hat. Wann hätte es das bisher in der Geschichte gegeben? Bis zum Überdruß hat man uns in den letzten Jahren entgegengehalten, daß man mit der Bergpredigt nicht die Welt regieren könne, so als ob dies die Versuchung der Regierungschefs gewesen sei. Aber in diesem Herbst 1989 ist wenigstens ansatzweise wahrgeworden, was Jesus in der Bergpredigt verheißt: ›Selig sind die Friedensstifter, denn sie werden das Erdreich besitzen!‹«

Enttäuscht zeigte sich von Loewenich darüber, dass die mecklenburgische Landeskirche 1991 zunächst – anders als die sächsische und die thüringische Kirche – nicht den Beitritt zur VELKD vollzogen hatte – »[das] hat mich als Mitglied der Kirchenleitung der VELKD betroffen«[704]. Im März 1992, rückwirkend wirksam zum 31. Dezember 1991, stimmten die Mecklenburger dem Beitritt zu. Auch hätte sich von Loewenich mehr Aufbruch der Kirchen nach der Wende erwartet. »Er konnte es nicht verstehen, dass die Kirchen sich dort nicht missionarischer zeigen«, erinnert sich Andreas Grabenstein: »Da hatte er eine Haltung aus dem guten AEE-Geist heraus: Zeigt euch, zeigt Profil, gewinnt Leute – und zeigt, was ihr gemacht habt in der ganzen DDR-Geschichte.«[705]

Am Herzen lag Hermann von Loewenich auch die noch junge Partnerschaft des Kirchenkreises Nürnberg mit der Di-

---

703 Silvesterpredigt 1989. A. a. O. Daraus nachfolgende Zitate.
704 Weihnachtsbrief an die Dekane 1991, in: LAELKB, NL Loewenich, Hermann von, vl. Nr. 24.
705 Interview A. Grabenstein.

özese Hereford. In seinem Weihnachtsbrief 1987 schwärmte von Loewenich von der Gastfreundschaft, die er gemeinsam mit einer offiziellen Delegation in Hereford im Mai erfahren hatte: »the hospitality in the Bishop's Palace, the blue bells in the lovely garden, to go by car in the surroundings, and the Swanwick-Conference«[706]. Besonders bewegend war für von Loewenich die Bestätigung der sogenannten »Meißener Erklärung« in einem Festgottesdienst zum Reformationstag 1991: Die Meißener Erklärung war 1991 von der anglikanischen Kirche und der Evangelischen Kirche in Deutschland unterzeichnet worden; mit ihr gingen die gegenseitige Anerkennung als Kirchen einher sowie die Anerkennung der Ämter und Sakramente und damit die Abendmahlsgemeinschaft. Als Hermann von Loewenich und John Oliver, Bischof von Hereford, die Erklärung in beiden Sprachen verlesen und unterzeichnet hatten, applaudierten die Gottesdienstbesucher. Gerhard Althaus erinnert sich daran, wie sehr Hermann von Loewenich und ihn selbst diese Unterzeichnung berührt hatte: »Das waren die ehemaligen Kriegsgegner, die furchtbar gelitten hatten unter der deutschen Luftwaffe, gerade in Südengland. Dass wir jetzt mit diesen Menschen zusammenkommen und eine gottesdienstliche Gemeinschaft erleben durften, war bewegend. Es war eine Annäherung, ein Stück weit eine Aussöhnung.«[707]

Auch andere Auslandskontakte und -reisen standen in diesen Jahren an – unter anderem nach Moskau, nach Papua-Neuguinea oder zur 7. Vollversammlung des Ökumenischen Rats der Kirchen (ÖRK) im australischen Canberra im Februar 1991. Thema der Vollversammlung war: »Komm, Heiliger Geist – erneuere die ganze Schöpfung«. Von Loewenich dazu in seinem Weihnachtsbrief: »Ich spüre, wie sehr wir auf Erneuerung unseres Denkens und Handelns in der Politik, aber auch

---

706 Weihnachtsbrief nach England 1987. in: NL Loewenich, Hermann von, vl. Nr. 24.
707 Interview G. Althaus.

in der Kirche angewiesen sind.«[708] Bezugnehmend auf das Lied »Es kommt ein Schiff geladen« und dessen Zeile »das Segel ist die Liebe, der heilig Geist der Mast« schreibt von Loewenich: »Selbstkritisch blättere ich in meinem eigenen Terminkalender und frage mich, was meiner Fahrt durch das Jahr die Richtung gab. Wie viele Fahrten blieben im innerkirchlichen Binnengewässer und kamen über den Hafenbereich der Kirche nicht hinaus. Wach möchte ich am Zeitgeschehen teilnehmen. Sensibel möchte ich als mitfühlender, mitleidender und mithoffender Zeitgenosse meinen Weg gehen. Nicht nur an mir selbst spüre ich, wie oft auch Frust und Aggression unsere Segel spannen und uns ›in Fahrt bringen‹.«

Diese Zeilen aus dem Weihnachtsbrief 1991, dieser Rückblick auf Canberra, scheinen exemplarisch für von Loewenichs spirituelles Interesse in seiner Zeit als Kreisdekan: Es war die Beschäftigung mit dem Wirken des Heiligen Geistes, der er in den Jahren 1985 bis 1994 einen besonderen Platz einräumte: Da ging es um »Geist und Ungeist«[709] in den innerkirchlichen Auseinandersetzungen, da betonte von Loewenich immer wieder in Predigten und Vorträgen die spirituelle Dimension des Glaubens – freilich »an die biblische Tradition gebunden« und nicht in dem Sinn, »daß wir hemmungslos die Reise nach Innen antreten«[710]. Er brachte den Vorschlag ein, im Korrespondenzblatt Anregungen zum geistlichen Leben zu veröffentlichen, er setzte sich dafür ein, Rahmenbedingungen für eine »vertiefte und erneuerte Spiritualität« zu schaffen.[711] Er, der regelmäßig über seine theologische Lektüre berichtete, empfahl in dieser Zeit das Büchlein der anglikanischen Franziskanerin Joan Puls

708 Weihnachtsbrief 1991. In: LAELKB, NL Loewenich, Hermann von, vl. Nr. 24.

709 So Interview A. Grabenstein.

710 Christentum im Jahr 2000, 16.2.1989, Lions-Club Nürnberg, in: LAELKB, NL Loewenich, Hermann von, vl. Nr. 48.

711 Anregungen u. Informationen für den Bericht vor der Landessynode, 1.11.1989. A.a.O.

»Brannte nicht unser Herz – Spiritualität in moderner Zeit«. In einem Vortrag über »Christentum im Jahr 2000« zeigte von Loewenich vier Dimensionen auf, die es mit Blick nach vorne zu beachten gelte; dabei setzte er die spirituelle Dimension an erste Stelle: Sie sei entscheidend für die Zukunft der Kirche. Erst danach kam – mit Blick auf die Ämterfrage – die wiederzuentdeckende geschwisterliche Dimension: »Ich bin überzeugt, daß in der Kirche von heute noch immer die Frage nach dem kirchlichen Amt überzogen wird. Wir tun in unserer theologischen Diskussion manchmal so, als würde die Kirche hauptsächlich aus Pfarrern und Priestern bestehen.«[712] An dritter und vierter Stelle folgten für von Loewenich die politisch-diakonische und die ökumenische Dimension des Glaubens. In den 1960er und 1970er Jahren hätte man sich diese Reihung bei ihm auch anders vorstellen können.

Zu Beginn der 1990er Jahre sprachen alle Anzeichen dafür, dass sich der Nürnberger Kreisdekan nun allmählich auf den Ruhestand vorbereiten konnte. Zu von Loewenichs 60. Geburtstag lud der Kirchenkreis zu einem großen Fest ein; manches, was hier gesagt oder aufgeführt wurde, trug bereits Züge einer Lebensbilanz. Wilhelm Scheuerpflug, Präsident der Stiftungsfachhochschule Nürnberg und Begleiter von Loewenichs seit Schultagen, würdigte das Wirken des Freundes mit den Worten: »Wer Dich kennt mit Deiner herrlichen Baßstimme, weiß vielleicht nicht, daß Du auch zu ganz leisen Tönen fähig bist. Und immer der ›Öffner‹ – der Kontakte sucht, Gespräche führt, immer über die Grenzen hinaus – zu denen, die gesehen und entdeckt werden möchten in ihrer Erwartung an die Kirche. Davon bist Du überzeugt. Dieser missionarische Zug ist ausgeprägt. ›Kirche für die Stadt‹ – ›suchet ihr Bestes‹. Deine Freude, Dein Mut, Deine Hoffnung ist ansteckend. Weltweit unterwegs, bundesweit in den Gremien – und doch fest verwurzelt hier in Nürnberg. [...] Für ein sehr hohes Amt, in Mün-

---

712 Christentum im Jahr 2000, 16.2.1989, Lions-Club Nürnberg. A. a. O.

chen, Berlin oder sonstwo würden wir Dich ziehen lassen. Am liebsten aber möchten wir Dich bei uns behalten.«[713] Andere Gratulanten ziehen ein anderes Amt für den Nürnberger Kreisdekan gar nicht mehr in Betracht, sondern weisen den Jubilar vielmehr behutsam darauf hin, sich nun langsam aufs »Loslassen« vorzubereiten; in einem Brief wird auch das Bedauern darüber ausgedrückt, dass dem Kreisdekan das Amt des Landesbischofs ja nun leider verwehrt geblieben sei.

Die Dekane des Kirchenkreises Nürnberg würdigten von Loewenich musikalisch: Gemeinsam mit ihren Ehefrauen und begleitet von Andreas Grabenstein am Klavier trugen sie eine »Moritat« auf die Melodie von »Heimat, liebe Heimat« vor, die Eigenheiten des Vorgesetzten ebenso durchscheinen ließen wie die Sympathien, die der »Loewe« genoss: So kam die Leidenschaft für den 1. FC Nürnberg ebenso vor wie seine Musikalität, seine wenig ausgeprägte Liebe zum Tanzen ebenso wie – sprachliche – Missverständnisse im Verhältnis zur Diözese Hereford. Eine Liedstrophe und ein dazu überreichtes lila Collarhemd sollten dabei weitreichende Folgen haben: »Damit nun alle besser wissen / was wohl gemeint mit ›Kreisdekan‹ / hab'n wir aus England ihm besorget / ein Bischofs-Hemd. Komm, zieh' es an!!« Im anglikanischen Bereich waren Collarhemden in allen modischen wie kirchenjahresbezogenen Farben möglich, ohne einen hierarchischen Farbkanon. Lila als deutsche evangelische Kirchenfarbe hatte anscheinend im Rahmen der Partnerschaft Gefallen gefunden. Hermann von Loewenich mochte das lilafarbene Hemd, und das mit Augenzwinkern überreichte Geschenk sollte letztendlich dazu führen, dass von Loewenich auf dem Bischofsporträt im Landeskirchenamt in einem lila Hemd zu sehen ist. Auch Johannes Friedrich trug bereits in seiner Nürnberger Zeit, ebenso wie andere Kollegen auch, ein solches Hemd; er tat dies dann auch als Bischof, wobei er, so Fried-

---

713 In: Sammlung v. Loewenich. A. a. O. nachfolgende Unterlagen zu der Feier.

rich, immer Wert darauf gelegt habe, dass die gewählte Farbe für das evangelische Lila stehe und nicht ein »Bischofs-Lila« sei. Allerdings wurde dies offensichtlich von vielen Menschen anders wahrgenommen und führte zu einer gewissen Tradition des lila Collarhemdes als Bischofs-Hemd in der VELKD.[714]

Auch auf Hermann von Loewenichs Unlust gegenüber Sitzungen im Landeskirchenamt hatten die »Dekans-Geschwister« eine Strophe gedichtet, die in die Zeile mündete: »Hermann, lieber Hermann, mußt nicht so oft nach München gehen!« Dass der Kreisdekan zweieinhalb Jahre später ganz nach München wechseln sollte, hielt an diesem Tag wohl kaum mehr einer für möglich.

---

714 Ich danke Prof. Dr. Klaus Raschzok und Dr. Johannes Friedrich für diesbezügliche Informationen.

7. »Offen und deutlich«:
Bischofsjahre (1994–99)

»Offen und deutlich, aufgeschlossen und verlässlich«: Diese
vier Attribute spielten in der Leitbilddebatte der bayerischen
Landeskirche in den 1990er Jahren, vor allem während der Bischofszeit von Loewenichs, eine große Rolle. Vornehmlich mit
den ersten beiden Attributen identifizierte sich von Loewenich
in hohem Maß: Sie standen gleichsam als Motto über seinem
ersten Bischofsbericht im Herbst 1994: »Eine offene und deutliche Kirche wollen wir sein. In Offenheit und Deutlichkeit will
ich Ihnen und der Öffentlichkeit als Landesbischof begegnen.«[715]
Wiederholt setzte er auch in der Folgezeit bei öffentlichen
Äußerungen, gerade zu umstrittenen Themen, mit den Worten »Offen und deutlich sage ich«[716] an, fast schienen diese Worte eine Stütze, eine Rechtfertigung für ihn zu sein. Mit »Offen
und deutlich« ist auch die Sammlung ausgewählter Texte seiner
Amtszeit überschrieben, explizit oder im Sinne dieser Begriffe
blickten andere auf seine Bischofsjahre zurück, sowohl bei seiner Verabschiedung 1999 als auch in den Nachrufen 2008.

»Offen und deutlich, aufgeschlossen und verlässlich«: Es
sind formale Attribute, sie charakterisieren eine Haltung, keinen Inhalt. Für Willi Stöhr, einen der beiden Referenten von
Loewenichs im Bischofsbüro, hingen diese Formalattribute in

---

715 VLS 1994/II, 16.
716 Vgl. VLS 1997/II, 18 zur »Gemeinsamen Erklärung«: »Offen und
deutlich möchte ich als Landesbischof meine Position formulieren.«
Vgl. auch von Loewenich an E. Stoiber (25.6.1998): »Nach erfolgten
Abschiebungen schämen sich Bürger für ihre Behörden und letztlich
auch für ihr Land. Offen und deutlich möchte ich mich zum Sprecher dieser Menschen machen [...].« LAELKB, LB, Az. 19 (Kirchenasyl).

der Leitbilddebatte eng mit der Person von Loewenichs und den Inhalten, für die er bekannt war, zusammen: »Sucht man nach Gründen, warum das Leitbild Mitte der 1990er Jahre in dieser Form von den vier kirchenleitenden Organen ohne größere Kontroversen verabschiedet worden ist, so legt sich nahe, dass dies auch mit der Persönlichkeit des Landesbischofs zusammenhing; als über 60-Jähriger war Hermann von Loewenich für Konservative und Progressive in der bayerischen Landeskirche gleichermaßen zu einer Integrationsfigur geworden, die offene und deutliche Kommunikation ebenso glaubwürdig verkörperte wie geistliche Aufgeschlossenheit und theologische Verlässlichkeit. Gerade deshalb fühlten sich alle von ihm gut vertreten – auch wenn es in Einzelfragen durchaus Differenzen gab.«[717] Hermann von Loewenich erklärte sein Verständnis des Bischofsamtes einmal mit den Worten: »Es gibt beide Möglichkeiten. Bei Einzügen geht der Bischof am Ende des Zuges. Er achtet also darauf, daß alle in schöner Ordnung in die Kirche einziehen. Aber ich hatte auch dieses andere Bild, daß der Bischof vorangeht. Allzuweit darf man sich allerdings von dem Zug, der einem folgt, nicht entfernen. Das ist auch nicht ganz gut. Es geht tatsächlich um die richtigen Proportionen. Ich denke nicht, daß ich die Kirche überfordert habe. Man muß ja seinen Überzeugungen, seiner Bindung an die biblische Botschaft treu bleiben.«[718]

»Offen und deutlich«, ein Bischof, der voranschreitet, der sich Freimut auch von allen anderen wünscht und erwartet[719] – und sich seiner Landeskirche verbunden wusste. Es war auch ein Kennzeichen der Bischofszeit von Loewenichs, dass er sich – unbesehen seines Interesses an weltweiter Ökumene und entsprechender Aktivitäten[720] – vornehmlich im landeskirchlichen

---

717 STÖHR, Reformatorisch, 50f.
718 VON LOEWENICH, Offen, 140.
719 Vgl. VLS 1994/II, 24f.
720 So fällt die offizielle Besiegelung der Partnerschaft zwischen der bayerischen Landeskirche und den lutherischen Kirchen in Zentral-

Kontext engagierte: »In erster Linie wollte ich Bischof in Bayern sein und für die bayerische Kirche da sein.«[721] Von Loewenich tat dies in einer Zeit, in der die Landeskirche einmal mehr, wie er selbst wiederholt konstatierte, an einem Übergang stand, in einer Zeit, in der sie sich altbekannten Fragen ebenso stellen musste wie neuen Problemen: Wie sollte sie sich – etwa in der Asylfrage – gegenüber dem Staat positionieren, wie sich gegenüber der Organisationstheorie verhalten, welche Wege sollte sie beschreiten, um das Evangelium in der Gesellschaft zu kommunizieren? »Diesen Übergang«, so von Loewenich, »kann man resignativ über sich ergehen lassen, oder man kann ihn als Herausforderung betrachten. In einer Kirche, die vom Evangelium lebt, sind genügend Kräfte der Erneuerung vorhanden, die vernetzt und gestärkt werden müssen.«[722] Von Loewenich zeigte sich als ein Suchender, er gab sich Neuem gegenüber aufgeschlossen und vertrat zugleich klare Grundhaltungen, die ihm nicht nur Beifall einbrachten. Wiederholt legte er gerade in dieser Lebensphase dar, was Freimut für das Handeln der Kirche und für ihn persönlich bedeuten könne, gerade in Zeiten des Umbruchs – Parrhesie als »ein Lebens- und Arbeitsstil, der dazu beitragen kann, daß wir am Dienst in der Kirche Freude empfinden; daß wir gerne zusammenarbeiten, uns freuen, wenn wir uns begegnen«.[723]

---

amerika in von Loewenichs Bischofszeit.

721 Erfahrungen aus fünfeinhalb Jahren als Herausforderung an unsere Kirche im 21. Jahrhundert (Hesselbergkonferenz, 27.9.1999), in: LAELKB, NL Loewenich, Hermann von, vl. Nr. 46. Im Folgenden: Ansprache Hesselbergkonferenz 1999.

722 Nürnberger Nachrichten (2./3.7.1994), 20.

723 VLS 1994/II, 25.

7.1 Wahl und Amtsbeginn

Es war auf der Dekanekonferenz auf dem Hesselberg Ende Oktober 1993, als Johannes Hanselmann bekanntgab, vorzeitig seinen Dienst als Landesbischof beenden zu wollen. Gesundheitliche Gründe hatten den Ausschlag für diese Entscheidung gegeben: Im Sommer 1993 hatte Hanselmann einen Autounfall gehabt; aufgrund der Folgen dieses Unfalls rieten ihm die Mediziner, seinen aktiven Dienst zu beenden. Hanselmann kündigte seinen Rücktritt zu einem Zeitpunkt an, als es in der bayerischen Landeskirche brodelte. Noch immer erhitzte die sogenannte »Rosenheimer Erklärung« (1991) zu Fragen des Schwangerschaftsabbruchs die Gemüter.[724] Dazu kam, dass bereits das nächste heiße Eisen im Feuer lag: Für die Herbstsynode 1993 stand die Diskussion um die Segnung homosexueller Paare an.[725]

Als Johannes Hanselmann am 9. April 1994 in der Matthäuskirche München verabschiedet wurde, war er gerade 67 Jahre alt geworden. Nach geltendem Recht hätte er noch ein Jahr lang das Amt des Bischofs ausüben dürfen: Bei der Neufestlegung der Altersgrenze für die Pensionierung der Pfarrer auf 65 Jahre hatte man die Bestimmung für den Landesbischof im Bischofswahlgesetz schlichtweg übersehen; dort blieb als Altersgrenze die Vollendung des 68. Lebensjahres bestehen. Diese Klausel war die Voraussetzung dafür, dass Hermann von Loewenich überhaupt kandidieren konnte, und sie war bis zuletzt umkämpft: Noch auf der Synodaltagung im November 1993 gab es aus den Reihen der Synodalen heraus Bestrebungen, die Altersgrenze für den Bischof noch vor der Bischofswahl in Rothenburg der der anderen Pfarrer anzugleichen.[726] Was den entsprechenden Initiativgesetzentwurf betraf, sah der Landeskirchenrat zu die-

---

724 Vgl. Kapitel 6.2.
725 Vgl. »Fürther Erklärung« (1993).
726 Vgl. dazu VLS 1993/II, 94.

sem Zeitpunkt jedoch keinen Handlungsbedarf, da das Verfahren zur Wahl des Landesbischofs bereits angelaufen war.[727]

Als sich das Kandidatenkarussell noch am Tag des Rücktritts Hanselmanns zu drehen begann, war der Name von Loewenichs – ebenso wie der zweier weiterer späterer Kandidaten – zunächst nicht im Gespräch. In der öffentlichen Diskussion wurde Zeitungsberichten zufolge anfangs ein anderes Quartett gehandelt: der Münchner Kreisdekan Dr. Martin Bogdahn, früher Rundfunkbeauftragter der Landeskirche, Johannes Opp, Direktor des Katechetischen Amts in Heilsbronn, Oberkirchenrat Claus-Jürgen Roepke, ehemaliger Direktor der Evangelischen Akademie Tutzing, sowie Dr. Johannes Friedrich, damals Stadtdekan in Nürnberg und gerade 45 Jahre alt. Sogar der Bürgerrechtler Dr. Friedrich Schorlemmer wurde kurz ins Spiel gebracht.

Der Ständige Vertreter Hanselmanns, Oberkirchenrat Theodor Glaser, war 61 Jahre alt – er, der auf langjährige Erfahrungen im Bischofsbüro, Führungsstärke und große Personalkenntnis hätte bauen können, kandidierte nicht. Zeitzeugen zufolge gab es anscheinend auch einen gewissen stillschweigenden Konsens, nicht mehr zur Wahl zu stehen, wenn man die 60 überschritten hatte. Genau diese Altersgrenze war wohl auch der Grund, warum es um Hermann von Loewenich in der Diskussion um die Bischofsnachfolge zunächst in der Öffentlichkeit ruhig blieb – war er nicht zu alt, um noch anzutreten?

Im Hintergrund freilich liefen die Gespräche über eine Kandidatur des Nürnberger Kreisdekans längst: Befürworter von Loewenichs sahen gerade in der Altersgrenze eines Landesbischofs die Möglichkeit, dass von Loewenich drei Jahre länger in der Kirche wirken könne als in seinem derzeitigen Amt. Zudem barg die vorhersehbar kurze Amtszeit – von Loewenich als »Übergangsbischof« – die Möglichkeit, Johannes Friedrich, der

---

727 Vgl. a. a. O., 124. Vgl. auch die Laudatio von Loewenichs auf Oberkirchenrat i. R. Dr. Werner Hofmann (20.4.2001). In: LAELKB, NL Loewenich, Hermann von, vl. Nr. 46.

1994 aufgrund seines Alters und noch fehlender Erfahrungen vermutlich wenig Chancen auf einen Wahlerfolg gehabt hätte, inzwischen als Nachfolger im Bischofsamt aufzubauen. Es gab noch andere Überlegungen: Strukturelle Veränderungen in der Landeskirche standen an, und von Loewenich schien vielen der geeignete Mann, um diese zu organisieren. Zudem hatte er sich in seiner Kreisdekanszeit als Vermittler zu den konservativ-charismatisch geprägten Kreisen der Landeskirche bewährt[728] – eine Tatsache, die gerade in Bezug auf die jüngsten und zu erwartenden Kontroversen etwa um Abtreibung und gleichge-schlechtliche Partnerschaften eine Rolle spielte. Diese und andere Überlegungen führten dazu, dass im November und Dezember verschiedene Personen und Kreise an von Loewenich mit der Bitte herantraten, über eine Kandidatur nachzudenken.

In der öffentlichen Diskussion war erstmals am 17. Dezember 1993 von einer Kandidatur Hermann von Loewenichs die Rede: Johannes Friedrich hatte am Tag zuvor in einer Pressekonferenz erklärt, nicht für das Bischofsamt zu kandidieren; die Frage nach einer möglichen Kandidatur von Loewenichs konnte und wollte er aber nicht verneinen.[729] Nachdem Hermann von Loewenich für eine diesbezügliche Stellungnahme nicht erreichbar war, wurde eine weder von ihm noch von Johannes Friedrich autorisierte Pressemeldung über eine Kandidatur von Loewenichs verbreitet. Von Loewenich distanzierte sich noch am Tag der Veröffentlichung von der Meldung. Sie nehme eine Entscheidung vorweg: »Ich habe in den zurückliegenden Wochen denen, die die Absicht äußerten, mich für eine Kandidatur zu benennen, nicht widersprochen, aber meine Entscheidung bewußt offen gehalten. Korrekt ist es, eine diesbezügliche Entscheidung zuerst dem Präsidenten der Landessynode als dem Vorsitzenden des Wahlvorbereitungsausschusses auf dessen Anfrage hin mitzuteilen.« Von Loewenich abschließend: »In

---

728 Vgl. etwa das dahingehende Lob J. Hanselmanns in: VLS 1993/II, 24.
729 Unterlagen in: LAELKB, NL Loewenich, Hermann von, vl. Nr. 49.

der ›Freiheit eines Christenmenschen‹ nehme ich weiterhin für diesen sensiblen Prozeß die Frist wahr, die das Vorbereitungsverfahren für die Wahl vorsieht. Eine Kandidatur hat für mich nur dann Sinn, wenn die innere Überzeugung entstanden ist, daß ich damit der Kirche einen Dienst erweisen kann.«[730] Die Nürnberger Nachrichten kommentierten das Zögern von Loewenichs mit den Worten: »Zumindest darin sind sich Politik und Kirche durchaus ähnlich: Wenn es um Macht und Einfluß geht, wird nach allen Regeln der Kunst gepokert.«[731]

Sollte es noch Bedenken gegeben haben, reifte bei von Loewenich der Entschluss zu einer Kandidatur in den folgenden Wochen. Die Vorschlagsfrist lief am 10. Januar 1994 aus, und als der Wahlausschuss im Februar 1994 den endgültigen Wahlvorschlag bekannt gab, lautete der Vierervorschlag nun: Martin Bogdahn, 57 Jahre, der Aschaffenburger Dekan Dr. Manfred Kießig, 53 Jahre, den konservative Kreise als ihren Kandidaten präsentierten, der 56-jährige Diakoniepräsident Heimo Liebl, zuvor Stadtdekan in München – und eben Hermann von Loewenich. Für die synodale Gruppe »Offene Kirche« barg der Vorschlag eine gewisse Herausforderung: Mit Martin Bogdahn und Hermann von Loewenich waren zwei ihrer ehemals führenden Köpfe vertreten, die sich trotz ihrer unterschiedlichen Schwerpunktsetzung und Wesensart in vielem sehr nahestanden: Beide waren für die Gleichstellung der Frauen in der Kirche eingetreten, beide engagierten sich stark in gesellschaftspolitischen Fragen, beide hatten sich im Großraum München bzw. Nürnberg dafür eingesetzt, der Kirche einen Platz in der säkularen Gesellschaft zu schaffen, beide hatten einen Kirchentag vor Ort verantwortet. Von Loewenich betonte in einer Selbstvorstellung sein Profil als »weltoffener Lutheraner« und nannte als bischöfliche Hauptaufgaben die anstehende Verwaltungsreform sowie Überzeugungsarbeit und Ermutigung. Martin Bog-

---

730 Persönliche Erklärung H. von Loewenichs. A. a. O.
731 Nürnberger Nachrichten (21.12.1993).

dahn bezeichnete Offenheit und Gesprächsbereitschaft als seine Stärken und wirkte, auch was seine Aussagen zur Ökumene betraf, vermittelnder als sein Nürnberger Kollege.[732] Zeitzeugen zufolge galt Bogdahn vielen als Wunschkandidat des Landeskirchenrats. In der »Offenen Kirche« gab es keinen Konsens bezüglich der Kandidatenfrage.

Dass Martin Bogdahn und Hermann von Loewenich kandidierten, trug zu einem erheblichen Teil dazu bei, dass der 18. April 1994, der Tag der Bischofswahl in Rothenburg, zu einem »evangelischen Wahlkrimi«[733] wurde: Achteinhalb Stunden und sechs Wahlgänge brauchte es, bis die 102 Synodalen den neuen Landesbischof gewählt hatten. Bei Hermann Dietzfelbinger war die Entscheidung 1955 im zweiten Wahlgang gefallen, bei Johannes Hanselmann waren es 1975 fünf Wahlgänge gewesen, bis feststand, dass er Bischof wurde.

Der Wahlmodus sieht zunächst vor, dass eine Zweidrittelmehrheit zur Wahl des Landesbischofs erforderlich ist. Wird diese in den ersten beiden Wahlgängen nicht erreicht, genügt es, wenn ein Bewerber die Mehrheit der Stimmen auf sich vereinen kann. Kommt auch diese Mehrheit nicht zustande, wird die Zahl der Kandidaten entsprechend reduziert. Favorit der Bischofswahl 1994 war für viele der Münchner Kreisdekan Martin Bogdahn. Es sorgte daher kaum für Verwunderung, dass er nach dem ersten Wahlgang, auch als Stimmungsbarometer gewertet, auf 34 Stimmen kam.[734] Hermann von Loewenich erhielt 29, Manfred Kießig 27 und Heimo Liebl zehn Stimmen. Der zweite Wahlgang zeigte die gleiche Tendenz, Bodgahn konnte sogar noch auf 37 Stimmen erhöhen. Der progressive und der liberale Flügel zogen sich zur Beratung zurück – die Frage war, wie die nun erforderliche absolute Mehrheit von 52 Stimmen erreicht werden konnte. Der Arbeitskreis »Offene Kirche« hatte sich im

---

732 Vgl. Sonntagsblatt (10.4.1994): »Warum wollen Sie bayerischer Landesbischof werden?«.

733 P. Reindl, EPD-Landesdienst (19.4.1994). A. a. O. weitere Informationen.

734 Vgl. VLS 1994/I.

Vorfeld nicht auf einen seiner beiden Kandidaten festlegen können und wollen. Würde dies nun geschehen oder würden letztlich die Konservativen die Wahl entscheiden? Der dritte Wahlgang zeigte eine solche Entscheidung noch nicht: 36 Stimmen
für Bogdahn, 33 für von Loewenich, unverändert 27 Stimmen
für Kießig und fünf für Liebl. Im vierten Wahlgang verringerte
sich der Abstand zwischen Bogdahn und von Loewenich weiter:
43 Stimmen waren es nun für den Münchner, 41 für den Franken. Der feste Block um Kießig bröckelte, der Aschaffenburger
erhielt noch 15 Stimmen. Heimo Liebl, auf den noch drei Stimmen fielen, schied damit dem Wahlgesetz entsprechend aus.

Bei Bekanntgabe der jeweiligen Wahlergebnisse saßen
Martin Bogdahn und Hermann von Loewenich nebeneinander.
Sonntagsblatt-Redakteur Lutz Taubert kommentierte: »Auch
wenn sie munter und unbeschwert tun, so ist ihnen die Anspannung ins Gesicht geschrieben, und wie sie, beide in der Reihe
der Oberkirchenräte sitzend, das stundenlange Wahlprocedere
über sich ergehen lassen, nicht wissend, was der Abend bringt,
wohl wissend, daß sie von Dutzenden von Augenpaaren dau-
ernd beobachtet werden, wirken sie trotz der vielen Menschen
um sie herum ziemlich allein und auf sich zurückgeworfen.«[735]
»Von Loewenich war so weit, dass er bereit war, zurückzuziehen«, so die Einschätzung von Johannes Friedrich, der dem
Kreisdekan während des nervenaufreibenden Wahltages begegnete. Friedrich war damals kein Mitglied der Synode; er war
aber mit anderen Nürnberger Dekanen für den Tag der Bischofswahl nach Rothenburg gefahren, um von Loewenich zu unterstützen. Gemeinsam, so Friedrich, hätten sie ihn gebeten wei-
terzumachen.[736]

Vor dem fünften Wahlgang trat Manfred Kießig zurück.
Mit 50 Stimmen lag von Loewenich nun erstmals vor Bogdahn,
der 48 Stimmen für sich verbuchen konnte – die absolute Mehr-

---

735 L. TAUBERT, Wahlkrimi, in: Sonntagsblatt (24.4.1994).
736 Interview J. Friedrich.

heit hatte damit wieder keiner von beiden erreicht. Erst der sechste Wahlgang brachte die Entscheidung: Mit 54 Stimmen war Hermann von Loewenich zum neuen Landesbischof gewählt worden, Martin Bogdahn unterlag mit 42 Stimmen.

Warum sich Hermann von Loewenich letztlich gegen den jüngeren Amtsbruder durchgesetzt hatte? Ob der »Frankenbonus« eine Rolle gespielt hatte? Oder ob letztlich bei konservativen Kreisen die vermittelnden Aktivitäten von Loewenichs als Kreisdekan und in der Synode ausschlaggebend für seine Wahl gewesen waren? EPD-Redakteur Peter Reindl kommentierte: »Gewonnen hat der Franke, der Zielstrebige, der älteste der Kandidaten – vor allem aber der an diesem Tag Glücklichere.«[737]

In seinen ersten Worten vor der Synode wandte sich Hermann von Loewenich an Martin Bogdahn und an die anderen beiden Mitkandidaten.[738] Er dankte ihnen dafür, »daß wir die Zeit vor der Wahl und den heutigen Tag in Fairneß und Brüderlichkeit bestehen konnten. Wir vier kennen uns lange. Ich fühle mich Ihnen verbunden und bitte Sie ausdrücklich um Ihre Unterstützung.« Danach sprach er den neuralgischen Punkt seiner Kandidatur an: »Sie kennen mein Lebensalter. Ich fühle mich allerdings jünger, als es auf meinem Geburtsschein steht. Ich weiß, daß ich dieses Amt befristet wahrnehme. Ich möchte die 5½ Jahre, die mir – so Gott will – zur Verfügung stehen, gemeinsam mit Ihnen nach Kräften nutzen.« Hellsichtig brachte er auch die Berufstätigkeit seiner Frau ins Spiel und beugte damit kontroversen Diskussionen um deren weitere Rolle vor: »Ich möchte sie gerne darin unterstützen, daß sie ihren eigenen Weg weitergehen kann und sie nicht einfach abbrechen muß, was sie viele Jahre lang in die Frauenarbeit und speziell in die Begleitung von Pfarrfrauen investiert hat.« Was seine Visionen, sein Programm betraf, machte von Loewenich die »versöhnte Verschiedenheit« stark und griff dabei auch auf das Bild des

---

737 P. Reindl, EPD-Landesdienst (19.4.1994).
738 Ansprache 18.4.1994, in: LAELKB, NL Loewenich, Hermann von, vl. Nr. 49. Ebd. nachfolgende Zitate.

wandernden Gottesvolkes zurück: »Wir sollten es zulassen,
daß einzelne Gruppen auch eigene Wege versuchen, Seitenwe-
ge erforschen, daß es Gruppen gibt, die öfter rasten müssen,
und andere, die gern ein rascheres Tempo vorlegen, daß es Vor-
trupps gibt, die die Zukunft erkunden wollen, und andere, die
uns den Rücken freihalten wollen. Und es gibt auch Pilger, die
unseren Weg nur für ein paar Stationen mit uns teilen. Wir alle
gehören zusammen.« Der runde Tisch, das Gespräch, das dort
über der aufgeschlagenen Bibel geführt werde, sei für ihn eine
weitere leitende Vorstellung: »An diesem runden Tisch sehe
ich freie Plätze für die, die den Austausch mit uns suchen, die
nach Orientierung fragen, Verantwortung für die Gesellschaft
wahrnehmen, und die, die sich um den Weg unserer Gesellschaft kritisch Gedanken machen. An diesem runden Tisch haben Suchende, Fragende und Zweifelnde Platz. An diesen runden Tisch sind auch die Armen geladen, die Hungernden, die
Arbeitslosen«. Es sei ihm wichtig, so von Loewenich, dass die
Bischofswahl auf eine Synodaltagung falle, die sich sowohl mit
dem Thema »Spiritualität« als auch mit der Aktion »1+1 – mit
Arbeitslosen teilen« befasse. Bevor von Loewenich mit Psalm
73,28 schloss – dem Vers, den er auch seiner Einführungspredigt
am 10. Juli zugrunde legte – , ging er noch einmal auf den Terminus ein, der für viele untrennbar mit seinem Namen und seinem Engagement vor allem in den 1960/70er Jahren verknüpft
war: die Erneuerung der Kirche. Kräfte genug für eine Erneuerung im Zeichen des Evangeliums seien vorhanden: »Vielfältige
Gaben, Ideen und Impulse sind an zahlreichen Stellen unserer
Kirche spürbar. Gott sei Dank! Ich möchte sie ermutigen, ich
möchte sie verknüpfen und verbinden und stärken. Ich möchte
als Bischof kein Einzelgänger sein.«

Amtsbeginn war der 1. Juli, die Einführung in der Nürnberger Lorenzkirche fand am 10. Juli statt. Wie bei den vorherigen
Bischofseinführungen auch, war dieser Tag minutiös vorberei-

tet worden, »eine mittlere Kaiserkrönung«[739], hatte Oberkirchenrat Hugo Maser anlässlich der Einführung Hanselmanns einmal scherzhaft gesagt. Ab drei Uhr morgens stellten Helfer Bierbänke und Papphocker vor der Lorenzkirche auf, 2.000 Menschen sollten es werden, die hier mit von Loewenich feierten. Dem Protokoll gemäß wurden Hermann von Loewenich und seine Familie um 9.20 Uhr von ihrer bisherigen Wohngemeinde St. Sebald verabschiedet; zwischen 9.30 und 10 Uhr geleiteten Mitglieder des Landeskirchenrats und der Landessynode von Loewenich durch die Altstadt zur Lorenzkirche. Um 10 Uhr begann der Gottesdienst in der Lorenzkirche, der im Rundfunk und Fernsehen gesendet und auf Großbildleinwände nördlich der Lorenzkirche und in der Egidienkirche übertragen wurde. Im Lorenzer Pfarrhof war zeitgleich Kindergottesdienst

Als Predigttext wählte von Loewenich Psalm 73,28:[740] »Das ist meine Freude, daß ich mich zu Gott halte und meine Zuversicht setze auf Gott, den Herrn, daß ich verkündige all dein Tun!« Die Kirche sei dafür da, vom Glück eines Lebens mit Gott zu reden: »Freude sollen die Menschen empfinden, wenn sie am Leben unserer Kirche teilnehmen.« Von Loewenich verwies auf das afrikanische Gebet »Ich werfe meine Freude wie Vögel an den Himmel« und folgerte: »Auch an den bayerischen und fränkischen Himmel läßt sich diese Freude an Gott werfen. Das ist besser, als eine dunkle Wolkenwand an den Himmel zu malen.« Natürlich gebe es diese dunklen Wolken in einer zunehmend säkularen Gesellschaft: »Alles scheint gegen den Glauben zu sprechen«. Er wolle dazu ermutigen, trotzdem am Glauben festzuhalten: »Resignation ist die eigentliche Sünde. Zuversicht ist das wichtigste, was unsere Kirche braucht.« Diese Zuversicht schenke Gott uns, gerade auch in Gottesdiensten; derart gestärkt verschließe der Christ nicht die Augen vor der Wirklichkeit, sondern zeige eine »besondere Art von Wider-

---

739 HANSELMANN, Ja, 63.
740 Predigt anlässlich der Amtseinführung. In: Kirche im Rundfunk (24.7.1994). Nachfolgende Zitate aus a.a.O.

standskraft, die dem Glauben zu eigen ist«. Als Zeichen der Ermutigung nannte von Loewenich den Dienst der Pfarrerinnen, Beispiele gelebter Ökumene sowie die Wiederherstellung der Synagoge in Ermreuth.

Der in den Medien auch als »Übergangsbischof« betitelte von Loewenich münzte diesen Terminus auf die Situation seiner Kirche um: »Wir leben in einer Zeit des Übergangs. Die Konturen der Kirche von morgen sind noch nicht klar erkennbar. Ich vertraue darauf, daß Gott uns auf dem Weg in die Zukunft vorangeht, so, wie er dem Volk in der Wüste in der Wolken- und Feuersäule vorangegangen ist. Aus der befreienden Gotteskraft des Evangeliums wachsen uns Kräfte der Erneuerung.«

Nach der offiziellen Amtseinführung mit Gebeten und Handauflegung segnete der Nürnberger Prodekan und Lorenzer Pfarrer Gerhard Althaus das Ehepaar von Loewenich. Es sei ihm ein Anliegen gewesen, auch Hiltrud von Loewenich in diesem Gottesdienst anzusprechen, erinnert sich Althaus: »So ein Amt kann eigentlich nur gelingen, wenn es zwischen den beiden auch stimmt.«[741] Damit alle Gottesdienstbesucher das Abendmahl mitfeiern konnten, wurden die Seitenaltäre für die Wandelkommunion einbezogen. Als Zeichen für die Ökumene wurde gewertet, dass auch der katholische Ministerpräsident Edmund Stoiber an der Eucharistie teilnahm.[742] Die Gläubigen auf dem Platz feierten an 16 Stationen rund um die Kirche Abendmahl; als Hermann von Loewenich durch ein Spalier aus emporgereckten Posaunen zu einem der Freiluftaltäre ging, applaudierten die Menschen. Von ausführlichen Grußworten während des Gottesdienstes wurde abgesehen; jeweils neunzig Sekunden wurden den Repräsentanten aus Ökumene und Gesellschaft gewährt. Zahlreiche hochrangige Kirchenvertreter waren anwesend, unter ihnen Gäste aus Tansania, Liberia, Za-

---

741 Interview G. Althaus.
742 Sonntagsblatt (17.7.1994).

ire, Papua-Neuguinea, England und Österreich. Während bei
der Einführung Hanselmanns 1975 dem Gottesdienst ein offizieller Empfang in der Meistersingerhalle folgte, wurde bei der
Einführung von Loewenichs zu einem Straßenfest mit Bier und
Bratwürsten rund um die Lorenzkirche eingeladen; so hatte es
sich von Loewenich gewünscht. Bei Sonnenschein und 30 Grad
feierten Nürnberger und Gäste aus nah und fern den neuen Bischof – und nicht nur ihn: Auch Hiltrud von Loewenich wurde
in einem Beitrag des Teams für Pfarrfrauenarbeit gewürdigt, sie
erhielt eine große Kerze mit dem Segenswunsch und den Namen ihrer Kolleginnen.

Der 10. Juli 1994 war ein Heimspiel für Hermann von Loewenich. Dass er als neuer Bischof nicht unbedingt der Wunschkandidat aller war, trat in den Hintergrund oder wurde – aus
fränkischer Sicht – ironisch kommentiert, etwa bei dem »kirchenpolitischen Musikkabarett«, das der damalige Landeskir-
chenmusikdirektor Hans-Martin Rauch zusammengestellt hatte
und auf dem Lorenzer Platz mit einem Chor aufführte. Selbstbewusst wurde das Frankenlied umgedichtet – »ein richtger Franke, das muß sein, das ist doch selbstverständlich« – und die von
Hermann von Loewenich angekündigte Verschlankung des
Münchner Verwaltungsapparats wurde in die Verse gepackt:
»O, wie werd ich reformieren und den Laden aktivieren, Neubeginn, Strukturreform, ich beginn noch mal von vorn. Dele-
gieren, mobilisieren, neuformieren, kultivieren, die Freude ist
allseits groß: der Löw ist los, der Löw ist los.«[743]

Es verwundert nicht allzu sehr, dass Hermann von Loewenich bei Dienstbeginn in München auch auf Zurückhaltung
und Skepsis stieß: Wie würde der neue Bischof umsetzen, was
er an Veränderungen propagiert hatte – mehr Effizienz, kür-
zere Bearbeitungszeiten, eine bessere Kommunikation zwischen Landeskirchenamt und den Gemeinden? Dr. Iris Geyer
erinnert sich daran, dass die Lust von Loewenichs darauf, neu-

---

743 »Loewenich-Balladen« (10.7.1994). In: Sammlung v. Loewenich.

en Schwung in das Amt und seine Gremien zu bringen, sehr
groß war, er dann aber zunehmend habe anerkennen müssen,
dass ihm als Bischof hier auch nicht alles möglich war bzw. vieles nicht in seinen Zuständigkeitsbereich fiel. Bald nach seinem Beginn im Amt berief von Loewenich eine Mitarbeiter-
versammlung ein, bei der es anscheinend weitgehend gelang,
Befürchtungen ihm gegenüber auszuräumen und ein Gefühl
des Miteinanders herzustellen.[744] In den folgenden Jahren gelang offensichtlich eine konstruktive Zusammenarbeit zwischen dem Bischof und den einzelnen Referaten; der Austausch
mit der mittleren Ebene scheint dabei ein besonderes Anliegen
von Loewenichs gewesen zu sein. Weitreichende strukturelle Änderungen im Landeskirchenamt wurden in der Amtszeit
von Loewenichs nicht durchgesetzt. Allerdings wurde eine Arbeitsgruppe unter der Leitung des theologischen Planungsreferenten, Kirchenrat Hans Peetz, zu diesem Thema initiiert. Die
Anregungen dieser Gruppe wurden zum Teil unter von Loewenichs Nachfolger mit externer Unterstützung verwirklicht.

Auch im Landeskirchenrat war die Stimmung Zeitzeugen
zufolge bei den ersten Sitzungen offensichtlich angespannt.
Zwischen den Zeilen kann man das auch bei von Loewenich
selbst lesen; so äußerte er einmal rückblickend: »Der Wechsel
von der Position eines Kollegialmitglieds in die Position des
Vorsitzenden war sicher nicht ganz einfach. Die Rollen im Landeskirchenrat waren verteilt und eingespielt. Der Vorsitzende
habe keine Richtlinienkompetenz. So steht es im Kommentar
zur Kirchenverfassung. Doch sicherlich bedeutet der Vorsitz
im LKR auch nicht, daß er in den Sitzungen nur das Wort zu
erteilen hat.«[745] Von Loewenich hielt die Rolle des Bischofs als
eines eigenständigen Akteurs hoch. Es kam vor, dass er an einer Abstimmung des Landeskirchenrats nicht teilnahm, um

---

744 Vgl. Interview H. Peetz. Ebd. nachfolgende Information.
745 Ansprache Hesselbergkonferenz 1999, in: LAELKB, NL Loewenich,
    Hermann von, vl. Nr. 46.

sich die Freiheit, eine eigene Position zu äußern, zu erhalten.[746]
Überhaupt war es ihm ein Anliegen, dass die vier kirchenleitenden Organe – Landesbischof, Landessynode, Landeskirchenrat
und Landessynodalausschuss – bei aller Kooperation ihre Eigenständigkeit wahrten. Zu einem dezidierten Diplomaten
wandelte sich Hermann von Loewenich auch als Bischof nicht,
weder, was den Landeskirchenrat und die Mitarbeitenden im
Haus, noch, was Beziehungen zur katholischen Kirche oder zur
Staatsregierung anging. »Wenn ihm etwas wichtig war, dann
hat er das geradeaus gesagt, und das war für die anderen mitunter auch gewöhnungsbedürftig«[747], kommentiert seine ehemalige Sekretärin Helga Reif. Von Loewenich konnte durchaus
temperamentvoll auftreten.

Zum Amtsantritt von Loewenichs im Landeskirchenamt
liefen im Bischofstrakt noch Renovierungsarbeiten. Personell
gab es weitere Veränderungen: Mit Johannes Hanselmann hatte
auch dessen Sekretärin Elfriede Krick ihre langjährige Tätigkeit
beendet. Ihre Nachfolgerin im Bischofsbüro Helga Reif war zuvor im Münchner Dekanat beschäftigt gewesen. Ihr Eindruck
war, dass durch die neu gestalteten Räume und die externe Besetzung der Bischofssekretariatsstelle eine neue Ära im Haus
eingeläutet werden sollte: Offener und leichter zugänglich sollte der Trakt werden, und diesen Impuls nahmen sowohl Hermann von Loewenich als auch sein Team auf. Von Loewenich
war im Landeskirchenamt unterwegs, er unterhielt sich auf
den Fluren. Der mit seinen 1,72 Meter nicht sonderlich große
Mann, so erinnern sich Zeitzeugen, besaß eine beeindruckende
Präsenz – man habe im Haus beinahe spüren können, ob er da
war.[748] Auch Helga Reif suchte häufig das Gespräch mit Mitarbeitenden der anderen Abteilungen. Beraten von Dr. Herbert
Lindner, der Hermann von Loewenich auch schon auf dem
Weg zur Bischofswahl unterstützt hatte, fand das neue Team

---

746 Vgl. Interview W. Stöhr.
747 Interview H. Reif.
748 Vgl. Interview I. Geyer.

seinen eigenen Weg, mit den Herausforderungen im Büro umzugehen. Ständiger Stellvertreter von Loewenichs war bis 1997
Theodor Glaser, danach Martin Bogdahn.

Mit Iris Geyer, einer promovierten Theologin aus Württemberg, wurde zum ersten Mal in der Geschichte der Landeskirche
eine Frau als persönliche Referentin des Bischofs eingestellt.
Mit ihr war anfangs noch Dr. Roger Busch als Referent tätig,
der dieses Amt auch bei Johannes Hanselmann innehatte. Die
Stelle von Busch übernahm 1995 Willi Stöhr, der zuvor unter
anderem als Studienleiter in Tutzing tätig gewesen war. Neben Helga Reif unterstützten zwei weitere Sekretärinnen das
Team, außerdem der Fahrer Harald Müller. Enge Zusammenarbeit bestand mit Hans Peetz, seit 1991 auf der Stelle des theologischen Planungsreferenten – eine Stelle nach Vorbild des EKD-
Kirchenamtes, für deren Errichtung sich auch von Loewenich
als Kreisdekan starkgemacht hatte.[749] Allerdings beklagte von
Loewenich wiederholt, dass sich die bayerische Landeskirche
angesichts der Herausforderungen dieser Zeit zu wenig »Stabs-
arbeit« leiste.[750] Dr. Andreas Grabenstein erinnert sich daran,
dass von Loewenich anfangs noch einen gewissen Kreis, zu
dem auch Grabenstein zählte, zu einer Art »Thinktank« (Denk-
fabrik) nach München eingeladen hatte.[751] Besonders wichtig,
so erlebte es Helga Reif, war von Loewenich das Verfassen von
Beiträgen, ob es nun Predigten, Vorträge oder Grußworte waren. Besonders die Predigten lagen ihm am Herzen. Helga Reif
erinnert sich in diesem Zusammenhang besonders an den Terminus »abspüren« bei Hermann von Loewenich: Man müsse dem Bibeltext etwas abspüren für das Leben, er müsse den

---

749 Angedacht war zunächst ein kleines Institut, in dem Theologen und
   Soziologen kooperierten; diese Idee wurde »reduziert« auf die Stelle
   eines theologischen Planungsreferenten. Vgl. Interview H. Peetz.
750 So etwa bei einem Statement in Tutzing zu »Modelle von
   gestern für Aufgaben von morgen? Kirche im Strukturwandel«
   (28./29.9.1994), in: LAELKB, NL Loewenich, Hermann von, vl. Nr. 13.
751 Vgl. Interview A. Grabenstein.

ganzen Menschen erreichen – das war ihm wichtig. Von Loewenich entwarf seine Texte teils handschriftlich oder diktierte sie gleich. Lagen die getippten Fassungen, teils auch basierend auf den Vorarbeiten der Referenten, vor, korrigierte er diese oft mehrmals, bis er zufrieden war. Sie habe das gemeinsame Arbeiten an den Texten genossen, erinnert sich Iris Geyer, man habe miteinander um einzelne Formulierungen gerungen, von Loewenich war für sie »ein Mann des Wortes«[752]. Auch Willi Stöhr empfand die Zusammenarbeit mit von Loewenich als sehr bereichernd: »Es waren sachorientierte Diskussionen. Es kam nicht darauf an, wer jemand ist, sondern was jemand erkannte und sah – ob das vom Bischof kam oder von mir oder von irgendjemand anderem, das spielte keine Rolle. Es musste klug sein.«[753]

Von Loewenich war die Begegnung mit anderen Menschen wichtig, er zeigte sich offen, er ging mit dem Club-Schal ins Fußballstadion – und dennoch blieb auch in dieser Lebensphase eine gewisse Distanz in der direkten Begegnung mit anderen. »Man hat nicht einfach so geplaudert«, beschreibt Helga Reif das Miteinander im Bischofsbüro. Dem guten Verhältnis untereinander tat dies in ihren Augen keinen Abbruch. Es war nur eben so, dass die Grenzen klar markiert waren: »Er war der Chef, wir die Mitarbeitenden – aber das in guter Art und Weise.«[754]

Hermann und Hiltrud von Loewenich zogen von der Pirckheimerstraße in Nürnberg nach Laim im Münchner Westen. Zuvor hatte von Loewenich für eine Übergangszeit im Collegium Augustinum gewohnt. Eine Doppelhaushälfte wurde dem Paar zum neuen Zuhause; der Garten sollte in den Münchner Jahren des Öfteren den Mitgliedern des Landeskirchenrats zum Boccia-Spielen dienen. Manch kritischen Stimmen zum Trotz »gerade auch aus Pfarrkreisen«[755] nahm Hiltrud von Loewenich

---

752 Interview I. Geyer.
753 Interview W. Stöhr.
754 Interview H. Reif.
755 VON LOEWENICH, Spuren, 35.

weiterhin eine halbe Stelle beim Bayerischen Mütterdienst
Stein wahr und engagierte sich weiter in der Pfarrfrauenarbeit:
»Meine halbe Stelle erlaubte es aber auch, manche bereichernde
Begegnung zusammen mit meinem Mann in den Gemeinden,
dem näheren Ausland oder auch Einladungen bei uns zu Hause
zu haben.«[756]

7.2 »Bischof in Bayern und für Bayern«: Impulse und Veränderungen

In seinen eigenen Rückblicken auf die Bischofszeit und in der
öffentlichen Wahrnehmung waren es vor allem die Auseinandersetzungen und das Engagement in gesellschaftspolitischen Themen, die charakteristisch für die Bischofsjahre von
Loewenichs scheinen. Dabei darf nicht vergessen werden, dass
Hermann von Loewenich maßgeblich daran gelegen war, Impulse in die Gemeinden und für Struktur und Zukunft der bayerischen Landeskirche zu geben. In seiner Bischofszeit gab es
durchaus wesentliche Schritte zu einer weiteren Demokratisierung und Dezentralisierung der Kirche auf verschiedenen Ebenen – er »wollte die Strukturen unserer Kirche verändern und
er hat sie verändert«[757], so Johannes Friedrich, und das unter der
Prämisse, dass Strukturen, wie von Loewenich stets betonte,
dem Auftrag der Kirche dienen sollten: »Sie sollen etwas davon
widerspiegeln, was die Kirche zur Kirche macht.«[758]

In seinem ersten Bischofsbericht »Die Kirche in Zeitgenossenschaft«, von der Presse als »geistliche Regierungserklärung«[759]
bezeichnet, verkündete von Loewenich, dass ihm daran gele-

---

756 A.a.O.
757 J. FRIEDRICH: Würdigung und Traueransprache H. von Loewenich, in:
    Büro der Regionalbischöfe Nürnberg, Ordner: Amtseinführung v.
    Loewenich 1985 sowie Trauerfeier.
758 Bischofsbericht, VLS 1994/II, 22.
759 Vgl. Bemerkung des Synodalpräsidenten. A.a.O., 5.

gen sei, »eigene Akzente zu setzen, die der Erneuerung unserer Kirche dienen, sie fördern sollen. Diese Erwartung kommt mir auch aus unserer Kirche entgegen.«[760] Es gab solche Erwartungen auch deshalb in hohem Maße, weil die Landeskirche in den 1990er Jahren vor erheblichen strukturellen und finanziellen Herausforderungen stand: »Die sogenannten ›fetten Jahre‹ sind vorüber.« Die Kirchensteuereinnahmen waren auch aufgrund der Austrittswellen von 1991/92 gesunken, es gab die Transferleistungen in die neuen Bundesländer. Ein harter Sparkurs tat not, um ein drohendes Haushaltsdefizit von 100 Millionen Mark zu verhindern.[761] Man befände sich in einem grundlegenden Umbruch, so von Loewenich, und es gelte, diesen Umbruch auch als geistliche Herausforderung anzusehen: »Die Zuversicht, die aus dem Glauben kommt, ist kein Schönwetteroptimismus. Sie bewährt sich in der Anfechtung, in kritischen Zeiten, in Engpässen. Zu depressiven Stimmungen, zu hektischer Aufgeregtheit ist kein Anlaß. [...] Wenn wir im äußeren Rahmen, also im Bauwesen, im Personal- und Finanzbereich nicht mehr expandieren können, sondern zurückfahren müssen, so sehe ich das auch als eine Chance an, in der Intensität unserer Arbeit und in der Konzentration auf unseren Auftrag zuzulegen.«[762] Zu den schmerzlichen Antworten auf die genannten Herausforderungen zählten die Zusammenlegung und Schließung kirchlicher Einrichtungen – etwa die des Münchner Predigerseminars oder der dortigen evangelischen Hochschule – sowie ein neuer Landesstellenplan: Aufgrund der Bevölkerungsverschiebung der vorausgegangenen Jahrzehnte wurden vor allem im südbayerischen Raum dringend weitere

---

760 A.a.O., 16. Ebd. nachfolgendes Zitat.
761 Vgl. dazu L. TAUBERT, Das 100-Million-Mark-Sparpaket, in: Sonntagsblatt (2.4.1995), 4. Finanzreferent Claus Meier entwickelte einen radikalen Sparvorschlag, der maßgeblich dazu beitrug, dass die finanzielle Krise bewältigt wurde und Jahre der Konsolidierung folgen konnten.
762 VLS 1994/II, 16.

Pfarrer und Pfarrerinnen benötigt. Starke Theologen-Jahrgänge kamen zwar nach; aufgrund der finanziellen Situation waren jedoch weder eine Zusicherung der Übernahme noch eine Ausweitung des Stellenrahmens möglich. Die Folgen waren Einsparungen und Umverteilungen, die zu Stellenreduzierungen vor allem in den Kirchenkreisen Bayreuth, Ansbach-Würzburg und Nürnberg und zu heftigen Protesten auf der Synode führten.

Den Willen zur Demokratisierung kirchlicher Strukturen lassen verschiedene Denkansätze und Reformen dieser Jahre erkennen: Im Rahmen der Erprobungsgesetze wurden neue Modelle für den Vorsitz im Kirchenvorstand ermöglicht. Der geschäftsführende Pfarrer war nicht mehr zwingend auch Vorsitzender des Gremiums, vielmehr sollte je nach Gemeinde über neue Möglichkeiten nachgedacht werden. Es war ein Signal, was die Wertschätzung der Nichttheologen, die Beteiligung der Basis betraf – auch wenn dann in der Kirchengemeindeordnung (KGO), die im Jahr 2000 in Kraft trat, der Regelfall wieder lautete, dass der Pfarrer den Vorsitz im Kirchenvorstand innehatte. Demokratisierung bedeutete auch die Stärkung der mittleren Ebene als Entscheidungs- und Handlungsebene, die Tatsache, dass man sich nun auf Funktions- und Dekansstellen bewerben konnte – eine Neuerung, die von Loewenich mit den Worten kommentierte: »Wir sollten für unsere Pfarrer und Pfarrerinnen nicht künstliche Schonräume errichten, sondern ihnen zumuten, was auch sonst in der Gesellschaft und Wirtschaft üblich ist. [...] Kungelei verträgt sich nicht mit Parrhesie.«[763] Von Loewenich wollte, so die Erinnerung von Iris Geyer, »frischen Wind in die Pfarrerschaft bringen«[764], er ermunterte dazu, dass Pfarrer und Pfarrerinnen sich Herausforderungen stellten, er wünschte sich, dass sie sich mit der Kirche identifizierten. Von Loewenich war Evaluationen, Personalgesprächen und geziel-

---

763 A.a.O., 24.
764 Interview I. Geyer.

ter Förderung Einzelner nicht abgeneigt. Wiederholt fiel dabei der von ihm seit Jugendjahren geschätzte Terminus der »challenge«, der Herausforderung, die es anzunehmen gelte. Wichtig war ihm, dass Pfarrer Zeit für seelsorgerliche Aufgaben hatten; Ehrenamtliche, denen von Loewenich einen hohen Stellenwert beimaß, sollten gestärkt werden und mehr Verantwortung in den Gemeinden übertragen bekommen.

Die strukturelle Gleichstellung der Frauen in der Kirche wurde weiter vorangetrieben: Der Grundsatzbeschluss, schwangere Vikarinnen nicht in den Probedienst aufzunehmen, wurde im April 1995 auf intensives Betreiben der betroffenen Theologinnen aufgehoben. Der Gleichstellungsparagraph wurde in die Kirchenverfassung aufgenommen,[765] Stellenteilung war nun auch in Führungspositionen möglich – die Synode beschloss ebenfalls im Frühjahr 1995, dass sich Theologenpaare auch auf Dekansstellen bewerben dürften. Im Herbst 1996 schaffte die Synode den sogenannten »Veto-Paragraphen« ab,[766] ohne den 1975 die Einführung der Frauenordination nicht möglich gewesen wäre und auf den sich Pfarrer, die vor 1989 ordiniert worden waren, berufen konnten. Der Beschluss wurde über eine gemeinsame Erklärung der vier kirchenleitenden Organe kommuniziert, in der es unter anderem heißt: »Wir wissen, daß theologische Entscheidungen Vorläufigkeitscharakter haben. Deshalb müssen wir auch in Fragen der Ausgestaltung von Kirche und geistlichem Amt immer wieder neu fragen, wie wir das Wort Gottes unseren Zeitgenossen so mitteilen können, daß sie es aufnehmen und sie für Gott gewonnen werden können (1Kor 9,20f.). Deshalb müssen verantwortlich denkende Kirchenleitungen auch in solchen Fragen früher gegebene Antworten immer wieder neu prüfen.«[767] Angesichts der Position Johannes Hanselmanns, dass für ihn »eine rückwirkende Streichung ein Vergehen gegen das Votum der Herbstsynode 1975

---

765 Vgl. HÜBNER, Verfassungs- und Verwaltungsstrukturen, 388.
766 Vgl. dazu Kapitel 4.3.
767 Zit. nach HANSELMANN, Ja, 81.

in Ansbach wäre«[768], war es für Befürworter des »Veto-Paragraphen« eine Anfechtung, dass sein Nachfolger im Bischofsamt die Streichung des Paragraphen unterstützte, zumal von Loewenich die Aussage Hanselmanns noch 1995 auf der Herbstsynode zitiert hatte. Von Loewenich erklärte dazu: »Ich habe mich zunächst schwergetan mit der Frage, ob wir die Verläßlichkeit unserer Kirche verletzen, wenn wir am Veto-Paragraphen eine Änderung vornehmen. Mein Amtsvorgänger hat mir ausdrücklich bestätigt, daß ich als sein Nachfolger in dieser Sache nicht gebunden sei. Das hat mich entlastet. Man muß unterscheiden zwischen der Achtung einer theologischen Gewissensüberzeugung und den Folgerungen, die man daraus zieht. Ein Konstrukt war es damals, zu sagen, wir räumen einer Gruppe ein Einspruchsrecht gegen die Besetzung einer Pfarrstelle durch eine Frau ein. Das ist nicht identisch mit Gewissensschutz.«[769] Von Loewenich argumentierte damit, dass die Ordination von Frauen ebenso wie die von Männern »rechtsgültig und geistlich gültig« sei: »Wenn man die Ordination der Frau fraglich macht, dann wird das Gewissen der ordinierten Frauen stark belastet. Die Weigerung, mit einer ordinierten Frau, die im Namen des dreieinigen Gottes gesegnet und berufen ist, zusammenzuarbeiten, heißt im Grunde, die Berufung in Frage zu stellen.«[770]

In die Bischofszeit von Loewenichs fällt auch die Einrichtung der Dozentur für Theologische Frauenforschung/Feministische Theologie an der Augustana-Hochschule Neuendettelsau. Im März 1999 wurde mit Pfarrerin Dr. Dorothea Greiner, zuständig für Aus-, Fort-, und Weiterbildung, erstmals in Bayern eine Frau zur Oberkirchenrätin berufen.

In allen Fragen der innerkirchlichen Umstrukturierungen spielte für von Loewenich die Leitbilddebatte, eingeschlossen die langjährigen Vorarbeiten zu den 1997 von der Synode verabschiedeten »Perspektiven und Schwerpunkte kirchlicher Arbeit

---

768 A.a.O., 79f.
769 Zit. nach VON LOEWENICH, Offen, 58.
770 A.a.O., 59.

in den nächsten Jahren«[771], eine entscheidende Rolle. Als Nürnberger Kreisdekan hatte er an dem bereits unter Hanselmann begonnenen, maßgeblich von Planungsreferent Hans Peetz verantworteten Papier mitgearbeitet, das auf den »Leitlinien« von 1982 aufbaute; als Bischof hatte sich von Loewenich weiter in der »Prioritäten- und Posterioritäten-Kommision« engagiert, die ebenfalls unter Leitung von Hans Peetz stand.

Mit den »Perspektiven und Schwerpunkten« wurde das erste Mal in der Geschichte der bayerischen Landeskirche ein förmliches Leitbild für die Kirche entwickelt; von Loewenich sah ein solches Vorgehen auch in der Schrift begründet: »Die biblischen Leitbilder geben uns die Richtung vor. Aber sie sind mittelfristig auf die Herausforderungen unserer Zeit zu beziehen und in die Sprache von heute zu übersetzen.«[772] Ziel eines kirchlichen Leitbildes sollte sein, »den Mitarbeitenden darüber Kenntnis [zu] geben, in welche Richtung unsere Arbeit sich entwickeln soll. Es sollte zum andern auch der Öffentlichkeit darlegen, wie sich unsere Kirche selbst versteht.«[773] Tatsächlich machte sich vor allem der Leitsatz der »Perspektiven und Schwerpunkte« im Bewusstsein der Landeskirche fest: »Als Evangelisch-Lutherische Kirche in Bayern wollen wir offen und deutlich, aufgeschlossen und verläßlich dem Glauben und dem Leben dienen.« Er habe, so von Loewenich zwei Jahre nach der Verabschiedung des Papiers, den Eindruck, dass von diesem Satz »orientierende Wirkung ausgegangen ist und weiterhin ausgeht«[774].

Das Leitbild sollte in den vier klassischen Grunddimensionen kirchlichen Handelns – Gotteserfahrung und Selbstbesinnung (leiturgia), Gemeinschaft (koinonia), Hilfe und Beglei-

---

771 Perspektiven und Schwerpunkte kirchlicher Arbeit in den nächsten Jahren (Nov. 1997).
772 Ansprache Hesselbergkonferenz 1994, in: LAELKB, NL Loewenich, Hermann von, vl. Nr. 13.
773 Ansprache Hesselbergkonferenz 1999, in: LAELKB, NL Loewenich, Hermann von, vl. Nr. 46.
774 A.a.O.

tung (diakonia) sowie Zeugnis und Orientierung (martyria) – Gestalt gewinnen. Hermann von Loewenich variierte diese Reihe gerne: Wiederholt fügte er den vier Dimensionen eine fünfte, nämlich die so sehr geschätzte Parrhesia hinzu bzw. setzte diese anstelle der Martyria, beispielsweise in seinem ersten Bischofsbericht. »Er wollte immer, dass wir die Parrhesia als Grunddimension mit auflisten, aber das hätte nicht in das Schema gepasst«[775], erinnert sich Hans Peetz.

Das Perspektivpapier beinhaltete auch einen Anstoß zur Strukturreform: Ausgehend von der Arbeit in den überparochialen Werken und Diensten wurden die zahlreichen kirchlichen Tätigkeiten – unabhängig davon, welchem Arbeitsbereich im Landeskirchenamt sie zugeordnet waren – zehn Handlungsfeldern zugeteilt. Diese Einteilung zielte nicht nur auf mehr Übersichtlichkeit, sondern sollte darüber hinaus dazu anregen, »neu nach den einzelnen Aufgaben der Kirche, nach angemessenen Strukturen und wirksamen Wegen der Zielerreichung zu fragen«[776]. Auch die Neuordnung des Landeskirchenamts sollte auf diesem Weg vorbereitet werden; entscheidende strukturelle Veränderungen geschahen allerdings erst unter von Loewenichs Nachfolger im Bischofsamt.

Immer wieder war während des Prozesses um das Perspektivpapier neben Zustimmung auch Kritik an dessen Diktion und Inhalten laut geworden. Bei manchen herrschte offensichtlich auch eine gewisse Ratlosigkeit darüber, was die konkrete Funktion des Papiers und seine Folgen betraf.[777] Die »Perspektiven und Schwerpunkte«, so rechtfertigte von Loewenich, könnten freilich keine »in sich schlüssige Vision« verkünden, sie stellten ein »Konsenspapier« dar: »Aber darin kann auch ihre

---

775 Vgl. Interview H. Peetz.
776 Perspektiven und Schwerpunkte kirchlicher Arbeit in den nächsten Jahren (Nov. 1997).
777 Vgl. etwa Sonntagsblatt (Synode aktuell/April 1995, VI) den Kommentar von H. Winter. Vgl. auch die Kritik des »Arbeitskreises Bekennender Christen« (ABC) im Sonntagsblatt (5.3.1995), 7.

Stärke liegen. Als Ergebnis eines Verständigungsprozesses will sie in unserer Landeskirche zur Verständigung über Ziele und Schwerpunkte beitragen.«[778] Kurz vor seinem Dienstende würdigte von Loewenich die »Perspektiven und Schwerpunkte« mit den Worten: »Ich bin der Überzeugung, daß die Arbeit an den ›Perspektiven und Schwerpunkten‹ dazu beigetragen hat, den Konsens über die Grundziele unserer Kirche zu stärken und zu festigen.«[779]

Behält man das Perspektivpapier im Hinterkopf, fällt auf, dass von Loewenich vor allem der Dimension der Leiturgia, hier definiert als »Kirche als Ort der Gotteserfahrung und Selbstbesinnung«, einen hohen Stellenwert beimaß, gerade in einer zunehmend säkularen Gesellschaft: »Wir müssen Brücken schlagen, um den suchenden Zeitgenossen den Weg zum christlichen Glauben neu zu ermöglichen.«[780] Es war sein alter Schwerpunkt »Kirche in der Großstadt«, den er als Bischof weiter verfolgte, die »Kirche in Zeitgenossenschaft«, für die er eintrat, es waren die Kirchenmitglieder in »freundlicher Distanz«[781], die ihm weiter besonders am Herzen lagen: Wie konnte die Kirche sie erreichen, welche Wege gab es, theologische Termini »in die Lebenserfahrung unserer Zeitgenossen ein[zuzeichnen], so daß sie sich darin wiedererkennen können«?[782] Was die Kommunikation der Kirche mit den Menschen betraf, erregte von Loewenich am meisten Aufsehen mit einem Vorstoß gleich zu Beginn seiner Bischofszeit: Er stellte die Zielvorgabe auf, dass jedes Mitglied der Kirche Anspruch auf mindestens drei »qualifizierte Kontakte« pro Jahr mit der Kirche habe, einer davon solle »persönlich« sein.[783] Hermann von Loewenich erinnerte sich

---

778 VLS 1997/II, 23.
779 Ansprache Hesselbergkonferenz 1999, in: LAELKB, NL Loewenich, Hermann von, vl. Nr. 46.
780 VLS 1994/II, 17.
781 Vgl. VON LOEWENICH, Offen, 132.
782 VLS 1994/II, 17.
783 Nach VON LOEWENICH, Offen, 145.

an ein »Kopfschütteln«, Helga Reif an einen »Sturm der Entrüstung«, den Hermann von Loewenich daraufhin erntete: »Das hat ihn erschüttert, daß auf diesen Vorschlag eine solche Reaktion kommt, er war fast am Boden zerstört, dass das nicht auf mehr Resonanz stößt. Seine Idee war: Wir müssen etwas tun für unsere Leute.«[784] Von Loewenich modifizierte seinen Vorschlag der »drei qualifizierten Kontakte« später dahingehend, dass er von Einladungen zu speziellen Gottesdiensten und einer der Lebensphase entsprechenden Veranstaltung sprach.

Hermann von Loewenich verstand die Kirche als »Kommunikationsunternehmen«: »Sie steht ein für die Kommunikation mit dem dreieinigen Gott, der uns in der biblischen Botschaft begegnet. Sie steht ein für die Kommunikation mit den Menschen, die nach dem Sinn und Wert ihres Menschseins fragen. Sie steht ebenso für die Kommunikation mit den gesellschaftlichen Kräften und Mächten.«[785] Medien- und Öffentlichkeitsarbeit, so von Loewenich, gelte es daher nach Kräften zu fördern. Ein wesentlicher Schritt war hier die Einrichtung eines eigenen Arbeitsbereiches »Presse – Öffentlichkeitsarbeit – Publizistik« im Landeskirchenamt. In von Loewenichs Amtszeit erschien einmal jährlich das kirchliche Mitgliedermagazin »aufgeschlossen«, das mit seinem Titel eines der Attribute aus dem Leitbild-Prozess aufnahm und mit dem von 1995 bis zu seiner Einstellung 1999 dezidiert der Kontakt zu den »Mitgliedern in freundlicher Distanz« gesucht wurde.[786]

»Von Beginn meiner Bischofszeit an hat mich die Frage bewegt, ob wir für das Gespräch mit den Zeitgenossen sprachfähig genug sind. Erreichen wir sie mit der uns antrainierten kirchlichen Sprache?« Mit dieser Anfrage blickte von Loewenich im September 1999 auf seine Bemühungen in Sachen »Kir-

---

784 Interview H. Reif.

785 Ansprache Hesselbergkonferenz 1999, in: LAELKB, NL Loewenich, Hermann von, vl. Nr. 46.

786 Weitere Informationen vgl.: http://www.roland-rosenstock.de/chrismonoderkirchenzeitungii.pdf [Stand: Juli 2015].

che und Kommunikation« zurück und zog als Resümee, dass es
ihm wohl leider nicht gelungen sei, in seiner Bischofszeit an
diesem Punkt in entscheidendem Maß weiterzukommen: »Mit
dem Evangelium dort zur Stelle zu sein, ›wo das Herz unserer
Zeit schlägt‹, das ist der Auftrag, dem wir noch überzeugender
nachzukommen haben.«[787]

Als ein Versuch in diesem Sinn lässt sich ein ebenso auf-
sehenerregendes wie umstrittenes Projekt dieser Jahre interpretieren: Das 1996 konzipierte »Evangelische München-Programm« (eMp), bei dem das evangelische Stadtdekanat München
kostenlos von der international renommierten Unternehmensberatung McKinsey beraten wurde. Der Münchner Direktor der
Unternehmensberatung, Dr. Peter Barrenstein, Kirchenvorsteher in Ottobrunn, war mit dieser Idee auf die Kirchenleitung
zugegangen. Von Loewenich hatte bereits in seinem ersten Bischofsbericht 1994 angesichts der »alarmierenden Zahlen« von
Kirchenaustritten ein »spezielles München-Programm« gefordert.[788] Willi Stöhr, der bei einem diesbezüglichen Gespräch
zwischen Barrenstein und von Loewenich im Bischofsbüro
dabei war, erinnert sich an die anschließenden Diskussionen,
ob man das Angebot dieses Pro-Bono-Projekts annehmen solle: »Wir haben auch darüber diskutiert, dass sich McKinsey auf
diesem Weg natürlich Know-how über die Kirche holt, ein Feld,
in das das Unternehmen zuvor wohl kaum Einblicke hatte.«[789]
Dass von Loewenich sich für das Projekt entschied, hing für
Stöhr auch mit einem Wesenszug seines Vorgesetzten zusammen: »Von Loewenich war einfach ein neugieriger Mensch, der
wollte wissen: Wie ticken die? Was entdecken die an unserer
Kirche?« Konzept und Vorgehensweise des eMp, später als An-
wendungsprojekt auch in Nürnberg – »Evangelisch in Nürnberg« (EiN) – durchgeführt, waren heftig umstritten. Kriti-

---

787 Ansprache Hesselbergkonferenz 1999, LAELKB, NL Loewenich,
    Hermann von, vl. Nr. 46.
788 VLS 1994/II, 19.
789 Interview W. Stöhr.

ker warfen dem Projekt eine »fundamentalistische Revolution von oben«[790] vor: Was hier geplant werde, geschehe »nicht aus geistlichem Innovationsinteresse heraus, sondern zum Zweck des besseren Sparens, Rationalisierens im betriebswirtschaftlichen Sinne, Kontrollierens und Einflußnehmens und vor allem -bewahrens«[791]. Auch AEE-Mitglieder standen dem München-Programm skeptisch gegenüber und verkündeten, dass sich eine kritische Begleitung lohne, aber auch dringend nötig sei.[792]

Hermann von Loewenich sah im München-Programm eine mögliche Antwort auf die Herausforderung der Volkskirche, einen Versuch, auf Menschen zuzugehen und das eigene Profil zu schärfen: »In ihm [dem eMp] wird ein dreifaches Ja als Voraussetzung für eine zielgerichtete kirchliche Großstadtarbeit genannt. Es geht um das Ja zum Glauben, um das Ja zur Institution Kirche und um das Ja zu professionellen Methoden. Nur wenn alle Mitarbeitenden in der Kirche sich das Ja zum zentralen Inhalt ihres Auftrags zu eigen machen, wenn sie sich selbst mit der Institution Kirche identifizieren und wenn sie schließlich auch Arbeitsformen bejahen, die dem heutigen Standard entsprechen, hat die Kirche in der postmodernen Medien- und Großstadtwelt aufgrund dieser Analyse eine Chance. Ich stehe hinter diesem Münchener Versuch. Ich sehe darin ein zeitgerechtes Konzept, eine missionarische Kirche zu sein, die offen und deutlich, aufgeschlossen und verläßlich ihre Verantwortung gegenüber ihren Mitgliedern wahrnimmt.«[793] Dass Hermann von Loewenich trotz Gegenrede und Schwierigkeiten in der Durchführung, trotz äußerst differierender Meinungen,

---

790 Dietrich Neuhaus, zit. nach G. Unger, McKinsey-Beratung und Kirchenverständnis. Deutsches Pfarrerblatt (4/2000).

791 A. a. O. Eine Reaktion auf eMp und EiN war »Evangelium hören – Wider die Ökonomisierung der Kirche und der Praxisferne der Kirchenorganisation. Ein Theologischer Ruf zur Erneuerung«.

792 Vgl. H. G. KOCH, Evangelische Erneuerung tut not, B&K (4/1997), 20–23.

793 Promotionsrede Ehrenpromotion 28.5.1997 (Neuendettelsau), in: LAELKB, NL Loewenich, Hermann von, vl. Nr. 13.

was die Nachhaltigkeit des Projekts betraf, weiterhin hinter
dem eMp stand und auch die Rede von der »Kundenorientie-
rung« öffentlich gebrauchte,[794] rechtfertigte er unter anderem
mit den Worten: »Wir können bei Jesus selbst lernen. Er war
in der Aufnahme säkularer Begrifflichkeit in seinen Gleichnis-
sen nicht ängstlich. Er ist souverän damit umgegangen. Jesus rät
uns, von den ›Kindern der Welt‹ zu lernen, die klüger sind als
die ›Kinder des Lichts‹.«[795]

Neue Wege, was die Zusammenarbeit mit professionellen
außerkirchlichen Partnern betraf, hatte die bayerische Landeskirche auch bei der Erstellung und Einführung des neuen Gesangbuches für Bayern und Thüringen beschritten: Das Werk,
für dessen Gesamtkonzept maßgeblich eine Projektgruppe, bestehend aus Hans Peetz, Herbert Lindner, Reinhold Morath und
Franz Wich, verantwortlich zeichnete, war in enger Zusammenarbeit mit der Münchner Kommunikationsagentur Keysse-
litz entstanden.[796] Das Gesangbuch, fast doppelt so umfangreich
wie sein Vorgängermodell, wurde mit einer flächendeckenden
Kampagne beworben. Auch wenn sich das Werk manche Kritik
gefallen lassen musste, etwa, was die geänderten Introiten und
deren schriftliche Darstellung betraf: Die Einführung des Gesangbuches am 1. Advent 1994 wurde zum Erfolg, das »Fenster-
Kreuz« auf dem Einband Bestandteil des »Corporate Design«
der bayerischen Landeskirche. Für Hermann von Loewenich
war die Einführung des Gesangbuches, an dessen Entstehung
er selbst mitgearbeitet hatte, eines der wesentlichen Ereignisse
seiner Bischofsjahre. Er sei stolz auf dieses Buch, so von Loewenich, und sehe hierin einen gelungenen Versuch, »dem spirituellen Bedürfnis heutiger Menschen entgegenzukommen«[797].
Es sei tatsächlich, wie auf dem Deckblatt verheißen, ein Buch
für Gottesdienst, Gebet, Glauben und Leben. »Davon kann der

---

794 Vgl. dazu auch VLS 1995/II, 22.
795 A. a. O.
796 Vgl. dazu Unterlagen H. Lindner
797 VON LOEWENICH, Offen, 86.

normale Sonntagsgottesdienst, der mir im gottesdienstlichen Leben unserer Kirche am meisten Sorgen macht, eine Menge profitieren.«[798]

Die hier genannte Sorge um das gottesdienstliche Leben hört man immer wieder in den Äußerungen von Loewenichs als Bischof: Er schätzte die agendarischen Gottesdienste und betonte das Gut der Tradition, besonders die Psalmen. Trotzdem ermutigte er zu besonderen Formen und zielgruppenorientierten Feiern: »Nach wie vor sehe ich ein Defizit, vor allem in den Großstädten, in gottesdienstlichen Angeboten für Jugendliche und junge Erwachsene, aber auch für Suchende, Skeptiker und Sympathisanten, die zu den klassischen Gottesdienstformen noch nicht Zugang finden.«[799] Dass es allerdings, was neue Formen anging, für von Loewenich und den Landeskirchenrat Grenzen gab, zeigte sich beispielsweise 1996, als in der Münchner Markuskirche eine kommerzielle Techno-Nacht mit liturgischen Elementen stattfinden sollte, die der Landeskirchenrat gegen den Beschluss des dortigen Kirchenvorstands untersagte.[800] Auch reagierte von Loewenich empfindlich, wenn er öffentliche Äußerungen von Geistlichen als theologisch unzureichend durchdacht empfand. So bewertete er eine breit angekündigte »kritische« Predigt eines Nürnberger Pfarrers z. A. zum Apostolischen Glaubensbekenntnis im Februar 1998 als »oberflächlich und unzulänglich«[801] und erklärte vor der Synode: »Keiner muß in einer der Reformation verpflichteten Kirche den Verstand abgeben. Vielmehr ist jeder verpflichtet, ihn einzusetzen – besonders bevor er auf die Kanzel steigt. Denkfaulheit und Protestantismus sind wie Feuer und Wasser. Wer freilich keine Antworten oder zumindest Antwortversuche formulieren kann, der sollte daraus Konsequenzen ziehen.«

---

798 VLS 1994/II, 18.
799 A. a. O.
800 Vgl. dazu auch VLS 1996/II, 18.
801 VLS 1998/I, 28f. Nachfolgendes Zitat a. a. O.

Gegen Ende seiner Amtszeit schien für Hermann von Loewenich ein Kurswechsel angesagt, was die Schwerpunktsetzung
in der bayerischen Landeskirche anging. War es nicht ein Zuviel an Engagement, das in Struktur- und Finanzdebatten, Leit-
bildfragen und Verwaltungsreformen geflossen war – und auch
hatte fließen müssen? Im Herbst 1998 sagte von Loewenich vor
der Synode: »So wichtig es ist, die Kirche auch durch Reform
ihrer äußeren Gestalt zu befähigen, auf die Herausforderungen der Zeit angemessen zu reagieren, so darf das reformatori-
sche ›sola fide‹ – allein durch den Glauben – nicht durch ein ›sola
structura‹ – allein durch Struktur – ersetzt werden.«[802] Ähnliches gelte auch bei den Finanzen: »Aus dem Neuen Testament
lernen wir, daß es in der Kirche Jesu Christi Wachstum geben
kann, auch wenn die finanziellen Kräfte klein sind. Wir brauchen daher eine Akzentverschiebung hin zu dem Thema geist-
liches Wachstum und Förderung der spirituellen Kräfte.«[803] In
der Presse wurde nach diesem Bischofsbericht gefragt, ob von
Loewenich nun die Rolle des »politischen Bischofs« abgelegt
und sich der Spiritualität zugewandt habe. Das sei »ein grotes-
kes Mißverständnis«, so die Reaktion von Loewenichs: »Spiritualität und Engagement im gesellschaftlichen Bereich gehören
für mich zusammen. ›Kampf und Kontemplation‹ beziehungs-
weise ›Öffnen und Verdichten‹ hießen die Formulierungen,
die mich früher leiteten. Die Privatisierung des Glaubens würde unsere Kirche in eine Sackgasse führen.«[804] Dass von Loewenich sich als Bischof – wie auch auf seinen Stellen zuvor – engagiert in gesellschaftspolitischen Fragen zu Wort meldete, zeigte
sich bereits in den ersten Wochen nach Amtsantritt, als er um
den Erhalt des Buß- und Bettages als eines gesetzlichen Feiertags kämpfte. Dass die evangelische Kirche hier eine Niederlage

---

802 In Anlehnung an den Theologen Roman Roessler.
803 VLS 1998/II, 17.
804 Ansprache Hesselbergkonferenz 1999, in: LAELKB, NL Loewenich,
   Hermann von, vl. Nr. 46.

einstecken musste, empfand der fränkische Lutheraner als persönliche Kränkung: »Es hat mich in meiner Identität als Protestant verletzt, daß man uns diesen Feiertag genommen hat.«[805]

7.3 »Ein Holzweg«: Der Streit um den Buß- und Bettag

Die Weichen für die Abschaffung des Buß- und Bettages als eines gesetzlichen Feiertags wurden gestellt, bevor Hermann von Loewenich Landesbischof wurde: Mit der Diskussion um die Einführung der gesetzlichen Pflegeversicherung wurde spätestens ab Beginn der 1990er Jahre auch über deren Finanzierung nachgedacht. Dem Arbeitgeber sollte ein finanzieller Ausgleich für seinen Pflichtbeitrag eingeräumt werden. Verschiedene Alternativen standen zur Diskussion: Der Wegfall eines Urlaubstages, eine befristete Arbeitszeitverlängerung, eine vollständige Übernahme der Kosten durch den Arbeitnehmer – oder eben die Streichung eines kirchlichen Feiertages. Obwohl sich die Hinweise zunehmend verdichteten, dass letztgenannte Option wahrscheinlich werden könnte, erfassten anfangs einige Kirchenvertreter und kirchliche Gremien offensichtlich den Ernst der Lage nicht: Weder EKD-weit noch innerhalb der einzelnen Landeskirchen ließen sich eindeutige Positionen vernehmen. Auch in Bayern gab es unterschiedliche Voten: Aus dem Landessynodalausschuss hieß es, man »könne entgegen der Meinung des LKR auch die Möglichkeit in Erwägung ziehen, Feiertage wie z. B. den Buß- und Bettag auf einen Sonntag zu legen«[806]. Die bayerische Landessynode schloss sich auf ihrer Herbsttagung in Fürth 1993 mehrheitlich dieser Meinung an.[807] Der Landeskirchenrat hingegen wandte sich in einer

---

805 Ansprache Dekanatssynode Hof, 28.6.1996. In: LAELKB, NL Loewenich, Hermann von, vl. Nr. 61.
806 VLS 1993/II, 27 (Rechenschaftsbericht Landessynodalausschuss).
807 Vgl. VLS 1993/II, 173.

Presseerklärung vom 8. Februar 1994 entschieden gegen eine
Verlegung des Buß- und Bettages. Dessen ungeachtet verkündete wenige Wochen später, auf der Synodaltagung im April in
Rothenburg, Synodalpräsident Dieter Haack, es sei »Ausdruck
der Glaubwürdigkeit kirchlichen Redens«[808], »daß die Kirchen
in der Feiertagsfrage offen und flexibel sein müssen«. In eine
ähnliche Richtung argumentierte Dr. Karl Heinz Neukamm,
der in seiner Funktion als Präsident des Diakonischen Werks
der EKD die Finanzierung der Pflegeversicherung als einen besonderen Prüfstein für die Kirche bezeichnete: »Gefragt sind in
der Gegenwart Beispiele an Opferbereitschaft. Es steht unserer Kirche und ihrer Diakonie gut an, wenn wir zum Verzicht
auf angestammte Besitzstände aufrufen. [...] Sind wir wirklich
nicht in der Lage, zum Verzicht auf einen Urlaubstag oder zum
Verzicht auf einen Feiertag ein eindeutiges Ja zu sagen?«[809]

Während in der bayerischen Landeskirche noch um Positionen gerungen wurde, zeichnete sich in der politischen Diskussion bereits ab, dass die Streichung eines Feiertags mehr war als
ein bloßes Gedankenspiel – auch wenn der bayerische Ministerpräsident Edmund Stoiber im Frühjahr wiederholt beteuer-
te, dass eine solche Streichung für die bayerische Staatsregierung keine Option sei. »Unsere Kirche hat darin eine politische
Absichtserklärung gesehen, der sie gerne vertraut hat«[810], kommentierte von Loewenich später, gab allerdings auch im November 1994 auf der Synode in Coburg zu: »In unserer Landeskirche haben wir versäumt, in den zurückliegenden Monaten
eine die Probleme wirklich ausleuchtende Diskussion zu führen. Dadurch haben wir uns die gemeinsame Meinungsbildung
erschwert. Wir haben die öffentliche Dimension des Bußtages
zu wenig deutlich gemacht. Wir haben den Bußtag auch nicht
überall mit der nötigen geistlichen Intensität begangen und

---

808 VLS 1994/I, 11. Ebd. nachfolgendes Zitat.
809 A. a. O., 17.
810 Von Loewenich an Stoiber, 15.11.1994. In: LAELKB, LB, Az. 30/0
    (Buß- und Bettag).

gemeinsame Anliegen entsprechend herausgestellt. Das muß man selbstkritisch sagen.«[811]

Nachdem Bundestag und Bundesrat im April 1994 die Einführung der Pflegeversicherung als Pflichtversicherung mit Wirkung zum 1. Januar 1995 beschlossen hatten, wurde schnell klar, dass die Länder mehrheitlich dazu tendierten, den Buß- und Bettag zur Finanzierung heranzuziehen. Auch wenn sich Edmund Stoiber offensichtlich lange gegen diese Lösung sträubte, äußerte er sich nun zunehmend mit einer gewissen Aufgeschlossenheit gegenüber diesem Vorschlag.[812] Der Landeskirchenrat zeigte sich alarmiert. In einer Presseerklärung wurde »Unverständnis und Befremden«[813] angesichts dieser Entwicklung bekundet. Gespräche zwischen Vertretern aus Politik und Kirchen folgten, bei dem die Vertreter der Landeskirche in ihrem Anliegen, den Buß- und Bettag zu retten, von den Katholiken unterstützt wurden. Eine Lösung wurde nicht gefunden, die bayerische Staatsregierung stand in Blick auf eine bundeseinheitliche Regelung unter Zugzwang den anderen Ländern gegenüber. »Ich bin mir bewußt, daß jede Lösung, die einen Feiertag tangiert, Probleme aufwirft«, so Stoiber an Oberkirchenrat Glaser. »Wenn sich aber die stärker evangelisch geprägten norddeutschen Länder darauf einigen, den Buß- und Bettag zu opfern, dann kann sich auch Bayern letztlich dieser Lösung nicht völlig verschließen.«[814] Wiederholt merkte Stoiber an, dass die unterschiedlichen, teils sehr verhalten geäußerten Positionen innerhalb der evangelischen Kirche die Bewahrung des Buß- und Bettags auf politischer Ebene alles andere als erleichtert hätten – er hätte sich hier eine deutlichere und zeitigere Positionierung gewünscht.

811　VLS 1994/II, 25.

812　Laut Protokoll des Gesprächs Kirche/Staat vom 24.5.1994. In: LAELKB, LB, Az. 30/0 (Buß- und Bettag).

813　Presseerklärung des Landeskirchenrats, 17.5.1994. A.a.O.

814　Schreiben Stoibers an Oberkirchenrat Glaser, 29.6.1994. A.a.O.

Stoiber deutete nun auch an, wie er sich eine bayerische Lösung vorstellen könnte: Der Buß- und Bettag sollte zumindest als ein »geschützter Feiertag« erhalten bleiben. Die Arbeitnehmer hätten damit das Recht, der Arbeit fernzubleiben, auch wenn sie die versäumte Arbeitszeit entsprechend nacharbeiten oder einen Urlaubstag dafür einbringen müssten. Die Schulen sollten geschlossen bleiben. Ein offensichtlich auch angedachter Vorschlag, den Buß- und Bettag entsprechend der Regelung an Mariä Himmelfahrt als »gespaltenen Feiertag« zu behandeln, war angesichts der Erfordernisse des Pflegeversicherungsgesetzes anscheinend nicht möglich.

Die Änderung des Feiertagsgesetzes ist Ländersache; nachdem in Bayern für den 25. September 1994 Landtagswahlen anstanden, wurde das Gesetzgebungsverfahren auf die neue Legislaturperiode verschoben. In anderen Ländern hingegen waren schon entsprechende Entscheidungen angelaufen; letztlich sollte nur in Sachsen der Buß- und Bettag als gesetzlicher Feiertag erhalten bleiben. In Baden-Württemberg kam es auf Vorstoß von Ministerpräsident Erwin Teufel zunächst zur Streichung des Pfingstmontags; nach erheblichem Protest wurde diese Regelung zurückgenommen und ebenfalls der Buß- und Bettag gestrichen. Auch wenn in Bayern die Würfel offensichtlich schon gefallen waren, versuchte Hermann von Loewenich den Unterlagen zufolge, das Ruder im Vorfeld des anstehenden Landtagsbeschlusses noch einmal herumzureißen. Gespräche mit Politikern und Vertretern von Wirtschaft und Gewerkschaft zählten ebenso dazu wie die Bemühungen, die Landeskirche in ihrer Breite für das Thema zu mobilisieren: So wurden mit Schreiben vom 11. Oktober 1994 alle Dekanate, Werke und Dienste in einem Brief dazu aufgefordert, für ein Beibehalten des Buß- und Bettages zu werben und dazu auch das Gespräch mit politischen Verantwortungsträgern zu suchen.[815] In dem Brief deutete sich an, dass sich von Loewenich

---

815 Informationsbrief Buß- und Bettag. A.a.O.

nun auch mit einer »kleinen Lösung« zufriedengeben könnte: »Zumindest in Gebieten mit überwiegend evangelischer Bevölkerung muß nach Auffassung des Landeskirchenrats der Buß- und Bettag wie bisher erhalten bleiben.«[816] Für den anstehenden Buß- und Bettag am 16. November schlug von Loewenich vor, von der Perikopenordnung abzuweichen und stattdessen den Tagesspruch auszulegen: »Gerechtigkeit erhöht ein Volk, aber die Sünde ist der Leute Verderben« (Spr 14,34).

Bevor im November der Gesetzentscheid anstand, wandte sich Edmund Stoiber an von Loewenich mit der Anregung, dieser solle gemeinsam mit der EKD auf Bundesebene noch einen Vorstoß zur Änderung des Pflegeversicherungsgesetzes wagen.[817] Hermann von Loewenich handelte umgehend: Am 16. Oktober waren die Bundestagswahlen, fünf Tage später wandte sich der Landesbischof an Bundeskanzler Helmut Kohl mit der Bitte, auf eine »Korrektur der gesetzlichen Grundlagen hinzuwirken«: »Mir ist bewußt, daß die Feiertagsregelung der Länderhoheit untersteht. Ich halte aber die Abschaffung eines gesetzliches Feiertages für einen gesamtgesellschaftlich relevanten Vorgang, dessen Folgen für Kultur und Selbstverständnis unseres Gemeinwesens sorgfältig bedacht werden sollten.«[818] Stringentes Handeln sei angesagt: »Wenig konsequent ist es, wenn von seiten der politisch Verantwortlichen einerseits zwar die Schwächung von Gemeinsinn und Eigenverantwortung beklagt, andererseits aber ein Feiertag gestrichen wird, der zu Gemeinsinn und Eigenverantwortung ermutigt.«[819] Von Loewenich regte eine »konzertierte Aktion« mit den Spitzen der Arbeitgeberverbände und des DGB an, um eine befristete Verkürzung des Urlaubs um einen Tag als Ausgleichsmöglichkeit anzustreben. Das Bundeskanzleramt winkte ab: Die Sozialpartner hätten solche Vorschläge bereits ablehnend beschieden. Der

816 Ebd.
817 Stoiber an von Loewenich, 12.10.1994. A. a. O.
818 Von Loewenich an Kohl, 21.10.1994. A. a. O.
819 A. a. O.

Brief an Helmut Kohl brachte ebenso wenig Erfolg wie andere Schreiben von Loewenichs an hochrangige Bundespolitiker.

Am 7. November billigte der bayerische Ministerrat den Gesetzentwurf zur Abschaffung des Buß- und Bettages, die endgültige Entscheidung zur Vorlage für Senat und Landtag sollte am 22. November folgen. Es war offensichtlich, dass es sich nur noch um eine Formsache handeln würde, bis auch in Bayern der Buß- und Bettag als gesetzlicher Feiertag fiel. Edmund Stoiber wollte hier die Kirche mit in der Verantwortung wissen und schrieb am 10. November an von Loewenich: »Ich verhehle Ihnen aber auch nicht meine Enttäuschung darüber, daß die Kirchen nicht frühzeitiger, deutlicher und öffentlicher die Haltung der Staatsregierung zur Erhaltung der Feiertage unterstützt haben.«[820] Diesen Vorwurf wollte wiederum von Loewenich nicht auf sich sitzen lassen. Er rief die frühen Presseerklärungen des Landeskirchenrats in Erinnerung, betonte Hanselmanns und sein eigenes Engagement und konterte: »Enttäuschung empfinden wir als bayerische Landeskirche darüber, daß der Freistaat Bayern sein sonst oft in die Waagschale geworfenes Gewicht in dieser Frage auf Bundesebene nicht wirksam genug zur Geltung bringen konnte.«[821] Es sei ein »Holzweg«, »kirchliche Feiertage, die geistige Orientierungsmarken im Jahreskreis darstellen, zur politischen Verfügungsmasse werden zu lassen«. Der Ministerrat ließ sich durch solche Bewertungen nicht umstimmen, ebenso wenig wie durch die Tatsache, dass der Buß- und Bettag 1994 in Bayern besonders intensiv gefeiert wurde: Er stimmte dem Gesetzentwurf zu, beschloss allerdings zugleich, eine Bundesratsinitiative einzubringen mit dem Ziel, dass die zweite Pflegestufe durch Streichung eines Urlaubstages oder durch Mehrarbeit auszugleichen sei – ein landesweiter gesetzlicher Feiertag dürfe nicht mehr gestrichen werde. Wenn es zu einer entsprechenden bundesrechtlichen Regelung kommen

---

820 Stoiber an von Loewenich, 10.11.1994. A. a. O.
821 Von Loewenich an Stoiber, 15.11.1994. A. a. O. Ebd. nachfolgendes Zitat.

sollte, solle diese sich auch auf die erste Stufe der Pflegeversicherung erstrecken und damit die Streichung des Buß- und Bettages revidieren.

Im Landtag wurde am 24. November noch einmal heftig gerungen. Der Vorschlag des Ministerrats, einerseits der Streichung des Buß- und Bettages zuzustimmen, im gleichen Atemzug aber mit der Bundesratsinitiative auf eine Revision dieses Beschlusses hinzuwirken, wurde von der Opposition als »politische Falschmünzerei« bezeichnet.[822] Wiederholt fiel der Name von Loewenichs und sein Engagement für die Erhaltung des Feiertags. Renate Schmidt (SPD) verwies in ihrem Redebeitrag auch auf ein morgendliches Telefonat mit dem Bischof (»6.33 Uhr«), das den Vorschlag ihrer Fraktion für eine gesplittete Feiertagslösung stützen sollte.[823] Vergeblich: Am 15. Dezember 1994 stimmte der Bayerische Landtag gegen die Stimmen der SPD-Fraktion dem Gesetzentwurf der Staatsregierung zu. Mit Wirkung vom 1. Januar 1995 war auch in Bayern der Buß- und Bettag kein gesetzlicher Feiertag, d. h. kein arbeitsfreier Tag mehr. Als »gesetzlich geschützter stiller« Feiertag bietet er Arbeitnehmern die Möglichkeit, an diesem Tag freizunehmen. Der Buß- und Bettag ist schulfrei. Die Bundesratsinitiative Stoibers wurde von der Länderkammer abgelehnt.

Hermann von Loewenich gab den Kampf um den Buß- und Bettag nicht auf. Immer wieder trat er öffentlich und in Briefen für eine Revision dieser »Fehlentscheidung mit schlimmer Signalwirkung«[824] ein. Besonderes Aufsehen erregte dabei die bayernweite Aktion »Pro Buß- und Bettag«, die am 6. Oktober 1996 unter dem Motto »Kraft schöpfen, Mut machen, Maßstäbe setzen« startete: Mit zahlreichen Gottesdiensten und Veranstaltungen, Plakaten und Informationsmaterialien rief die bayerische Landeskirche den Wert des Feiertags für das individuelle und gesellschaftliche Leben noch einmal eindringlich ins

---

822 Bayerischer Landtag, Plenarprotokoll (13/5 v. 24.11.1994), 80.
823 A.a.O., 91.
824 Pressemitteilung 15.11.1994. LAELKB, LB, Az. 30/0 (Buß- und Bettag).

Bewusstsein. Wesentlicher Bestandteil der Kampagne war eine breit angelegte Unterschriftenaktion zur Wiedereinführung des Buß- und Bettages als eines gesetzlichen Feiertages. Unterzeichner bekundeten zugleich ihre Bereitschaft, auf einen Urlaubstag zu verzichten. Letzteres rief Kritiker auf den Plan: Die Kirche würde gemeinsame Sache mit den Unternehmern machen, hieß es. Von Loewenich begegnete solchen Vorwürfen mit den Worten: »Ich meine: Es steht Christen gut an, nicht nur Forderungen aufzustellen, sondern auch einen eigenen Beitrag zur Problemlösung anzubieten.«[825] Innerhalb von sechs Wochen kamen 206.000 Unterschriften zusammen, die Hermann von Loewenich am 27. Dezember 1996 Ministerpräsident Edmund Stoiber überreichte. Stoiber brachte eine erneute Bundesratsinitiative in Gang, um flexiblere Wege in der Finanzierung der Pflegeversicherung zu ermöglichen. Doch auch dieser Initiative war kein Erfolg beschieden, ebenso wenig wie Bemühungen der bayerischen Landeskirchenleitung auch nach der Amtszeit von Loewenichs. Der Buß- und Bettag als gesetzlicher Feiertag blieb verloren.

Edmund Stoiber nötigte der Einsatz, den Hermann von Loewenich für den Erhalt des Buß- und Bettages zeigte, Respekt ab. Dies zeigen seine Worte vom April 1999, als Stoiber vor der Synode, zum Landesbischof gewandt, bekannte: »Ich will Ihnen durchaus sagen, daß ich glaube, daß die Kolleginnen und Kollegen Ministerpräsidentinnen und Ministerpräsidenten selten unter einem solchen Aufforderungsdruck stehen wie in Bayern. Ich habe mich manchmal gewundert, daß Ihre Kolleginnen und Kollegen weniger Druck auf manche meiner Kollegen, vor allen Dingen auch im Hinblick auf Feiertagsregelungen und vieles andere, ausgeübt haben.«[826]

In der Debatte um den Buß- und Bettag hatte von Loewenich – freilich auch dem konkreten Anlass geschuldet – sein

---

825 Von Loewenich auf der Pressekonferenz zum Auftakt der Aktion (1.10.1996). A.a.O.
826 VLS 1999/I, 20.

protestantisches Selbstbewusstsein gezeigt. In der sogenannten Kruzifix-Debatte im zweiten Jahr seiner Amtszeit zeigte er den Schulterschluss zur katholischen Kirche und zur bayerischen Staatsregierung, was ihm enstprechende Kritik einbrachte.

7.4 »Toleranz für uns«: Der Kruzifix-Beschluss

Seinen Anfang nahm der sogenannte Kruzifix-Beschluss in der Oberpfalz: Ernst Seler, Anhänger der Lehre Rudolf Steiners, kämpfte seit 1986 gemeinsam mit seiner Frau dafür, dass in den Klassenräumen seiner Kinder keine Kruzifixe bzw. Kreuze mehr hängen sollten. Nachdem das Verwaltungsgericht in Regensburg und der Bayerische Verwaltungsgerichtshof eine entsprechende Klage abgewiesen hatten, erhob die Familie Verfassungsbeschwerde zum Bundesverfassungsgericht. Mit Erfolg: Am 16. Mai 1995 entschied der Erste Senat, dass das Anbringen eines Kreuzes oder Kruzifixes in den Räumen einer staatlichen Pflichtschule gesetzeswidrig und die Regelung der bayerischen Volksschulordnung, dass in jedem Klassenzimmer ein Kreuz anzubringen sei, mit der im Grundgesetz gewährleisteten Religionsfreiheit unvereinbar sei. Besonders ein Satz in der Begründung der Entscheidung sollte in der späteren öffentlichen Diskussion umstritten sein: »Das Kreuz ist Symbol einer bestimmten religiösen Überzeugung und nicht etwa Ausdruck der vom Christentum mitgeprägten religiösen Kultur.« Genau dies sollte der Knackpunkt sein: Inwiefern war das Kreuz ein kulturelles Zeichen, inwiefern ein rein religiöses Symbol, das die Glaubensfreiheit der anderen tangiert?

Um den Wirbel um das Karlsruher Urteil einordnen zu können, hilft ein Blick auf den Kontext: Im Sommer 1994 hatte das Bundesverfassungsgericht das Urteil gegen einen Pazifisten für nichtig erklärt, der wegen eines Aufklebers mit dem Tucholsky-Zitat »Soldaten sind Mörder« zu einer Geldstrafe verurteilt worden war; im Herbst 1995 sollte das Gericht in dieser

Thematik noch einmal ähnlich entscheiden. Zum Jahresbeginn 1995 hatte ein weiteres Urteil für Aufsehen gesorgt, demzufolge Sitzblockaden nicht mehr als Straftatbestand gelten sollten. Das Bundesverfassungsgericht war damit Mitte der 1990er Jahre in Teilen der Bevölkerung heftig umstritten; man befürchtete einen Werteverfall und einseitige Einflussnahme. Der Kruzifix-Beschluss schien diese Befürchtungen zu bestätigen.

Veröffentlicht wurde der Kruzifix-Beschluss, den fünf der acht Richter getroffen hatten, am 10. August. Hermann von Loewenich befand sich zu diesem Zeitpunkt im Urlaub. Als er Ende August wieder ins Bischofsbüro zurückkam, brodelte es: Es gab bereits erste Stellungnahmen von Landessynode und Landeskirchenamt, man stand im Kontakt mit den Katholiken und der bayerischen Staatsregierung. Zahlreiche Briefe von Gemeindegliedern waren im Landeskirchenamt eingetroffen, das Thema stand ganz oben auf der Agenda der kirchlichen und säkularen Medien. Hermann von Loewenich positionierte sich am 2. September 1995 im »Wort zum Sonntag«[827]: Er zeigte sich »schockiert« darüber, »daß das Kreuz aufgrund der Verfassungsbeschwerde einer einzigen Familie in den Schulzimmern Bayerns keinen Platz mehr haben sollte«. Allerdings, so von Loewenich, stimmten ihn »eifernde Stimmen aus der Bevölkerung, die mit der Botschaft des Kreuzes nicht zusammenpassen«, nachdenklich. Was die Deutung des Kreuzes anging, legte sich von Loewenich nicht auf eine Ebene – Bekenntniszeichen oder kulturelles Zeichen – fest: »In unserer abendländischen Kultur hat das Kreuz in zahlreichen Lebensbezügen seinen Platz. In vielen Wohnungen ist es anzutreffen, auch bei evangelischen Christen. Junge Leute tragen es als Schmuckzeichen. Ein bewußtes Bekenntnis zu Jesus muß das nicht sein, eher ist es ein Ausdruck religiöser Sehnsucht.« Das Kreuz in den Schulen sehe er als »ein stilles und bedeutsames Zeichen an« und als

---

827 Enthalten in: EPD-Dokumentation 5.9.1995, EPD-Landesdienst Bayern, 7.

ein Zeichen der Freiheit, von Christus geschenkt. Es verpflichte zur Toleranz denen gegenüber, die den christlichen Glauben nicht teilten: »Statt an der Wand des Schulzimmers einen leeren Flecken zu schaffen, ist es erzieherisch sinnvoller, wenn Lehrer mit Schülern unterschiedlicher religiöser Prägung intensiv reden und dadurch echte Toleranz einüben.«

Am 23. September veranstalteten das Landeskomitee der Katholiken, das Katholische Büro in Bayern sowie das Katholische Schulkommissariat eine Kundgebung auf dem Odeonsplatz. Motto der Veranstaltung war: »Das Kreuz bleibt gestern – heute – morgen«. Rund 30.000 Menschen folgten der Einladung; Blasmusik spielte, Kreuze und Transparente jeglicher Machart wurden hochgehalten, und die ZEIT kommentierte spitz: »Die CSU-Prominenz ist angetreten zum Heimspiel; neben ihnen Laienkatholiken und Münchens Kardinal Friedrich Wetter. Auch drei SPD-Abgeordnete und der evangelische Landesbischof Hermann von Loewenich sitzen neben dem Rednerpult – sage keiner, es gebe nur CSU und Katholiken.«[828] Tatsächlich waren der Teilnahme von Loewenichs intensive Beratungen sowohl im Landeskirchenrat als auch mit Synodalen vorausgegangen. Er sei der Einladung des Landeskomitees der Katholiken gefolgt, so von Loewenich später in einem Brief, um auf dem Odeonsplatz »eine evangelische Sachposition öffentlich zu formulieren und damit gleichzeitig ökumenische Verbundenheit zum Ausdruck zu bringen«.[829] Von Loewenich, der als Erster bei der Kundgebung sprach, fand abgewogene Worte – das wurde ihm später auch in vielen Medienberichten bescheinigt. Er verwies darauf, dass es der sozialdemokratische Kultusminister Franz Fendt gewesen sei, der 1946 vor dem Hintergrund der NS-Zeit das Kreuz wieder hatte in den Klassenzimmern anbringen lassen, damit Jugendliche unter diesem

---

828 M. DROBINSKI, Wie dreißigtausend in München für das Kreuz auf die Straße gingen, Die Zeit (29.9.1995).

829 Vgl. zu der Veranstaltung die Unterlagen in: LAELKB, LB, Az. 18/2 (Kruzifix-Urteil). A.a.O. nachfolgende Zitate.

Zeichen zu »wahrem Menschtum, zu gegenseitigem Verständnis, zu Verträglichkeit, zu echter Demokratie und gesichertem Weltfrieden« erzogen würden. »Deshalb«, so von Loewenich, »kränkt es uns, wenn die Begründung des Gerichtsurteils vom ›Lernen unterm Kreuz‹ so spricht, als wäre dieses Kreuz ein Zeichen von Zwang, von Intoleranz. Wir verhehlen nicht, daß es in der Geschichte der Christenheit solchen Mißbrauch gegeben hat. Aber wir verwahren uns dagegen, daß man das Kreuz allein vom Mißbrauch her deutet.«[830] Von Loewenich mahnte allerdings an, die Entscheidung des Bundesgerichtshofes nicht überzubewerten. Trotz des Wunsches, dass die Kreuze in den Klassenzimmern blieben, sei gewiss: »Die Zukunft der Kirche entscheidet sich nicht an dem Kreuz im Klassenzimmer. Gott sorgt dafür, daß ›allezeit eine heilige, christliche Kirche sein und bleiben wird‹. So sagt es unser Augsburger Bekenntnis. Umgekehrt gilt: Das menschliche Gesicht unserer Gesellschaft entscheidet sich in Zukunft daran, wie sie mit den Maßstäben umgeht, für die das Kreuz steht.« Ministerpräsident Stoiber, der nach von Loewenich ans Rednerpult trat, zeigte sich laut Manuskript weniger verhalten: »Mit dieser Demonstration bekunden Sie: Wir lassen uns unsere grundlegenden Werte nicht rauben! Wir lassen nicht zu, daß mit den christlichen Symbolen zugleich die christlichen Werte aus der Öffentlichkeit verdrängt werden.« Und gegen das Bundesverfassungsgericht gerichtet: »Der Weg, der mit der Kruzifix-Entscheidung beschritten wurde, ist ein Irrweg.« Während von Loewenich sein Grußwort mit den Worten beschlossen hatte »Jesus sagt: Ihr seid das Salz der Erde. Ihr seid das Licht der Welt«, endete Stoiber mit Lokalpatriotismus: »Für uns und die überwältigende Mehrheit der Menschen in Bayern gilt auch in der Zukunft: ›Gott mit dir, du Land der Bayern‹.«[831] Scharfe Töne kamen den Unterlagen zufolge von Kardinal Wetter: »Wenn die fünf Richter das Kreuz als

---

830 A.a.O.
831 A.a.O.

Zwangselement und als Mittel der Missionierung bezeichnen, dann reden sie nicht von unserer heutigen Wirklichkeit. Kein Mensch wird durch das Kreuz genötigt, sich zu bekreuzigen oder ein Glaubensbekenntnis abzulegen. Wie können Richter so wirklichkeitsfremd sein?«[832] Wetter zog Parallelen zur NS-Zeit: »Wir leben heute nicht in einer Diktatur, sondern in einem demokratischen Rechtsstaat. Darin besteht der wesentliche Unterschied zu damals. Aber unübersehbar ist doch der äußere Tatbestand derselbe: durch staatliche Anordnung sollen die Kreuze aus Schulen verschwinden.« Der Richterspruch, so Wetter, wirke wie ein »Intoleranzedikt«.

Mit der Bayernhymne endete der offizielle Teil der Kundgebung; der Text war auf dem Flyer abgedruckt. Ob nicht vielleicht ein Choral dem Anliegen entsprechender gewesen wäre, wurde von Loewenich später in einem Brief gefragt. Auch sonst mangelte es nicht an kritischen, teils scharf formulierten Nachfragen; die Teilnahme Hermann von Loewenichs an der Kundgebung sorgte für Irritationen bis hin zur Empörung. Dass von Loewenich eine »verfassungsfeindliche und erzkatholische Demonstration« unterstützt habe, sei »nicht nur politisch unklug, sondern ausgesprochen dumm«[833], so eine Zuschrift an das Bischofsbüro. Es war von »Kumpanei« der Kirche mit dem Staat die Rede, davon, dass sich von Loewenich zum »Anhängsel beim Machtkampf der Papstkirche« habe degradieren lassen. Auch in der »Offenen Kirche« war von Loewenichs Auftritt umstritten.[834] Die Mitgliederversammlung des AEE verabschiedete im Oktober eine Erklärung, in der der »rechthaberische Geist«, der in der Debatte auftauche, kritisiert wird, man setze auf Dialog und Kompromiss im Rahmen der Karlsruher Entscheidung: »Christen können Andersdenkende hier nur bitten, nicht zwingen. Der bayerische Landesbischof hat dies auf der Kundgebung am Odeonsplatz auch so gesagt. Seine Worte

---

832 A.a.O.
833 Vgl. die Briefe a.a.O.
834 Vgl. Interview W. Stöhr.

sind aber gegenüber der bloßen Tatsache, daß er an der Kundgebung teilgenommen hat, ziemlich untergegangen. So hat die Öffentlichkeit doch den Eindruck gewonnen, die evangelische Kirche reihe sich hinter Kardinal und Ministerpräsident bruchlos ein. Das bedauern wir.«[835] Anderen wiederum war der bayerische Landesbischof in seinen vergleichsweise leisen Tönen zu wenig »Protestant«, hier wurde nun wiederum Kardinal Wetter für seine Deutlichkeit gelobt.

Am Tag nach der Kundgebung auf dem Odeonsplatz setzte von Loewenich bewusst einen dezidiert protestantischen Akzent und äußerte sich in einem extra dafür anberaumten »Kommentargottesdienst« in der Lorenzkirche noch einmal zu der Frage. Auch hier war Medienberichten zufolge zu spüren,[836] dass der Bischof »um Verständnis und Dialog, um Konsens und Kompromiß sowie um ›Frieden unter dem Kreuz‹ rang«. Man wolle, so von Loewenich, niemandem das Kreuz »überstülpen«, bitte aber »auch die, die das Kreuz aus Gewissensgründen ablehnen, um Toleranz für uns«. Andererseits dürfe man nicht zulassen, dass das Kreuz in den Bereich privater Frömmigkeit abgedrängt werde, sonst werde – ein wiederholt zitiertes Wort von Loewenichs – »das Goldene Kalb zum Symbol dieser Gesellschaft«. Co-Kommentar bei dem Gottesdienst war SZ-Chefredakteur Dieter Schröder, der seine Skepsis äußerte, inwieweit die Kirche noch der Aufgabe gewachsen sei, ihre Werte in die Gesellschaft einzubringen, und, wie eine Gottesdienstbesucherin ergänzte, mit Leben zu füllen.

Die bayerische Staatsregierung interpretierte die Karlsruher Entscheidung auf ihre Weise. Im Winter 1995 beschloss der Landtag anstelle der umstrittenen Verordnung ein neues Gesetz: Weiterhin würden in bayerischen Klassenzimmern Kreuze angebracht. Wenn Erziehungsberechtigte aus »ernsthaften und einsehbaren Gründen des Glaubens oder der Welt-

---

835 Die Erklärung ist enthalten in: B&K (1/1996).
836 Vgl. Nürnberger Nachrichten (25. 9. 1995): Ringen um Dialog und Ausgleich. A. a. O. nachfolgende Zitate.

anschauung des Schülers« gegen die Anbringung eines Kreuzes
seien, müsse der Schulleiter eine gütliche Einigung versuchen.
Wenn dies nicht gelinge, müsse der Konflikt durch eine Ab-
wägung gelöst werden. Die Kirchen waren im Vorfeld um ihre
Anmerkungen zu dem Gesetz gebeten worden. Die Vorschläge
von Loewenichs zu dem neuen Gesetz, die allerdings so keinen
Niederschlag fanden, stehen im Duktus seiner diesbezüglichen
öffentlichen Aussagen: So hatte er etwa empfohlen, den Satz
»Angesichts der geschichtlichen und kulturellen Prägung Bayerns wird in jedem Klassenraum ein Kreuz angebracht« mit den
Worten »in der Regel« einzuschränken, um damit Klassen, die
sich aus nicht-christlichen Schülern zusammensetzten, gerecht
zu werden.[837] Auch, dass das neue bayerische Schulgesetz die
Mehrheitsmeinung in den Mittelpunkt stellte und nicht, wie
es das Karlsruher Urteil bezweckt hatte, vor allem denjenigen
schützte, der sich an dem Kreuz stößt, wollte von Loewenich
offensichtlich abmildern.[838]

Trotz mancher Differenzen hatte von Loewenich bezüglich
der Debatte um den Kruzifix-Beschluss immer wieder das Engagement der bayerischen Staatsregierung gelobt. Allerdings,
so von Loewenich einmal gegenüber der Presse, dürfe gerade
hier nicht mit zweierlei Maßstäben gemessen werden: Zu den
Werten, die das Kreuz symbolisiere, gehöre auch der Schutz
von Fremden und Verfolgten.[839] Es war die Asylfrage, die hier
anklang, und diese Frage sollte von Loewenich weitaus stärker
beschäftigen als die Debatte um das Kreuz in der Schule.

---

837 Vgl. Interne Stellungnahme d. Landesbischofs, 11.10.1995, in: LAELKB,
     LB, Az. 18/2 (Kruzifix-Urteil).
838 Vgl. seine Änderungsvorschläge a. a. O.
839 Nürnberger Zeitung (26.8.1995): Bischof von Loewenich zum Kruzi-
     fix-Urteil: »Unsere Nation ist auf dem Holzweg«.

7.5 »Ich bin sehr enttäuscht«: Kirche, Staat und Kirchenasyl

Kirchenasyl und »christliche Beistandspflicht«: Das war für Hermann von Loewenich wohl das wichtigste kirchenpolitische Thema seiner Amtszeit, emotional hoch besetzt und verbunden mit scharfen Auseinandersetzungen, vor allem mit dem bayerischen Innenminister Dr. Günther Beckstein. Auch innerhalb der bayerischen Landeskirche wurde Hermann von Loewenichs dezidiertes Engagement in dieser Frage nicht von allen uneingeschränkt begrüßt.[840] Von Loewenich hatte sich bereits vor seiner Bischofszeit, vor allem in den Jahren als Kreisdekan, in Fragen der Asylpolitik positioniert und sich für Flüchtlinge eingesetzt.

Auch wenn es in den Jahren vor und nach seiner Bischofszeit Fälle von bayerischem Kirchenasyl gab – in der Amtszeit von Loewenichs erreichten die diesbezüglichen Auseinandersetzungen in Bayern ihren vorläufigen Höhepunkt. Dies lag an den veränderten politischen Rahmenbedingungen: Nachdem zu Beginn der 1990er Jahre die Zahl der Asylbewerber in Deutschland massiv angestiegen war, schränkte die Bundesregierung mit dem »Asylkompromiss« 1993 das Asylrecht ein – unter anderem durch verkürzte Verfahren und die sogenannten »Drittstaatenregelungen«. Die Neuregelung führte dazu, dass es in wachsendem Maß zu Abschiebungen und zuvor so nicht gekannten Härten kam, die wiederum vermehrt Kirchengemeinden zur Unterstützung von Asylbewerbern veranlassten – eben auch in der Form von Kirchenasyl.

Der Landeskirchenrat positionierte sich im Juli 1994 mit seiner Erklärung »Christlicher Beistand für verfolgte Menschen«[841]: Bei der Gewährung von Kirchenasyl handele es sich nicht um einen Rechtsbruch, sondern um eine Form christli

---

840 Vgl. Interview W. Stöhr.
841 Vgl. Unterlagen in: LAELKB, LB, Az. 19 (Kirchenasyl; allgemein).

cher Beistandspflicht, die angesichts einer unbefriedigenden rechtlichen Lage mitunter notwendig erscheine. Von Loewenich bezog sich wiederholt auf diese Stellungnahme. Biblisch argumentierte er bevorzugt mit den alttestamentlichen Weisungen: Es sei geboten, den Fremden aufzunehmen »als einen Nächsten, der sein Lebensrecht und seine Würde«[842] habe. Zudem führte er immer wieder Mk 2,27 als Referenzstelle an: »In der Auseinandersetzung mit den Pharisäern um die Einhaltung der Sabbatgesetze hat Jesus gesagt: Der Sabbat ist um der Menschen willen gemacht, nicht der Mensch um des Sabbats willen [...]. Konkret heißt dies: das Gesetz ist für den Menschen da, nicht der Mensch für das Gesetz. Es soll Leben fördern und eröffnen, nicht unmöglich machen und in die Aussichtslosigkeit treiben.«[843]

Stand Hermann von Loewenich mit seiner Person für die Gewährung von Kirchenasyl ein, verkörperte der bayerische Innenminister Günther Beckstein – seit 1996 berufenes Mitglied der bayerischen Landessynode – für die Öffentlichkeit die Gegenposition: Die Gewährung von Kirchenasyl für abgelehnte Asylbewerber sei rechtswidrig, »eine Straftat nach dem Ausländergesetz«[844]. Kirchenasyl beeinträchtige das Rechtsbewusstsein, »wenn behördliche und gerichtliche Entscheidungen in Zweifel gezogen werden und statt dessen eigene Maßstäbe und damit ein doch auch fehlbares ›Gewissensraster‹ Verwendung finden«. Es werde ein fiktiver Gegensatz zwischen Christsein und Rechtsstaat aufgebaut, es komme zu Polarisierungen auch innerhalb der Kirchengemeinden, und es würden Hoffnungen geweckt, deren Enttäuschung vorprogrammiert sei. Immer wieder wurde in den Auseinandersetzungen um das Kirchenasyl deutlich, dass Günther Beckstein sich von »seiner«

---

842 VON LOEWENICH, Offen, 140.
843 UNTERSTÜTZERKREIS KIRCHENASYL WEISSENBURG (Hrsg.), Leben in Angst, 8.
844 Interview G. Beckstein, in: EPD-Dokumentation (7/1996), 3–5, hier 4. Ebd. nachfolgende Zitate.

Kirche an den Pranger gestellt fühlte. In seinen Erinnerungen schildert er seine Sicht der Auseinandersetzungen als »Christ in der Politik, als Innenminister in der Synode«.[845] Beckstein bemängelte auch, dass weniger öffentlichkeitswirksame Hilfen – etwa ein höherer finanzieller Beitrag aus dem landeskirchlichen Haushalt für Asylbewerber oder eine Unterstützung der Menschen bei der Rückkehr in die Herkunftsländer – seines Erachtens nach vernachlässigt würden. Manchmal, so Beckstein einmal bitter, entstehe bei ihm der Eindruck, »daß es bisweilen nicht nur um Humanität ging, sondern daß mit dem Schicksal von Menschen Politik gemacht wird«[846].

Diese Kritik Becksteins bezog sich vor allem auf die pressebekannten Kirchenasyl-Fälle und auf die entsprechenden medial ausgetragenen Kontroversen. Zu diesen Fällen zählten in den Bischofsjahren von Loewenichs die Kirchenasyle der kurdischen Familie Yildiz in Weißenburg, der kurdischen Familie Usta in Erlangen-Büchenbach, der kurdischen Familie Demirkiran in Höchstadt/Aisch und der serbischen Familie Murganic im oberbayerischen Peißenberg. Manche Kirchenasyle wurden in ökumenischer Kooperation gewährt, es gab Kirchenvorstände, die Kirchenasyle vorbereiteten, die dann nicht zum Einsatz kamen, es gab die sogenannten »verdeckten« Asyle, von denen weder die Medien noch die Ausländerbehörden wussten, und die »stillen«, die mit Wissen der staatlichen Behörden, aber ohne öffentliche Kenntnis gewährt wurden. Der Einsatz der betreffenden Gemeinden und ihrer Pfarrer war hoch, sowohl was die physische als auch die psychische Belastung betraf. Das Wechselbad der Gefühle, das eine Familie im Kirchenasyl durchlaufen kann, dokumentiert exemplarisch und eindrücklich das Buch »Leben in Angst« über die Familie Yildiz in Weißenburg.

Unterstützerkreise und direkt Betroffene wandten sich häufig an den Landesbischof mit Bitte um Hilfe. Im Landeskir-

---

845 BECKSTEIN, Die Zehn Gebote, v.a. 17–23.
846 Interview G. Beckstein, in: EPD-Dokumentation (7/1996), 3–5, hier 3.

chenamt waren die Mitarbeiter des Ökumenereferats sowie die Juristen erste Ansprechpartner. Am meisten Aussicht auf Erfolg hatten die Fälle, deren Anliegen noch nicht an die Presse getragen worden waren – wozu man im Bischofsbüro auch riet.[847] Wie Unterlagen zu Einzelfällen zeigen, gab es hier durchaus von politischer Seite aus Zugeständnisse, was Lösungen aus humanitären Gründen betraf, auch, wenn sie rechtlich nicht zwingend begründet waren. Es ist belegt, dass auch von politischer Seite aus mitunter dezidiert um den Ausschluss der Öffentlichkeit gebeten wurde. »Ein fast markinisches Schweigegebot, wo man doch das Wunder weitererzählen will«, wird eine dahingehende Bitte in einem Brief kommentiert.[848]

Abseits der öffentlichen Kontroverse zeigte sich wiederholt der Willen von Staatsregierung und Landeskirche, in der Asylfrage zusammenzukommen. Ein Beispiel hierfür ist der von Akademiedirektor Friedemann Greiner und Hermann von Loewenich initiierte »Runde Tisch« in Tutzing, bei dem im Juli 1995 Vertreter aus Kirche, Politik und Wirtschaft unter Ausschluss der Öffentlichkeit die Asylfrage diskutierten; weitere »Runde Tische« sollten folgen. Zu den Teilnehmern zählten unter anderem Günther Beckstein, Bundesjustizministerin Sabine Leutheusser-Schnarrenberger, die bayerische SPD-Vorsitzende Renate Schmidt sowie Prälat Valentin Doering; auch Synodalpräsident Dieter Haack und Professor Trutz Rendtorff, Vorsitzender der Kammer für öffentliche Verantwortung der EKD, waren zugegen. Auch wenn die Süddeutsche Zeitung kommentierte, es sei ein »runder Tisch voller Ecken« gewesen, »ohne greifbares Ergebnis«[849], belegen Briefwechsel der Beteiligten, dass das Treffen nicht vergeblich war.[850] Weiter diskutiert wurde vor allem der hier geäußerte Vorschlag Günther

---

847 Vgl. Interview W. Stöhr.
848 Enthalten in: LAELKB, LB, Az. 19 (Kirchenasyl, Einzelfälle 1994–2001).
849 CHR. SCHNEIDER: Verhandlungen über Kontingent-Vorschlag, in: Süddeutsche Zeitung (21.7.1995).
850 Enthalten in: LAELKB, LB, Az. 19 (Kirchenasyl, Einzelfälle 1994–2001).

Becksteins, den großen Kirchen sogenannte »Kirchenkontin-
gente« einzuräumen: Dahinter stand das Angebot, dass die
beiden großen Kirche eine festzulegende Anzahl an abgelehn-
ten Asylbewerbern dauerhaft aufnehmen dürften. Voraussetzung sei, dass sie selbst für die anfallenden Kosten aufkommen
würden.

Beckstein zog diesen Vorschlag im April 1996, nach der
von den Innenministern beschlossenen »Altfallregelung für
abgelehnte Asylbewerber«, wieder zurück. Er begründete dies
in einer Pressemeldung damit, dass nun »für Alleingänge einzelner Länder im Bereich der Härtefallregelungen kein Raum
mehr« sei. Zudem hätten die Kirchen nur verhalten bis ablehnend auf dieses in Aussicht gestellte Entgegenkommen seinerseits reagiert. Schreiben aus dem Bischofsbüro belegen, dass
von Loewenich und der Landeskirchenrat dem Modell eines
Kirchenkontingents tatsächlich mit einer gewissen Skepsis
gegenübergestanden hatten: »Der Kontingent-Vorschlag [...]
hätte die Entscheidung über ein Bleiberecht vom Staat auf die
Kirchen verlagert. Asylgewährung ist aber Sache des Staates
und muß Sache des Staates bleiben«[851], so Oberkirchenrat Dr.
Hartmut Böttcher in einem Interview. Man habe sich dennoch
vorstellen können, im Rahmen eines »kleinen Kontingents«
auf den Vorschlag Becksteins einzugehen, um die bestehenden
Kirchenasyl-Fälle lösen zu können. Günther Beckstein machte
deutlich, dass auch diese Fälle nun »auf der Basis des geltenden
Rechts«[852] behandelt werden müssten. Auch die von der Landeskirche geforderte »Härtefallkomission«, so, wie sie in manchen anderen Bundesländern in den 1990er Jahren eingerichtet
worden war, wurde in Bayern erst 2006 verwirklicht. Die »Altfallregelung« war für die Schützlinge in bayerischen Kirchen-
asylen keine wirkliche Hilfe, da das Kirchenasyl als eine illegale
Verlängerung des Aufenthalts interpretiert wurde, mit der die

---

851 EPD-Dokumentation (7/1996), 6–9, hier 7.
852 EPD-Dokumentation (7/1996), 3–5, hier: 4.

Asylbewerber den Anspruch, unter diese Regelung zu fallen, verwirkten.

Im Herbst 1996 erreichte die Diskussion um das Kirchenasyl in Bayern einen Höhepunkt: Am 3. September verhafteten Polizisten den togolesischen Asylbewerber Blakinam Solona Saguintaah in den Räumen der Adventgemeinde Wunsiedel. Die kleine Gemeinde hatte, auch mit Hilfe eines Unterstützerkreises, dem jungen Mann zu diesem Zeitpunkt bereits mehr als fünf Monate lang Zuflucht gewährt. Zwei Tage später wurde der Mann nach Togo abgeschoben; wie sich bald darauf herausstellen sollte, hatte er allerdings, was seine Gefährdung in Togo anging, seinen Unterstützern nicht die Wahrheit gesagt.

Der Vorfall sorgte für einen Aufschrei – sowohl vonseiten der Opposition als auch vonseiten kirchlicher Kreise, deren Empörung in der Forderung gipfelte, Beckstein solle sein Amt als Synodaler aufgeben. Hermann von Loewenich äußerte in der Presse deutlich seine Enttäuschung über das Verhalten des Innenministers; er sah hier einen Wortbruch Becksteins, was die Räumungen in kirchlichen Räumen mit Polizeigewalt betraf: »Ich bin sehr enttäuscht, daß der Innenminister seine mehrfach öffentlich geäußerte Zusage nicht eingehalten hat. Ich hoffe, daß dies nicht zur neuen Linie der bayerischen Asylpraxis wird.«[853] Es sei ihm schleierhaft, so von Loewenich weiter, »welches Interesse der Staat daran haben sollte, mit allen Mitteln den christlichen Beistand für Aslysuchende zunichte zu machen. Denn damit zeigt der Rechtsstaat ja ein Gesicht, das sich bei vielen als unbarmherzig und unmenschlich einprägen wird. Das Gerechtigkeitsbewußtsein vieler Christen wird schon massiv irritiert, wenn einerseits asylsuchende Mitmenschen mit aller Härte des Gesetzes verfolgt und abgeschoben werden, andererseits aber zum Beispiel Steuerflucht und Wirtschaftskriminalität in Milliardenhöhe unbestraft bleiben, weil

---

853 Interview mit H. von Loewenich, in: Süddeutsche Zeitung, (7.9.1996). Ebd. nachfolgendes Zitat.

für eine angemessene Strafverfolgung keine Beamten zur Verfügung stehen.« Das Interview kann als ein Beispiel für die von Iris Geyer so charakterisierte »Furchtlosigkeit gegenüber den Medien« von Loewenichs gesehen werden: In Angelegenheiten, die ihm am Herzen lagen, hatten klare Worte für ihn Vorrang vor diplomatischen Reden.[854] Wie in dem Interview angekündigt, suchte von Loewenich in diesen Tagen auch den persönlichen Kontakt zu Günther Beckstein; aus einem entsprechenden Briefwechsel erkennt man, dass sich von Loewenich sehr wohl der Schärfe seiner öffentlichen Worte bewusst war.[855]

Die darauffolgenden Wochen waren von den Versuchen seitens der Kirche und des Innenministers geprägt, wieder zueinanderzufinden bzw. miteinander im Gespräch zu bleiben: Es gab Gespräche Becksteins mit Vertretern der beiden großen Kirchen, mit den Mitgliedern des Landessynodalausschusses, es gab die emotionale, auch heftige Plenardebatte zum Thema Kirchenasyl bei der Synode Ende November 1996 in Freising. Hier wurden auch die Verletzungen Becksteins deutlich, der seine Rede mit den Worten begann: »Die Diskussion und die Bereitschaft zur geistigen Auseinandersetzung und zum gemeinsamen Ringen um den besseren Weg entspricht meinem Verständnis von evangelischer Kirche als Glaubensgemeinschaft. Das tut es umso eher, als man im Vorfeld der Synode den Eindruck gewinnen konnte, prägendes Kennzeichen auch evangelischer Brüderlichkeit wäre es manchmal, Forderungen nach Rücktritt oder Ausschluß aus der Synode zuerst über die Medien zu erheben und sie dann – wenn überhaupt – erst einige Tage später per Briefpost zugehen zu lassen.«[856] Auch wenn die Debatte erwartungsgemäß keine neuen Erkenntnisse brachte, zeugte sie doch von einem fairen Umgang miteinander, wie sowohl Günther Beckstein als auch Synodalpräsident Haack fest-

854 Interview I. Geyer.
855 Briefwechsel enthalten in: LAELKB, LB, Az. 19 (Kirchenasyl. Einzelfälle 1994–2001).
856 VLS 1996/II, 119.

stellten. Der »Erklärung zum Kirchenasyl«[857], die zur Beschlussfassung vorlag, konnte Beckstein allerdings nicht zustimmen:
Neben ihrer Solidarität mit Menschen, die sich der Asylbewerber auf verschiedenste Weise annahmen, bekräftigte die Synode hier ihren Entschluss vom Frühjahr 1995, mit dem sie die
bayerische Staatsregierung aufgefordert hatte, Kirchenasyl als
eine Form christlicher Beistandspflicht zu respektieren – auch
wenn man sich dessen bewusst sei, dass die Kirche kein rechts-
freier Raum sei. Die Erklärung, die auch die Bitte um eine groß-
zügige Gesetzesauslegung zugunsten der Kirchenasyl-Fälle
beinhaltete sowie noch einmal für die Einrichtung einer Härte-
fallkommission plädierte, wurde mit acht Gegenstimmen und
fünf Enthaltungen verabschiedet.

Dass Hermann von Loewenich das Thema emotional nahe-
ging, war immer wieder spürbar. Hans Issler, damals Dekan
in Weißenburg, erinnert sich an einen Besuch Hermann von
Loewenichs anlässlich der Einweihung der Pflegestation des
dortigen Altenheimes. Im Anschluss an die Feierstunde besuchte Issler gemeinsam mit von Loewenich unter Ausschluss
der Öffentlichkeit die kurdische Familie im Kirchenasyl: »Gemeinsam sind wir zu unserer siebenköpfigen Kurdenfamilie
gegangen, die zwei Zimmer in unserem Gemeindezentrum an
der Galgenbergstraße bewohnte. Das Gespräch dort mit diesen
Menschen, die Tee servierten, und die ganze Situation berührten Hermann sehr. Beim Hinweggehen erlebte ich zum ersten
Mal, dass ihm Tränen in den Augen standen. Anschließend besuchten wir im gleichen Gebäude den Unterstützerkreis, der
sich aus zwanzig evangelischen und katholischen Christen zu-
sammensetzte. Hermann dankte und ermutigte diese engagierten Christen, die dieses Asyl viereinhalb Jahre durch trugen. Es
war für diese Menschen wichtig, dass der Landesbischof sie besucht und zu ihnen steht.«[858] Dankbarkeit für das Engagement

---

857 Vgl. VLS 1996/II, 202.
858 Interview H. Issler.

von Loewenichs kommt auch in vielen anderen Schreiben und
Aktionen von Unterstützerkreisen und Asyl-Gemeinden zum
Ausdruck: Die Menschen erkannten in der Kirchenasylfrage
ein besonderes Engagement von Loewenichs und unterstützten ihn mit Briefen und auch Unterschriftenlisten, die sie an
Innenminister Beckstein schickten, um zu zeigen, dass von Loewenich hier kein Einzelkämpfer war.

Gerade die öffentlich bekannten Kirchenasyl-Fälle aus Hermann von Loewenichs Bischofsjahren nahmen zumeist einen
ernüchternden Ausgang: Im September 1996 verließ die kurdische Familie Demirkiran das Kirchenasyl in Höchstadt/Aisch
und zog in die Räume der Gemeinde St. Johannis in Nürnberg
um, bevor sie kurz darauf in die Türkei ausreiste. Die Kirchengemeinde Höchstadt/Aisch hatte der Familie seit März 1995
Zuflucht gewährt; die ehrenamtlichen Unterstützer seien nun,
so Pfarrerin Karin Hüttel, am Ende ihrer Kräfte.[859] An die Unterstützung durch Hermann von Loewenich denken Pfarrerin Hüttel und ihr Mann Bernhard Meier-Hüttel noch heute
dankbar zurück: »Er war für uns ein wahrer Bischof und Hirte, der sich mit großem Engagement und Herzblut für die mit
Kirchenasyl schwer belasteten Gemeinden, Pfarrerinnen und
Pfarrer eingesetzt hat – ein paar Mal hat er direkt bei uns im
Pfarrhaus in Höchstadt angerufen und sich nach unserem Ergehen erkundigt, was uns einfach gutgetan hat angesichts des
scharfen Gegenwinds, der ansonsten herrschte und der vielen
unsäglichen Angriffe aus der ›braunen‹ Ecke.«[860]

In Fischbach verließ die kurdische Familie Karakus im Juni
1997 anscheinend über Nacht das evangelische Pfarrhaus, in
dem ihr Kirchenasyl gewährt worden war – überraschend für
den Unterstützerkreis und den Pfarrer. In Weißenburg ging
die ungeklärte Situation der Familie Yildiz erst 2003 zu Ende.
Von 1995 bis 1999 hatte die Familie Yildiz im Kirchenasyl ge-

859 Vgl. EPD-Dokumentation (7/1996), 34f.; Meldung vom 23.9.1996.
860 K. Hüttel und B. Meier-Hüttel an A. Hager, März 2016.

lebt; während Kinder der Familie durch Heirat gesicherte Aufenthaltsrechte hatten, war das Schicksal der weiteren Familienmitglieder noch Jahre lang ungewiss. Gerade der Fall dieser Familie war einer der »Altfälle«, die von Loewenich hoffte, noch in seiner Zeit als Bischof lösen zu können; es traf ihn, dass diese Versuche erfolglos blieben. Auch im Ruhestand versuchte er hier noch, politisch Einfluss zu nehmen.[861]

Gegen Ende seiner Amtszeit zeigte Hermann von Loewenich sich zunehmend resigniert, was das Thema Kirchenasyl betraf. Bei einem Studientag Asyl wies er auf sein diesbezügliches Engagement seit seiner Zeit als Kreisdekan hin und darauf, wie er als Bischof »offen und deutlich« gesamtkirchliche Positionen in dieser Angelegenheit vertreten habe: »Doch auch ich frage mich: was haben wir erreicht? Ich habe ursprünglich gedacht, wir hätten als Kirche mehr Einflußmöglichkeiten, die Dinge zum Guten zu wenden.«[862] Spätestens seitdem das Bundesverfassungsgericht den Asylkompromiss bestätigt habe, tendierten die Möglichkeiten der Kirche jedoch gegen null. Bitter zudem, dass man hier wohl eine Minderheitenposition vertrete: »Wir müssen uns damit auseinandersetzen, daß wohl die Mehrheit der Bevölkerung die Grundzüge der Asylpolitik bejaht und bei der neuen Regierung der Wille ebensowenig vorhanden ist wie bei der alten, diese substantiell zu verändern.«

Er wolle nicht »der Resignation das Wort reden«, so von Loewenich: »Die Härte der Realität zeigt mir aber, daß ›Kirchenasyle‹ in die Sackgasse führen, zumal staatliche Institutionen selbst schmalste Auswege für rechtlich nicht gangbar deklarieren. Die frühere Alternative: Abschiebung oder Kirchenasyl mit der Hoffnung auf eine spätere Lösung schrumpft damit auf die Alternative: Abschiebung oder perspektivloses Dauer-Kirchenasyl mit den bekannten Belastungen für alle Beteiligten

---

861 Vgl. den Brief an Innenminister O. Schily vom Dezember 1999, in: LAELKB, LB, Az. 19 (Kirchenasyl. Einzelfälle 1994–2001).
862 Ansprache Studientag Asyl (1999), in: LAELKB, Nachlass von Loewenich, Nr. 46. Ebd. nachfolgende Zitate.

ein. Diese Alternative, die eigentlich keine mehr ist, führt diejenigen, die in einem konkreten Fall eine ethisch verantwortbare Entscheidung treffen wollen, unweigerlich selbst mit hinein in die Sackgasse.« Und in seinem letzten Bischofsbericht im Frühjahr 1999 resümiert von Loewenich zum Thema »Präsenz in Staat und Gesellschaft«: »Leider ist es nicht gelungen, die sogenannten ›Kirchenasylfälle‹ in befriedigender Weise zu lösen. Obwohl beide Kirchen gemeinsame Positionen vertreten haben, fand sich kein gangbarer Weg. Dies beschwert mich.«[863]

Im Ruhestand sagte von Loewenich einmal beim Thema Rechtsextremismus, dass es seine Erlebnisse als Kind im »Dritten Reich« seien, die ihn dazu veranlassten, in Fragen politischer Ethik sehr deutlich das Wort zu ergreifen – und dazu zähle besonders das Thema Kirchenasyl.[864] Vielleicht ist tatsächlich diese Vergangenheitsbewältigung ein Schlüssel dafür, von Loewenichs mitunter sehr deutliche Wortmeldungen in der Asylfrage zu deuten: Die Kirche sollte sich, fünf Jahrzehnte nach Ende der NS-Zeit, nicht erneut durch ihr Schweigen angesichts der Verfolgung Entrechteter schuldig machen.

7.6 »Wir waren Antizeugen«: Vergangenheitsbewältigung

Die Auseinandersetzung mit der NS-Zeit beschäftigte Hermann von Loewenich zeitlebens – sowohl, was seine eigene Biographie betraf, als auch, was Gesellschaft und Kirche anging. Immer wieder tauchen in seinen Predigten und Ansprachen Motive dieser Auseinandersetzung auf: die Erinnerungen an seine Zeit im »Deutschen Jungvolk«, die Faszination, die die Reichsparteitage auf ihn ausgeübt hatten, die Spannung

---

863 VLS 1999/I, 31.
864 Vgl. die Rede »Rechtsextremismus im Aufschwung – eine Herausforderung für Christen«, 23.4.2001, Erlangen. In: LAELKB, NL Loewenich, Hermann von, vl. Nr. 46.

zwischen der christlichen Erziehung im Elternhaus und der NS-Ideologie, die Enttäuschung darüber, in seinem kindlichen Idealismus für nationalsozialistisches Gedankengut anfällig gewesen zu sein. Die Verfolgung von Juden, so, wie er sie als Kind in Nürnberg miterlebt hatte, prägte ihn tief. Ebenso wie sein Bruder Reinhard von Loewenich pflegte er enge Beziehungen zur Nürnberger jüdischen Gemeinde, besonders zu deren langjährigem ersten Vorsitzenden Arno Hamburger (1923–2013).

Die Erfahrungen der Kindheits- und Jugendjahre scheinen besonders in seinen Bischofsjahren präsent zu sein und durchziehen seine öffentlichen Aussagen zu Schuld und Aufarbeitung der jüngsten Vergangenheit.[865] Auch wenn von Loewenich aus theologischen Gründen eine Kollektivschuld ablehnte – von der Schuld seiner eigenen Generation und von einer »Verantwortungsgemeinschaft unserer Geschichte« konnte er sehr engagiert sprechen.[866]

Es sind aus der Bischofszeit berührende Ansprachen von Loewenichs zu der Thematik erhalten. Sie zeigen auf ihre Weise, welche Konsequenzen von Loewenich aus dem »Dritten Reich« zog. Zu diesen Ansprachen zählt die Predigt, die von Loewenich am 9. April 1995 in Flossenbürg hielt. Bei der Veranstaltung, zu der hochrangige Vertreter aus Politik und Gesellschaft gekommen waren, wurde des 50. Todestages Dietrich Bonhoeffers sowie der Männer der Abwehr gedacht. Man merkt von Loewenich seinen persönlichen Bezug zur Theologie Bonhoeffers

---

865 Auch von dem Thema Flucht und Vertreibung sollte von Loewenich in seiner Bischofszeit berührt werden: Bei einem Gemeindebesuch in Oberfranken distanzierte er sich offensichtlich nicht deutlich von den Folgen der »Beneš-Dekrete«; für ihn hätten, so die Einschätzung W. Stöhrs, hier wohl die Verbrechen des NS-Staates im Vordergrund gestanden. Stöhr erinnert sich daran, dass daraufhin innerhalb einer Woche Ordner voller Briefe das Bischofsbüro erreicht hätten, in denen Vertriebene dem Bischof ihr Schicksal schilderten. Von Loewenich hielt daraufhin eine Predigt zum Thema Vertreibung, die verbreitet wurde; ein Versuch, die Wogen zu glätten.

866 Vgl. VLS 1994/I, 84.

an, wenn er in seiner Predigt anmahnt: »Das Vermächtnis einer weltoffenen und zugleich ganz an Christus gebundenen Kirche hat er uns hinterlassen. ›Kirche ist nur Kirche, wenn sie für andere da ist!‹ Armut empfiehlt er der Kirche der Zukunft. Wir sollten also nicht klagen, wenn uns in Zukunft in der Kirche ein bescheidenerer Lebensstil abgenötigt wird. Eine ›Kirche für andere‹ kann nicht schweigen, wenn Menschen in ihrer Würde verletzt werden. ›Tu deinen Mund auf für die Stummen.‹ Das ist für Bonhoeffer ein Schlüsselwort der Bibel. ›Wer weiß denn heute noch in der Kirche, daß dies die mindeste Forderung der Bibel in solchen Zeiten ist‹, schreibt er 1934. Ich höre das auch 1995 als sehr konkrete Mahnung. Wer sind die Stummen heute? Die z. B., denen bei Abschiebung Folter droht – doch nicht nur sie! Auf vielfache Weise will der Christus für andere inmitten seiner Gemeinde Gestalt gewinnen.«[867]

Von Loewenichs persönliche Betroffenheit zeigte sich auch bei der Verabschiedung der Erklärung »Christen und Juden« auf der Herbstsynode 1998: Dass diese Erklärung als ein Zeichen des Umdenkens und Neubeginns noch während seiner Amtszeit als Bischof verabschiedet wurde, bedeutete ihm viel; es wirke auf ihn, so von Loewenich einmal, wie ein Wunder Gottes, dass gerade in dieser Stadt, der Stadt der Reichsparteitage, neues Vertrauen zwischen Christen und Juden habe wachsen können. Die Beratungen zu der Erklärung, die schließlich mit nur einer Enthaltung angenommen wurde, verliefen weitgehend harmonisch. Besonders was das konfliktträchtige Thema der Judenmission betraf, wurde es neben einem gewissen Zeitdruck auch den Worten von Loewenichs zugeschrieben, dass der von vielen befürchtete Konflikt ausblieb.[868]

Die Synode hatte sich zu diesem Zeitpunkt bereits seit Jahren mit der kirchlichen Mitschuld an den Verbrechen der NS-

---

867 Predigt enthalten in: LAELKB, NL Loewenich, Hermann von, vl. Nr. 86.
868 Vgl. etwa A. Schmid (EPD), Unerwartet harmonisch – Synode in Nürnberg, in: Korrespondenzblatt (Januar 1999).

Zeit auseinandergesetzt; der Landessynodalausschuss hatte einen Arbeitsausschuss zum Thema »Christen und Juden« eingesetzt, der eine entsprechende Erklärung vorbereiten sollte. Eine entscheidende Rolle spielte Johannes Friedrich, damals Nürnberger Stadtdekan. Von September 1997 bis Herbst 1998 wurde ein Schwerpunktjahr zum Thema ausgerufen. Im Frühjahr 1998 gedachte die Synode ihres ersten gewählten Präsidenten Wilhelm von Pechmann, entschiedener Gegner des NS-Staates und Mitglied der Bekennenden Kirche, der 1934 aus der evangelischen Kirche austrat.

Die Synode zum Thema »Christen und Juden« fand im November 1998 in Nürnberg statt – ein geschichtsträchtiger Ort, ein geschichtsträchtiger Zeitpunkt, wie Johannes Friedrich in seiner Ansprache vor der Synode betonte: »Heute, 60 Jahre nach der Reichspogromnacht, und hier, in Nürnberg, das sich spätestens seit 1935 in dieser Sache einen schrecklichen Namen gemacht hat, weil die sog. Nürnberger Gesetze hier verabschiedet wurden. In Nürnberg, das als ›Stadt der Reichsparteitage‹ – eher ungewollt, aber doch – zum Synonym jenes Regimes wurde, das sich die Ausrottung aller Juden zum Ziel gesetzt hatte.«[869] In der Erklärung, deren Entwurf im Juli 1998 mit der Bitte um Rückmeldungen verbreitet worden war, wurden die gemeinsamen biblischen Grundlagen von Christen und Juden beschrieben, theologische Perspektiven aufgezeigt, Irrtümer und Schuld der Christen sowie Themen der Weiterarbeit benannt. Zu Letzteren zählten die »heißen Eisen« der Erklärung: die späten Äußerungen Luthers über die Juden, das Verhalten der bayerischen Landeskirche im »Dritten Reich« sowie die Frage der »Judenmission«. Einige Synodale fühlten sich von dem Tempo überfahren und hätten sich einen weitergehenden Diskussionsprozess gewünscht.[870]

---

869 VLS 1998/II, 38.
870 Vgl. den Antrag Dr. M. Hoffmanns, VLS 1998/II, 41f. Vgl. auch ebd. 91.

In seiner Ansprache, die später unter der Überschrift »Einsicht in Demut« veröffentlicht wurde, bedauerte Hermann von Loewenich, dass die Erklärung der bayerischen Landeskirche im Vergleich zu denen anderer Landeskirchen spät komme: »Doch spät ist besser als gar nicht. Es hat in den Nachkriegsjahrzehnten in unserer Landeskirche und ihren kirchenleitenden Organen lange Zeit die innere Freiheit gefehlt, sich den heiklen Fragen zu stellen, die mit diesem Thema für unsere Kirche verbunden sind. Ich empfinde das als Last der jüngsten Geschichte unserer bayerischen Kirche.«[871]

Von Loewenich beschied seiner Kirche eine »geistige, theologische und geistliche Mitschuld« an den Verbrechen der NS-Zeit – »auch Schweigen ist Schuld« – und wurde deutlich, was die Rolle Meisers dabei betraf: »An Bischof Hans Meiser, insbesondere an seinem Aufsatz von 1926, den er noch als Rektor des Predigerseminars Nürnberg geschrieben hat, und an der Versendung des Vortrages von Professor Gerhard Kittel im August 1944 ›Über die Entstehung des Judentums‹ erkennen wir das Ausmaß der geistigen und geistlichen Verstrickung unseres Volkes und unserer Kirche in jener Zeit. Wir erkennen auch, daß das begreifliche Bestreben, die Kirche ›intakt‹ zu halten, den Blick verstellen kann für das biblische Gebot, dem bedrängten Nächsten beizustehen. Nicht verschwiegen sei, daß Bischof Meiser in verborgener Weise einzelnen geholfen hat, so, wie es nicht wenige Glieder unserer Kirche auch getan haben. Wir machen uns nicht zu Anklägern gegenüber denen, denen damals in der Kirche die Verantwortung auferlegt war. Wir sind nicht Richter unserer Väter. Wir können auch nicht im nachhinein stellvertretend für sie Schuld bekennen, weil Schuld im biblischen Verständnis in persönlicher Dimension zu sehen ist. Doch wir erklären: Wir nehmen die Verantwortung für die Geschichte unserer Kirche auf uns.«[872]

871 VON LOEWENICH, Einsicht, 34f.
872 A.a.O., 36.

Dezidiert auf seine eigene Biographie bezugnehmend, zeigte Hermann von Loewenich bei der Frage der »Judenmission« eine entschiedene Haltung: »Ich kann als Angehöriger der ›Generation der Pimpfe‹ nicht davon abstrahieren, was ich mit eigenen Augen gesehen habe. Ich kann nicht absehen von dem, was durch Deutsche an den Juden geschehen ist. Eine völlige Auslöschung des Bundesvolkes war das verbrecherische Ziel. Dieses Verhaftetsein in einen Schuldzusammenhang einmaligen Ausmaßes nimmt meiner Generation die Vollmacht, Juden gegenüber missionierend von unserem Glauben zu reden und sie zum Übertritt in unsere Kirche einzuladen. Ich bin zu der Überzeugung gekommen, daß Gott uns dazu die Vollmacht entzogen hat.«[873]

Diesen Punkt unterstrich Ignatz Bubis, Vorsitzender des Zentralrats der Juden in Deutschland, in seinem anschließenden Referat noch einmal deutlich, als er in Blick auf die Kontingentflüchtlinge der 1990er Jahre erklärte, dass es neben dem geschichtlichen Hintergrund, den von Loewenich angesprochen hatte, noch zu bedenken gebe: »Ich meine aber, daß auch aus Respekt vor dem anderen die Kirchen es unterlassen sollen, unter den Menschen, die hierher kommen, weil sie Hilfe brauchen [...], hier zu missionieren.«[874]

In der Rezeption der Reden sorgten vor allem die entschiedene Ablehnung der Judenmission und die offene Kritik von Loewenichs an Hans Meiser für Aufsehen. Ersteres verteidigte von Loewenich damit, dass er hier ganz bewusst eine persönliche, keine generelle Aussage gemacht habe: »Die Generation, der ich angehöre, hat die innere Vollmacht nicht, Juden auf den Weg zu Christus hin zu geleiten. Wir waren schlechte Zeugen ihnen gegenüber, miserable Zeugen. Wir waren Antizeugen. [...] Wir müssen unseren geschichtlichen Standort in Demut annehmen. Das heißt nicht, daß wir nicht über unseren Glau-

---

873 A.a.O., 38.
874 VLS 1998/II, 81.

ben sprechen, über das Messias-Verständnis und den Juden deutlich machen, daß Jesus von Nazareth uns viel von ihnen vermittelt hat.«[875]

Auf seine Kritik an Meiser angesprochen – in dieser Klarheit ein Novum vonseiten der Kirchenleitung –, war von Loewenich an einer differenzierten Wahrnehmung gelegen: »Das Bild von Bischof Meiser hängt hier in meinem Amtszimmer. Ich hatte keinen Grund, nicht zu akzeptieren, wie er war. Er war Bischof dieser Kirche und hat dafür gesorgt, daß der Ungeist der Deutschen Christen, die eine Vermengung des christlichen Glaubens mit der Nazi-Ideologie vorgenommen haben, in unserer Kirche nicht die Herrschaft übernehmen konnte. Das war sein großes Verdienst.«[876] Was seine Äußerungen zu Meiser betraf, bewegte sich von Loewenich hier wiederholt auf einer Gratwanderung, erwähnte Verdienste ebenso wie Desiderate und verwies immer wieder auf die Stimmung der NS-Jahre, die Nachgeborene schwer begreifen könnten.

Der erste Antrag auf Umbenennung der Münchner Meiserstraße, gestellt von der Fraktion Bündnis 90/Die Grünen – rosa Liste im Stadtrat der Landeshauptstadt, fiel noch in die Bischofszeit von Loewenichs. Die Landeskirchenleitung wandte sich in ihrer Stellungnahme vom Februar 1999 gegen dieses Ansinnen, auch der Münchner Ältestenrat stimmte damals mehrheitlich gegen den Antrag. Die weiteren Diskussionen um Meiser, die 2006/2007 ihren Höhepunkt hatten, sowie die folgenden Straßenumbenennungen konnte von Loewenich aufgrund seiner Krankheit nicht mehr mitverfolgen.

---

875 VON LOEWENICH, Offen, 218f.
876 A.a.O., 219. Willi Stöhr erinnert sich daran, dass das erwähnte Bild Meisers im Bischofsbüro allerdings für von Loewenich nicht immer angenehm gewesen sei: Dass Meiser ihm »über die Schulter schaue«, sei für ihn nicht gerade »berauschend«, habe von Loewenich Stöhr gegenüber einmal geäußert.

7.7 »Ein reiches und schönes Amt«: Verabschiedung

Am 24. April 1999 wählte die bayerische Landessynode den Nürnberger Dekan Johannes Friedrich zum Landesbischof. Friedrich setzte sich im fünften Wahlgang gegen den Münchner Systematiker Professor Gunther Wenz und die damalige EKD-Rundfunkbeauftragte Johanna Haberer durch.

Hermann von Loewenich, der nach der Wahl Friedrichs noch sechs Monate im Amt bleiben sollte, verhehlte nicht, dass er mit dem Wahlergebnis äußerst zufrieden war. Er fühlte sich Johannes Friedrich seit Jahren verbunden, das betonte er auch in seiner Ansprache im Anschluss an die Wahl: »In Nürnberg bist Du zweimal mein Nachfolger geworden, als Studentenpfarrer und später als Dekan, und nun wird es das dritte Mal sein. Aller guten Dinge sind drei, wie man so sagt, es hat sich im Laufe Deines Lebensweges aufgrund der Gaben, die Gott Dir verliehen hat, so ergeben.«[877] Es klingt wie eine vorgezogene Bilanz, wenn von Loewenich dem künftigen Nachfolger in Anspielung auf dessen Ordinationsspruch 2Kor 5,10 mit auf den Weg gibt: »Kann man vor ihm [Gott] bestehen in einem Amt, das auch immer wieder Überforderungen mit sich bringt, in einem Amt, das eingebunden ist in andere Verantwortlichkeiten, das heißt, das auch Kompromisse nötig macht, in Strukturen, die vorgegeben sind, auf Bezüge, auf die man als Bischof Rücksicht zu nehmen hat.«[878] Tröstlich sei da die Gewissheit, in Christus einen barmherzigen Herrn zu haben; und bei aller Mühe, die der Dienst eines Bischofs mit sich bringe: »Es ist ein reiches und schönes Amt. So habe ich das in den fünf Jahren empfunden.«[879]

In den verbleibenden Monaten seiner Amtszeit lief für von Loewenich und seine Mitarbeiter im Bischofsbüro das Tages-

---

877 VLS 1999/I, 14.
878 A.a.O., 14f.
879 A.a.O., 15.

geschäft weiter; Ansprachen zu verschiedenen Anlässen und Predigten standen allerdings nun deutlich im Zeichen des nahenden Amtsendes. Es ist diesen Reden anzumerken, wie der Landesbischof versuchte, seinen Dienst zu deuten, einen roten Faden in seiner beruflichen und privaten Biographie festzumachen. Auffällig ist gerade in diesen letzten Ansprachen als Bischof die prominente Rolle, die darin seine Kindheit und das Ringen mit dem Bild des Vaters spielen.

Ein berührender Text ist die Predigt über 1Kor 4,1–5, gehalten am 28. September 1999 auf der Hesselbergkonferenz.[880] Von Loewenich geht darin einmal mehr auf seinen Vater ein und dessen Verzicht darauf, wegen der Familie die Kameraden zu verlassen: »Er hat seinem Herrn und seinem Auftrag die Treue gehalten. Das hat mich in meinem Lebensweg stark bestimmt.« Allerdings, so von Loewenich weiter: »Als Heranwachsender habe ich manchmal die kritische Frage gestellt, ob es nicht auch eine Treue des Vaters gegenüber meiner Mutter und uns fünf Kindern gegeben habe.« Die Spannung zwischen der Treue zum Auftrag als Pfarrer und der Treue zur Ehe und Familie habe ihn lebenslang begleitet, auch bei ihm sei wohl die Gewichtung nicht unbedingt ausgewogen gewesen: »Die Treue zum Ordinationsversprechen behielt lange den Vorrang.« Heute sei er, sei die Kirche weiter: Treue zeige man auch, indem man sich der Familie widme. Treue – das sei für ihn auch ein Schlüsselwort seines Gottesbildes – »Gott ist treu«: »Dankbar bezeuge ich heute, wie sehr ich die Treue Gottes in den mehr als vierzig Jahren aktiven Dienstes als Pfarrer immer wieder neu erfahren habe. Sie hat mich gehalten in den kritischen 1970er Jahren, als die Kirchen immer leerer wurden und das Zweifel in mir ausgelöst hat. Sie hat mich getragen, wenn ich in den letzten fünf Jahren als Bischof an Grenzen meiner Kraft gestoßen bin.«

---

880 Predigt, 28.9.1999, in: LAELKB, NL Loewenich, Hermann von, vl. Nr. 50. Daraus nachfolgende Zitate.

Wenn er nun nach der Bilanz seines Wirkens als Bischof gefragt werde, wolle er darauf achten, »nicht ein Selbstbildnis vor anderen zu entwerfen«; von Loewenich nimmt Bezug auf Paulus, der sich angesichts der Auseinandersetzungen in Korinth weigerte, ein letztes Urteil über sich zu fällen: »So sehe ich auch meine Situation am Ende meiner Dienstzeit an. Es ist eine Wohltat, sich der Treue und Barmherzigkeit unseres Gottes anvertrauen zu dürfen, auch in der heiklen Frage, wie das Bild aussehen wird, das man hinterläßt.« Gerade hier werde die Rechtfertigungslehre existenziell für ihn: »Ich bin nicht gerechtfertigt durch das Maß der Stunden, die ich in meinen Dienst hineingesteckt habe. Ich bin nicht dadurch gerechtfertigt, daß ich nicht selten bis an die Grenzen meiner Kraft gegangen bin, erst recht nicht dadurch, daß ich meinen Dienst der Familie vorgeordnet habe. Vielleicht habe ich mich dahinter auch dann und wann verschanzt.« Es sei ein Geschenk, Diener Christi sein zu dürfen und dabei nicht auf das eigene Verdienst zu setzen, sondern Gott und seine Barmherzigkeit zu loben – Gott, der seinerseits »wenn er uns zu sich ruft, in seiner Güte jedem von uns sein Lob zuteil werden lässt […] ohne unser Verdienst und Würdigkeit, sola gratia. Darauf hoffe ich. Und es gibt uns die Parrhesie, vor ihm unsere Schuld zu bekennen.«

Am 31. Oktober 1999, fünf Tage, nachdem er seinen 68. Geburtstag gefeiert hatte, wurde Hermann von Loewenich verabschiedet. Ein denkwürdiges Datum: Am Vormittag dieses Reformationstages stand die Unterzeichnung der »Gemeinsamen Erklärung zur Rechtfertigungslehre« (GE) in Augsburg an. Von Loewenich betonte immer wieder, wie dankbar er für das Zusammenfallen dieser beiden Termine war: »Darin sehe ich den ermutigenden Zuspruch, daß auch ein Bischof nicht durch sein Tun und Wirken gerechtfertigt ist.«[881]

---

881 Ansprache Hesselbergkonferenz 1999, in: LAELKB, NL Loewenich, Hermann von, vl. Nr. 46.

Von Loewenich stand hinter der »Gemeinsamen Erklärung«
und hatte dies während der komplexen Entstehungsgeschichte
des Dokuments auch wiederholt deutlich gemacht. Die bayerische Landeskirche hatte 1997 als eine der ersten Kirchen dem
Beschlussvorschlag zu der Erklärung mit einem eigenen Entwurf zugestimmt[882] und dafür auch Kritik geerntet; auch innerhalb der VELKD war der bayerische Weg nicht unumstritten.
Hermann von Loewenich verhehlte nicht, dass er sich von der
Kritik am bayerischen Vorgehen ebenso wie von der Kritik an
der Erklärung überhaupt getroffen fühlte. Dies wird besonders
in seiner Reaktion auf die Unterschriftenaktion evangelischer
Theologieprofessoren deutlich, die gegen den Entwurf der Erklärung protestierten. Von Loewenich dazu bei der Frühjahrssynode 1998: »Das Professorenvotum [...] bleibt hinter dem
Differenzierungsvermögen zurück, das ich sonst aus theologischer Feder gewohnt bin. Eine Einladung zum Dialog kann
ich darin nicht erkennen.«[883] Kurz vor der Unterzeichnung der
Erklärung am 31. Oktober erklärte von Loewenich dann laut
Berichterstattung des Sonntagsblattes, man solle fachtheolo-
gische Bedenken zwar ernst nehmen, »aber das Kirchliche und
das Geistliche haben demgegenüber noch mehr Gewicht«[884].
Auch was das Agieren der katholischen Kirche betraf, hatte von
Loewenich Kritik und Enttäuschung geäußert: Als im Sommer
1998 die »Präzisierungen« des Vatikans den Prozess noch einmal generell infrage stellten, erklärte von Loewenich vor der
Herbstsynode 1998: »Die Irritationen, die die ›Note‹ des Vatikans vom 25. Juni 1998 ausgelöst hat, wirkte nach dem Beschluß
des Rats des Lutherischen Weltbundes auf viele wie eine kal-
te Dusche. [...] Die entstandenen Irritationen führten zur Be-
fürchtung, daß die ›Gemeinsame Erklärung‹ nun gescheitert

---

882 Vgl. den sogenannten Schweinfurter Beschluss (VLS 1997/II). Kurz vor
der Abstimmung hatte von Loewenich deutlich gemacht, dass er die
Erklärung befürwortete (VLS 1997/II, 178f.).
883 VLS 1998/I, 29.
884 Sonntagsblatt, Ausgabe München-Oberbayern (31.10.1999).

sei. Wenn dies zuträfe, wäre dies allerdings das vorläufige Ende des über Jahrzehnte währenden Prozesses von Lehrgesprächen auf Weltebene zwischen der römisch-katholischen und der lutherischen Kirche.«[885]

Dass es – wenn auch begleitet von massiver Kritik – noch zur Unterzeichnung der Erklärung bzw. der sogenannten »Gemeinsamen Offiziellen Feststellung« kam, war nicht zuletzt den Vermittlungsversuchen des am 2. Oktober 1999 verstorbenen Johannes Hanselmann und dessen Kontakten zu Joseph Kardinal Ratzinger, dem späteren Papst Benedikt XVI., zu verdanken. Von Loewenich würdigte Hanselmann bei seinem Grußwort am Vorabend der Unterzeichnung im Augsburger Rathaus mit den Worten: »Er ist einer der Väter der Gemeinsamen Erklärung.«[886]

Am Abend des 31. Oktober wurde Hermann von Loewenich in der Matthäuskirche in München mit anschließendem Staatsempfang verabschiedet. Seine Abschiedspredigt hielt er über seinen Konfirmationsspruch Phil 1,6: »Ich bin darin guter Zuversicht, dass der in euch angefangen hat das gute Werk, der wird's auch vollenden bis an den Tag Christi Jesu.«[887] Es sei ein Wort, so von Loewenich, das ihn getragen habe durch seine Jugend, durch Wirren und Traurigkeiten der Kriegs- und Nachkriegsjahre, durch Studium und Beruf. Und es sei auch ein Wort, das ihm Hoffnung gebe, was die Zukunft betreffe: Er sehe den Weg der beiden Kirchen, gerade an diesem denkwürdigen 31. Oktober, als »gutes Werk Gottes« an. Bezugnehmend auf die Aussagen zur Rechtfertigungslehre deutete von Loewenich Phasen seines Lebens, in denen er erlebt habe, an die Gren-

---

885 VLS 1998/II, 21.
886 Enthalten in: LAELKB, NL Loewenich, Hermann von, vl. Nr. 46. Erheblichen Anteil am Zustandekommen der GOF hatte auch der Neuendettelsauer Systematiker J. Track, Vorsitzender des Theologischen Ausschusses des Lutherischen Weltbundes. J. Friedrich hatte sich als Vorsitzender des Grundfragenausschusses für die Gemeinsame Erklärung engagiert.
887 Predigt in: LAELKB, NL Loewenich, Hermann von, vl. Nr. 86.

zen seiner Kraft zu stoßen: »Es war nicht mein Verdienst, wenn Gott daraus Segen entstehen ließ und Gelingen schenkte.« Den anstehenden Abschied von seiner bisherigen Position und der damit verbundenen Macht nahm von Loewenich an mit den Worten: »Ich werde aus einer neuen Perspektive lernen, daß ich auch ohne Amt in Gottes Augen einen Wert habe, unabhängig von dem, was ich künftig noch leisten kann oder nicht. Ich traue darauf, daß Gott mir und meiner Frau auf der neuen Wegstrecke neue Erfahrungen zuteil werden lassen will. Darauf möchte ich mich einlassen. Darin bin ich voller Zuversicht, daß er mich weiterführt zu neuen Einsichten des Glaubens und mich zu dem Ziel führt, an dem Christus in seiner Barmherzigkeit mich erwartet.«

Lebensthemen und -stationen von Loewenichs spiegelten sich im Ablauf des Gottesdienstes wider: Wieder sang, wie so oft an Wegmarken seines Lebens, der Windsbacher Knabenchor. Die Fürbitten thematisierten Arbeitsbereiche, die von Loewenich besonders am Herzen gelegen hatten, unter anderem die Nöte der Asylbewerber und Flüchtlinge oder die Relevanz der kirchlichen Frauenarbeit; Ministerpräsident Edmund Stoiber überreichte dem scheidenden Bischof ein Kruzifix aus Nymphenburger Porzellan – Reminiszenz an die gemeinsam geführte Auseinandersetzung um die Schulkreuze. In seinen Dankesworten an den Ministerpräsidenten betonte von Loewenich dann auch, dass Freistaat und Kirche in »wichtigen Fragen christlicher Verantwortung für die Gesellschaft« eng zusammengearbeitet hätten: »Daß wir in der Asylpolitik unterschiedliche Standpunkte vertreten haben, spiegelt die Eigenständigkeit von Staat und Kirche in ihrem jeweiligen Auftrag [wider], hat aber unsere persönlichen Beziehungen nicht in Frage gestellt.«[888]

In der Reihe seiner Dankesworte wandte sich von Loewenich abschließend an seine Frau: »In 37 Jahren Pfarrersehe ist sie

---

888 Dankeswort von Loewenich. A.a.O.

mir vielfältig zur Seite gestanden und hat mich mit ihrem Rat, ihrem Handeln und ihrer hilfreichen Kritik begleitet, angeregt und hinterfragt. Nicht wenige Belastungen hattest du zu tragen und auf dich zu nehmen, die sich aus meinem Dienst ergeben haben. Dir herzlichen Dank dafür in aller Öffentlichkeit. Dank auch meinen beiden Kindern für ihre kritische Begleitung.«[889]

Uneingeschränkt leicht fiel Hermann von Loewenich der Abschied von seinem Amt sicher nicht. »Er wollte nicht einmal ansatzweise einen Tag früher aufhören«, so empfand sein Nachfolger Johannes Friedrich die Situation. »Er war ein Mensch, der in der Öffentlichkeit gelebt hat, der die Debatten gesucht hat – und jetzt zu merken, dass die Debatten auch am Amt hängen und nicht an der Person, war sicher nicht leicht«[890], so Willi Stöhr. Auf der anderen Seite, so sieht es Hiltrud von Loewenich rückblickend, war da auch eine Erschöpfung spürbar, ein Gefühl, es sei jetzt auch an der Zeit zu gehen – so, wie es Hermann von Loewenichs einmal im September 1999 beschrieben hatte: Er sei dankbar dafür, dass er am Ende seines aktiven Pfarrerlebens noch habe Bischof sein dürfen und sei dies auch gern gewesen: »Aber nun gebe ich auch gerne dieses Amt in jüngere Hände und freue mich auf eine Lebensphase, in der ich mehr Freiräume gewinne.«[891]

Willi Stöhr erinnert sich an ein Gespräch mit seinem Vorgesetzten in dessen letzten Amtstagen, in dem es darum ging, was für Hermann von Loewenich wohl das Wichtigste gewesen sei, wenn er nun über seine Jahre als Pfarrer, als Theologe, als Bischof nachdenke. »Die Treue und Verlässlichkeit Gottes«, war von Loewenichs Antwort.

---

889 Dankeswort von Loewenich; handschriftl. Zusatzblatt [Schreibweise angeglichen]. A. a. O.

890 Interview W. Stöhr.

891 Ansprache Hesselbergkonferenz 1999, in: LAELKB, NL Loewenich, Hermann von, vl. Nr. 46.

8. Der lange Abschied (1999–2008)

Es war nur eine kurze Zeit, die Hermann von Loewenich im aktiven Ruhestand verblieb – Zeit, die er nutzte, um weiter seine Stimme gegen Fremdenfeindlichkeit und für Toleranz zu erheben, Zeit, in der er sich in kulturellen Einrichtungen engagierte, Zeit, die er der Familie und den Freunden widmete und der Reflexion dessen, was gewesen war in Kirche und Gesellschaft. Dann machten sich zunehmend Einschränkungen bemerkbar: Von Loewenich litt an Alzheimer und an einer dazugekommenen Parkinson-Erkrankung. Er, der zeitlebens gestaltet und gegeben hatte, wurde zu einem, der auf das Empfangen angewiesen war: auf die Hilfe der Pfleger, den Zuspruch der Freunde, zuallermeist auf die Fürsorge seiner Frau und seiner Familie.

8.1 Die ersten Ruhestandsjahre

Was er sich für den Ruhestand vorgenommen habe? Das war eine der Fragen, die Journalisten dem scheidenden Landesbischof gerne stellten. Hermann von Loewenich nannte eine Fülle von Vorhaben, etwa, den Umgang mit dem PC zu lernen, mit seiner Frau zu verreisen, Zeit für sich und die Familie zu haben, überhaupt »wieder mehr zum Lesen zu kommen und am Kulturleben teilhaben zu können«[892].

Das Ehepaar von Loewenich zog wieder nach Nürnberg, in die Schlieffenstraße im Stadtteil Erlenstegen. Von Loewenich freute sich sichtlich über diese Rückkehr in seine Heimatstadt,

---

892 Interview für B+K, geführt von Thomas Zeilinger, 13.10.1999, in: LAELKB, NL Loewenich, Hermann von, vl. Nr. 7. Ebd. nachfolgende Zitate.

namentlich auch darüber, nun wieder die Spiele des 1. FCN besuchen zu können. Außerdem gab es da noch den Plan, über
den Kirchenpräsidenten Friedrich Veit zu forschen und über
die Entwicklung der bayerischen Landeskirche in den 1920er
Jahren überhaupt: »Es ist ja spannend, wie sich die bayerische
Kirche in nachmonarchischer Zeit, wenn auch nicht anti-, so
doch nicht-demokratisch entwickelt hat.« Ob er das Bischofsamt vermissen werde? Die Gremienarbeit sicher nicht, so von
Loewenich, wohl aber »das Gefühl, etwas gestalten zu können,
auf Meinungsbildung Einfluß zu haben, in den Medien präsent
zu sein und die Gemeinschaft mit Menschen«.

Die historischen Forschungen trieb Hermann von Loewenich offensichtlich nicht mehr weit voran, auch die Reiseplä-
ne – Italien, Griechenland, Israel – konnten gerade einmal in
Ansätzen verwirklicht werden. Einmal mehr waren es kirchliche und gesellschaftspolitische Anliegen, die den Altbischof in
der ersten, der aktiven Phase seines Ruhestandes beschäftigten.
Einige davon hatte er bereits als Nürnberger Dekan und Kreisdekan verfolgt: So saß er nun erneut im Verwaltungsrat des
Germanischen Nationalmuseums, im Kuratorium des Kunst-
und Kulturpädagogischen Zentrums der Museen in Nürnberg
(KPZ), war berufenes Mitglied im Stiftungskuratorium der
ION (Internationale Orgelwoche Nürnberg – Musica Sacra),
war weiterhin in der Förderstiftung des Windsbacher Knabenchores aktiv und engagierte sich in Rummelsberg, unter anderem im Kuratorium der Kinder-Rheumastiftung.

Dazu kamen neue Aufgaben, die Lebensthemen des Altbischofs berührten: So spielte der Blick zurück in die Kindheit,
die Bewältigung der eigenen Vergangenheit in der NS-Zeit eine
entscheidende Rolle hinsichtlich des Engagements Hermann
von Loewenichs für das entstehende Dokumentationszentrum
Reichsparteitagsgelände Nürnberg. Von Loewenich war Mitglied des Kuratoriums, ebenso wie ihm größtenteils vertraute
hochrangige Vertreter aus Politik und Gesellschaft, unter ihnen Innenminister Günther Beckstein und Arno Hamburger,

Vorsitzender der Israelitischen Kultusgemeinde Nürnberg. In einem Interview gewährte von Loewenich damals einen Einblick in seine Erinnerungen an die gigantischen Inszenierungen der NS-Zeit: »Bilder aus meiner Kindheit tauchen in mir auf, wenn von den Reichsparteitagen die Rede ist. Sechs Jahre war ich alt, als 1938 dieses monströse Spektakel zum letzten Mal stattgefunden hat. Ich erinnere mich, wie Hitler im offenen Wagen stehend durch das Spalier an den Straßenrändern zum Hauptmarkt gefahren ist. Ich war dabei, als vor dem ›Deutschen Hof‹ die Menschen mit endlosen Heilrufen nach dem ›Führer‹ riefen, bis er endlich auf den Balkon trat, um die Huldigungen entgegenzunehmen. Beides zog mein kindliches Gemüt in Bann.«[893] Das Dokumentationszentrum eröffnete am 4. November 2001.[894]

Mit den Erfahrungen aus der NS-Zeit hing ein weiteres Engagement Hermann von Loewenichs im Ruhestand zusammen: Der Altbischof fungierte als Vorsitzender der »Bürgerbewegung für Menschenwürde in Mittelfranken«, die im November 2000 als eingetragener Verein gegründet wurde; der Nürnberger Regionalbischof Dr. Karl-Heinz Röhlin setzte sich sehr für das Bündnis ein. Die überparteiliche Bewegung trat mit dem Ziel an die Öffentlichkeit, auf verschiedenste Weise – unter anderem durch Bildungsarbeit, Lichterketten und Gottesdienste – Aufklärungsarbeit gegen Fremdenfeindlichkeit und Extremismus leisten zu wollen. Unterstützt wurde der Verein darin vom Bezirk Mittelfranken, von Städten, Landkreisen und Gemeinden, den Kirchen, der Israelitischen Kultusgemeinde sowie Verbänden und Vereinen. In hohem Maß engagierte sich auch der Nürnberger Redakteur Walter Schatz für die Bewegung, den Hermann von Loewenich seit seiner Kindheit kannte. Danach gefragt, was ihn dazu veranlasst habe, den Vorsitz der

---

893 Enthalten in: LAELKB, NL Loewenich, Hermann von, vl. Nr. 67.
894 Zum Einweihungsakt des Dokumentationszentrums und den Differenzen um die Beteiligung der Kirche daran vgl. die Unterlagen a.a.O.

Bürgerbewegung zu übernehmen, erklärte Hermann von Loewenich gegenüber der Presse, die Entscheidung sei ihm nicht leicht gefallen; er sei schließlich im Ruhestand und wisse, dass die Bürgerbewegung keine Sache sei, die man halbherzig betreiben könne: »Was mich bewogen hat, ist meine Biographie.«[895] Wieder führte von Loewenich an, was ihn im Alter zunehmend umtrieb: die eingeworfenen Scheiben in der Reichspogromnacht, der Anblick der Nürnberger Juden mit dem gelben Stern, die Deportationen von jüdischen Mitbürgern in der Theodorstraße, die er als Kind miterlebt hatte: »Das sind Prägungen, die ich immer als Verpflichtung empfunden habe, wachsam zu sein und persönlich etwas zu tun.« Es gebe da eine gewisse Anfälligkeit der Mittelfranken für rechtsgerichtete Parolen, man denke nur an Julius Streicher, »Frankenführer« und Herausgeber des Hetzblattes »Der Stürmer«. Jedem Hakenkreuz gelte es, sich entgegenzustellen: »Das ist das Zeichen derer, die über Deutschland Vernichtung und Verderben heraufbeschworen haben.« Ein Stück Wiedergutmachung des einst begeisterten »Pimpfs«, ein Stück »Nie wieder«: Von Loewenich vertrat den Verein noch einige Zeit nach außen und nahm in seiner Funktion als Vorsitzender der Bewegung auch an Sitzungen des »Runden Tisches Menschenrechte« Nürnberg teil.

Zu den bereits genannten Funktionen kamen weitere punktuelle Aufgaben für den Altbischof hinzu: Hermann von Loewenich besuchte Gemeinden, kam Bitten um Predigten nach, hielt zahlreiche Vorträge, vor allem zu Zukunftsperspektiven des Christentums sowie zu Fragen von Politik und Kirche.[896]

---

895 Nürnberger Zeitung (10.11.2000), 19. A. a. O. nachfolgende Zitate.
896 Einige sind enthalten in: LAELKB, NL Loewenich, Hermann von, vl.
    Nr. 46. U. a.: Der Beitrag des Protestantismus zur Demokratie in
    Deutschland speziell in Bayern (2002); Gedenkstunde anlässlich des
    60. Jahrestags des Kriegsbeginns gegen die Sowjetunion (2001); Erneuerte Spiritualität und ethische Verantwortung der Kirchen (Eröffnungsvortrag VII. Nürnberger Forum; 2000); Die Zukunft der Kirche
    und die Kirche der Zukunft (Statement Ökumenischer Kirchentag
    Ingolstadt; Sept. 2000); Die Rolle der Kirche auf dem Weg ins dritte

Von Loewenich wirkte bei verschiedenen Veranstaltungen mit. Ihm stand für seine Arbeiten und Korrespondenzen ein Büro am Egidienplatz im Kirchengemeindeamt zur Verfügung.[897] Die Textsammlung »Offen und deutlich. Ein evangelischer Bischof gibt Auskunft« war bereits zum Ende der Bischofszeit erschienen. Von Loewenichs Referent Willi Stöhr hatte gemeinsam mit Susanne Breit-Keßler, damals Medienbeauftragte im Landeskirchenamt, Predigten, Vorträge und Statements von Loewenichs zusammengestellt – »ein Spiegel der vielfältigen geistlichen und kirchenpolitischen Aktivitäten seiner kurzen, aber einprägsamen Amtszeit«[898], so die Herausgeber im Vorwort. Man wolle damit auch einer einseitigen Bewertung von Loewenichs als eines »politischen Bischofs« wehren, ein solches Bild sei ergänzungsbedürftig: »Der Blick auf Schrift und Bekenntnis wird für ihn lebendig durch den gleichzeitigen Blick auf Kirche und Gesellschaft. Leben ohne Glaube ist für ihn ebenso undenkbar wie Glaube ohne Leben.« Als roter Faden durch den kleinen Band zieht sich ein Interview des BR-Redakteurs Stephan Bergmann mit Hermann von Loewenich.

Von Loewenich war bereits vor und vor allem während seiner Bischofsjahre vielfach geehrt worden: 1992 hatte er das Bundesverdienstkreuz am Bande erhalten, 1996 den Bayerischen Verdienstorden und die Bayerische Verfassungsmedaille, er wurde mit dem Tutzinger Löwen ausgezeichnet, und im Mai 1997 hatte ihm die Augustana-Hochschule Neuendettelsau die Ehrendoktorwürde verliehen.[899] Nun, im Ruhestand, wurden

---

Jahrtausend. Referat beim Evangelischen Aschermittwoch (2000); Engagement für Erneuerung (Baugerüst 3/2000).

897 Im Frühjahr 2005, als die Krankheit bei von Loewenich bereits fortgeschritten war, wurde das Büro ausgeräumt. Hermann und Hiltrud von Loewenich waren dabei, als Mitarbeiter des Landeskirchlichen Archivs sowie Wolfgang Dietzfelbinger die Unterlagen sichteten. Der Großteil der Akten wurde zu Archivgut deklariert.

898 VON LOEWENICH, Offen, 9. A.a.O. nachfolgende Zitate.

899 Vgl. Promotionsrede und weitere Unterlagen in: LAELKB, NL Loewenich, Hermann von, vl. Nr. 13.

von Loewenich weitere Auszeichnungen zuteil; dazu zählten die Verleihung der Medaille »München leuchtet« in Gold im Jahr 2000 und die Bürgermedaille der Stadt Nürnberg im darauffolgenden Jahr. Der Altbischof fungierte als Schirmherr, etwa für den ihm wohlvertrauten »Garten Eden« auf dem Platnersberg in St. Jobst, dem Gemeindegebiet, in dem sich das von Loewenich'sche Domizil befand.

Die Pflege der Freundschaften, der Kontakt gerade zu den Weggefährten seiner Generation war für Hermann von Loewenich wesentlicher Bestandteil dieser Lebensphase. In den Jahren 2000 bis 2003 hielt er mit seiner Frau Tagungen für Ruhestandspfarrer und deren Frauen im Evangelischen Bildungszentrum Alexandersbad; er arbeitete dabei mit Illa und Dr. Michael Kuch, dem dortigen Leiter, zusammen. Hans Issler erinnert sich daran, dass auf diesen Tagungen spürbar wurde, dass der Freund auf eine neue Weise zur inneren Ruhe gefunden habe. Er habe nun, was ihm früher manchmal auch schwergefallen sei, Zeit gehabt, geduldig zuzuhören: »Er war den Ruhestandspfarrern zugewandt. Da war keine Distanz zu spüren.«[900]

Der 70. Geburtstag Hermann von Loewenichs am 26. Oktober 2001 wurde noch einmal zu einem großen, heiteren Fest, zu dem rund 200 Gäste kamen.[901] Landesbischof Johannes Friedrich hielt den Festgottesdienst in der Nürnberger Egidienkirche, er stellte seine Predigt unter Worte aus dem 73. Psalm. Besonders einen Vers daraus hob er hervor – den Vers, mit dem Hermann von Loewenich seine Ansprache nach der Wahl zum Landesbischof beschlossen und der über seiner Predigt zur Einführung als Bischof gestanden hatte: »Aber das ist meine Freude, dass ich mich zu Gott halte und meine Zuversicht setze auf Gott, den Herrn, dass ich verkündige all dein Tun.« Friedrich würdigte den Lebenslauf von Loewenichs als »glaubensstär-

---

900 Interview H. Issler.
901 Vgl. dazu auch EPD-Bericht (26.10.2001): Das Selbstbewusstsein des Protestantismus gestärkt. Geburtstagsfeier von Alt-Landesbischof Hermann von Loewenich.

kendes Beispiel eines Christen, der sich von Gott geführt weiß
und deshalb öffentliche Verantwortung übernimmt.« Die bayerische Landeskirche, so Friedrich, könne über das Wirken von
Loewenichs »froh und glücklich sein«[902].

Gegen Ende der Predigt sprach Friedrich an, dass es nicht
leicht sei, sich immer an Gott zu halten – dann nämlich, wenn,
in der Sprache des Psalms gesprochen, Leib und Seele ver-
schmachteten: »Schlimmer kann es nicht werden – was auch
immer hinter diesen Worten steckt. Doch dies bleibt ein Ge-
heimnis des Psalmbeters. Es gehört auch nicht in die Öffentlichkeit, sondern allein in das Gespräch zwischen ihm und
Gott«. Trost spende in solchen Dunkelheiten die Gewissheit,
dass Gott die Menschen trage, im Leben wie im Sterben: »Angesichts dieses Trostes ist es auch nicht mehr wichtig, nach Himmel und Erde zu fragen, nach den Dingen dieser Welt und auch
nach den Dingen in der Kirche, nach dem, was man in Kirche
und Welt geleistet hat, nach dem, was einen vielleicht bekannt
und berühmt gemacht hat.« Fast meint man rückblickend, hier
eine Vorahnung herauszuhören für das, was Hermann von
Loewenich in den darauffolgenden Monaten und Jahren erleben und durchleiden sollte und was sich bei diesem Fest schon
ganz leise andeutete.

Für den Altbischof war dieser runde Geburtstag das letzte
Fest, an dem er noch einmal als ein Kirchenmann, der das Gesicht seiner Landeskirche entscheidend geprägt hatte, im Licht
der Öffentlichkeit stand. Während die Medien noch den »gut
gelaunten« Jubilar und dessen Wunsch, der Kirchentag möge
noch im laufenden Jahrzehnt nach Nürnberg kommen, feierten, wurde denen, die ihm nahestanden, zunehmend bewusst,
dass manches von der Zuversicht und Souveränität des 70-Jäh-
rigen nur noch mühsam aufrechterhalten war.

---

902 Predigt J. Friedrich, in: Sonntagsblatt-Archiv Nürnberg.

8.2 »Wie lange?«: Zeit der Krankheit

Es lässt sich nicht festmachen, wann bei Hermann von Loewenich die Krankheit ausbrach; eine Alzheimer-Erkrankung beginnt, bevor sich erste Symptome bemerkbar machen. Hiltrud von Loewenich erinnert sich daran, dass ihr Mann sich bald nach Eintritt in den Ruhestand und dem Umzug nach Nürnberg verändert hatte. Da waren Unsicherheiten, die die Familie allerdings anfangs »falsch« einordnete: Dass er etwa nicht mehr gerne mit öffentlichen Verkehrsmitteln fuhr, führte man darauf zurück, dass er jahrelang einen Chauffeur gehabt habe; dass er mit dem Einsortieren von Unterlagen Schwierigkeiten hatte, konnte doch an der nun fehlenden Sekretärin liegen. Im Lauf der ersten Ruhestandsjahre mehrten sich die Anzeichen für einen ernsthaften Befund: Hermann von Loewenich vergaß Namen und Gesichter, sein Kurzzeitgedächtnis ließ ihn im Stich, er zeigte Probleme mit der Orientierung. Vertrauten Menschen gegenüber sprach er von seinen Sorgen, er suchte ärztlichen Rat, und allmählich kristallisierte sich die Diagnose heraus: Er war an Alzheimer erkrankt.

Es gibt eine berührende Rede Hermann von Loewenichs vom November 2002, gehalten bei einem der Treffen mit Ruhestandspfarrern in Bad Alexandersbad. Die Tagung war dem gesellschaftlichen Wandel gewidmet, und von Loewenich hielt ein Referat mit dem Titel »Vom Zeitgenossen zum kritischen Fremdling«[903]. Was er damals sagte, klingt wie das Resümee seines Lebens und zugleich wie ein Abschied von der aktiven Teilnahme am Weltgeschehen.

Der Titel seines Vortrags, so von Loewenich einleitend, sei sehr persönlich gemeint, er stehe für die Lebenserfahrung, die ihn nun nach sieben Lebensjahrzehnten beschäftige, und um-

---

903 »Vom Zeitgenossen zum kritischen Fremdling«. Bad Alexandersbad (5.11.2002), in: LAELKB, NL Loewenich, Hermann von, vl. Nr. 46. A.a.O. nachfolgende Zitate.

fasse kritische Anfragen an den Zeitgeist ebenso wie Biographisches. Von Loewenich nennt einige Aspekte des gesellschaftlichen Umbruchs, so, wie er ihn wahrnahm: den Wandel vom Industriezeitalter hin zum Informationszeitalter etwa, geprägt durch das Internet, den Wandel von der christlichen Prägung des Lebensrahmens hin zur »religiösen Beliebigkeit«, von der »aufgabenorientierten Lebenshaltung« hin zur »Spaßgesellschaft«. Gerade einmal drei Jahre nach seinem Eintritt in den Ruhestand stellt der Altbischof fest: »Ich finde mich in diesen vielfältigen Prozessen nur mühsam oder gar nicht vor. Mein Lebensgefühl signalisiert eher Abstand, bei allem Bemühen auf der Höhe der Zeit zu bleiben. In manchen Aspekten bin ich schlicht ›Fremdling‹. Ich verstehe die Zeit nicht mehr so recht. Das verunsichert mich.«

Von Loewenich lässt sein Leben Revue passieren, vom Pfarrersbuben bis hin zum Bischof. Es war, so beurteilt er es selbst, ein Leben als Zeitgenosse, geprägt von dem Bemühen, auf der Höhe der Zeit und ihrer Themen zu sein und in seinem Beruf als Geistlicher die Bibel mit diesen Themen ins Gespräch zu bringen. Nun sei er trotz aller Bemühungen, weiter dazuzulernen, eher ein stiller Begleiter und Beobachter des Lebens um ihn herum geworden: »Ich verstehe nicht alles. Aber war das in früheren Lebensjahren ganz anders? Ich merke es jetzt mehr als früher. Da hatte ich weniger Zeit, darüber nachzudenken.«

In der Öffentlichkeit wurde die Erkrankung des Altbischofs sehr behutsam kommuniziert. Es war eine Gratwanderung, lange wussten nur die engsten Vertrauten Bescheid. Nach und nach wurde auch einem weiteren Umfeld seine Krankheit bewusst. Freunde erinnern sich auf je ihre Weise an die Betroffenheit, als sie von der Erkrankung des einst so vitalen Mannes erfuhren. Manchmal kam es zu offenen Gesprächen über die Demenz und die Sorgen Hermann von Loewenichs, manchmal war da auch einfach das Bemühen, den Freund aufzufangen, indem man ihm mit Namen weiterhalf oder ihn etwa bei den bereits erwähnten Tagungen für Ruhestandspfarrer in Alexandersbad abends in dem weitläufigen Gebäude zu seinem Zimmer begleitete, das er alleine nicht mehr gefunden hätte.

Mit Hilfe seiner Frau konnte Hermann von Loewenich noch eine Zeitlang Termine wahrnehmen und an Sitzungen teilnehmen. Er nahm Einladungen zu Vorträgen an und predigte, auch wenn er, der begnadete Redner, nun nicht mehr frei sprach, sondern sich streng an seine Manuskripte hielt. Es gab immer wieder diese guten Tage, an denen Außenstehende kaum etwas von seiner Krankheit merkten, und es gab diese besonderen Tage, in denen Hermann von Loewenich sich den Erinnerungen an vergangene Jahre hingeben konnte, etwa bei Treffen mit alten Freunden, Besuchen im Nürnberger Raum, Fahrten an kirchliche Orte. Manche Unternehmungen schienen – gerade im Nachhinein betrachtet – bewusste Abschiede von wesentlichen Stationen seines Lebens gewesen zu sein. Werner Schanz erinnert sich an die Pfingsttagung der Pfarrbruderschaft 2004 in Rummelsberg, die er gemeinsam mit Hermann von Loewenich besuchte. Die Tagung begann wie üblich mit einem Abendgottesdienst: »Der Weg von der Kirche zum Tagungshaus, das war wie ein Erinnerungsweg. Hermann wusste vielfach die Namen nicht mehr und auch nicht, wie er sie einordnen sollte. Da haben wir ihm geholfen. Und auch die Pfarrbruderleute, wenn sie nicht so sehr erschrocken waren, haben sich ihm vorgestellt, und so wurde das zum Erinnerungsweg. Die vielen Hände, die Hermann geschüttelt hat – das war vielleicht eine Viertelstunde, zwanzig Minuten lang –, und wie er sich dann auch wieder erinnerte und das einordnen konnte: Das war für mich ein ganz bewegender Weg.«[904]

In dieser Zeit beschäftigte Hermann von Loewenich auch immer wieder sein eigenes kirchliches Engagement und dessen Bewertung. Als Hermann Blendinger im Kreis der Nürnberger Ruhestandspfarrer sein Buch »Aufbruch der Kirche in die Moderne« vorstellte, in dem er die Geschichte der bayerischen Lan-

---

904 Interview W. Schanz.

deskirche von 1945 bis 1990 durchaus kritisch skizzierte, hinterließ dies bei Hermann von Loewenich offensichtlich einen tiefen Eindruck. Werner Schanz erinnert sich an das Gespräch, das der Freund anschließend mit ihm suchte: »Er sprach von seiner Ratlosigkeit im Blick auf die Kirche und hat dann über seine persönliche Situation gesprochen. Und er sagte dann: War es richtig so, für eine so kurze Zeit Landesbischof zu werden und das Amt des Bischofs zu übernehmen? Und dann hat er gefragt: Was können wir noch tun?«[905]

Freude empfand Hermann von Loewenich in dieser Zeit angesichts seiner wachsenden Familie: In den Jahren 2002 und 2004 kamen Pauline und Julius von Loewenich, die Kinder seiner Tochter Christiane, zur Welt. Seine Enkeltochter taufte Hermann von Loewenich noch selbst, bei der Taufe des Enkelsohnes sprach er den Familiensegen.

Im Jahr 2005 verschlechterte sich der Gesundheitszustand Hermann von Loewenichs zusehends. Der Alltag in der Schlieffenstraße wurde immer schwieriger: Hermann von Loewenich konnte nicht mehr alleine sein, er verlor das Gefühl für Raum und Zeit, erkannte seine Familie nicht mehr; seine Betreuung brachte seine Frau und die Familie an die Grenzen ihrer Kräfte. Es war wohl, so Hiltrud von Loewenich rückblickend, ihrer beider Rettung, dass zum Jahresbeginn 2006 die Rummelsberger Diakonie ein neues Heim in Nürnberg eröffnete. Das Lorenzer Stift lag direkt im Zentrum, in der Hinteren Sterngasse – ein Fleck, der Hermann von Loewenich von Kindheit an vertraut war: Im CVJM-Haus am Sterntor hatte der Vater Jugendstunden gehalten, hier waren Hermann von Loewenich und seine Brüder ein- und ausgegangen. Zu der erinnerungsträchtigen Umgebung kam die Tatsache, dass die Rummelsberger Träger des Lorenzer Stifts waren. Hiltrud von Loewenich erinnert sich: »Bei einem Besuch mit ihm in diesem Haus löste der Name offensichtlich Vertrautes aus, so konnten

---

905 A.a.O.

wir wieder hingehen.« Der Plan reifte: Hermann von Loewenich sollte in das Stift St. Lorenz einziehen. Der Silvesterabend
2005 wurde zu einem bewussten Abschiednehmen vom Leben
in der Schlieffenstraße. Werner Schanz erinnert sich: »Hiltrud
von Loewenich fragte uns, ob wir mit ihr den Silvesterabend
verbringen würden, und sie erzählte uns, dass sie Hermann im
Rummelsberger Stift angemeldet hatte und dass er im Januar
hier Aufnahme finden würde. Sie wollte ihn darauf vorbereiten.
Ich habe eigentlich sowohl an Silvester wie auch danach keinerlei Abwehr mitbekommen, dass Hermann sich geweigert hätte, ins Stift zu kommen. Am Silvesterabend haben wir fröhlich
und besinnlich die erste Stunde verbracht und waren dann in
St. Jobst zu einem Konzert für Trompete und Orgel; Hermann
liebte ja diese Musik. Das Anstoßen um Mitternacht war natürlich für uns alle sehr bewegend.«[906]

Die Jahreslosung für das Jahr 2006 sollte zum Leitmotiv
der nun folgenden Monate und Jahre im Leben Hermann von
Loewenichs werden, mit allen Umbrüchen, Verlusten und
Schmerzen, aber auch glücklichen und erfüllten Momenten:
»Gott spricht: Ich lasse dich nicht fallen und verlasse dich nicht«
(Josua 1,5b).

Als einer der ersten Bewohner zog Hermann von Loewenich
kurz nach der Eröffnung des Hauses in das Lorenzer Stift ein.
Sein Zimmer war hell, da waren die vertrauten Gegenstände,
die Bücher, auch, wenn er sie bald nicht mehr lesen konnte. Er
hatte seinen Schreibtisch im Raum, vor dem Fenster stand der
Sessel, in dem er so gerne saß. Die Jahreslosung hing an seiner
Tür, zusammen mit einer großen, roten Blume – es war wie ein
Haussegen, so der Eindruck von Gerhard Althaus. Hiltrud von
Loewenich war dankbar dafür, dass sie nun fachliche und stati-
onäre Hilfe für ihren Mann in Anspruch nehmen konnte und
ihn gut betreut wusste, während sie selbst nachts Kraft tanken
konnte, um sich dann tagsüber ganz ihrem Mann zu widmen.

---

906 A.a.O.

In der Anfangszeit waren noch viele gemeinsame Aktivitäten möglich: Vor allem die Ausflüge schätzte Hermann von Loewenich sehr. Oft führten sie ihn zu wesentlichen Nürnberger Orten seines Lebens. So fuhr er zusammen mit seiner Frau wiederholt mit der U-Bahn zum Prinzregentenufer, der Straße, in der er von 1940 bis 1945 gelebt hatte – eine Straße, die wohl Erinnerungen an den Vater wachrief, an die Mutter und die Geschwister, an unbeschwerte Stunden beim Fußballspielen, aber auch an die Bombennacht vom 2. Januar 1945. Auch sonst spielten Orte und Gegenstände seiner Kindheit und Jugend eine große Rolle. Werner Schanz erinnert sich etwa daran, wie der Freund immer wieder das »Gottbüchlein«[907] seiner Schulzeit zur Hand nahm, darin blätterte und darüber sprach. Freude machten Hermann von Loewenich die Besuche, die Gespräche und Berührungen, Freude machten ihm die Bilder seiner Enkel.

Der Zeitpunkt kam, dass Ausflüge mit öffentlichen Verkehrsmitteln nicht mehr möglich waren und Hermann von Loewenich auch Autofahrten mied. Es blieben die Fahrten mit dem Rollstuhl: Seine Frau fuhr regelmäßig nachmittags mit ihm durch die Nürnberger Innenstadt oder setzte sich mit ihrem Mann in den Skulpturengarten an der Stadtmauer. Auch andere Familienangehörige und Freunde erlebten, wie gut Hermann von Loewenich die Stunden an der frischen Luft taten und wie gerne er durch »sein« Nürnberg fuhr, Menschen begrüßte, die Atmosphäre des Stadtlebens aufsog. Werner Schanz bezeichnete solche Ausflüge als ein »Erinnerungsfahren im Schatten der Lorenzkirche«. Auch die Gespräche mit Freunden kreisten oft um die Vergangenheit, die verschiedenen Lebensstationen zogen vorüber – von der Kindheit in Nürnberg bis Kulmbach, schließlich auch München; er erzählte gerne von vergangenen Tagen. In seinem Selbstverständnis blieb Hermann von Loewenich Geistlicher, und auch der Altbischof schien immer wieder

---

907 Das »Gottbüchlein« von Ernst Veit war von 1932 bis 1963 Religionsbuch für die Volksschulen in Bayern.

durch, etwa, wenn er davon sprach, dass er vieles auch versäumt habe, dass er beispielsweise noch mehr Pfarrer hätte besuchen wollen, die Nähe und Unterstützung gebraucht hätten. Gerne blätterte er durch das Sonntagsblatt oder das Heft der Nürnberger City-Kirchen. Auch, als er es inhaltlich nicht mehr greifen konnte, spürte er, so empfand es seine Frau, dass dies etwas mit seiner früheren Welt zu tun hatte.

Wie es zeitlebens gewesen war, fand Hermann von Loewenich auch in dieser Lebensphase Geborgenheit in der Musik: Das Ehepaar von Loewenich hörte oft im Zimmer Aufnahmen des Windsbacher Knabenchores, und wenn bei den Andachten im Stift Choräle angestimmt wurden, konnte Hermann von Loewenich auch noch mitsingen, als die dunklen Momente längst überhandgenommen hatten.

Es tat seiner Frau, seiner Familie und seinen Freunden weh, miterleben zu müssen, wie die geistigen und körperlichen Kräfte Hermann von Loewenichs zunehmend nachließen, wie die Schmerzen, verursacht durch die fortschreitende Parkinson-Erkrankung, immer stärker wurden.

Trotz und in der Traurigkeit war es, so Hiltrud von Loewenich, »eine sehr dichte Erlebnis-Zeit für uns: Es ging etwas von ihm aus, was ich nicht beschreiben kann.«[908] Und Werner Schanz erinnert sich an den Freund: »Er nahm einen mit, so dass man gar nicht mehr spürte, wie krank er ist. Die Freundschaft wurde sehr hautnah und hat uns manchmal sogar beglückt.«[909] Beglückt wohl gerade dann, wenn da diese »Fenster« waren, diese Momente, in denen etwas aufschien von dem, was Hermann von Loewenich beschäftigte. Gerhard Althaus beschrieb später in der Traueransprache diese »Fenster« als das Wunder, dass sich Hermann von Loewenich »durch das dunkle Durcheinander der kranken Hirnzellen durchkämpfen konnte und uns einen wichtigen kurzen Satz mitteilte, der zunächst ge-

---

908 Aufzeichnungen Hiltrud von Loewenich.
909 Interview W. Schanz.

heimnisvoll klang«. Von einem dieser wichtigen Sätze ihres Mannes schreibt Hiltrud von Loewenich in ihrem weihnachtlichen Rundbrief 2007: »Er sagte laut und deutlich: Du bist auch da. Damit brachte er zum Ausdruck, dass er spürte, dass jemand mit in ›seiner Welt‹ war. Das können auch seine guten Freunde sein, die Kinder, seine oder meine Geschwister.«

Immer wieder klangen in solchen Sätzen, solchen »Fenstern«, oft nur einige Sekunden lang geöffnet, biblische Bezüge an, deren Bedeutung im Gespräch behutsam und »durch aktives Zuhören«, so Gerhard Althaus, ertastet wurde. Kostbar und kurz waren diese Momente; Althaus schildert ein solches Gespräch: »Einmal kam ich hin, und nach wenigen Minuten sagte er: Wie lange? Ich habe überlegt, vielleicht es auch gesagt: Du meinst, wie lange ich Zeit habe heute? – Nein. – Du willst darüber reden, wie lange dein Leiden noch dauert? – Ja. – Und dann fiel mir der 6. Psalm ein, wo mitten drin dieser Ausruf kommt: Ach, Herr, wie lange. Und dann habe ich gesagt: Hermann, da fällt mir gerade dieser Psalm ein, du kennst ihn, wo es heißt: Ach, Herr, wie lange. Und ich habe versucht zu sagen: Ich denke, dass es der Herr weiß, dass es nicht zu quälend und nicht endlos ist für dich.«[910]

Es gab noch andere Sätze, mit denen Hermann von Loewenich den Menschen, die ihm nahe waren, etwas mitteilte von dem, was ihn umtrieb. »Manchmal steht der Tod hier in der Tür«, war so ein Satz, oder, nur wenige Monate, bevor er starb, als es um die Frage nach dem Ziel des Lebens, nach der Hoffnung ging: »Sie müsste ganz in unsrer Nähe sein.« Gerhard Althaus und Hiltrud von Loewenich sammelten diese Momente, diese Sätze, und gaben sie später in einer Lesung im Nürnberger Haus Eckstein auch an andere Menschen weiter, deren Angehörige an Alzheimer litten. Zu diesem Zeitpunkt ging Hiltrud von Loewenich sehr offen mit der Krankheit ihres Mannes um. Sie holte sich Unterstützung in der Alzheimergesellschaft, sie

---

910 Interview G. Althaus.

berichtete über das Leben mit ihrem erkrankten Mann, etwa in einer Publikation des Frauenwerkes Stein.[911]

In den Wintermonaten 2008 verließen Hermann von Loewenich die letzten Kräfte. »Er wurde immer weniger, sprach nicht mehr. Ich nannte diese Zeit die Spürphase, in der wohl noch einige Sinne etwas reagierten«, so seine Frau. Freunde und Familienangehörige kamen, setzten sich an seinem Bett, beteten, sangen und segneten ihn. Schlichte Choräle, sanfte Berührungen ließen Hermann von Loewenich etwas entspannen.

In den letzten Lebenstagen waren seine Kinder und seine Frau Tag und Nacht um ihn. Hermann von Loewenich starb am Abend des 18. Dezember 2008, einem Donnerstag. Der Leiter des Lorenzer Stifts, Diakon Dieter Pflaum, segnete ihn in seinem Zimmer aus; Hermann von Loewenich hatte Pflaum einst in seinen Dienst eingesegnet.

8.3 »Ich lasse dich nicht fallen und verlasse dich nicht«: Abschied

Familie und Freunde nahmen am 23. Dezember von Hermann von Loewenich auf dem Johannisfriedhof Abschied. Noch einmal wurde sichtbar und hörbar, was sein Leben geprägt hatte: sein Glaube, seine Familie, die langjährigen Weggefährten, darunter viele Pfarrer, die Musik.[912]

Oberkirchenrat i. R. Franz Peschke, der mit den Loewenich-Brüdern in Windsbach gewesen war, dirigierte den Chor aus Freunden, die mit der Schütz-Motette »Also hat Gott die Welt geliebt« die Beerdigungsfeier eröffneten. Die Frage Hermann von Loewenichs »Wie lange?«, eines der »Fenster« in Krankheitstagen, wurde mit den Worten des 6. Psalms laut: »Herr, sei mir gnädig, denn ich bin schwach. Heile mich, Herr, denn

---

911 VON LOEWENICH, Spuren.
912 Unterlagen zum Abschied in Privatbesitz.

meine Gebeine sind erschrocken. Ach, du, Herr, wie lange!«
Die Zuversicht, die von Loewenich offensichtlich auch in der
Krankheit immer wieder spüren konnte, kam zum Ausdruck in
Worten des 13. Psalms: »Ich aber traue darauf, dass du so gnädig
bist. Mein Herz freut sich, dass du so gerne hilfst. Ich will dem
Herrn singen, dass er so wohl an mir tut.«

Reinhard von Loewenich, engster Begleiter Hermanns in
Kindheit und Jugend, erzählte vom Leben des Bruders. Gerhard Althaus, der langjährige Freund, hielt die Traueransprache; Hermann von Loewenich hatte dies in einem der letzten
Gespräche mit Althaus noch auf seine Weise verfügt. Die Ansprache stand unter dem »Haussegen« des Zimmers im Stift,
mit dem auch die Traueranzeige der Familie überschrieben war:
»Ich lasse dich nicht fallen und verlasse dich nicht.«

Althaus erinnerte an den Kirchenmann, seine Vitalität und
seine Anliegen, er rief den Freund und Familienmenschen in
Erinnerung, gab aber auch dem Leid der letzten Jahre Raum:
Wir bedürften zeitlebens des Zuspruchs Gottes, »auch und
gerade, wenn der ›Feind Krankheit‹ – wie die Psalmen sagen –
unser irdisches Leben bedroht und sein Zerstörungswerk beginnt, an unserm Körper, den Nerven, an unserm Gehirn, diesem Wunderwerk aus Gottes Schöpfung – wie kann es zerstört
werden«! Althaus erzählte der Trauergemeinde von einigen der
»Fenster«, von den Begegnungen in den schweren Tagen, und
schloss mit den Worten: »Ich vertraue darauf: Der Lebendige
Jesus Christus führt diese Gespräche jetzt weiter und begegnet
Hermann behutsam und liebevoll, verwandelt seine Angst –
und unsre Furcht – in Freude wie bei den Hirten von Bethle-
hem und wie bei den Jüngern vor Emmaus, macht ihn frei an
Leib, Seele und Geist und sagt: Ich lasse dich nicht fallen und
verlasse dich nicht.«

Vor dem Gang zum Grab sang der Freundeschor die Motet-
te von Mendelssohn-Bartholdy »Denn er hat seinen Engeln be-
fohlen«, am Grab erklang »Christ ist erstanden«. Hermann von
Loewenich wurde im Familiengrab beigesetzt, bei der Mutter,

den Großeltern, Urgroßeltern und Angehörigen der Familie Grether.

Der Kreis schloss sich an diesem Dezembertag: Da waren Vergangenheit und Gegenwart der Familie von Loewenich auf dem Johannisfriedhof präsent, eingebettet in die Geschichte der alten Reichsstadt. Da waren die Klänge der Motetten und Choräle, die Hermann von Loewenich von Kindesbeinen an vertraut waren, die er als Schüler in Windsbach einstudiert hatte und die ihm bis in die letzten Tage hinein Halt gegeben hatten. Da waren die Freunde, unter ihnen auch Weggefährten aus den Anfangsjahren des AEE, von denen viele ebenso wie er für eine Epoche der bayerischen Kirchengeschichte standen, die mit ihnen langsam ausklingt. Und vielleicht kann man zu diesem Kreis, der sich am 23. Dezember 2008 schloss, auch rechnen, dass Hermann von Loewenich kurz vor Heiligabend heimgegangen war. Weihnachten, das war das Fest, das er zeitlebens mit größter Bewegtheit gefeiert und über das er wenige Jahre vor seinem Tod noch gepredigt hatte: »Tröstlich soll Weihnachten für alle werden, die des Trostes bedürfen: für die Kranken und Gebrechlichen also, für die, die um einen lieben Menschen trauern oder mit einer Enttäuschung leben müssen. An Weihnachten tritt der brüderliche Gott an unsere Seite. Wir sind nicht allein.«[913]

Die offizielle Trauerfeier fand am 13. Januar 2009 in der Lorenzkirche statt. Nach den Jahren der Krankheit, in denen er aus dem Bewusstsein der Öffentlichkeit weitgehend verschwunden war, war der Altbischof von Loewenich, der Reformer, der Kirchenmann, noch einmal präsent in seiner Kirche, in seiner Stadt. An einem großformatigen Porträt des Verstorbenen vorbei betraten die Trauergäste die Kirche, unter ihnen Familienangehörige, Freunde, zahlreiche evangelische Geistliche und Laien aus den Leitungsgremien der bayerischen Landeskirche,

---

913 Predigt Nürnberger Weihnacht in Schniegling (17.12.2000). Quelle: H. Issler.

Vertreter aus der Ökumene und Politik. Auch Arno Hamburger, Vorsitzender der Israelitischen Kultusgemeinde Nürnberg, kam zu dem Gottesdienst. Die Lorenzkirche war bis auf den letzten Platz besetzt.[914]

Lorenzkantor Matthias Ank eröffnete die Feier mit der Fantasie in g-Moll von Johann Sebastian Bach; Liturgen waren Landesbischof Friedrich, der Nürnberger Stadtdekan Dr. Jürgen Körnlein, Dr. Dorothea Deneke-Stoll, Präsidentin der Landessynode, sowie die Nürnberger Regionalbischöfe Elisabeth Hann von Weyhern und Dr. Stefan Ark Nitsche. Elisabeth Hann von Weyhern stellte den Lebenslauf von Loewenichs unter den Begriff der Parrhesia – Freimut, dieses Wort aus dem Neuen Testament, das der Verstorbene so geliebt und auch gelebt habe: »Typisch von Loewenich: Mit Freimut und Leidenschaft für Menschen und die eigenen Überzeugungen eintreten, gerade und direkt.« Es sei ihm nicht um die eigene Person gegangen, sondern um die Kirche und ihren Auftrag: »Da war er auf seine Weise bescheiden. Er war nicht auf Wirkung in der Öffentlichkeit bedacht. Aber er hat gewirkt: durch das, was er tat und was er sagte und wie er es sagte.«

Johannes Friedrich schilderte in seiner Würdigung persönliche Begegnungen und Eindrücke ebenso wie die Verdienste des Verstorbenen um die bayerische Landeskirche: »Hermann von Loewenich war ein Landesbischof, der in hervorragender Weise das Ja zur Kirche als Institution verband mit dem notwendigen theologischen Tiefgang. Er verband sein politisches Engagement für die Entrechteten, insbesondere die Asylsuchenden, mit seiner Forderung nach stärkerer Spiritualität in unserer Kirche. Er brachte Spiritualität, Diakonie, Koinonia, also die Kirche als Ort der Verbundenheit in der Gemeinschaft, und Parrhesie, also Kirche als Ort der Freiheit und des Freimutes, in seinem Reden und Wirken voran, ließ keines davon

---

914 Unterlagen und Reden zum Trauergottesdienst sind enthalten in: Büro der Regionalbischöfe Nürnberg, Amtseinführung v. Loewenich 1985 sowie Trauerfeier. Vgl. auch: Sonntagsblatt-Redaktion Nürnberg.

außer Acht, so dass unsere Kirche in seiner Amtszeit zu einer offenen und deutlichen Kirche wurde, die aufgeschlossen und verlässlich ist und dem Glauben und dem Leben dient.«

Seine Predigt stellte Johannes Friedrich unter die Worte aus 2. Thessalonicher 2,13–17. Er ging hier noch einmal auf das ein, was Hermann von Loewenich besonders am Herzen gelegen hatte: »dass wir uns nicht nur an die Lehre halten, sondern sie auch so weitergeben, dass wir die Menschen damit erreichen«. Wie das gehen kann, entfaltete Friedrich am biblischen Zeugnis entlang und illustrierte dies mit Zitaten des Verstorbenen ebenso wie mit Hinweisen auf die aktuelle gesellschaftliche Situation und auf Martin Luther. Die Heilige Schrift, Luthers Rechtfertigungslehre und der Terminus der Zeitgenossenschaft – es ist anzunehmen, dass dieser Dreiklang im Sinne Hermann von Loewenichs gewesen wäre. In die nächsten Jahre und Jahrzehnte, so Friedrich abschließend, müsse die bayerische Landeskirche endgültig ihren Weg ohne den Rat von Loewenichs gehen: »Aber seine Worte können uns und dürfen uns ermutigen, die Leitung unserer Kirche weiter tapfer in Angriff zu nehmen, über allen Zweifeln und über allen Sorgen […] nicht zu vergessen, dass es einen Mächtigen gibt, den wir darum bitten dürfen, seine Kirche zu erhalten, die wir alleine ja nicht erhalten könnten, und von dem wir wissen und dies dankbar bekennen, dass er der Herr auch über den Tod ist.«

Nach Abendmahlsfeier und Segen sangen die Männerstimmen des Windsbacher Knabenchores »Beati Mortui« von Felix Mendelssohn-Bartholdy. In den anschließenden Abschiedsworten nannte der Bamberger Erzbischof Ludwig Schick Hermann von Loewenich einen »Zeugen unserer Gemeinschaft im Glauben«; die Ökumene sei ihm ein Leben lang ein wichtiges Anliegen gewesen.[915] Synodalpräsidentin Dorothea Deneke-Stoll erinnerte an wesentliche Anliegen des Altbischofs wie

---

915 Zit. nach M. KASPEROWITSCH, Ein großer Theologe und Reformer. Nürnberger Nachrichten (14.1.2009).

etwa die Gleichstellung der Geschlechter, Kirchenasyl oder das Verhältnis von Christen und Juden, sie würdigte den Verstorbenen als »einen Menschen, der sich um unsere Kirche in höchstem Umfang verdient gemacht hat«[916]. »Ganz Bayern verneigt sich vor Hermann von Loewenich«, betonte Umweltminister Markus Söder als Vertreter der Staatsregierung, »wir nehmen von ihm in tief empfundenem Respekt und Dankbarkeit Abschied«.[917] Söder erinnerte an die »starke politische Ader« des Verstorbenen, die diesen nicht immer zu einem bequemen, aber stets ehrlichen Partner des Freistaats gemacht habe; er sei bekannt gewesen für sein Engagement für Flüchtlinge und soziale Gerechtigkeit.

In kirchlichen wie weltlichen Medien erschienen Nachrufe. Hermann von Loewenich wurde als »Lutheraner mit Ecken und Kanten«[918] gewürdigt, als »populärster Kirchenmann in Nürnberg«[919], »der Bischof mit dem Club-Schal« und »unüberhörbar bekennender Franke«[920]. Er habe für »wache Zeitgenossenschaft«[921] gestanden und die bayerische Landeskirche entscheidend geprägt.

Dann wurde es in der Öffentlichkeit still um den verstorbenen Altbischof. Für die, die ihm nahegestanden haben, kam nun die Zeit, beides zusammenzubringen: auf der einen Seite das von Tatendrang und Anteil an der Welt geprägte Leben des Verstorbenen, auf der anderen Seite die Jahre der Krankheit, die viele Erinnerungen an die vorherige Vitalität Hermann von Loewenichs überlagert hatten. Der Tod läutete den Beginn der

---

916 D. DENEKE-STOLL, Gedenken an Altbischof von Loewenich, in: Sonntagsblatt-Redaktion Nürnberg.

917 Zit. nach M. KASPEROWITSCH, Ein großer Theologe und Reformer. Nürnberger Nachrichten (14.1.2009).

918 P. REINDL, Lutheraner mit Ecken und Kanten. EPD-Meldung (20.12.2008).

919 Abendzeitung (19.12.2008), ebd. nachfolgendes Zitat.

920 So der Nürnberger Oberbürgermeister Ulrich Maly, zit. nach ebd.

921 H. FRANK, Wache Zeitgenossenschaft, Sonntagsblatt (4.1.2009), 18f.

Deutungsversuche ein – was war der Verstorbene seiner Kirche, was war er denen, die ihm nahegestanden haben?

»Er hat mit seinem Wirken auf verschiedenen Ebenen – angefangen vom AEE bis hin zum Bischof – ganz wesentlich dazu
beigetragen, dass aus einer konservativen Landeskirche eine
liberale, aufgeschlossene, moderne Kirche geworden ist«, erinnert Johannes Friedrich an den Amtsvorgänger. »Er war der
erste öffentliche Bischof«, so empfindet es Willi Stöhr. »Ein
Mensch, der für mich in aller Klarheit Weite und Offenheit ver-
körpert hat, ohne sich zu verbiegen«, charakterisiert ihn Iris
Geyer. »Müsste ich ihn malen«, so seine Sekretärin im Bischofsamt, Helga Reif, »er wäre auf meinem Bild ein Hirte mit seinem
Stab.« »Er hat etwas bewegt und er wollte immer etwas bewegen. Er konnte Menschen begeistern und sie auf den Weg mit-
nehmen«, resümiert Hans Issler. »Mit seiner unpathetischen,
kraftvollen Sprache konnte er den Menschen Hoffnung und
klaren Zuspruch verkünden«, würdigt Gerhard Althaus den
»im besten Sinne kollegialen Freund«. Den Gesprächspartner
vermisst Bruder Reinhard von Loewenich gerade jetzt, im Ruhestand, wo mehr Zeit füreinander gewesen wäre. Und Werner
Schanz blickt dankbar auf den Austausch mit dem langjährigen
Weggefährten zurück »und auf eine Freundschaft, die weiter-
lebt. Weil es Ostern gibt.«

Quellen- und Literaturverzeichnis

1. UNVERÖFFENTLICHTE QUELLEN

1.1 BÜRO DER REGIONALBISCHÖFE NÜRNBERG
Jahresempfänge im Kirchenkreis (1986–88)
Amtseinführung v. Loewenich 1985 sowie Trauerfeier

1.2 DEKANAT KULMBACH
Az. 14/12 (Dekanatsausschuss 1971–89)

1.3 DEKANAT NÜRNBERG
Berichte/Referate H. von Loewenich
Dekanatsausschuss (1977–83)
Dekanatssynode (1977–83)
Dekanat/Prodekanat/Pfarrkonferenzen

1.4 LANDESKIRCHENAMT [MÜNCHEN]
Personalregistratur: Personalakte Hermann v. Loewenich [L 0156]

1.5 LANDESKIRCHLICHES ARCHIV DER ELKB (LAELKB) [NÜRNBERG]
BAYERISCHES DEKANAT (BD) KULMBACH
    Az. 14/11 (Dekanatssynoden 1969–74)
    Az. 14/11 (Dekanatssynoden 1975–82)
    Az. 14/12 (Dekanatsausschuss bis 1980)
    Az. 15/142 (Dekanatskonferenzen bis 1980)
    Az. 25/2 (Pfarrkonferenzen 1970–76)
    Az. 25/2 (Rundschreiben 1958–73)
BIBLIOTHEK
    Z 130 (18. Deutscher Evangelischer Kirchentag Nürnberg 1979)
DIAKONISCHES WERK (DW)
    Nr. 1065
DRUCKSCHRIFTENSAMMLUNG (DSS)
    DSS P Loewenich, Hermann von
    DSS O Nürnberg-St. Jakob
KREISDEKAN NÜRNBERG (KDN)
    Nr. 5327

LANDESBISCHOF (LB)
Az. 18/2 (Kruzifix-Urteil)
Az. 19 (Kirchenasyl)
Az. 30/0 (Buß- und Bettag)
LANDESKIRCHENRAT (LKR)
Nr. 50560
NACHLASS (NL) VON LOEWENICH, HERMANN
[vorläufige Nummerierung (vl.)] Nr. 7, 10, 13, 16, 18, 19, 20, 23, 24,
26, 28, 37, 39, 40, 46, 48, 49, 50, 58, 62, 66, 67, 78, 82, 86, 90
PFARRARCHIV (PFA) NÜRNBERG-ST. JAKOB
Nr. 25c
PREDIGERSEMINAR (PS) NÜRNBERG
Nr. 4, 26, 37, 53, 99
VEREINE UND INSTITUTIONEN
III/4 (Bayerische Pfarrbruderschaft), Nr. 10
III/20 (AEE), Nr. 1, 5, 38

1.6 SONNTAGSBLATT-REDAKTION NÜRNBERG
Verschiedene Unterlagen

1.7 STADTARCHIV KULMBACH
Sammlung H. von Loewenich
Zeitungsarchiv

1.8 STADTARCHIV NÜRNBERG
Nürnberger Nachrichten
Abendzeitung

1.9 UNTERLAGEN AEE-ARCHIV (BAYREUTH)
»Berichte und Kommentare« (B&K)
Diverses (Protokolle, Mitgliederlisten etc.)

1.10 UNTERLAGEN VON PRIVATPERSONEN (UNVERÖFFENTLICHT)
Wiggli-von Loewenich, Gertraud: Briefe aus dem Krieg.
September 1939 – Januar 1943. Wilhelm von Loewenich,
Wehrmachtspfarrer (2008).
Unterlagen von Angela Hager (Sammlung AEE/Hager), Hans
Issler, Uwe Lang (Sammlung AEE/Lang), Hiltrud von Loewenich
(Sammlung von Loewenich), Udo Richter (Sammlung ESG/
Richter), Werner Schanz (Sammlung Schanz), Lutz Walk
(Sammlung ESG/Walk).

1.11 Zeitzeugeninterview Haus der Bayerischen Geschichte
Haus der Bayerischen Geschichte, Bildarchiv zz-0753–0756:
Zeitzeugeninterview mit Hermann von Loewenich, 24.5.2002
[zit. Zeitzeugeninterview H. von Loewenich HdBG].

1.12 Mündliche Quellen: Interviews und weitere Auskünfte
Interview mit Gerhard Althaus (21.5.2015)
Interview mit Dr. Johannes Friedrich (6.5.2015)
Interview mit Dr. Iris Geyer (3.2.2016)
Interview mit Dr. Andreas Grabenstein (11.12.2015)
Interview mit Siegfried Haas 27.11.2014 (27.11.2014)
Interview mit Hans Issler (11.6.2014)
Interview mit Fritz Kleineidam (27.11.2014), zit: Kleineidam,
Beobachtungen
Interview mit Sonja und Hermann Kolb (28.1.2015)
Interview mit Hiltrud von Loewenich (20.11.2014)
Interview mit Reinhard von Loewenich (15.4.2014 und 6.3.2015)
Interview mit Gottfried Naether (22.10.2015)
Interview mit Hans Peetz (3.8.2015)
Interview mit Helga Reif (12.6.2015)
Interview mit Udo Richter (9.7.2014)
Interview mit Werner Schanz (8.4.2015 und 30.4.2015)
Interview mit Friedrich Schmidt (†) (5.11.2014)
Interview mit Ursula Seitz (3.12.2015)
Interview mit Willi Stöhr (3.6.2015)

Weitere mündliche Auskünfte zudem von Dr. Herbert Lindner,
Bernd Seufert, Lutz Walk und Jürgen Zinck

2. Veröffentlichte Quellen und Darstellungen
Anzender, Helmut/Götz Willi: 1946–1996. 50 Jahre CSU in
Erlangen. Erlangen 1996.

Baier, Helmut: Kirche in Not. Die bayerische Landeskirche im
Zweiten Weltkrieg (Einzelarbeiten aus der Kirchengeschichte
Bayerns; 57). Neustadt a. d. Aisch 1979.

Bauer, Herbert: Kirche kann nicht nur Fassade sein, in: Glaser,
Hermann (Hrsg.): Die Nürnberger Massenverhaftung.
Dokumente und Analysen. Reinbek bei Hamburg 1981,
188–193.

BECKSTEIN, GÜNTHER: Die Zehn Gebote. Anspruch und Herausforderung. Holzgerlingen 2011.

BEYSCHLAG, KARLMANN: Die Erlanger Theologie (Einzelarbeiten aus der Kirchengeschichte Bayerns; 67). Erlangen 1993.

BLANK, JOHANNES (Hrsg.): Festschrift zum achtzigsten Stiftungsfest des Erlanger Wingolf vom 28. bis 30. Juli 1930. Gießen 1930.

BLENDINGER, HERMANN: Aufbruch der Kirche in die Moderne. Die Evangelisch-Lutherische Kirche in Bayern, 1945–1990. Stuttgart/Berlin/Köln 2000.

BONHOEFFER, DIETRICH/BETHGE, EBERHARD: Widerstand und Ergebung. Briefe und Aufzeichnungen aus der Haft, Neuausgabe. München 1977.

CVJM NÜRNBERG E.V. (Hrsg.): Unterwegs mit Jesus. Festschrift CVJM Nürnberg. 100 Jahre jung 1898–1998, zusammengestellt von Peter Scharrer. Nürnberg 1998.

DAUMILLER, OSKAR (Hrsg.): Das Predigerseminar in München. Festschrift anläßlich seines hundertjährigen Bestehens (1834–1934). München 1934.

DIETZFELBINGER, HERMANN: Veränderung und Beständigkeit. Erinnerungen. München 1984.

EBERHARDT, BARBARA/HAAS, HANS-CHRISTOF/BERGER-DITTSCHEID, CORNELIA: Nürnberg, in: Kraus, Wolfgang/Hamm, Berndt/Schwarz, Meir (Hrsg.): Mehr als Steine. Synagogengedenkband Bayern II. Lindenberg im Allgäu 2010, 466–505.

EHRIG, HANS-JOACHIM/KEMPF, EBERHARD/MAEFFERT, UWE: Der Nürnberger KOMM-Prozess. Konkret Literatur-Verlag 1981.

ENGELHARDT, KLAUS/LOEWENICH, HERMANN VON/STEINACKER, PETER (Hrsg.): Fremde Heimat Kirche. Die dritte EKD-Erhebung über Kirchenmitgliedschaft. Gütersloh 1997.

FRAUENGLEICHSTELLUNGSSTELLE DER ELKB (Hrsg.): 40 Jahre Frauenordination. Über den Weg der Theologinnen ins

Pfarramt in der Evangelisch-Lutherischen Kirche in Bayern. München 2015.

GESELLSCHAFT ZUR FÖRDERUNG DES WINDSBACHER KNABENCHORES E. V. (HRSG.): Windsbacher Knabenchor. Zum 25-jährigen Jubiläum als Dank an den Chor und seinen Kantor Kirchenmusikdirektor Hans Thamm. Nürnberg 1971.

GLASER, HERMANN (Hrsg.): Die Nürnberger Massenverhaftung. Dokumente und Analysen. Reinbek bei Hamburg 1981.

HAGER, ANGELA: Ein Jahrzehnt der Hoffnungen. Reformgruppen in der bayerischen Landeskirche 1966–1976 (AKIZ.B 51). Göttingen 2010.

HAGER, ANGELA: Westdeutscher Protestantismus und Studentenbewegung, in: Hermle, Siegfried/Lepp, Claudia/Oelke, Harry (Hrsg.): Umbrüche. Der deutsche Protestantismus und die sozialen Bewegungen in den 1960er und 70er Jahren (AKIZ.B 47). Göttingen 2007, 111–130.

HANSELMANN, JOHANNES: Ja, mit Gottes Hilfe. Lebenserinnerungen. München 2000.

HÜBNER, HANS-PETER: Neue Verfassungs- und Verwaltungsstrukturen, in: Müller, Gerhard/Weigelt, Horst/Zorn, Wolfgang (Hrsg.): Handbuch der Geschichte der evangelischen Kirche in Bayern, Bd. II. St. Ottilien 2000, 377–394.

INNERE MISSION UND HILFSWERK DER EVANG.-LUTH. KIRCHE IN BAYERN (Hrsg.): Freude in Zucht. Hilfen für die Ferienheimarbeit der Inneren Mission, 3. Auflage. Nürnberg 1964.

JOST, RENATE: 60 Jahre Geschichte der Frauen von Pfarrern im Kontext der Frauenbewegung und Feministischer Theologie, in: Team für Pfarrfrauenarbeit in Bayern (Hrsg.): Festschrift 60 Jahre Pfarrfrauenarbeit in Bayern. Stein 2009, 3–17.

KIRCHENKANZLEI DER EVANGELISCHEN KIRCHE IN DEUTSCHLAND (Hrsg.): Berlin 1971. Bericht über die dritte Tagung der vierten Synode der Evangelischen Kirche in Deutschland vom 18. bis 21. Februar 1971 (BTSEKD 20).

KLEK, KONRAD: Art. Georg Kempff, in: BBK, Bd. 35 (Ergänzungs-band XXII). Nordhausen 2014, Sp. 731–734.

KLOEDEN, WOLFDIETRICH VON: Art. Helmut Thielicke, in: BBK, Bd. 11, Herzberg 1996, Sp. 1106–1113.

KNÖPFLE, FRANZISKA: Im Zeichen der ›Soziokultur‹. Hermann Glaser und die kommunale Kulturpolitik in Nürnberg (Nürnberger Werkstücke zur Stadt- und Landesgeschichte; 64). Nürnberg 2007.

LOEWENICH, HERMANN VON: Den Glauben weitergeben. Überlegungen zur Gemeinde von morgen, in: Bogdahn, Martin/Winter, Helmut, hrsg. im Auftrag der Landessynode der Evang.-Luth. Kirche in Bayern: Wege zum Glauben. Kirche unterwegs in die 90er Jahre. München 1987, 59–64.

LOEWENICH, HERMANN VON: Die missionarische Doppelstrategie angesichts der Herausforderungen von Säkularismus und neuer Religiosität, in: Ders./Reller, Horst (Hrsg.): Unterwegser-fahrungen. Gemeinde entwickeln in West und Ost. Überlegun-gen und Kurzkommentare zur »missionarischen Doppelstrate-gie«. Beiträge von Andreas Ebert, Helmut Zeddies, Johannes Peuckert u.a. (Priestertum aller Gläubigen aktuell; 4). Gü-tersloh 1991, 9–20.

LOEWENICH, HERMANN VON: Einsicht in Demut, in: Schuld und Verantwortung. Ein Wort der Kirche zum Verhältnis von Christen und Juden. Texte und Bilder. Hrsg. 1999 im Auftrag des Präsidenten der Landessynode der Evangelisch-Lutheri-schen Kirche in Bayern von Dieter Breit, 33–39.

LOEWENICH, HERMANN VON: Offen und deutlich. Ein evangeli-scher Bischof gibt Auskunft. Mit einem Interview von Stephan Bergmann. Hrsg. von Susanne Breit-Keßler und Willi Stöhr. München 1999.

LOEWENICH, HERMANN VON/RELLER, HORST (Hrsg.): Unterwegs-erfahrungen. Gemeinde entwickeln in West und Ost. Überle-gungen und Kurzkommentare zur »missionarischen Doppel-strategie«. Beiträge von Andreas Ebert, Helmut Zeddies, Johannes Peuckert u.a. (Priestertum aller Gläubigen aktuell; 4). Gütersloh 1991.

LOEWENICH, HERMANN VON: »VertreterInnen einer neuen Kirche«. Ansprache zur Jubiläumsfeier am 11.11.1994, in: Amt für Industrie- und Sozialarbeit (Hrsg.): 40 Jahre Brücke zwischen Kirche und Arbeitswelt. Nürnberg 1994, 4–8.

LOEWENICH, HERMANN VON: »Was glauben die Deutschen?« Ergebnisse einer Emnid-Umfrage und das Glaubenszeugnis der Kirche für die Zeitgenossen, in: Grimmer, Karl (Hrsg.): Theologie im Plural. Fundamentaltheologie – Hermeneutik – Kirche – Ökumene – Ethik. Joachim Track zum 60. Geburtstag. Frankfurt/Main 2001, 143–152.

LOEWENICH, HILTRUD VON: Spuren in meinem Leben!, in: Team für Pfarrfrauenarbeit in Bayern (Hrsg.): Festschrift 60 Jahre Pfarrfrauenarbeit in Bayern. 1948–2008. Stein 2009, 34–36.

LOEWENICH, WALTHER VON: Die Erlanger Theologische Fakultät 1922–1972. Memorabilia aus 50 Jahren erlebter Geschichte, in: Jahrbuch für Fränkische Landesforschung (1974/75), 635–658.

LOEWENICH, WALTHER VON: Erlebte Theologie: Begegnungen, Erfahrungen, Erwägungen. München 1979.

LOJEWSKI, GÜNTHER VON: Angst vor falschen Propheten, in: Bogdahn, Martin/Winter, Helmut, hrsg. im Auftrag der Landessynode der Evang.-Luth. Kirche in Bayern: Wege zum Glauben. Kirche unterwegs in die 90er Jahre. München 1987, 67–71.

MERZ, GEORG: Was ich dem Münchener Predigerseminar verdanke, in: Daumiller, Oskar (Hrsg.): Das Predigerseminar in München. Festschrift anläßlich seines hundertjährigen Bestehens (1834–1934). München 1934, 51–90.

NACHRICHTEN DER EVANGELISCH-LUTHERISCHEN KIRCHE IN BAYERN, hrsg. vom Evangelisch-Lutherischen Landeskirchenrat München, gegr. 1945 [verschiedene Nummern; Kurztitel: Nachrichten].

OEHLMANN, KARIN: Glaube und Gegenwart. Die Entwicklung der kirchenpolitischen Netzwerke in Württemberg um 1968 (AKIZ.B 62). Göttingen 2016.

ROEPKE, CLAUS-JÜRGEN: Die Protestanten in Bayern. München 1972.

RÖHM, EBERHARD/THIERFELDER, JÖRG: Juden, Christen, Deutsche 1933–1945; Bd. 1. Stuttgart 1990.

RÖSSLER, HANS: Von der deutschnationalen Pfarrerschmiede zum Chorinternat des Windsbacher Knabenchores (1913–1977), in: ZBKG 81 (2012), 17–31.

RUNGE, RÜDIGER/KÄSSMANN, MARGOT (Hrsg.) im Auftrag des Deutschen Evangelischen Kirchentages: Kirche in Bewegung. 50 Jahre Deutscher Evangelischer Kirchentag. Gütersloh 1999.

SEIFERT, HEINZ (Hrsg.): Das Pfarrwaisenhaus Windsbach 1937–1950. Von der Hundertjahrfeier bis zur Einweihung des Studienheimes. Windsbach 1950.

SEITZ, MANFRED: Kirchliches Leben, in: Müller, Gerhard/Weigelt, Horst/Zorn, Wolfgang (Hrsg.): Handbuch der Geschichte der evangelischen Kirche in Bayern, Bd. II. St. Ottilien 2000, 455–476.

SONDERMANN, ALBRECHT: Ein Jahr und ein Leben. Schicksal und Leistung eines fränkischen Dorfpfarrers mit persönlichen Zeichnungen. Hermann Sondermann. 1903 bis 1960. 2. Auflage, Nürnberg 2010.

STÖHR, WILLI: Reformatorisch und protestantisch, in: Korrespondenzblatt 4/2004, 49–57.

STROGIES, LOTHAR: Die Außerparlamentarische Opposition in Nürnberg und Erlangen (Erlanger Studien; 108). Erlangen/Jena 1996.

TÖLLNER, AXEL: Eine Frage der Rasse? Die Evangelisch-Lutherische Kirche in Bayern, der Arierparagraf und die bayerischen Pfarrfamilien mit jüdischen Vorfahren im »Dritten Reich« (Konfession und Gesellschaft; Bd. 36). Stuttgart 2007.

TRACK, JOACHIM: Theologische Strömungen, in: Müller, Gerhard/Weigelt, Horst/Zorn, Wolfgang (Hrsg.): Handbuch der Geschichte der evangelischen Kirche in Bayern, Bd. II. St. Ottilien 2000, 493–508.

UHL, HARALD: Deutscher Evangelischer Kirchentag Nürnberg 1979. Dokumente. Stuttgart/Berlin 1979.

UNTERSTÜTZERKREIS KIRCHENASYL WEISSENBURG (Hrsg.): Leben in Angst. Eine kurdische Familie im Kirchenasyl. Treuchtlingen 1998.

VEREINIGTE EVANGELISCH-LUTHERISCHE KIRCHE DEUTSCHLANDS (Hrsg.): Protokolle der Generalsynode der VELKD [http://www.velkd.de/publikationen/protokolle-der-generalsynode.php].

VEREINIGTE EVANGELISCH-LUTHERISCHE KIRCHE DEUTSCHLANDS (Hrsg.): Zur Entwicklung von Kirchenmitgliedschaft. Aspekte einer missionarischen Doppelstrategie (Texte aus der VELKD 21/1983).

VERHANDLUNGEN DER LANDESSYNODE DER EVANGELISCH-LUTHERISCHEN KIRCHE IN BAYERN. Hrsg. vom Präsidenten der Landessynode, seit 1946 [verschiedene Nummern; Kurztitel: VLS].

VORLÄNDER, DOROTHEA/DIESTEL, GUDRUN: Frauen in der Kirche, in: Müller, Gerhard/Weigelt, Horst/Zorn, Wolfgang (Hrsg.): Handbuch der Geschichte der evangelischen Kirche in Bayern, Bd. II. St. Ottilien 2000, 477–491.

WEBER, JÜRGEN: Kleine Geschichte Deutschlands seit 1945. 2. Auflage. München 2002.

WIGGLI-VON LOEWENICH, GERTRAUD: Mein Bild des Vaters. Auf der Suche nach meinem Vater, der als Wehrmachtspfarrer in Stalingrad starb (Sammlung der Zeitzeugen; 75). Berlin 2014.

WOLF, CAROLA, hrsg. im Auftrag des Deutschen Evangelischen Kirchentages: Kirchentagstaschenbuch Nürnberg '79. Stuttgart 1979.

WOLFF, JÜRGEN: Zeit für Erwachsenenbildung. Evangelische Erwachsenenbildung zwischen Zeit-Diagnosen und Frei-Zeit-Bedürfnissen (ARP; 27). Göttingen 2005.

ZEISS-HORBACH, AUGUSTE: Mitarbeit im geistlichen Amt? Der Dienst der ersten bayerischen Theologinnen, in: ZBKG 81 (2012), 307–353.

ZEISS-HORBACH, AUGUSTE: Evangelische Kirche und Frauenordination. Der Beitrag der Evangelisch-Lutherischen Kirche in Bayern zur deutschlandweiten Diskussion im 20. Jahrhundert [erscheint Leipzig 2017].

Personenregister

Bildnachweis

Abb. 1, 2, 3, 4, 5, 6, 8, 9, 10, 11, 12,13, 14, 17, 21, 29: Sammlung von
 Loewenich.
Abb. 7: Wolfgang Pöhner.
Abb. 15: Helmut Winter (Foto).
Abb. 16: Hermann und Sonja Kolb.
Abb. 18, 19: Bayerische Rundschau.
Abb. 20: Hans Lachmann. Archiv der Evangelischen Kirche im Rheinland,
 Düsseldorf (Foto).
Abb. 22: Christian Beyerlein/Hilpoltsteiner Kurier (Foto).
Abb. 23: Andreas Bohnenstengel (Foto).
Abb. 24: Christian Topp/Sonntagsblatt (Foto).
Abb. 25: EPD.
Abb. 26: Hans-Rainer Fechter/Sonntagsblatt (Foto).
Abb. 27: Peter Reindl/ Sonntagsblatt (Foto).
Abb. 28: Rolf Poss (Foto).
Abb. 30: Karlheinz Daut/Nürnberger Nachrichten (Foto).